NORWEGEN

seit 1907: britisch-
russische Verständigung
(„Triple-Entente")

St. Petersburg

SCHWEDEN

seit 1894: französisch-
russisches Bündnis

Moskau

DÄNEMARK

Ostsee

RUSSLAND

NIEDER-
ANDE

DEUTSCHES REICH

Berlin

3 420 000

LUX.

2 398 000

seit 1879:
Zweibund

Wien

1 421 000

SCHWEIZ

Budapest

ÖSTERREICH-UNGARN

ITALIEN
(Kriegseintritt auf
Seiten der Entente
1915)

Sarajevo

RUMÄNIEN
(Kriegseintritt 1916)

Schwarzes
Meer

25 000

1882 bis
1915:
Dreibund

240 000

BULGARIEN
(Kriegseintritt 1915)

MONTE-
NEGRO

SERBIEN

Konstan-
tinopel

Rom

ALBANIEN

OSMAN. REICH
(Kriegseintritt
Oktober 1914)

Ermordung des österrei-
chisch-ungarischen Thron-
folgers am 28. Juni 1914

GRIECHENLAND
(Kriegseintritt 1917)

DER SPIEGEL

Der Erste Weltkrieg

Stephan Burgdorff · Klaus Wiegrefe (Hg.)

Der Erste Weltkrieg

Die Urkatastrophe des 20. Jahrhunderts

Karen Andresen, Wolfram Bickerich,
Jochen Bölsche, Georg Bönisch, Stig Förster,
Christian Habbe, Per Hinrichs, Gerhard Hirschfeld,
Christoph Jahr, Hans Michael Kloth,
Siegfried Kogelfranz, Gerd Krumeich, Romain Leick,
Vejas Gabriel Liulevicius, Fritjof Meyer, Joachim Mohr,
Norbert F. Pötzl, Jan Puhl, Johannes Saltzwedel,
Michael Schmidt-Klingenberg, Bruno Schrep,
Alexander Smoltczyk, Michael Sontheimer, Stefan Storz,
Hew Strachan, Rainer Traub, Hans-Ulrich Wehler

Deutsche Verlags-Anstalt
München

Bibliografische Information Der Deutschen Bibliothek
Die Deutsche Bibliothek verzeichnet diese Publikation
in der Deutschen Nationalbibliografie; detaillierte
bibliografische Daten sind im Internet
über <http://dnb.ddb.de> abrufbar.

2. Auflage, 2004
© 2004 Deutsche Verlags-Anstalt, München
und SPIEGEL-Buchverlag, Hamburg
Alle Rechte vorbehalten
Gestaltung und Satz: DVA / Brigitte Müller
Druck und Bindearbeiten: GGP Media GmbH, Pößneck
Printed in Germany
ISBN 3-421-05778-8

Inhalt

Die Westfront

Die Ostfront

Der Krieg im Reich

Der Zerfall der Imperien

Vorwort

Der Erste Weltkrieg war nicht nur eine europäische Katastrophe. Er war ein globales Gemetzel, in dem Abertausende Soldaten aus Asien und Übersee für den imperialen Wahn der europäischen Großmächte Deutschland, Frankreich und England sterben mussten. Fast zehn Millionen Soldaten verbluteten auf den Schlachtfeldern von Flandern bis ins chinesische Tsingtau. Mindestens ebenso viele kehrten als nervliche oder körperliche Wracks, als Zitterer oder Krüppel in die Heimat zurück.

Und nicht nur das: Die weltweite Auseinandersetzung, die mit dem Zerfall von vier Imperien endete und die Kolonialmächte Großbritannien und Frankreich ins Wanken brachte, markiert auch den Beginn einer neuen Epoche. Sie brachte den Aufstieg Lenins und Stalins sowie zwei Jahrzehnte später die Nazi-Barbarei mit sich. Adolf Hitler, der den Krieg als Gefreiter miterlebt hatte, beschloss „Politiker zu werden" und die „Schmach von Versailles" zu tilgen.

Wer war verantwortlich für den Ausbruch des Ersten Weltkriegs, den Briten und Franzosen noch immer den „Großen Krieg" nennen? Diese Frage beschäftigt viele Historiker bis heute. Hatte das deutsche Kaiserreich die Tragödie willentlich angezettelt, oder war der Krieg lediglich Ergebnis von Missverständnissen und diplomatischer Inkompetenz? „Wechselseitiger Argwohn hatte wechselseitige Paranoia geschürt", urteilt Hew Strachan, Professor für Militärgeschichte an der Universität Oxford. Wilhelm-II.-Biograf John Röhl hingegen, bis 1999 Professor für Europäische Geschichte an der University of Sussex in Südengland, vertritt die Ansicht, der deutsche Kaiser habe „sehr große Schuld" am Ausbruch des Ersten Weltkriegs gehabt.

Strachan und Röhl sind zwei der insgesamt acht renommierten Wissenschaftler, die in diesem Buch über – so der Bielefelder Historiker Hans-Ulrich Wehler – die „Urkatastrophe des 20. Jahrhunderts" und den Auftakt des „zweiten Dreißigjährigen Krieges" schreiben. Eine Vielzahl weiterer Beiträge, die sich mit Ursachen, Verlauf und Folgen des mit unvorstellbarer Härte ausgetragenen Waffengangs befassen, stammt aus der Feder von SPIEGEL-Autoren.

Der Dank der Herausgeber gilt nicht nur den Verfassern der Texte, die zum Teil bereits im SPIEGEL erschienen sind. Er gilt auch denen, deren Namen in der Regel nicht genannt werden: dem Kollegen Ulrich Schwarz, der einen großen Teil der Artikel redigiert hat; den zahlreichen Dokumentaren, die, koordiniert von Dr. Wilhelm Tappe, die Manuskripte Wort für Wort überprüften und Fehler korrigierten; dem Bildredakteur Claus-Dieter Schmidt, der die zum Teil unveröffentlichten Fotos ausgrub; den Bild-Dokumentaren, welche die Bilder überprüften; den Grafikern Ludger Bollen und Gernot Matzke, die informationshaltige Karten und Schaubilder entwarfen; der Sekretärin Angelika Kummer, die Eingang und Korrektur der Manuskripte überwachte; den Schlussredakteuren Lutz Diedrichs-Schneider, Reimer Nagel und Hans-Eckhard Segner, die für ein sauberes Schriftbild sorgten.

Wir widmen dieses Buch unserem SPIEGEL-Kollegen Michael Schmidt-Klingenberg, dem Autor des Beitrags über die politische Situation im Deutschen Kaiserreich. Michael schrieb diesen Artikel als letzten vor seinem viel zu frühen Tod. Uns fehlt nun nicht nur einer der besten Schreiber des SPIEGEL, sondern auch ein Freund und stets kluger Ratgeber bei der Aufbereitung großer Stoffe.

Stephan Burgdorff und Klaus Wiegrefe

Der Marsch in die Barbarei

Der Weltkrieg von 1914 bis 1918 war der erste totale Krieg in der Geschichte der Menschheit. Er verhalf Wladimir Iljitsch Lenin an die Macht und legte den Keim für den Aufstieg des Postkartenmalers Adolf Hitler zum verbrecherischen Diktator.

VON KLAUS WIEGREFE

Am Abend vor dem Abbruch der diplomatischen Beziehungen zum Deutschen Reich stand der britische Außenminister Edward Grey am Fenster seines Amtszimmers und blickte auf den Londoner St. James's Park, in dem gerade die Lampen angezündet wurden. Grey befiel an diesem 3. August 1914 eine dunkle Vorahnung. „In ganz Europa gehen die Lichter aus", sagte er zu einem Freund und fügte hinzu: „Wir werden es nicht mehr erleben, dass sie wieder angezündet werden."

Der Erste Weltkrieg dauerte bis 1918, und doch erwiesen sich Greys Worte als schreckliche Prophezeiung: Einen stabilen Frieden sollte es in Europa 31 Jahre lang – bis 1945 – nicht mehr geben.

Der Friedensvertrag von Versailles, der Deutschland um mehr als ein Zehntel seiner Fläche verkleinerte und zu gigantischen Reparationszahlungen verpflichtete, beendete zwar offiziell das Gemetzel auf dem Schlachtfeld. Aber der „Krieg in den Köpfen", so der Historiker Gerd Krumeich, tobte noch Jahrzehnte weiter.

Nichts machte Adolf Hitler, 1914 Kriegsfreiwilliger im bayerischen Reserve-Infanterie-Regiment 16, so populär wie seine Drohung, die „Schmach von Versailles" auszulöschen. Für Krumeichs Kollegen Hans-Ulrich Wehler ist der Erste Weltkrieg daher der Beginn eines „zweiten Dreißigjährigen Krieges" (siehe Seite 23).

Die gute alte Friedenszeit – für die Eltern, Großeltern und Urgroßeltern der heute lebenden Europäer waren dies die Jahre vor 1914. Mit boomendem Optimismus hatten viele Menschen auf dem alten Kontinent das neue Jahrhundert begrüßt. Sie glaubten an eine goldene Zukunft mit mehr Freiheit, Fortschritt und Wohlstand.

Der Erste Weltkrieg zerstörte unwiederbringlich dieses Vertrauen. Millionen Männer erlebten und erlitten Gewalt von solch massiver Brutalität, wie sie bis dahin in der Geschichte der Menschheit unvorstellbar war – ein idealer Nährboden für Faschisten und Kommunisten mit ihren Wahnvorstellungen vom Rassen- oder Klassenkampf.

Es war der Krieg, der dem Rechtsanwalt Wladimir Iljitsch Lenin 1917 die Gelegenheit gab, in Russland jene Diktatur zu errichten, unter deren Nachwirkungen Osteuropa noch lange leiden wird. Ohne die Erschütterungen des Weltkriegs wäre auch dem einstigen Postkartenmaler Hitler der Griff nach der Macht nie gelungen.

In der blutigen Auseinandersetzung zwischen den Mittelmächten Deutschland und Österreich-Ungarn sowie der Entente aus Großbritannien, Frankreich und Russland zeigte die Moderne ihr anderes Gesicht – es war eine hässliche Fratze.

Die industrielle Dynamik, welche die Europäer zu den Herrschern der Welt hatte werden lassen, wandte sich erstmals gegen die Bewohner des alten Kontinents. Der Erste Weltkrieg war der erste totale Krieg. Die Eisenbahn – Sinnbild des Fortschritts – brachte Millionen Soldaten an die Front, dort gerieten sie in eine gigantische, hoch technisierte Tötungsmaschinerie von bislang unbekannten Ausmaßen.

Terrorwaffen wie das deutsche „Parisgeschütz" schleuderten ihre tödliche Last über eine Distanz von 130 Kilometern; Maschinengewehre der amerikanischen Marke Maxim feuerten bis zu 600 Kugeln pro Minute ab. Allein am 12. September 1918 verschossen die Amerikaner bei einem Angriff in vier Stunden 1,1 Millionen Granaten.

Mehr als 60 Millionen Soldaten aus fünf Kontinenten kämpften zwischen China und den Falkland-Inseln, auf knapp 4000 Meter Höhe in den Alpen und in den Tiefen des Atlantischen Ozeans um den Sieg und ihr Leben. Beinahe jeder Sechste fiel – im Durchschnitt 6000 Mann täglich –, schätzen die Autoren des neuen Standardwerks „Enzyklopädie Erster Weltkrieg"*. Millionen kehrten als Kriegsversehrte heim.

Das Grauen von Bombenterror, Flucht und Vertreibung, welches die Deutschen erst gegen Ende des „Dritten Reichs" erlebten, wirkt

---

* Gerhard Hirschfeld, Gerd Krumeich, Irina Renz (Hg.): „Enzyklopädie Erster Weltkrieg". Ferdinand Schöningh Verlag, Paderborn 2003.

heute wie ein vielfach verstärktes Echo jenes Schreckens, den deutsche und österreichische Truppen 30 Jahre zuvor nach Frankreich, Belgien oder Serbien getragen hatten.

Über 800 000 Belgier flohen 1914 vor den Deutschen ins Ausland; mindestens 60 000 Belgier ließ Wilhelm II. aus den besetzten Gebieten verschleppen. Diese sowie 15 000 osteuropäische Juden mussten im Reich Zwangsarbeit verrichten. Städte wie das belgische Ypern bestanden 1918 nur noch aus Ruinen.

Im belgischen Tamines oder in Dinant wurden Hunderte von Zivilisten als Vergeltung für vermeintliche Partisanenangriffe erschossen. Deutsche Soldaten benutzten beim Kampf um Lüttich oder Namur Geiseln als menschliche Schutzschilde. Fotos aus Serbien zeigen österreichische Soldaten vor gehenkten Zivilisten – ähnlich den umstrittenen Aufnahmen in der Hamburger Wehrmachtsausstellung über die Verbrechen deutscher Militärs im Zweiten Weltkrieg.

Noch gab es Barrieren, die erst bei Hitler fielen. Am 4. September 1914 schlug Kaiser Wilhelm II. vor, 90 000 russische Kriegsgefangene auf der Kurischen Nehrung verhungern zu lassen, wogegen der preußische Kriegsminister Erich von Falkenhayn sich sofort verwahrte. Fünf Tage später freilich plädierte der 55-jährige Monarch dafür, die von Belgien und Frankreich nach einem Sieg zu annektierenden Gebiete ethnisch zu säubern und das dann frei gewordene Land an verdiente Unteroffiziere und Mannschaften zu vergeben. Niemand widersprach. Die Niederlage ließ aus Wilhelm sogar einen radikalen Antisemiten werden, der von der Vergasung der Juden fabulierte.

Der erste Dreißigjährige Krieg – zwischen 1618 und 1648 – hinterließ ein verwüstetes Mitteleuropa und traumatisierte die Menschen für Jahrhunderte. Es ist wahrscheinlich, dass der zweite eine ähnliche Langzeitwirkung entfaltet. Allerdings ist die Erinnerung an das damit verbundene Grauen unterschiedlich ausgeprägt. Der Osten Europas sieht im Holocaust und im Vernichtungskrieg zwischen 1939 und 1945 die zentralen Katastrophen des 20. Jahrhunderts. Im Westen des alten Kontinents hingegen ist der „Große Krieg" (La Grande Guerre) jener zwischen 1914 und 1918 geblieben.

In der Knochenmühle von Verdun oder auf den Killing Fields von Flandern starben viermal so viele Franzosen, dreimal so viele Belgier, doppelt so viele Briten wie im Zweiten Weltkrieg. Allein am 1. Juli 1916 verloren die Briten rund 60 000 Soldaten.

Die Erinnerung an die Opfer wird bis heute hochgehalten. Am 11. November – zum Jahrestag des Waffenstillstands 1918 – gedenken die gut 35 000 französischen Gemeinden in Feierstunden der Toten; der Präsident legt einen Kranz am Pariser Arc de Triomphe nieder. Reisen zu den belgischen Schlachtfeldern gehören in vielen englischen Schulen zum Pflichtpensum. Briten stellen über die Hälfte der 500 000 Besucher, die jährlich in Flandern die Minenkrater bei Menin oder den Soldatenfriedhof Tyne Cot besuchen.

Diesseits des Rheins hat die Beschäftigung mit Auschwitz die Erinnerung an Verdun schon vor Jahren verdrängt. Die Bilder, die Helmut Kohl und François Mitterrand 1984 Hand in Hand an den Gräbern von Verdun zeigen, entfalteten in der Bundesrepublik nicht annähernd jene symbolische Kraft wie in Frankreich.

Konrad Adenauer saß noch im Palais Schaumburg in Bonn, als der Erste Weltkrieg das letzte Mal die breite Öffentlichkeit der alten Bundesrepublik beschäftigte. Das war Anfang der sechziger Jahre. Der Historiker Fritz Fischer hatte behauptet, das Kaiserreich trage die Hauptschuld am Ausbruch des Ersten Weltkriegs. Fischer zerstörte damit die Lebenslüge der Generation, die in Hitlers Weltkrieg bloß einen Betriebsunfall der deutschen Geschichte sehen wollte und nicht etwa die Endstation eines lange zuvor eingeschlagenen Sonderwegs.

Nach der so genannten Fischer-Kontroverse erlahmte die öffentliche Anteilnahme allerdings rasch. Erst 2004, zum 90. Jahrestag des Kriegsausbruchs 1914, wendet sich die Aufmerksamkeit des nun geeinten Deutschland dem Krieg des Kaisers erneut zu. Geschichtsstudenten drängen sich in Seminare und Vorlesungen zum Ersten Weltkrieg. „Das Interesse ist enorm", beobachtet Dorothee Wierling, Historikerin an der Universität Hamburg. Der Publizist Michael Jürgs verkaufte von seinem Buch über den „Weihnachtsfrieden" 1914 innerhalb weniger Wochen über 30 000 Exemplare. Verlage und TV-Anstalten haben sich auf den neuen Trend eingestellt.

Ein gutes Dutzend Neuerscheinungen zum Ersten Weltkrieg ist im Frühjahr 2004 auf den Markt gekommen. Die öffentlich-rechtlichen Sender zeigen Serien, die sich mit dem Kaiser beschäftigen oder einen kompletten Überblick des Kriegs versuchen.

Gerhard Hirschfeld, Geschichtsprofessor und Direktor der Bibliothek für Zeitgeschichte in Stuttgart, erklärt das neue Interesse mit einer besonderen „Dialektik der Erinnerung". Der Erste und der Zweite Weltkrieg würden bei der Aufarbeitung des 20. Jahrhunderts zunehmend „zusammen gedacht". Die Aufmerksamkeit, die Wilhelms Schlachten nun zuteil wird, wäre demnach logische Folge der Debatten über die Kollektivschuld-These Daniel Goldhagens, die Wehrmachtsausstellung des Hamburger Instituts für Sozialforschung oder die Entschädigung der Zwangsarbeiter.

Die Katastrophe des Ersten Weltkriegs nahm ihren Anfang am 28. Juni 1914 im bosnischen Sarajevo, wo der österreichische Thronfolger Erzherzog Franz Ferdinand zu Besuch weilte. Bei der Fahrt durch die Stadt bog dessen Fahrer falsch ab. Als er wenden wollte, sprang der 19-jährige serbische Gymnasiast Gavrilo Princip vor und feuerte zweimal in den offenen Wagen. Die Erzherzogin war sofort tot, der Thronfolger starb zehn Minuten später. Princip gehörte zu einem siebenköpfigen Terrorkommando junger Serben, die von einem großserbischen Reich träumten. Die Teenager hatten Bomben und Pistolen vom serbischen Geheimdienst erhalten.

Seit langem drängten die Falken in der Wiener Regierung auf einen Krieg gegen Serbien, um den serbischen Nationalismus, der das marode Vielvölker-Imperium schwächte, als „Machtfaktor am Balkan auszuschalten". Nach dem Attentat gewann die Kriegsfraktion die Oberhand.

Und da der greise Kaiser Franz Joseph fürchtete, Russland könne den slawischen Brüdern beispringen, bat er den deutschen Verbündeten um Rückendeckung. Als am 5. Juli 1914 der Wiener Botschafter im Neuen Palais in Potsdam Wilhelm II. über eine geplante „Isolierung und Verkleinerung Serbiens" unterrichtete, gab „Höchstderselbe" seine „volle Unterstützung". Damit setzte die „Juli-Krise" ein – der Anfang vom Ende einer langen Epoche des Friedens.

Seit Napoleon, also etwa hundert Jahre, hatte es in Europa keinen großen Krieg mehr gegeben. Die regierenden Fürstenhäuser waren eng verwandt: Zar Nikolai II., Kaiser Wilhelm II. und König George V. waren Cousins. Man konnte ohne Pass von London bis an die russische Grenze reisen. Außenhandelsboom und Goldstandard hatten eine Verflechtung der Volkswirtschaften zur Folge, die erst gegen Ende des 20. Jahrhunderts wieder erreicht wurde.

Die Juli-Krise 1914

28. Juni Der bosnische Serbe Gavrilo Princip erschießt den österreichischen Thronfolger Franz Ferdinand in Sarajevo. Wien erwägt eine Strafaktion gegen das international weitgehend isolierte Serbien.

5. Juli Österreichs Kaiser Franz Joseph bittet Wilhelm II. um Unterstützung. Das Deutsche Reich soll Russland – den mächtigen Verbündeten Serbiens – von einem Eingreifen abschrecken. Wilhelm II. sagt zu, „in gewohnter Bündnistreue" an der Seite Wiens zu stehen.

23. Juli Österreich verlangt von Serbien in einem Ultimatum die Unterdrückung jeglicher Aktionen gegen die österreichisch-ungarische Monarchie und eine gerichtliche Untersuchung des Attentats unter Mitwirkung Wiener Beamter.

28. Juli Österreich erklärt Serbien den Krieg, nachdem Belgrad sich weigerte, die Wiener Forderungen vollständig zu erfüllen.

29. Juli Londons Außenminister Grey warnt, Großbritannien werde im Fall eines großen Krieges Frankreich beistehen. Vergebens versucht Reichskanzler Bethmann Hollweg, die Briten zur Neutralität zu bewegen.

30. Juli Zar Nikolai II. ordnet die russische Generalmobilmachung an. Bethmann Hollweg drängt Wien erfolglos, die Briten als Vermittler zu akzeptieren.

31. Juli Deutschland droht dem Zaren mit einem Krieg, falls Russland nicht innerhalb von 12 Stunden demobilisiere. Das Reich verlangt zugleich von Frankreich in einem Ultimatum, sich innerhalb von 18 Stunden für neutral zu erklären. Der französische Ministerrat beschließt die Mobilmachung.

1. August Deutschland erklärt Russland den Krieg und macht mobil.

3. August Deutschland erklärt Frankreich den Krieg. Der Schlieffen-Plan sieht vor, die als unüberwindbar geltenden Befestigungen in Ost-Frankreich durch einen Einmarsch in das neutrale Belgien zu umgehen und Frankreich innerhalb weniger Wochen zu besiegen. Anschließend soll die deutsche Armee gegen Russland vorgehen, bevor dort die Mobilmachung abgeschlossen ist.

4. August Großbritannien begründet seinen Kriegseintritt mit dem völkerrechtswidrigen Einmarsch deutscher Truppen in Belgien.

Doch zugleich standen sich zwei Machtblöcke zunehmend feindlich gegenüber. Auf der einen Seite die Mittelmächte Österreich-Ungarn sowie das Deutsche Reich, das nach Vorherrschaft auf dem europäischen Kontinent strebte; auf der anderen Seite die Entente aus französischer Republik, konstitutioneller britischer Monarchie und Russlands rückständiger Autokratie – ein verqueres Bündnis, das nur der gemeinsame Gegner Deutschland zusammenhielt. Der Machthunger des deutschen Kaisers ließ Franzosen, Russen und Briten zusammenrücken, obwohl diese wegen ihrer kolonialen Interessen jahrzehntelang miteinander verfeindet waren.

Die Schüsse von Sarajevo und das österreichische Ultimatum setzten eine Kettenreaktion in Gang. Russland sprang dem von Österreich bedrohten Serbien in der Hoffnung bei, Österreich-Ungarn zu schwächen; Deutschland stellte sich daraufhin offen gegen das Zarenreich, was zur Folge hatte, dass Frankreich seinem Verbündeten Russland zu Hilfe eilte und Großbritannien schnell folgte.

Einen Zweifrontenkrieg gegen Frankreich und Russland glaubte der Große Generalstab nur gewinnen zu können, wenn Deutschland mit einem Angriff auf Frankreich nicht lange zögerte. Ein fataler Automatismus begann.

Über die Frage, welche Seite die Hauptverantwortung für den Kriegsausbruch trägt, streiten bis heute die Historiker. Reichskanzler Theobald von Bethmann Hollweg gestand einem Journalisten, dass Deutschland einen Teil der Schuld am Ausbruch des Kriegs trage, und fügte hinzu: „Wenn ich sagen wollte, dieser Gedanke bedrückt mich, so wäre das zu wenig – der Gedanke verlässt mich nicht, ich lebe darin." Wilhelm-II.-Biograf John Röhl wirft dem Kaiser sogar „Verschwörung zu einem Angriffskrieg" vor (siehe Gespräch Seite 36).

Die jungen Soldaten, die im August 1914 an die Front fuhren, ahnten nichts von dem Inferno, das sie erwartete. Französische Wehrpflichtige zogen mit leuchtend blauen Röcken und roten Hosen in die Schlacht. Säbel baumelten an den Gürteln der Offiziere aller Armeen. Ungarische Husaren übten mit quastenbesetzten Waffenröcken Attacken. „Ich finde den Krieg herrlich. Er ist wie ein großes Picknick, aber ohne das überflüssige Beiwerk, das normalerweise dazugehörte", notierte der britische Offizier Julian Grenfell.

Die grauenvollen Zutaten dieses Picknicks: Handgranaten, Flammenwerfer, Giftgas. Am 22. April 1915 setzten die Deutschen erstmals in der Geschichte der Menschheit Massenvernichtungswaffen ein. Der Einsatz von Gas, den Briten, Franzosen und Russen erwiderten, kostete Zehntausende das Leben – eine kriegsentscheidende Wende brachte er nicht.

Dabei schien der Sieg der Deutschen im August 1914, wenige Wochen nach Kriegsbeginn, bereits in Reichweite. Fast alles war nach jenem Plan verlaufen, den in seinen Grundzügen 1905 Alfred Graf von Schlieffen, der scheidende Generalstabschef, entworfen hatte. Schlieffen wollte im Falle eines Zweifrontenkriegs die Zeit, die der Zar brauchte, um seine Truppen im riesigen Russland zu mobilisieren, für einen schnellen Sieg gegen Frankreich nutzen. Doch der deutsche Angriff kam im September an der Marne unerwartet zum Stehen. Im November zog sich eine 700 Kilometer lange Grabenfront wie eine hässliche Narbe von der Nordsee bis an die Schweizer Grenze.

Der Stellungskrieg begann, und er dauerte fast vier Jahre. Von Scharfschützen bedroht, von Ratten und Läusen gequält, mussten die Soldaten in den Gräben ausharren, die oft voll Wasser liefen. Vor ihnen tat sich baumloses, von Kratern durchsetztes Niemandsland auf, Pferdekadaver und Leichenteile verbreiteten einen elenden Gestank.

Für die meisten Soldaten kam der Tod aus kilometerweit entfernten Artilleriegeschützen. „Wir liegen unter dem Gitter der Granatenbogen und leben in der Spannung des Ungewissen. Über uns schwebt der Zufall. Wenn ein Geschoss kommt, kann ich mich ducken, das ist alles; wohin es schlägt, kann ich weder genau wissen noch beeinflussen", beschreibt der Veteran Erich Maria Remarque in seinem Weltbestseller „Im Westen nichts Neues" die Fronterfahrung.

Immer wieder starteten die Generäle groß angelegte Offensiven, die nicht einmal ein Dutzend Kilometer Geländegewinn brachten, aber Hunderttausenden den Tod. Im Londoner Imperial War Museum läuft ein Tonband mit dem Bericht von Sergeant Quinnell über den Angriff seiner Einheit an der Somme am 7. Juli 1917. Um 4.15 Uhr setzte das wechselseitige Bombardement ein. In den Gräben mussten die Soldaten vier Stunden lang warten. Bevor der Angriff begann, war bereits jeder Vierte tot. Dann kam der Befehl:

auf die Leiter, raus aus dem Schützengraben. Die Ersten wurden weggemäht von den feindlichen MG-Schützen.

Warum die Männer bis kurz vor Kriegsende gegen das Abschlachten nicht aufbegehrten, zählt bis heute zu den großen Rätseln. Denn nicht Terror hielt die Ordnung an der Front aufrecht. Anders als 30 Jahre später urteilte die deutsche Militärjustiz damals milde. War es die Kameradschaft, das so genannte Fronterlebnis, das die Soldaten immer weiterkämpfen ließ? War es die fatalistische Hoffnung des Einzelnen, er werde durchkommen? Oder wurden die Landser Opfer der gebetsmühlenhaften Propaganda, das Ende des Kriegs stehe unmittelbar bevor?

Der Krieg im Osten war ein ganz anderer. Das Vereisen der Böden im Winter erschwerte den Stellungsbau enorm. Die Länge der Front zwischen Ostsee und Schwarzem Meer ermöglichte beiden Seiten immer wieder Durchbrüche. Kaiser Wilhelm holte zur Abwehr der Russen den 1911 pensionierten General Paul von Hindenburg aus dem Ruhestand. Dem erfahrenen Militär mit dem großväterlichen Bart gelang es, die Truppen des Zaren bei Tannenberg 1914 und in Masuren 1915 zu schlagen. Die triumphalen Siege machten Hindenburg zum Volkshelden und legten den Grundstein für dessen verhängnisvolle Karriere nach dem Krieg: Als Präsident der Weimarer Republik ernannte er 1933 Adolf Hitler zum Reichskanzler.

Die Russische Revolution im Oktober 1917 beendete den Zweifrontenkrieg. Die russischen Soldaten, meist Bauern, fanden Lenins Parole „Frieden, Land und Brot" allemal attraktiver als das Sterben an der Front. Im Dezember 1917 nahm eine Delegation im Auftrag Lenins in Brest-Litowsk Friedensverhandlungen mit den Deutschen auf.

Der Zusammenbruch des Zarenregimes war Wilhelms einzige Chance, den Krieg im Westen noch zu gewinnen. 52 Divisionen mit über einer Million Soldaten standen in Russland bereit, doch als die Verhandlungen mit Lenins Delegation stockten, stießen die deutschen Divisionen bis zum Kaukasus vor – und wurden nicht an die Westfront verlegt, wo man sie so dringend benötigte.

Dort waren bereits die ersten ausgeruhten Soldaten aus Übersee eingetroffen: US-Amerikaner. „Das Dorf war plötzlich voll von Männern mit Cowboyhüten. Offiziere und einfache Soldaten tranken gemeinsam in den örtlichen Kneipen. Und sie schäkerten mit

den Mädchen in einer Weise, die wir uns niemals getraut hätten",
notierte der britische Soldat Eric Hiscock über die Vertreter der
neuen Weltmacht.

Es war wohl der folgenschwerste Fehler Wilhelms II., die größte
Industrienation in den Krieg gezogen zu haben. Des Kaisers Experten hatten geglaubt, mit einem unbeschränkten U-Boot-Krieg
gegen Frachtschiffe, die Nahrungsmittel und Rohstoffe auch aus den
neutralen USA nach Großbritannien brachten, ließe sich London
innerhalb von fünf Monaten zum Frieden torpedieren. Stattdessen
hatte US-Präsident Woodrow Wilson Berlin den Krieg erklärt.

Mit einer verzweifelten Offensive versuchte die deutsche Führung
im März 1918, den Waffengang doch noch zu ihren Gunsten zu entscheiden. Aber der Angriff lief sich fest. Der Krieg war verloren.

Sieben Monate hielt die deutsche Armee noch durch. Dann war
alles vorbei. Am 10. November 1918 reiste Wilhelm II. aus dem
Oberhauptquartier in Spa direkt ins niederländische Exil. Der
Reichstagsabgeordnete Matthias Erzberger unterzeichnete die Waf-
fenstillstandsbedingungen; am 11. November ab 11 Uhr schwiegen
die Waffen. Adolf Hitler beschloss, „Politiker zu werden".

Der zweite Dreißigjährige Krieg

Der Erste Weltkrieg als Auftakt und Vorbild für
den Zweiten Weltkrieg

VON HANS-ULRICH WEHLER

Denkbar unterschiedliche Zeitgenossen wie Marx' Freund, der linksradikale Unternehmermillionär Friedrich Engels, der legendäre preußische Generalstabschef Helmuth von Moltke und der jahrzehntelang amtierende SPD-Vorsitzende August Bebel – sie alle hatten ihn seit Jahrzehnten prophezeit: den „großen Weltkrieg", wenn die europäischen Großmächte in einem künftigen Konflikt aufeinander stoßen würden.

An der Prognose von Engels, einem kompetenten Militärexperten, fällt die bestechende Hellsichtigkeit auf, da er bereits 1887 einen „Weltkrieg von einer bisher nie gekannten Ausdehnung und Heftigkeit" kommen sah: „Acht bis zehn Millionen Soldaten werden sich untereinander abwürgen." Die absehbaren Folgen: „Die Verwüstungen des Dreißigjährigen Krieges zusammengedrängt in drei bis vier Jahre und über den ganzen Kontinent verbreitet. Hungersnot, Seuchen, allgemeine ... Verwilderung der Heere wie der Volksmassen; rettungslose Verwirrung ... in Handel, Industrie und Kredit, endend im allgemeinen Bankrott; Zusammenbruch der alten Staaten ... derart, dass die Kronen zu Dutzenden über das Straßenpflaster rollen und niemand sich findet, der sie aufhebt; absolute Unmöglichkeit, vorherzusehen, wie das alles enden und wer als Sieger aus dem Kampf hervorgehen wird."

Auch Moltke hatte schon 1890 voll düsterer Ahnungen einen „dreißigjährigen Volkskrieg" vorhergesehen. Und als ein halbes Jahrhundert später General Charles de Gaulle, seit 1940 im Londoner Exil, sich an einer Diagnose der Gegenwart versuchte, sprach er wiederholt von einem zweiten Dreißigjährigen Krieg, der 1914 begonnen habe und erst mit der Niederlage Deutschlands enden werde.

Der bedeutende französische Sozialwissenschaftler und Publizist Raymond Aron, der damals zum Beraterstab de Gaulles gehörte, hat dann den Begriff des neuen Dreißigjährigen Kriegs in die geschichtswissenschaftliche Deutung der Epoche beider Weltkriege eingeführt. Dort hat die prägnante Formulierung als herausfordernde Interpretation eine weit reichende Resonanz gefunden.

Trifft sie aber tatsächlich den Kern des historischen Zusammenhangs? Oder führt sie, schon wegen der Einzigartigkeit des nationalsozialistischen Genozids, nicht doch in die Irre? Welche Grundlinien des Ersten Weltkriegs verweisen vielleicht doch, so unbestritten die Neuartigkeit der deutschen Vernichtungspolitik seit 1939 auch ist, auf Kontinuitätsbrücken, ohne deren Kenntnis man den zweiten totalen Krieg allzu leicht als isoliertes Unikat hinstellt?

Daher ist zunächst zu fragen: Was hebt den Ersten Weltkrieg aus den zahllosen Kriegen, die das europäische Staatensystem in seiner 400-jährigen Geschichte bis 1914 erlebt hat, so unverwechselbar hervor?

Zum einen steigerte er sich zum ersten totalen Krieg, dessen Konturen bisher nur in den radikalisierten Kolonialkriegen der imperialistischen Mächte (etwa im Krieg gegen die Herero in Deutsch-Südwestafrika von 1904 bis 1907) aufgetaucht waren. Alle beteiligten Gesellschaften sollten jetzt mit schlechthin all ihren Ressourcen ganz in den Dienst der Kriegsanstrengung gestellt werden. Dabei löste sich die herkömmliche Grenze zwischen militärischer Front und friedlicher Heimat zusehends auf, nachdem sie bisher, auch noch 1870/71, strikt beachtet worden war.

Zum anderen hielt er nach der Niederlage des Deutschen Reichs die ressentimentgeladene Vorstellung am Leben, mit einem klassischen Revisionskrieg, wie ihn das Staatensystem schon hundertfach erlebt hatte, die schmerzhaften Ergebnisse des verlorenen Kräftemessens nicht nur möglichst bald zu korrigieren, sondern durch eine noch umfassendere, eben „totale" Anstrengung den zweiten Griff nach dem Weltmachtstatus erfolgreich auszuführen.

Über nahezu alle politischen Lager hinweg übten diese Revisionshoffnung und die Chimäre einer endlich siegreichen „repeat performance" eine perverse Faszination aus. Dieser Glaube hielt sich unter Millionen gedemütigter Kriegsteilnehmer, aber auch und erst recht in der neuen Generation der nach 1900 Geborenen, die sich um das

Kriegserlebnis geradezu betrogen fühlten. Der Gefreite Adolf Hitler, der seit 1919 in den Münchner Bierkellern, dann landesweit diese Botschaft seinen Zuhörern entgegenschrie, drückte eine allgemeine, weithin konsensfähige Sehnsucht nur in ungewöhnlich krasser Rhetorik aus – und das Echo schallte schließlich aus der Wählerschaft mit überwältigender Zustimmung zurück.

Unstreitig bestand daher seit 1918/19 die Gefahr, dass der ungestillte deutsche Revisions- und Machthunger wiederum in einen Weltkrieg münden würde. Insofern verband sich mit dieser Mentalitätslage tatsächlich, und das ist in universalhistorischer Perspektive das erschreckend Neue, ein hohes Maß an Wahrscheinlichkeit, dass nach einer konfliktreichen Nachkriegszeit ein zweiter Großkrieg Europa erneut verheeren, ja die ganze Welt in Mitleidenschaft zie-

Der Traum vom Imperium Deutsche Eroberungen in Osteuropa

hen würde. Denn er musste von vornherein als totaler Krieg konzipiert werden, um mit der verlockenden Aussicht auf den Endsieg die mächtige Allianz der Sieger niederringen zu können.

Vergegenwärtigt man sich die Zielstrebigkeit der deutschen Rüstungspolitik schon in den Jahren der Republik, erst recht aber unter der Führerdiktatur, lässt sich kaum bestreiten, dass mit dem Ersten Weltkrieg die Vorgeschichte des Zweiten beginnt. Die Konstellation von 1918/19 barg bereits den Zündstoff für einen neuen Weltbrand in sich, obwohl er sich für viele Beobachter an der Oberfläche, bis es 1941 zum Krieg gegen die Sowjetunion und Amerika kam, zunächst wie ein konventioneller europäischer Revisionskrieg ausnahm.

Welche Perspektiven der „Urkatastrophe" des 20. Jahrhunderts, die nach dem Urteil des amerikanischen Historikers George F. Kennan im Sommer 1914 begann, verdienen es, im Blick auf die Kontinuitätsproblematik hervorgehoben zu werden?

Dass an Stelle des befürchteten dritten Balkankriegs, den Wien gegen Serbien führen wollte, in kürzester Zeit und in entscheidendem Maße dank des Hasardspiels der Berliner Politik ein Megakrieg aller europäischen Großmächte entfesselt worden war, stand bereits Anfang August 1914 fest. Seither erwies sich dieser Krieg als ein gewaltiger „Transformator", der alle beteiligten Völker mit ihrer Wirtschaft und Sozialstruktur, ihrer Staatsverfassung und Innenpolitik, ihrer Mentalität und Wertewelt, nicht zuletzt natürlich mit ihren Streitkräften in allen Waffengattungen durch seinen Einfluss tiefer veränderte als jedes andere Großereignis seit 1789, vielleicht sogar seit den Umwälzungen im Gefolge der protestantischen Reformation des 16. und 17. Jahrhunderts.

I.

Nach dem Auftakt als europäischer Mächtekrieg stieß der Konflikt alsbald in neue Dimensionen vor, da er erstmals einen wahrhaft globalen Charakter gewann. Zwar blieben die militärischen Operationen im Wesentlichen auf Europa und die hohe See konzentriert. Aber im Nahen Osten führte der Kampf der Alliierten gegen die mit den Mittelmächten verbündete Türkei zur Agonie, schließlich zur rigorosen Amputation des riesigen Osmanischen Reiches, das auf seinen kleinasiatischen Restbestand reduziert wurde.

In Afrika wurde ein Kolonialkrieg gegen die vier deutschen „Schutzgebiete" geführt, bei dem es ebenso wie an der Westfront zum Bruch eines bisher verbindlichen Tabus kam, als farbige gegen weiße Einheiten eingesetzt wurden. In Ostasien setzte Japan seine imperiale Expansion zielstrebig fort. Der Atlantik wurde zum Schauplatz eines neuartigen U-Boot-Kriegs. Mit dem Kriegseintritt der USA wurde die einzige transatlantische Großmacht in das Mächteringen einbezogen.

Am Ende des Kriegs stand der Zerfall der drei multinationalen Reiche Österreich-Ungarn, Russland und Deutschland, auf deren früherem Territorium die so genannten Nachfolgestaaten auf der Legitimationsbasis des Selbstbestimmungsrechts der Völker entstanden, für das Wilson wie Lenin in ihrem Duell gleichermaßen eingetreten waren. Nach 1945 setzte sich dieser Prozess unter Berufung auf dasselbe Prinzip in der weltweit ablaufenden Dekolonisation fort, die fast alle ehemaligen Kolonien der westlichen Mächte in souveräne Staaten verwandelte.

II.

Die Kriegführung erlebte eine beispiellose Technifizierung. Nach vier Jahren hatte sich die Natur dieses industrialisierten Kriegs von Grund auf gewandelt. Das Maschinengewehr erwies sich als Massentöter. Noch schlimmer wütete der massierte Artilleriebeschuss, auf dessen Konto mehr als 50 Prozent aller Kriegstoten entfielen. (Zu Beginn der Schlacht an der Somme mit ihren 1,1 Millionen Toten und Verwundeten schossen die Alliierten eine Tonne Granaten auf jeden Quadratmeter der deutschen Stellungen!)

Der Tank, dessen Entwicklung die deutsche Seite verpasst hatte, gewährte der Infanterie eine fast unwiderstehliche Unterstützung. Im Sommer 1918 war daher die deutsche Westfront auch den 1500 alliierten Tanks nicht gewachsen. Junge Offiziere wie Charles de Gaulle und Heinz Guderian erkannten in ihnen die strategisch wertvolle Panzerwaffe der Zukunft, die im Zweiten Weltkrieg in der Tat eine eminent wichtige Rolle spielen sollte.

Der alliierte Vorsprung in der Autoproduktion führte zu ersten mobilen Verbänden. Die Bedeutung der Kampfflugzeuge stieg rapide an. Im Sommer 1918 besaß Frankreich bereits 3400 einsatzfähige Flugzeuge – mehr als im Mai 1940, als die neue deutsche Luftwaffe die Konsequenzen aus dem ersten Luftkrieg folgerichtig gezogen hatte. Die deutsche Marine wiederum beschwor nicht mit ihrer nutzlosen Schlachtflotte, jedoch mit ihren U-Booten zeitweilig eine tödliche Gefahr für den Gegner herauf, die seit 1942 von Berlin planmäßig imitiert wurde.

Neuartig an der Kriegführung war aber auch, dass Massenheere in vorbildloser Millionenstärke gegeneinander antraten. Weltweit zog man schließlich rund 70 Millionen Soldaten ein. In Deutschland etwa wurden 13,5 Millionen Männer zum Wehrdienst beordert, relativ mehr als in jedem anderen Krieg führenden Staat. 81 Prozent aller Männer im wehrpflichtigen Alter wurden erfasst, 15 Prozent von ihnen, mehr als 2 Millionen, starben, ein Drittel wurde verwundet. Zumindest der erste Teil von Bertrand Russells zynisch-realistischer Definition des modernen Kriegszwecks: „Maximum slaughter at minimum expense" (ein Höchstmaß an Metzelei bei einem Minimum an Kosten) ging in Erfüllung.

An der „Heimatfront" gewann währenddessen der Ausstoß der Rüstungsindustrie eine entscheidende Bedeutung. Denn da die unersättliche Nachfrage nach Kriegsmaterial anhielt, bestimmte auch die Produktionsfähigkeit und Verkehrsleistung den Kriegsausgang mit. Als seit 1916 der Übergang zum totalen Krieg erfolgte, gelang zwar mit dem „Vaterländischen Hilfsdienstgesetz" noch nicht die von der 3. Obersten Heeresleitung anvisierte rücksichtslose Mobilisierung schlechterdings aller materiellen und menschlichen Reserven allein für den Kriegszweck. Doch 1918 näherte sie sich einigen Maximalzielen.

III.

Kriegsziele werden in jedem Krieg verfolgt. Doch die Gigantomanie der deutschen Kriegszielpolitik seit 1914 übertraf alle Vorläufer bei weitem. Aus strategischen, ökonomischen, machtpolitischen Gründen, aber auch mit dem Ziel der sozialimperialistischen Ablenkung von dem innenpolitischen Reformstau wurden vier Jahre lang maßlos ausgreifende Pläne verfolgt. Im Westen sollten das „germanische" Flandern, die Kanalküste und das französische Erzbecken bei Longwy-Briey, im Osten ein riesiges russisches Territorium annektiert werden, das zudem durch einen Gürtel von Satellitenstaaten gegen das Zarenreich geschützt werden sollte; eine „Europäische

Wirtschaftsgemeinschaft" sollte die ökonomische Vorherrschaft in Europa gewährleisten, ein mittelafrikanisches Kolonialreich sich von der West- bis zur Ostküste erstrecken.

Die höchste Priorität besaß unstreitig die Expansion nach Osten, um einen blockadefesten, Autarkie garantierenden Großraum, Basis des Siegfriedens und künftiger Kämpfe um Weltmacht, zu gewinnen. In ihm sollten zugleich rassepolitisch eingefärbte Umsiedlungspläne mit scharfer antipolnischer und antisemitischer Spitze verwirklicht werden, um einen „Wall deutscher Menschen" gegen die „slawische Flut", in Ludendorffs enthüllenden Worten „Zuchtstätten" für künftige germanische Ostkrieger, zu schaffen. Damals, nicht erst 1939, bahnte sich der entscheidende Mentalitätswandel hin zu einer gewalttätigen Germanisierungspolitik an.

Seinen Höhepunkt erreichte der mit breiter Unterstützung der deutschen Öffentlichkeit, der Interessenverbände und der meisten Parteien vorangetriebene Ostimperialismus nach dem Frieden von Brest-Litowsk im März 1918, der Russland riesige Gebiets- und Wirtschaftsverluste zumutete, als deutsche Divisionen durch die Ukraine bis hinunter zum Kaukasus vorstießen; dieser neue Krieg gegen Russland ist aus dem deutschen historischen Gedächtnis völlig verdrängt worden.

Der Wunschtraum vom gewaltigen Ostimperium schien damals endlich in Erfüllung zu gehen. Vergegenwärtigt man sich die Grenze der deutschen Besatzungssphäre bis zum Asowschen Meer, zum Elbrus und nach Georgien, versteht man besser, dass Hitlers Generation der zweite Griff nach „Ostland" seit 1941 alles andere als neuartig vorkam. Dem Entwurf der aktivistischen Germanisierungspolitik im Osten lag schon die Absicht der durchgreifenden „ethnischen Säuberung" zu Grunde, die nicht nur vom Alldeutschen Verband und Ostmarkenverein, sondern in der offiziellen Regierungsplanung gefordert wurde. Wegen der Fixierung auf die nationalistische Fata Morgana des ethnisch homogenen Nationalstaats war das eine fatale, aber mit innerer Schlüssigkeit ausgestattete Konsequenz.

Voran ging freilich die jungtürkische Reformbewegung, die sich diese Homogenisierungsutopie zu Eigen gemacht hatte, ehe sie 1,5 Millionen christlicher Armenier ermorden und wenige Jahre später auch 1,5 Millionen Griechen umbringen oder vertreiben ließ. Die osteuropäischen Nachfolgestaaten praktizierten dann öfter eine noch gemäßigte Verdrängungspolitik gegenüber nationalen Minderheiten. Erst die nationalsozialistische Rasse- und Umsiedlungspolitik unterwarf Millionen Osteuropäer, wie es jetzt im SS-Jargon hieß, der „ethnischen Flurbereinigung", die im Gegenschlag die Vertreibung von 14 Millionen Deutschen auslöste.

IV.

Der große Krieg wurde auch zu einem Wirtschaftskrieg, in dem wichtige ökonomische Trends sich veränderten, abbrachen oder beschleunigt wurden. Nach zwei goldenen Jahrzehnten weltweiter Hochkonjunktur schrumpfte die deutsche Gesamtproduktion um zwei Fünftel, der landwirtschaftliche Ausstoß um ein Drittel. Der Krieg diskreditierte mit jedem Fortschrittsglauben auch die Idee der liberalen Weltwirtschaft als Muster wahrer Progressivität. Die Zukunft schien sorgfältiger staatlicher Planung zu gehören. Der längst vor dem Krieg eingeübte Korporativismus – die außerhalb des Parlaments geübte enge Kooperation von Großwirtschaft, Interessenverbänden und Staatsbürokratie – verdichtete sich zu einer noch intimeren Zusammenarbeit, die weithin als zukunftsfähiges Modell galt, etwa noch für die nationalsozialistischen Vierjahrespläne.

Außerdem begann im Sommer 1914 die „Große Inflation", die allerdings erst 1922/23 ihren fatalen Höhepunkt erreichen sollte. Da die Berliner Führungselite die Kriegsfinanzierung nicht auf Steuern, die endlich auch die besitzenden Klassen belastet hätten, zu basieren wagte, sondern auf Anleihen zurückgriff, lief die Notendruckpresse unentwegt, um die Kriegskosten wenigstens vorläufig in der illusionären Erwartung zu decken, dass sie als riesige Reparationen auf die besiegten Gegner abgewälzt werden könnten – so wie es später das „Dritte Reich" im besetzten Europa bis 1944 praktiziert hat. Den Preis des völligen Währungszusammenbruchs präsentierte dann die Hyperinflation.

25 Jahre später wiederholte sich dieses Ergebnis deutscher Kriegsfinanzierungspolitik: Erneut wurden die finanziellen Kriegsfolgen durch massenhafte Enteignung liquidiert.

V.

So, wie sich die Prioritäten der Wirtschaftspolitik veränderten, unterlag auch die Kohäsion der großen sozialen Klassen einem tief reichenden Wandlungsprozess. Insbesondere die materielle Not der Kriegsjahre führte zu einer extrem ungleichen Belastung der Bevölkerung. An Stelle der 3400 täglichen Kalorien der Vorkriegszeit und der 2600 jetzt für notwendig erachteten gab es nur mehr gerade 1000. Erwachsene verloren im Durchschnitt 20 Prozent ihres Gewichts. Die Kindersterblichkeit schnellte in ungeahnte Höhen. Zwar landeten bis zu 50 Prozent aller begehrten Produkte auf dem Schwarzmarkt, doch waren dessen exorbitant hohe Preise für die städtische Arbeiterschaft unerschwinglich, zumal ihre Reallöhne um ein Drittel sanken. Die Nahrungsmittelnot erreichte im „Steckrübenwinter" 1916/17, als ein preußisches Ministerium die Konsumenten über die Schmackhaftigkeit abgeschossener Krähen aufklärte, ihren dramatischen Höhepunkt.

Größer noch als der Einfluss der Notlage an der „Heimatfront" auf die Mentalität der Kriegsdeutschen war die mentale Verstörung, die Millionen von Soldaten im Angesicht des Todes erlebten. Dadurch wurden vertraute Bindungen und Loyalitätsbeziehungen in Frage gestellt. Der traditionelle Anspruch der adligen und bürgerlichen Oberklassen auf politische Hegemonie und soziale Privilegien traf auf anschwellende Zweifel und verschärfte Legitimationsforderungen. Die anhaltende politische Diskriminierung durch das Klassenwahlrecht und die evident ungleiche Verteilung von Lebenschancen und -risiken wurde zur offenen Provokation. Schließlich gingen die durch Repression, Zensur und „Burgfriedens"-Ideologie mühsam gezähmten Spannungen seit 1917 in offene Konflikte über, als große Massenstreiks und Protestbewegungen das Reich erschütterten.

Auch die Parteienlandschaft unterlag einer schroffen Polarisierung, als sich die Unabhängige SPD von der Mutterpartei abspaltete, während auf der äußersten Rechten mit der blindlings auf Annexionismus und „Siegfrieden" setzenden Vaterlandspartei eine frühfaschistische Sammlungsbewegung entstand, der zahlreiche ältere Nationalsozialisten angehört haben.

Wegen der Klassenantagonismen und der politischen Konfrontation gewann andererseits die Utopie einer harmonischen „Volksgemeinschaft" eine weit reichende Anziehungskraft, zumal die Fiktion der „Schützengrabengemeinschaft" oder des „Frontsozialismus" durch die Realität dementiert wurde. Es war die Erfahrung mit der Zerrissenheit der reichsdeutschen Gesellschaft, welche die Illusion der „Volksgemeinschaft" auch für die Hitler-Bewegung so überaus attraktiv gemacht hat.

VI.

Als eine der folgenreichsten Erscheinungen des Kriegs erwies sich überhaupt die psychische Mobilisierung der deutschen Gesellschaft. Die Kriegsleidenschaft, wesentlich ausgelöst durch die Legende vom aufgezwungenen Verteidigungskrieg gegen die „Einkreisungs"-Allianz, steigerte den Nationalismus zu beispiellosen Extremen. Die geschwind erfundene Integrationsideologie der „Ideen von 1914" wurde im Zeichen des „Burgfriedens", des Einfrierens aller innenpolitischen Auseinandersetzungen, als deutsche Gegenutopie der „Ideen von 1789" stilisiert, die Überlegenheit des deutschen „Sonderwegs" in die Moderne dogmatisch überhöht.

Der Nobelpreisträger Rudolf Eucken erkannte im Krieg die „Weltbewährungsprobe deutscher Innerlichkeit", der rechtskonservative Theologe Reinhold Seeberg das „Herannahen des Tages der Deutschen". „Wir müssen diesen Kreuzzug", überbot sie der Nationalökonom Johannes Plenge, „im Dienste des Weltgeistes zu Ende führen, und Gott will es … uns und der Welt zum Heil", denn „wir sind das vorbildliche Volk. Unsere Ideen werden die Lebensziele der Menschheit bestimmen".

Die Amtskirchen wetteiferten bei der Heiligung des Kriegs. Nationalprotestantische Theologen überboten sich wechselseitig, wenn sie den Soldatentod für die Nation mit dem Opfertod Jesu Christi für die Menschheit verglichen. „Wir stehen mit Gott in diesem Krieg als seine Diener", wusste Paul Althaus. „Darum ist es ein heiliger Krieg und deshalb für jeden" ein „Gottesdienst". Der Berliner Generalsuperintendent Friedrich Lahusen entdeckte in den deutschen Heeren „Gottes himmlische Engel".

Nicht „Verständigung", predigte ein Scharfmacher wie Otto Dibelius, bald ein Lobredner des Antisemitismus und der Wahlsiege der NSDAP, „sondern Ausnutzung unserer Macht bis zum Äußersten, das ist die Forderung des Christentums". Deutschlands Sieg verkörpere die „vollendete Heilsgeschichte". Kein Wunder, dass ein kritischer evangelischer Theologe wie Karl Barth die „germanische Kampftheologie" geißelte, durch die „Kriegslust und christlicher Glaube in ein hoffnungsloses Durcheinander geraten" seien.

Umso deprimierender wirkte dann der Absturz aus allen Sieg- und Kriegszielträumen in die unerwartete Niederlage. Und ein tief traumatisierter Nationalismus brannte seither auf Revanche. Keiner verstand es, die Wiederherstellung der Ehre und Größe der Nation so fanatisch zu beschwören wie Adolf Hitler. Es war der Konsens dieses ressentimentgefüllten, revisionshungrigen Radikalnationalismus, der ihn vorantrieb und emportrug.

Jedoch: Der extreme Kriegsnationalismus integrierte nicht nur, vielmehr spaltete er auch. Die linken Protestbewegungen etwa lehnten seine expansiven Ansprüche dezidiert ab. Sie liefen auch der Demokratisierungswelle zuwider, welche die autoritären Herrschaftsstrukturen in Frage stellte. Reichskanzler Theobald von Bethmann Hollweg sah in der Demokratisierung die „ungeheuerlichste aller Revolutionen". Seit dem Fanal der russischen Oktoberrevolution von 1917 erhielten auch in Deutschland die Impulse für die politische und soziale Demokratisierung einen machtvollen Auftrieb. Und als die revolutionäre Springflut im November 1918 das Reich so vehement erfasste, dass alle Gatter des „Burgfriedens" gesprengt wurden, war ihre stärkste Antriebskraft nicht allein die unleugbare militärische Niederlage, sondern die Vielzahl von Problemen im Inneren, die jahrzehntelang aufgestaut worden waren und endlich auf eine Lösung drängten. Auch die von der Mehrheit ungeliebte Revolution hat dann die Sehnsucht nach einer pazifizierten „Volksgemeinschaft" noch einmal verstärkt.

VII.

Last, but not least: Mehr als 13 Millionen deutscher Soldaten hatten jahrelang Lebensgefahr, Verwundung, Verstümmelung, Vergiftung und vielfachen Tod erlebt. Die Hemmschwelle vor Gewalt und Aggression war tief abgesenkt worden. Die Gewöhnung ans Töten, das als kriegsförderliche Leistung aufgewertet, mit Orden und Beförderung belohnt wurde, beherrschte den Alltag. Millionen Männer kehrten, an menschenverachtende Kämpfe gewöhnt, im Umgang mit Waffen erfahren, erbittert über die Niederlage, aus dem Krieg zurück. Zu Hunderttausenden füllten sie die neuen paramilitärischen Kampfverbände vom „Stahlhelm" über den „Roten Frontkämpferbund" bis zu den „Sturmabteilungen" der Nationalsozialisten. Der Staatenkrieg wurde als Bürgerkrieg zwischen rechtem und linkem Lager fortgesetzt.

Als sich dieser Antagonismus zu einer verhängnisvollen Entscheidung zwischen dem Rechtstotalitarismus der Hitler-Bewegung und dem Linkstotalitarismus der KPD zuzuspitzen schien, zerbrach die Republik, und die Repräsentanten der kaiserdeutschen Machteliten, die sie von Anfang an bekämpft hatten, dienten jetzt als beflissene Steigbügelhalter bei der Machtübergabe an Hitler.

VIII.

Hitler als erfolgreichster deutscher Berufspolitiker zwischen 1930 und 1942, wegen der Vielzahl seiner innen- und außenpolitischen Erfolge von der Mehrheit der Deutschen abgöttisch verehrt, ist wie der Kern seiner Bewegung durch den Ersten Weltkrieg zutiefst geprägt worden. Von Anbeginn an stand ein risikobereiter Revisionismus auf seinem Panier, forderte sein extremer Nationalismus den Wiedergewinn nationaler Ehre und Größe. Das erwies sich als zustimmungsfähige Maxime, denn die Hitler-Bewegung (wie sie sich seit 1928 auch offiziell auf den Wahlscheinen nannte) wurde bekanntlich trotz, nicht aber wegen ihres Antisemitismus gewählt.

Hitler hielt an der fixen Idee seines Judenhasses genauso fest, wie der Antisemitismus die „alten Kämpfer" seiner Partei integrierte. Den seit 1916 erneut aufsteigenden militanten Antisemitismus hatten sie geteilt und später in „dem Juden" den Sündenbock für die Niederlage dingfest gemacht. Dadurch wurde der überkommene völkisch-rassistische Antisemitismus der Vorkriegszeit fatal gesteigert bis hin zu dem Wunschziel, im Besitz der Staatsgewalt „die Juden" als die Schuldigen an der Kriegsniederlage zu „beseitigen", zumal sie ohnehin als Inkarnation aller Übel der Moderne galten.

Genauso besessen aber waren Hitler und seine Anhänger, Sympathisanten und Wähler von dem Ideal des großen Revisionskrieges – als Racheakt und Tor in eine helle Zukunft zugleich. Allerdings galt es, sich ungleich solider vorzubereiten, als das vor 1914 der Fall gewesen war. Notwendig war dafür die Aufrüstung mit den modernsten Waffen, der Einsatz aller Ressourcen für den angestrebten

Endkampf, auch die lückenlose Militarisierung der gesamten Gesellschaft, damit der zur kampfwilligen Einheit verschmolzene „Volkskörper" des neuen Sparta den zweiten totalen Krieg gewinnen konnte.

Als unverzichtbar galt auch – hier war die Erinnerung an 1918 stets präsent – die Eroberung eines blockaderesistenten, Autarkie und „Lebensraum" für die Arier des Großgermanischen Reichs verheißenden Ostimperiums, um beim Kampf um die Weltherrschaft das Armageddon gegen die mächtigen Konkurrenten siegreich bestehen zu können.

Doch aller Größenwahn blieb mit der Sorge Hitlers und seines engsten Kreises gekoppelt, das Debakel einer neuen Revolution wie der von 1918 um nahezu jeden Preis vermeiden zu müssen. Mochte die Führerdiktatur auch im Judengenozid und Slawenmord in eine Dimension des Vernichtungskriegs vordringen, die eine schlichte Gleichsetzung mit dem Ersten Weltkrieg ausschließt, so ist doch schwerlich zu bestreiten, dass die Erfahrungen des Ersten Weltkriegs und der Niederlage in vielfacher Hinsicht die Motorik, die Planung, die Durchführung des Zweiten Weltkriegs bei Hitler und seiner Machtelite bestimmt haben. Um ihn zu gewinnen, musste er freilich – darauf lief ihr pathologisches Lernen hinaus – noch rücksichtsloser, zerstörerischer, mörderischer als der von 1914 bis 1918 geführt werden.

Dieser Vernichtungsfanatismus verleiht dem Zweiten Weltkrieg seine einzigartigen Züge. Aber ebenso unstreitig ist, dass die Erfahrung, der Verlauf und der Ausgang des ersten totalen Krieges den zweiten in hohem Maße vorgeprägt haben. Es ist dieser Zusammenhang, der die innere Einheit des zweiten Dreißigjährigen Krieges konstituiert.

„Seine Schuld ist sehr groß"

Der Wilhelm-II.-Biograf John Röhl über die Verantwortung
des Kaisers für den Ausbruch des Ersten Weltkriegs

DAS GESPRÄCH FÜHRTEN MARTIN DOERRY
UND KLAUS WIEGREFE

SPIEGEL: Professor Röhl, am 1. August 1914 sagte der französische
Botschafter in Berlin, Jules Cambon, zu seinem britischen Kollegen:
„Heute Abend gibt es drei Leute in Berlin, die bedauern, dass der
Krieg begonnen hat: Sie, ich und Kaiser Wilhelm!" Hat Wilhelm II.
den Ersten Weltkrieg nicht gewollt?

RÖHL: Er hat ihn so, wie er gekommen ist, nicht gewollt.

SPIEGEL: Einen begrenzten Waffengang hat Wilhelm demnach aber
schon angestrebt?

RÖHL: Ja, obwohl zugegebenermaßen seine Reaktion auf das
Attentat von Sarajevo am 28. Juni 1914 zunächst nicht sehr kriegerisch war. Er segelte gerade in der Kieler Förde, als Admiral von
Müller ihn unterrichtete. Wilhelm fragte dann Müller: „Meinen Sie,
ich soll die Regatta abbrechen?" Er wusste gar nicht, was er tun
sollte. Und auch in den folgenden Tagen war von Kriegstreiberei
nichts zu spüren. Man kann noch nicht ein-
mal sagen, dass er unschlüssig war. Er ging
einfach nicht davon aus, dass noch Verwicklungen kommen würden.

SPIEGEL: Aber Sie haben doch – ähnlich
wie Fritz Fischer – behauptet, dass Berlin
bereits seit 1912 einen Krieg „vorsätzlich"
geplant habe. Dazu passt die Reaktion Wilhelms nicht.

RÖHL: Ich will das nicht zurückziehen, aber
ich weise darauf hin, dass ich hinter die
Formulierung vom „vorsätzlichen Krieg"
ein Fragezeichen gesetzt habe. Sicher ist

John Röhl arbeitet an einer
Biografie Wilhelms II. Die ersten beiden Bände, über die
Jahre 1859 bis 1900, sind bereits im Beck Verlag erschienen. Der Historiker, Sohn einer
englischen Mutter und eines
deutschen Vaters, lehrte bis
1999 Europäische Geschichte
an der University of Sussex in
Südengland.

eines: Die Berater des Kaisers sprachen seit 1911 davon, dass in wenigen Jahren der optimale Zeitpunkt für einen Krieg kommen würde. Sie wollten die deutsche Vorherrschaft in Europa erreichen, hegten aber die Sorge, dass das Kräfteverhältnis sich langfristig zu Ungunsten Deutschlands verschieben würde.

SPIEGEL: Aber was wollte Wilhelm?

RÖHL: Am 3. oder 4. Juli – genau wissen wir das nicht – notierte der Kaiser am Rand eines Dokuments: „Jetzt oder nie. Mit den Serben muss aufgeräumt werden, und zwar bald." Das war ein Plädoyer für einen Krieg Österreich-Ungarns gegen Serbien.

SPIEGEL: Woher rührte der Wandel Wilhelms?

RÖHL: Wahrscheinlich reagierte er so auf Grund eines Gesprächs, das er mit einem Generalstabsoffizier und Balkanexperten am Abend des 3. Juli führte. Um das alles zu verstehen, müssen Sie sich eine Matrjoschka-Puppe vorstellen. Der Serbienkrieg ist die kleine Figur im Innern. Den wollten alle: der Kaiser, die Generalität, Reichskanzler Theobald von Bethmann Hollweg. Österreich sollte damit seine Vorherrschaft auf dem Balkan sichern. Die Hoffnungen der Militärs und Bethmann Hollwegs gingen allerdings weiter: Sie planten auch einen Krieg gegen Russland und Frankreich, weil sie glaubten, dass die Gelegenheit günstig wäre, den Eindämmungsring zu sprengen, den Paris, London und St. Petersburg um das Reich gelegt hatten. Das ist die zweite Puppe. Das Attentat von Sarajevo kam Bethmann Hollweg insofern gelegen. Vielleicht haben die Deutschen sogar von dem Anschlagsplan vorab gewusst.

SPIEGEL: Wie kommen Sie denn darauf?

RÖHL: Oberquartiermeister Graf Georg von Waldersee hat zwölf Tage vor dem Attentat die Militärbevollmächtigten, die die Könige von Sachsen, Bayern und Württemberg in Berlin unterhielten, zu sich gerufen und gebeten, keine schriftlichen Berichte mehr für die Kriegsminister ihrer Staatsregierungen zu verfassen. Das deutet darauf hin, dass etwas streng Geheimes vor sich ging.

SPIEGEL: Das klingt nach einer großen Verschwörung.

RÖHL: Sicher ist: Im Kalkül Bethmann Hollwegs sollte Österreich-Ungarn im Falle eines Kriegs an der deutschen Seite stehen. Daher brauchte man eine Balkankrise, so dass Wien von Anfang an involviert war. Russland musste zugleich als Angreifer dastehen. Denn sonst war die deutsche Bevölkerung für einen Krieg nicht zu gewinnen.

SPIEGEL: Und was ist die dritte Puppe?

RÖHL: Der Krieg gegen England. Den wollten weder der Kaiser noch seine Generäle. Die Konsequenz ihrer Politik haben sie insofern ganz falsch eingeschätzt.

SPIEGEL: Teilte der Kaiser denn das Kalkül Bethmann Hollwegs?

RÖHL: Es gibt Indizien dafür. Am 5. Juli erschien der österreichische Botschafter im Neuen Palais in Potsdam mit einem Schreiben. Darin bat der österreichische Kaiser Franz Joseph um Rückendeckung für seine Pläne, gegen Serbien vorzugehen. Wilhelm sah sofort, dass sich ein Krieg mit Russland und Frankreich ergeben könnte. Dennoch sagte er: Auf mich können Sie sich verlassen. Das ist der berühmte Blankoscheck.

SPIEGEL: Haben Sie noch mehr Indizien?

RÖHL: Am gleichen Abend und am nächsten Morgen empfing er Bethmann Hollweg, den Kriegsminister und führende Militärs, um sie über die Möglichkeit eines Kriegs mit Russland zu informieren. Und was mir auffällt: Es gab keinen Dissens. Die nahmen das alle so hin, als ob dies eine Absprache sei, von der sie schon lange wussten.

SPIEGEL: Wenn Wilhelm wirklich das Risiko eines Weltkriegs einging, warum stach er dann am 7. Juli zu einer Kreuzfahrt in See?

RÖHL: Bethmann Hollweg hatte ihn ausdrücklich gebeten, die übliche Nordlandreise anzutreten. Andernfalls, so sagte der Reichskanzler, würde ganz Europa merken, dass sich hier etwas anbahnt.

SPIEGEL: Aber führende Militärs gingen ebenfalls in die Ferien. Das macht man doch nicht, wenn ein Krieg bevorsteht.

RÖHL: Auch dies sollte den Schein der Friedfertigkeit erwecken. Außerdem hielten sie ihre Vorbereitungen für abgeschlossen. Es gab keinen Grund, in Berlin zu verweilen.

SPIEGEL: Dennoch. Es fällt schwer zu glauben, dass ein Kaiser, der die Regierungszentrale verlässt, wirklich auf Kriegskurs ist.

RÖHL: Es gibt noch einen Hinweis. Normalerweise fuhr der Kaiser bis zum Nordkap. Dieses Mal aber ging sein Schiff nur in Balholm vor Anker, rund 100 Kilometer nördlich von Bergen. In 22 Stunden konnte der Kaiser von dort aus Cuxhaven erreichen.

SPIEGEL: Aber das ist doch kein Beweis, dass der Kaiser den Krieg wollte.

RÖHL: Vielleicht überzeugt Sie das: Am 25. Juli kam der Kommandant der deutschen Hochseeflotte nach Balholm und berichtete, dass der Krieg mit Russland näher rücke. Und was war die erste Reaktion Wilhelms? Er wollte die russischen Flottenstützpunkte Reval (Tallinn) und Libau (Liepaja) an der Ostsee beschießen lassen. Das redete man ihm aus, aber so war der Mann. Bethmann Hollweg bezeichnete Wilhelm in diesen Tagen als „geschwollenen Leutnant": nassforsch, militaristisch, kriegerisch.

SPIEGEL: Dann kehrte Kaiser Wilhelm nach Deutschland zurück und bekam offenbar kalte Füße. Am 28. Juli notierte der preußische Kriegsminister Erich von Falkenhayn, der Kaiser halte „wirre Reden, aus denen nur klar hervorgeht, dass er den Krieg jetzt nicht mehr will".

RÖHL: Das stimmt. „Jetzt" nicht mehr. Er bekam wirklich Angst, wenn auch nur vorübergehend. Aber man muss genau hinsehen: Die Unterjochung der Serben, die er als Räuberpack bezeichnete, durch die Österreicher wollte er weiterhin. Und auch den Flottenwettlauf mit Großbritannien mochte er nicht aufgeben. Als Bethmann Hollweg ihm auf dem Höhepunkt der Juli-Krise vorschlug, mit London eine Verständigung in dieser Frage zu suchen, lehnte er ab. Mit hochrotem Kopf verließ der Reichskanzler nach dem Gespräch damals den Raum.

SPIEGEL: Die Alliierten wollten den Kaiser vor Gericht stellen, „wegen schwerster Verletzung des internationalen Sittengesetzes". Dazu kam es nicht, weil die Holländer den 1918 ins Exil geflohenen Monarchen nicht auslieferten. Gehörte Wilhelm vor Gericht?

RÖHL: Er hat keine Kriegsverbrechen verübt, keinen Mordbefehl erlassen oder dergleichen. Aber Verschwörung zu einem Angriffskrieg – das muss man ihm vorwerfen. Ich glaube, seine Schuld ist sehr groß, viel größer, als gemeinhin unterstellt wird. Und wenn er vor Gericht gekommen wäre, wäre er auch verurteilt worden.

SPIEGEL: Waren die anderen denn vollkommen unschuldig? Immerhin koppelte Zar Nikolai II. sein Land immer enger an Serbien, das von einem großserbischen Reich träumte und aus der Großmacht Österreich-Ungarn eine Art Schweiz des Ostens machen wollte. Auf friedlichem Wege war das nicht möglich.

RÖHL: Ich will Russen und Serben nicht verteidigen. Aber eines ist sicher: Das Ultimatum Österreich-Ungarns an Serbien bedeutete Krieg, und ohne die Deutschen hätte es das Ultimatum nicht gegeben. Ich glaube übrigens, dass es überhaupt nicht zu einem Krieg gekommen wäre, wenn die Deutschen ihren Weltmachtanspruch reduziert hätten.

SPIEGEL: Gemessen an den Maßstäben der Zeit, war der deutsche Wunsch nach einem Weltreich freilich nicht mehr und nicht weniger legitim als der französische oder britische.

RÖHL: Da haben Sie Recht. Der Unterschied besteht jedoch darin, dass die deutsche Politik ein Weltreich nicht an der Peripherie des Staatensystems, sondern auf Kosten der drei etablierten Weltmächte Russland, Frankreich und Großbritannien im Herzen Europas errichten wollte, und das musste zum Krieg führen.

SPIEGEL: Auch die britische Regierung hat sich in der Juli-Krise nicht mit Ruhm bekleckert. Sie hat in Berlin den Eindruck genährt, dass England neutral bleiben würde, und damit den deutschen Kriegsbefürwortern in die Hände gespielt.

RÖHL: Na ja, am 3. Dezember 1912 hat Kriegsminister Lord Haldane im Auftrag des britischen Außenministers Edward Grey ganz deutlich ausgesprochen, dass man die Vorherrschaft Deutschlands in Kontinentaleuropa nicht dulden könne.

SPIEGEL: Das war anderthalb Jahre vor der Juli-Krise. Es gab später auch andere Signale.

RÖHL: Die Briten haben sich teilweise um einen Ausgleich bemüht, was in Berlin als Beleg dafür angesehen wurde, dass London im Kriegsfall neutral bleiben wolle. Insofern kann man sagen, dass die Briten den Fehler gemacht haben, zu freundlich gewesen zu sein.

SPIEGEL: Das war nicht die einzige Fehleinschätzung in der Juli-Krise.

RÖHL: Stimmt. Der Kaiser unterschätzte seine Gegner. Er hielt wenig von Frankreich, weil es eine Demokratie war. Die Russen verachtete er als Slawen, da war Wilhelm ein Rassist. Und bei den Briten setzte er auf Verständigung mit König George V., obwohl der politisch keine Rolle spielte.

SPIEGEL: Wilhelm fühlte sich ernsthaft von seinen Cousins Nikolai II. und George V. hintergangen.

RÖHL: Das war eine Art Verdrängung. Wilhelm sah ja, was für ein Desaster er angerichtet hatte. Er hatte bezeichnenderweise bei Kriegsbeginn eine Art Nervenzusammenbruch, der ihn für die Dauer des Kriegs schwächte.

SPIEGEL: Welche Verwandlung ging da vor sich?

RÖHL: Er wurde depressiv. Seine Frau schrieb ihm zwei Wochen nach Kriegsbeginn: „Nimm Dir nicht alles so zu Herzen, Du mein Liebling, Du stehst so klar und gerecht vor der Welt." Er war in einem kümmerlichen Zustand und auch physisch angeschlagen auf Grund einer Hodenerkrankung, die 1917 operiert werden musste. Wilhelm konnte deshalb während des Kriegs nicht reiten.

SPIEGEL: Dass er bei Kriegsbeginn von Skrupeln gequält wurde, macht ihn immerhin etwas sympathisch.

RÖHL: Wilhelm war ein schwacher, leicht kränkbarer Mann. Sobald er sich verletzt fühlte, reagierte er unglaublich aggressiv. Das blieb so sein ganzes Leben lang.

SPIEGEL: Mit dieser psychischen Disposition stand er ja nicht allein, das war durchaus typisch für die damalige Zeit.

RÖHL: Das mag sein, aber bei ihm war es auf Grund seiner Machtfülle von besonderer Bedeutung.

SPIEGEL: Wilhelm hat sich wieder aufgerappelt und wollte mit martialischen Reden die Deutschen für den Krieg mobilisieren.

RÖHL: Na ja, er hat die Reden gehalten, die ihm aufgeschrieben wurden. Er hat sie im Studio übrigens noch mal nachgesprochen. Das sind die Aufnahmen, die wir heute hören können.

SPIEGEL: Der Wunsch nach Selbstdarstellung zog sich wie ein roter Faden durch Wilhelms Leben. Er war in der Hinsicht modern, fast ein Medienkaiser.

RÖHL: Ja, das hat er früh begriffen, dass er sich zeigen musste. Aber seinem Selbstverständnis nach war er autokratisch, militaristisch und reaktionär.

SPIEGEL: Hat sich der Kaiser vorher überlegt, wie er die Sozialdemokraten für den Krieg gewinnen könnte?

RÖHL: Er wollte die sozialdemokratischen Führer alle verhaften, aber Bethmann Hollweg sagte zu ihm, ich mache das auf meine Weise. Und das hat sehr gut geklappt. Viele Deutsche glaubten tatsächlich, sie würden angegriffen.

SPIEGEL: Wilhelm hielt sich während des Kriegs im Hauptquartier auf. Welche Rolle spielte er dort?

RÖHL: Seine Berater durften ihm schlechte Berichte nicht zeigen. Niederlagen hat er schnell als Katastrophen empfunden. Und wenn ein Sieg gemeldet wurde, ließ er gleich Champagner kommen, weil er glaubte, der Krieg sei gewonnen. Er hat sich da in Phantasiewelten geflüchtet. So faselte er 1917 von „einem Kreuzzug gegen das Böse – Satan – in der Welt" und sah sich als „Werkzeug des Herrn". Diese Flucht hat schon fast etwas Hitlerisches.

SPIEGEL: Aber anders als der „Führer" hat er sich nicht eingemischt.

RÖHL: An der Kriegführung im Detail war er nicht beteiligt. Das heißt aber nicht, dass er auch politisch keine Rolle mehr spielte. Denn er war die letzte Entscheidungsinstanz.

SPIEGEL: Aber hat er denn wirklich so viel entschieden?

RÖHL: Er hat gegen das Drängen der Marine bis 1916 der Hochseeflotte die Erlaubnis zum Auslaufen verweigert, weil er um seine Schiffe fürchtete und die Stärke der britischen Flotte richtig einschätzte. Er traf sodann alle wichtigen Personalentscheidungen. Und er sagte Ja zum uneingeschränkten U-Boot-Krieg, was den Kriegseintritt der USA bedeutete. Eine verhängnisvolle Fehlentscheidung.

SPIEGEL: Aber er war eher Getriebener als Treiber.

RÖHL: Ich habe das als Königsmechanismus beschrieben. Es waren fast immer zwei Richtungen in Militär und Regierung vorhanden, die gegeneinander kämpften, und er musste entscheiden.

SPIEGEL: Von programmatischer Politikgestaltung ist das weit entfernt.

RÖHL: Vor dem Krieg war das anders. Wilhelm hatte nach der Entlassung Bismarcks 1890 das politische System ganz auf sich zugeschnitten.

SPIEGEL: Und damit hat er sich übernommen.

RÖHL: Ja, es kam mit der Zeit zu einem heillosen Durcheinander. Wir Historiker nennen das polykratisches Chaos. Die Behörden machten, was sie wollten. Die Armee plante für einen Landkrieg, die Marine für einen Seekrieg, ohne dass man sich koordinierte.

SPIEGEL: Wilhelm war bis 1914 ein gewöhnlicher Antisemit. Wurde sein Judenhass während des Kriegs schärfer?

RÖHL: Ich glaube, die Niederlage und seine erzwungene Abdankung ließen ihn zu einem wirklich eliminatorischen Antisemiten werden. 1919 bezeichnete er die Juden als „Giftpilz am deutschen Eichbaum", der ausgerottet und vom deutschen Boden vertilgt werden müsse. Und 1927 ließ er bei Fritz Haber, dem Erfinder des Giftgases, anfragen, ob es möglich sei, ganze Großstädte zu vergasen. Aus dem gleichen Monat stammt dieses schreckliche Zitat, in dem er die Presse, Juden und Mücken als „Pest" bezeichnete, von der sich die Menschheit befreien müsse. Er notierte handschriftlich dazu: „Ich glaube, das Beste wäre Gas."

SPIEGEL: Aber kann das nicht auch nur ein weiteres Beispiel für Wilhelms gedankenloses Schwadronieren sein?

RÖHL: Wissen Sie, damit wird Wilhelm immer entschuldigt. Jeder andere Staatsmann würde bereits für einen Bruchteil der Äußerungen Wilhelms verurteilt werden.

SPIEGEL: Wilhelm wurde mit einem verkrüppelten Arm geboren, als Kind mit Stromstößen und Kopfstreckmaschinen schrecklich gequält, um die Behinderung zu beheben. Dass der Mann gestört war, kann einen nicht verwundern.

RÖHL: Das stimmt. Und dann sammelte er leider um sich Berater wie Philipp zu Eulenburg, die dafür sorgten, dass seine Macht wuchs, obwohl es hundertfach Warnungen gab, dass Deutschland nicht so autokratisch regiert werden könne, wie es der Kaiser anstrebte.

SPIEGEL: Sie haben im Zusammenhang mit Eulenburg einmal davon gesprochen, dass Wilhelm bisexuell gewesen sei.

RÖHL: Das muss ich zurücknehmen. Inzwischen kenne ich die ganzen Frauengeschichten Wilhelms inklusive der unehelichen Kinder. Manchmal ist er mit zwei Frauen gleichzeitig ins Bett gegangen. Das tut ein homosexueller Mann wohl eher nicht.

SPIEGEL: Dass viele Homosexuelle wie Eulenburg und General Kuno Graf von Moltke in seiner Entourage waren, hat also nichts zu sagen.

RÖHL: Nein, Wilhelm wollte angehimmelt werden, und wenn das Männer taten, hatte das aus seiner Sicht mehr Gewicht, als wenn die Bewunderung von Frauen kam.

SPIEGEL: Es gibt wohl niemanden auf der Welt, der sich so intensiv mit Wilhelm beschäftigt wie Sie. Haben Sie auch sympathische Züge an ihm entdeckt?

RÖHL: Das vielleicht nicht, aber Mitleid kann man mit ihm haben für die frühen Jahre. Man kann zudem seine Dynamik bewundern. Er war ja an vielem interessiert. Und er schneidet im Vergleich zu den anderen Monarchen in Europa nicht schlecht ab. Denn das waren nun ganz traurige Typen, wirklich totale Nieten.

SPIEGEL: Professor Röhl, wir danken Ihnen für dieses Gespräch.

Der Krieg der Geister

Binnen Tagen nach Beginn des großen Massakers überzogen weltberühmte Schriftsteller, Gelehrte und Künstler
der Alten Welt die jeweiligen Kriegsgegner mit Hasstiraden.
In Deutschland trieb der nationalistische Wahn besonders
bizarre Blüten.

VON RAINER TRAUB

Die Wende vom Frieden zum Krieg im Sommer 1914 hat Stefan
Zweig in seiner Autobiografie „Die Welt von Gestern" suggestiv
beschrieben. Sie erscheint abrupt und Schwindel erregend.

Der Erzähler beginnt mit einer poetischen Beschwörung des Pracht-
sommers 1914: „Seidenblau der Himmel durch Tage und Tage, weich
und doch nicht schwül die Luft, duftig und warm die Wiesen, dun-
kel und füllig die Wälder." Die Nachricht vom Attentat in Sarajevo,
die Ende Juni in das Idyll platzte, habe bei den Landsleuten des
ermordeten Thronfolgers Franz Ferdinand zwar kurze Zeit für Aufregung gesorgt. Vor allem wegen der Unbeliebtheit des Opfers habe
sie aber wenig Erschütterung oder Empörung geweckt. Statt sich die
Laune trüben zu lassen, hätten sich viele auf den populären jungen
Erzherzog Karl als neuen Thronfolger gefreut.

In einem Kurpark bei Wien und anschließend in einem belgischen
Strandbad erfreut sich Zweig wie andere internationale Feriengäste
des Bilderbuchsommers. Als die Zeitungsmeldungen über zunehmend aggressive Töne zwischen den Großmächten immer bedenk-
licher klingen und die Uniformierten sich in Belgien ebenso vermeh-
ren wie die Gerüchte über eine bevorstehende deutsche Invasion,
versucht der Autor die Sorgen belgischer Freunde zu zerstreuen:

„Mir schien es völlig absurd, dass, während Tausende und Zehntausende von Deutschen hier lässig und fröhlich die Gastfreund-
schaft dieses kleinen, unbeteiligten Landes genossen, an der Grenze
eine Armee einbruchsbereit stehen sollte." Erst nach Österreichs
Kriegserklärung an Serbien flieht Zweig mit dem letzten Zug.

Buchstäblich über Nacht sei dann – Anfang August – „der erste Schrecken über den Krieg, den niemand gewollt", einem allgemeinen Enthusiasmus gewichen. Ganz Wien im Schwindel der Kriegsbegeisterung, überall Fahnen, Spruchbänder, Musik. Der Rausch der Millionen habe „etwas Großartiges, Hinreißendes und sogar Verführerisches" gehabt, versichert Zweig und bekennt, er wolle diese Erinnerung „trotz allem Hass und Abscheu gegen den Krieg" in seinem Leben „nicht missen": „Jeder Einzelne erlebte eine Steigerung seines Ichs, er war nicht mehr der isolierte Mensch von früher, er war eingetan in eine Masse, er war Volk, und seine Person, seine sonst unbeachtete Person hatte einen Sinn bekommen ... So gewaltig, so plötzlich brach diese Sturzwelle über die Menschheit herein, dass sie, die Oberfläche überschäumend, die dunklen, die unbewussten Urtriebe und Instinkte des Menschtiers nach oben riss."

Der kollektive Rausch ist fast unvorstellbar für spätere Generationen, die das Grauen zweier Weltkriege vor Augen haben – ganz zu schweigen von Völkermord, Massenvertreibungen und „ethnischen Säuberungen".

Allen voran war es die kulturelle Elite, die diesem Rausch 1914 erlag. Nationalistische Euphorie verbreitete sich, mit einigen Abstufungen, auch in England, Frankreich und Russland. Die Russen warfen den angestammten Namen ihrer Hauptstadt beiseite wie einen faulen Apfel, weil er plötzlich allzu deutsch klang – aus St. Petersburg wurde Petrograd.

Überall lieferten Intellektuelle die ideologischen Stichworte und forcierten die geistige Mobilmachung. Dichter und Denker, Künstler und Komponisten, Priester und Pädagogen wurden von der Kriegsstimmung mitgerissen und feuerten sie an.

In der überfüllten Aula der Universität von Jena spricht im August 1914 der Literatur-Nobelpreisträger Professor Rudolf Eucken (1846 bis 1926), der Paradephilosoph des Kaiserreichs. Zwar erweise sich ein Krieg als schweres Übel, doziert Eucken, wenn er aus niedrigen Beweggründen geführt werde – aus Hass, Neid, Ruhmsucht oder Erfolgsgier etwa. Als „Quelle sittlicher Stärkung" dagegen bewähre sich „der Kampf eines ganzen Volkes für seine Selbsterhaltung und für die Wahrung seiner heiligsten Güter". Dass Deutschlands Krieg von ebendieser Art sei, also einer gerechten Sache diene, das zeige „die durchgreifende Läuterung und Erhebung", die er an „unserer Seele" bewirke.

Die wirklichen Ursachen tauchen nicht auf in dieser eigentümlichen Argumentation, deren Grundmuster in der Kriegsrechtfertigung deutscher Intellektueller fortan wiederkehren wird: Das Erlebnis des Krieges beweist sich von selbst.

Der renommierte Historiker Friedrich Meinecke schreibt am 4. August, dem Tag der britischen Kriegserklärung, in einem Grundsatzartikel über „Politik und Kultur": „Jeder Einzelne hat sich von jetzt an nur noch als ein Stück der großen Armatur des Staates zu betrachten." Schon wegen seiner überlegenen Kultur sei Deutschland Völkern wie Serbien und Russland gegenüber politisch im Recht.

Der Behauptung einer angeblich erdrückenden kulturellen Überlegenheit Deutschlands über seine Feinde, auch in Westeuropa, ist eines der meiststrapazierten Argumente deutscher Kriegsrechtfertigung. Scharenweise rüsten Gelehrte ihre akademischen Elfenbeintürme zu patriotischen Trutzburgen um. „Warum stehen die Belgier sittlich so tief?", fragt der Gräzist Ulrich von Wilamowitz-Moellendorff: „Weil ihnen unser Schulsystem und unsere Sozialversicherung fehlt."

Die Elite der deutschen Wissenschaft hält im Herbst 1914 kriegsbegeisterte Vorträge, die unter dem Titel „Deutsche Reden in schwerer Zeit" als Buch gedruckt werden; Kurt Flasch hat viele davon unlängst in seinem bestürzenden Buch „Die geistige Mobilmachung" in Erinnerung gerufen. Charakteristisch ist der religiöse Ton, in dem sich patriotische Ergriffenheit bekundet. Da wird „staunende Andacht" beschworen, „heilige Zeit" und „wunderbare Kraft, die in uns einströmte". Bei so viel Mystik macht sich jeder Skeptiker, der auf dem Unterschied von Fühlen und Denken, Glauben und Wissen, Propaganda und Universität besteht, als undeutscher Kleingeist verdächtig.

England und Frankreich bleiben im Krieg der Geister Deutschland nichts schuldig, wobei in England maßvolle und nüchterne Stimmen vor allem anfangs eher zu vernehmen sind als in Frankreich. Dort hatte ein Fanatiker den großen Pazifisten und hochgebildeten Sozialisten Jean Jaurès am 31. Juli 1914 ermordet. Das Attentat ist das Fanal für die Entfesselung des französischen Chauvinismus, der nach Rache für die Niederlage von 1871 schreit.

Ebenso wie in Deutschland und Österreich wähnt sich die Bevölkerung in England, Frankreich und Russland in einem von außen aufgezwungenen Verteidigungskrieg. Gleichzeitig hat aber überall in Europa, im Zeitalter des nationalistischen Wettstreits um koloniale Beute, eine Art politischer Darwinismus das Denken durchsetzt. Sie lässt den Krieg als biologische Notwendigkeit bei der Auslese und Entwicklung nationaler Arten erscheinen.

Ist Deutschland zu Kriegsbeginn auf den Schlachtfeldern der Panzer und Maschinengewehre in der Offensive, so sieht es sich im Krieg der Worte und Gedanken in die Defensive gedrängt – international angeprangert als Volk von Barbaren, Hunnen, Militaristen. Im besten Fall werden die Deutschen bemitleidet als eine von preußischen Pickelhauben versklavte Nation, die leider nur gewaltsam von Kadavergehorsam und Kasernengeist zu befreien und in den Kreis zivilisierter Nationen zurückzuführen sei.

Wie in Deutschland, so wird auch in England der Krieg als eine Art philanthropische Kulturmission dargestellt. Nur die Begründung variiert. Sinnfällig formuliert Arthur Conan Doyle, der Erfinder des Sherlock Holmes, das Stereotyp vom Kulturkrieg der Westmächte in einem Zeitungsartikel im September 1914:

> „Wir kämpfen für das starke, tiefe Deutschland der Vergangenheit, das Deutschland der Musik und der Philosophie, gegen das jetzige monströse Deutschland von Blut und Eisen. Für die Deutschen, die nicht der regierenden Klasse angehören, wird unser Sieg dauernde Erlösung bringen. Aus den Trümmern des Reiches wird sich der Deutsche dann jenes herrliche Juwel heraussuchen: das Juwel der persönlichen Freiheit, das höher steht als der Ruhm der Eroberung fremder Länder."

Höhnisch weist die „Kölnische Zeitung" die „liebenswürdigen Ratschläge" des britischen Erzählers zurück:

> „Wenn die Deutschen so dumm wären, wie Herr Conan Doyle offenbar glaubt, dann würden sie vielleicht auf diesen Leim kriechen. Ein Deutschland wie das zur Zeit der Kleinstaaterei, in Dichtung, tiefgründiger Philosophie und Musik aufgehend, macht- und einflusslos in der Welt, verträumt nach den Wolken starrend, während England unterdes die Weltherrschaft führt und ringsum Macht und Reichtum mehrt, das wäre so ein Ideal nach dem Geschmack des freundlichen Herrn Conan Doyle. Schade, dass die Deutschen realistisch geworden sind, schade, dass ein Bismarck gelebt hat!"

Im Ensemble der französischen Intellektuellen hat der weltberühmte Philosoph Henri Bergson die antideutsche Fanfare geblasen. In einer Sitzung der „Académie des Sciences Morales et Politiques" konstatiert er im Namen der Wissenschaft lapidar: „Der engagierte Kampf gegen Deutschland ist der Kampf der Zivilisation gegen die Barbarei."

Wer da noch versöhnliche Töne riskiert, hat einen schweren Stand. Der große französische Erzähler Anatole France kritisiert in einem Artikel zwar das Vorgehen der deutschen Truppen in Belgien scharf, schließt aber damit, nach dem militärischen Sieg über Preußen-Deutschland müssten die Franzosen die Deutschen wieder wie Freunde aufnehmen. Der 70-Jährige wird daraufhin von Pariser Blättern derart heftig attackiert, dass er schleunigst seine Dienste in Uniform anbietet.

Sein Landsmann Romain Rolland verweigert sich mutig der nationalistischen Hysterie. Mit seiner legendären Schrift „Au-dessus de la mêlée" („Über dem Getümmel") beweist er als einer von wenigen Europäern, dass die Alte Welt den Geist noch nicht ganz aufgegeben hat. Anderentags wird er von Buchhändlern und von seinen ältesten Freunden boykottiert.

Sogar dieser unerschrocken pazifistische Dichter und Deutschenfreund verliert aber die Geduld, als Deutschlands großer Dramatiker Gerhart Hauptmann die Kritik aus dem Ausland rundheraus als „lügnerische Märchen" abtut. Er gehöre gewiss nicht zu denen, erwidert Rolland, die Deutschland als barbarisches Land traktierten. Aber „die Wut, womit Ihr diese hochherzige Nation (Belgien) behandelt", sei zu viel. „Seid Ihr die Enkel Goethes oder Attilas?", fragt er.

Auf alliierter Seite scheint die Antwort klar. Rudyard Kipling, Autor des „Dschungelbuchs" und literarischer Anwalt des britischen Imperiums, formuliert sie in einem poetischen Kampfaufruf in der „Times": „The Hun is at the gate!", der Hunne pocht ans Tor. In derselben Zeitung veröffentlichen 52 britische Schriftsteller die Erklärung „Ein gerechter Krieg": Die Verletzung der belgischen Neutralität lasse England keine Wahl.

Gegen die massive internationale Kritik an Deutschland wenden sich 93 prominente Vertreter des deutschen Geisteslebens in dem am 4. Oktober 1914 veröffentlichten und in 14 Sprachen versendeten Manifest „An die Kulturwelt!". Die Physiker Max Planck und

Wilhelm Röntgen, der Zoologe Ernst Haeckel, der Regisseur Max Reinhardt, der Dramatiker Gerhart Hauptmann und Dutzende anderer Größen erheben „vor der gesamten Kulturwelt Protest gegen die Lügen und Verleumdungen, mit denen unsere Feinde Deutschlands reine Sache in dem ihm aufgezwungenen schweren Daseinskampfe zu beschmutzen trachten".

Es folgt ein sechsfaches, fett hervorgehobenes „Es ist nicht wahr". Lüge sei

• der Vorwurf der Kriegsschuld: „Erst als eine schon lange an den Grenzen lauernde Übermacht von drei Seiten über unser Volk herfiel, hat es sich erhoben wie ein Mann";

• der Vorwurf der ruchlosen Verletzung belgischer Neutralität: Deutschland sei lediglich dem von Belgien akzeptierten Einmarsch durch England und Frankreich zuvorgekommen;

• „dass eines einzigen belgischen Bürgers Leben und Eigentum von unseren Soldaten angetastet worden ist, ohne dass die bitterste Notwehr es gebot";

• „dass unsere Truppen brutal gegen (die belgische Stadt) Löwen gewütet haben";

• „dass unsere Kriegsführung die Gesetze des Völkerrechts missachtet";

• „dass der Kampf gegen unseren so genannten Militarismus kein Kampf gegen unsere Kultur ist, wie unsere Feinde heuchlerisch vorgeben. Ohne den deutschen Militarismus wäre die deutsche Kultur längst vom Erdboden getilgt".

Auf die trotzige Bekundung der Solidarität mit dem Militarismus – ein Begriff, der in der wilhelminischen Gesellschaft und Kultur bis Kriegsausbruch durchweg negativ besetzt war – reagierte die angesprochene „Kulturwelt" mit Abscheu. Das galt auch für neutrale Länder wie die Schweiz, die für ein Grüppchen entschiedener Gegner der deutschen Kriegspolitik bald zur Zuflucht vor der Zensur wurde – unter ihnen die jüdischen Denker Ernst Bloch und Walter Benjamin.

Paradoxerweise waren die treibenden Kräfte hinter dem Aufruf aber nicht etwa notorische Chauvinisten oder servile Untertanen des Kaisers. Das Gegenteil ist richtig: Gerade die Hauptbeteiligten hatten sich in den beiden Vorkriegsjahrzehnten als herausragende liberale Widersacher der reaktionären Kulturpolitik Wilhelms II. hervorgetan. Das gilt vor allem für den Verfasser des Aufrufs, Ludwig Fulda (1862 bis 1939). Sein Leben und Wirken zwischen Kaiserreich und Nationalsozialismus bezeichnet die Tragödie eines hoch begabten jüdischen Deutschen und geistigen Weltbürgers, der sich zeit seines Lebens als deutscher Patriot verstand.

Der polyglotte und ungeheuer produktive Mann gehörte im ausgehenden 19. und beginnenden 20. Jahrhundert zu Deutschlands erfolgreichsten Dramatikern und populärsten Schriftstellern. Er schrieb Dutzende Theaterstücke, von denen viele um die Welt gingen, und wurde am Wiener Burgtheater häufiger gespielt als Gerhart Hauptmann, Arthur Schnitzler und Hugo von Hofmannsthal.

Ähnlich populär waren seine Übersetzungen aus sieben Sprachen. Dass etwa Molière vor 1914 in Deutschland mehr als in Frankreich aufgeführt wurde, war auch ein Verdienst von Fuldas geistigem Brückenbau. In der Weimarer Republik ähnlich geachtet wie zuvor im Kaiserreich, wurde Fulda nach 1933 als Jude verfemt, isoliert und 1939 in den Selbstmord getrieben. Das Zerstörungswerk des Nationalsozialismus hat dafür gesorgt, dass Ludwig Fulda heute zu Deutschlands vergessenen Schriftstellern gehört.

Die Überzeugung, die er 1914 vertrat – tief gekränkt durch den Pauschalangriff auf deutsche „Barbarei" –, stand für ihn selbst keineswegs im Widerspruch zu seiner unerschrocken oppositionellen Haltung in Friedenszeiten. Der „Aufruf an die Kulturwelt" sollte vielmehr deren konsequente Fortsetzung sein: Wiederum sah er die deutsche Kultur bedroht. Diesmal freilich durch äußere Anfeindung.

„Die Deutschen sind mehr als ein gebildetes Volk", trumpfte er im 1916 veröffentlichten Werk „Deutsche Kultur und Ausländerei" auf, „sie sind das gebildetste Volk der Welt." Sogar William Shakespeare werde in Deutschland „unvergleichlich viel besser gespielt …, unvergleichlich viel besser verstanden" als in England, wo „unser Shakespeare" nur „versehentlich" zur Welt gekommen sei. „Und falls es uns glückt, England niederzuzwingen, dann meine ich, wir sollten in den Friedensvertrag eine Klausel setzen, wonach William Shakespeare auch formell an Deutschland abzutreten ist."

Neben der absurden Komik dieser Äußerung ist der widerwillige Respekt nicht zu verkennen, den sie der Weltmacht England zollt. Weil die allgemein als gefährlichster der deutschen Gegner gilt, richtet sich literarisches Sperrfeuer auch vor allem gegen diesen Feind.

Das populärste deutsche Gedicht der ersten Kriegszeit, Ernst Lissauers „Hassgesang gegen England", ist zum Inbegriff lyrischer Kriegsgesinnung geworden.

> Wir lieben vereint, wir hassen vereint,
> Wir haben nur einen einzigen Feind:
> Denn ihr alle wisst, denn ihr alle wisst
> Er sitzt geduckt hinter der grauen Flut,
> Voll Neid, voll Wut, voll Schläue, voll List,
> Durch Wasser getrennt, die sind dicker als Blut.
> … Vernehmt das Wort, sagt nach das Wort,
> Es wälze sich durch ganz Deutschland fort:
> Wir wollen nicht lassen von unserem Hass,
> Wir haben alle nur einen Hass,
> Wir lieben vereint, wir hassen vereint,
> Wir haben alle nur einen Feind:
> England.

Autor Lissauer glaubte als preußischer Jude mit besonderer Inbrunst an Deutschlands Mission. Wie alle Kombattanten im internationalen Krieg der Geister war er ehrlich von der verfolgten Unschuld seines Landes überzeugt. Zum martialischen Tremolo des Hassliedes, von dem sich der unglückliche Dichter später distanzierte, stand freilich Lissauers Erscheinung in skurrilem Kontrast: Ein Zeitgenosse schildert ihn als tonnenförmigen, kurzatmigen Gemütsmenschen, der untröstlich über die Abweisung seines Gesuchs war, mit der Waffe für Deutschland zu kämpfen.

Mit den Elaboraten professioneller Literaten schwillt ab August 1914 eine nie dagewesene Flut von Laien-Lyrik – wie aus Maschinengewehren rattert es da von „Krieg" und „Sieg". Die Zahl der Gedichte, die anfangs von der Bevölkerung täglich an die Presse eingesandt werden, schätzt eine neuere Studie auf 50 000.

„Da alles ruht in Gottes Hand, wir bluten gern fürs Vaterland", reimt der angesehene Dichter Richard Dehmel, der sich mit über 50 Jahren zu den Waffen drängt. Zahllose Künstler, Intellektuelle und Schriftsteller tun es ihm nach wie Oskar Kokoschka, Franz Marc, Alfred Kerr oder Hermann Hesse. Der Dichter hat das Glück, wegen hochgradiger Kurzsichtigkeit zurückgewiesen zu werden; er solidarisiert sich daraufhin in dem Gedicht „Der Künstler an die

Krieger": „Alle sind dem Alltag jetzt entflogen / Jeder ward ein Künstler, Held und Mann."

Die enge Wesensverwandtschaft von Künstler und Soldat betont auch Thomas Mann: „Jenes siegende kriegerische Prinzip von heute: Organisation – es ist ja das erste Prinzip, das Wesen der Kunst." Wie das Gros der deutschen Intellektuellen setzt er auf die Überwindung westlicher „Zivilisation" durch deutsche „Kultur".

„Die Ideen von 1914" – so der Titel eines damals einflussreichen Buches – werden dem geistig-politischen Erbe der Französischen Revolution entgegengestellt. Das Zeitalter der Organisation löst demnach die individualistischen Ideen von 1789 ab. An die Stelle von Freiheit, Gleichheit und Brüderlichkeit treten Hierarchie und Aristokratie. Die höchsten Tugenden sollen fortan Idealismus, Selbstaufopferung, Unterordnung des Einzelnen unter das Ganze sein: Volk gegen Individuum. Idealismus gegen Materialismus. Gemeinschaft gegen Gesellschaft. Organismus gegen Mechanismus. Tiefsinn gegen Oberflächlichkeit. Kultur gegen Zivilisation.

Diese Konstruktion bildet den mentalen Humus einer verhängnisvollen Politik, deren Wurzeln tief in die deutsche Geschichte zurückreichen. Ideologie und Praxis des „deutschen Sonderweges", von dem Historiker sprechen, endeten mit der Katastrophe des Nationalsozialismus. Der wirft in der intellektuellen Mobilmachung von 1914 seine düsteren Schatten voraus.

„Treue gegen den Führer, dem er sich ergeben hat, bis in den Tod zu halten, hat dem Deutschen von den ältesten Zeiten her im Blut gelegen", ruft der greise Philosoph und Hegel-Epigone Adolf Lasson vom Katheder herab. Ernst Troeltsch, Professor für Theologie und Philosophie, will „von keiner weichlichen Humanität angekränkelte Kämpfer": „Die Mittel, die zum Zweck nötig sind, müssen unbedenklich anerkannt und gewollt werden. Es muss über Tod und Leichen gehen." Nur in einem lichten Moment erscheint ihm alles „wie ein wüster Traum, wie ein ungeheurer, verbrecherischer Wahnsinn".

Ebendiesem „verbrecherischen Wahnsinn" wird Karl Kraus mit seinem Drama „Die letzten Tage der Menschheit" 1919 ein Denkmal setzen. Doch sein grimmiger Rat, „nach Friedensschluss die Kriegsliteraten einzufangen und vor den Invaliden auszupeitschen", verhallt ungehört.

Erst als die Hoffnungen auf einen schnellen Sieg zerstoben sind und der geistige Vollrausch einem nie dagewesenen Kater weicht, wandelt Ernst Troeltsch sich zum Friedensfreund und Vernunftrepublikaner. Auch andere Hurrapatrioten der ersten Stunde besinnen sich später eines Besseren, wie Thomas Mann und Hermann Hesse. Ein großer und einflussreicher Teil der deutschen Intelligenz indes klammert sich nach der Niederlage von 1918 erst recht an die „Ideen von 1914". Er wird eine leichte Beute des Nationalsozialismus. Aber nicht einmal die Nazis mit ihrer riesigen Propagandamaschine werden nach der fürchterlichen Erfahrung des Ersten Weltkrieges eine ähnliche intellektuelle Begeisterung für ihren neuen Krieg entfachen.

Wie konnten so viele deutsche und europäische Größen zu Flammenwerfern des Nationalismus werden?

Eine Hypothese macht den Zeitgeist haftbar: Im imperialistischen Zeitalter sei eben alles Denken unterschwellig von der Vorstellung einer naturwüchsigen Auslese der Stärksten durchdrungen gewesen. Eine andere sucht den Grund im elementaren, irrationalen Sog der Massenpsychologie. Und der Literaturwissenschaftler Helmut Fries hat in seiner zweibändigen Studie „Die große Katharsis" den deutschen Fall so erklärt: Deutschlands Dichter und Denker hätten den Krieg als Chance missverstanden, ihre angestammte Rolle von geistigen Führern der Nation zurückzuerobern – die sei ihnen nämlich im 1871 einsetzenden Triumphzug der kapitalistischen Mechanisierung entrissen worden.

All das mag zutreffen – und kann doch das Rätsel letztlich ebenso wenig aufklären wie die Deutung von Stefan Zweig: „Es war" – so resümiert der mitten im Zweiten Weltkrieg seine Erinnerung an den Ersten – „der Krieg einer ahnungslosen Generation, und gerade die unverbrauchte Gläubigkeit der Völker an die einseitige Gerechtigkeit ihrer Sache wurde die größte Gefahr."

„Ein Hammerschlag auf Herz und Hirn"

Historiker widerlegen die Legende von der Kriegsbegeisterung der Volksmassen im Herbst 1914.

VON JOCHEN BÖLSCHE

Gerade erst hat sich der Abiturient an der Münchner Universität
einschreiben lassen, da wirft er all seine Pläne um. „Auch für mich
gibt es nun kein Halten mehr", schreibt Andreas Wilmer am Abend
des 1. August 1914 seiner Mutter: „Wie alle meine Kommilitonen
habe ich mich sofort freiwillig gemeldet."

Nie werde er die Eindrücke jenes Tages vergessen, die ihn wie all
die anderen Erstsemester zu den Fahnen eilen lassen: „Vor der Feld-
herrenhalle stand ein Trommlerkorps mit blitzenden Pickelhauben.
Als ein Feldwebel die Kriegserklärung verlas, jubelten alle; Stroh-
hüte flogen in die Luft."

Glockengeläut, Choräle, wildfremde Menschen, die sich in die
Arme fallen – jahrzehntelang galt als gesichert, dass die Volksmassen frohlockten, als der Krieg ausbrach. „Nur wenige Vorstellungen sind so tief in unserem historischen Bewusstsein verankert,
wie die Kriegsbegeisterung von 1914", urteilt der Geschichtswissen-
schaftler Wolfgang Kruse: „Es scheint, als habe die europäische Bevölkerung den Krieg herbeigesehnt."

Ein Volk, das plötzlich keine Parteien mehr kennt, sondern nur
noch Deutsche; siegesgewisse Soldaten in karnevaleskem Übermut;
Sommerblumen in den Gewehrläufen; Truppentransporte in Waggons mit kriegerischen Kreideparolen – fast ein Jahrhundert lang
prägen diese Bilder vom Kriegsbeginn die kollektive Erinnerung der
Nation. Und doch: Sie spiegeln allenfalls die halbe Wahrheit wider.

Die Historikerzunft habe, so Kruse, den Volksglauben von der
allgemeinen Kriegsbegeisterung „lange ungefragt übernommen". In
Fachkreisen allerdings erregte der französische Historiker Jean-Jacques
Becker 1977 Aufsehen mit einer Analyse von über 600 Stimmungs-

berichten heimischer Schulleiter. Fazit: Nicht mit allumfassendem Jubel hätten die Franzosen auf die Mobilmachung 1914 reagiert, sondern mit einem breiten Spektrum von Stimmungen – bis hin zu Entsetzen und Panik.

Im Kaiserreich sei es nicht anders zugegangen, ergänzte der US-Historiker Jeffrey Verhey in einer im Jahr 2000 in Deutschland erschienenen Studie. Der von der Heeresleitung immer wieder beschworene „Geist von 1914" sei weitgehend auf bürgerlich-akademische Großstädter beschränkt gewesen; in der Arbeiterschaft wie in der Provinz hätten bei Kriegsbeginn Unruhe, Angst und Entsetzen vorgeherrscht.

Tatsächlich belegen Unmengen von Quellen die Ansicht, dass die These von der Dominanz der Kriegsbegeisterung in Wahrheit ein „Konstrukt" gewesen sei, das die gelenkte Presse und die gezielte Kriegspropaganda sowie später die NS-Ideologen zum „Mythos" aufgeblasen haben.

Mittlerweile haben sich überall in Deutschland Profis wie Hobby-Historiker auf Spurensuche begeben. In Kirchen- und Stadtarchiven, Tagebüchern und Feldpostbriefen finden die Lokalforscher Belege, die das so lange kolportierte Bild vom Kriegsbeginn relativieren.

Selbst im Berliner Zentrum – wo Dokumentaraufnahmen den Zeitgenossen wie den Nachgeborenen alles beherrschende Begeisterung suggerierten – hielt sich die Hurra-Stimmung in Grenzen. „Viele Frauen mit verweinten Gesichtern", notierte ein Augenzeuge, der „Ernst und Bedrücktheit" registrierte: „Kein Jubel, keine Begeisterung". Wohl vernahm der Tagebuchschreiber „Hochrufe und singende Gruppen vor dem Kronprinzenpalais". Aber: „Die Weiterwegstehenden passiv".

Während das Großbürgertum feiert und junge Studenten sich kriegerische Abenteuer in fremden Ländern erhoffen, herrscht in Arbeiterfamilien Zukunftsangst: Wer soll sie ernähren, wenn der Ernährer in den Krieg zieht? Im Berliner Arbeiterviertel Moabit hält ein Pfarrer fest: „Die eigentliche Begeisterung, ich möchte sagen, die akademische Begeisterung, wie sie sich der Gebildete leisten kann, der keine Nahrungssorgen hat, scheint mir doch zu fehlen. Das Volk denkt sehr real, und die Not liegt schwer auf den Menschen."

Verwirrung, zum Teil Verzweiflung befällt die sozialdemokratische Arbeiterschaft. Noch am 28. Juli hat etwa in Hamburg die

internationalistisch gestimmte Partei zum „Protest gegen die Kriegs-
hetze" aufgerufen – mit gewaltiger Resonanz. „Ungeheuerlich",
meldet das Parteiorgan „Hamburger Echo", sei der Andrang bei den
Friedenskundgebungen: „Keiner der großen Säle" könne „auch nur
entfernt die immer erneut anrückenden Scharen werktätigen Volkes
fassen". Trotz strömenden Regens harre die Menge in „unüberseh-
barer Zahl" auf den Straßen aus.

Anfang August dagegen, nach der Mobilmachung, lassen sich
Teile der Sozialdemokratie von der chauvinistischen Stimmung im
Bürgertum mitreißen. Mehr und mehr verfängt die Propagandathese
der Reichsregierung, Deutschland müsse sich gegen einen Ansturm
von Feinden verteidigen – vor allem gegen das unter Arbeitern verhasste reaktionäre Zarenreich. „Die subjektiv ehrliche, tatsächlich
aber grundfalsche Überzeugung, dass Deutschland sich eines feindlichen Überfalls erwehren müsse, setzte auch unter SPD-Mitgliedern
nationale Gefühle frei, die ihnen Schule und Militär eingepflanzt
hatten und die durch den deklamatorischen Antimilitarismus der
Partei vor 1914 nur oberflächlich übertüncht worden waren", ana-
lysiert der Historiker Volker Ullrich.

Den von der SPD-Führung nach Kriegsbeginn offerierten „Burgfrieden" und die Bewilligung von Kriegskrediten feiern großbürger-
liche Militaristen als „Augusterlebnis" und als Geburt einer alle
Klassen übergreifenden „Volksgemeinschaft". Viele Genossen dagegen reagieren auf die Wende desorientiert. Manch einer frage sich,
so beschreibt ein Hamburger SPD-Mann die Stimmung an der Basis:
„Bin ich verrückt oder sind es die anderen?"

Das von der Propaganda in allen Krieg führenden Nationen ge-
nährte Gefühl, es gelte das jeweilige Land gegen eine Welt von Feinden zu verteidigen, lässt auch internationalistisch gestimmte Arbeiter vorübergehend verstummen. Militante Kriegsbefürworter tun
ein Übriges, Zweifler und Kritiker zum Schweigen zu bringen. In
einer „vaterländischen Kundgebung" werden Friedensfreunde derart verprügelt, dass es selbst dem bürgerlichen „Hamburger Frem-
denblatt" missfällt: Dass „gleich mit Fäusten dreingeschlagen" werde,
entspreche „nicht dem Ernst der Stunde".

Während die Großstädter mit gemischten Gefühlen reagieren,
dominieren in der Landbevölkerung Beklemmung und Niederge-
schlagenheit. In Südbayern berichten Gendarmen, Schulmeister und

Pfarrer über „gedrückte, ernste Stimmung" (Pfarrkirchen), „offensichtliche Beklemmung" (Ering) und „große Betrübnis" (Aretsried).

Kirchen sind überfüllt, allgegenwärtig scheint die Ahnung, auch dieser Krieg werde mit den zu erwartenden Opfern selbst bei „gutem Ausgang" eine „schwere Heimsuchung" bedeuten. Ein Gottesdienst geht als „Sacktüchleinpredigt" in die Chronik der Pfarrei Osterbuch ein: „Die Männer weinten, die Weiber schluchzten."

Auf die düstere Stimmung auf dem Lande geht am 2. August 1914 auch ein „Aufruf der Königin Marie Therese an die Frauen und Jungfrauen Bayerns" ein, doch bitte zur Notlinderung beizutragen: „Draußen fließt Blut, herinnen fließen Tränen." Entsetzen herrscht im Badischen, nahe der Westgrenze: „Das wuchtete wie ein Hammerschlag auf Herz und Hirn", heißt es im Freiburger Stadtarchiv. Aus Ebingen in Württemberg ist eine ähnliche Reaktion überliefert: „Grauen erfüllt die Seelen."

Es gibt Ausnahmen von der Regel. Ledige junge Männer erhoffen sich von dem vermeintlichen Blitzkrieg („Weihnachten sind wir wieder zu Hause") Prestigegewinn und Abwechslung. „Jetzt kommen wir auch einmal hinaus" – aus solchen und ähnlichen Äußerungen folgert der Historiker Benjamin Ziemann, der Krieg habe für jungen Burschen auch „einen touristischen Aspekt". Die Kriegsfreiwilligen erwarten eher Auseinandersetzungen im Stil dörflicher Raufereien als jenes Gemetzel, das binnen vier Jahren 15 Millionen Tote fordern soll.

Als die jungen Soldaten in den Tagen der Mobilmachung in naiver Begeisterung die Züge zur Front besteigen, kommt es auch vielerorts auf dem Land zu Szenen, die von fern an die Jubelkundgebungen in Berlin erinnern. Auf den Bahnsteigen bemühen sich die Honoratioren, den Soldaten einen repräsentativen Abschied zu bereiten und ihnen Mut zuzusprechen. Deshalb, so Ziemann, werden „die Reservisten dann in festlicher Stimmung verabschiedet" – obgleich es vielen Angehörigen schwer fällt, die Tränen zu unterdrücken.

Mit einer merkwürdig anmutenden Melange aus Beklommenheit und Aufatmen reagieren auch in der Provinz manche Menschen auf die Mobilmachung. Nach Wochen quälender Ungewissheit und „ewigem Hin und Her" zwischen Kriegsängsten und Friedenshoffnungen löst die „schlimme Gewissheit" des Kriegsbeginns so etwas wie Erleichterung aus – lieber ein Ende mit Schrecken als ein Schrecken ohne Ende.

Den Historiker Christian Geinitz erinnert die paradoxe Reaktion an das Verhalten von Angehörigen eines lange zwischen Tod und Leben schwebenden Unfallopfers: Erst das Ende der Ungewissheit ermöglicht eine emotionale Bewältigung des Ereignisses – ein psychologisches Phänomen, das womöglich auch einen Teil der Ausgelassenheit in den Städten erklärt.

Erfahrene Beobachter reagieren auf den Jubel der Jungen mit Schrecken. „Es war ein unbeschreibliches Gefühl, diese singenden jungen Männerstimmen durch die Nacht zu hören und dabei zu wissen, sie ziehen ja alle in den Tod", beschreibt Ernst Ludwig, Großherzog von Hessen, den Kriegsbeginn: „Es war oft kaum auszuhalten."

Der Münchner Abiturient Wilmer, der sich, von Begeisterung übermannt, am 1. August als Freiwilliger registrieren lässt, schreibt knapp ein Vierteljahr später aus Flandern nach Hause: „Mit welchen überschwänglichen Gefühlen bin ich in diesen Krieg gezogen, liebe Mutter. Und jetzt sitze ich hier, von Grauen geschüttelt."

Im November 1914 trifft ihn bei Langemarck ein Lungensteckschuss, und er diktiert im Lazarett einen weiteren Brief an seine Mutter: „Die Hölle konnte nicht schlimmer sein." Wenig später meldet ein Oberstabsarzt der Familie per Feldpost den Exitus des jungen Studenten: „Er starb für Gott und Vaterland."

Das große Sterben

Innerhalb weniger Tage rückten die deutschen Truppen
durch Belgien nach Frankreich vor. Doch die Offensive
scheiterte an der Marne, die Gegner gruben sich ein. Fast
vier Jahre lang dauerte der zermürbende Stellungskrieg,
der Millionen Soldaten das Leben kostete.

VON ROMAIN LEICK

Der Befehl, der das bis dahin unvorstellbare Schlachten mit der
Unerbittlichkeit eines Uhrwerks in Gang setzte, kam im Morgengrauen des 4. August. Es war ein Dienstag, Tau perlte auf Wiesen
und Hecken, als in der Frühe deutsche Patrouillen zu Pferde, Ulanen
der 2. und 4. Kavalleriedivision, auf holprigen Feldwegen in der
Nähe von Aachen über die belgische Grenze galoppierten.

Die Reiter bildeten die Vorhut der Kampfgruppe, die im Handstreich Lüttich nehmen sollte – jene Festung, die im Norden das
wichtigste Einfallstor von Deutschland nach Frankreich sicherte und
deren schnelle Eroberung der Schlüssel zur Verwirklichung des gesamten deutschen Kriegsplans war.

Erst am Abend zuvor hatte Reichskanzler Theobald von Bethmann Hollweg Frankreich den Krieg erklärt. Wie erwartet, hatte die
Regierung in Paris die groteske deutsche Forderung abgelehnt, ihren
russischen Verbündeten allein zu lassen, sich aus dem bevorstehenden Kampf herauszuhalten und als Unterpfand ihrer Neutralität die
Festungen Toul und Verdun zu übergeben.

Schon vorher hatte auch Belgiens König Albert ein Ultimatum
zurückgewiesen. Generalstabschef Helmuth von Moltke, der Neffe
des großen preußischen Feldmarschalls aus dem Krieg 1870/71, ver-
langte von Brüssel freien Durchmarsch für die deutschen Truppen.
Obwohl König Albert wusste, was seinem kleinen Land drohte, gab
er auf die schäbige deutsche Note die einzig mögliche Antwort:
„Wenn die belgische Regierung die ihr übermittelten Vorschläge
annehmen würde, würde sie sich gegen die Ehre der Nation ver-

gehen und Belgiens Pflichten gegenüber Europa verraten." Noch bevor der erste Schuss gefallen war, hatte das Deutsche Reich das Odium des Völkerrechtsbruchs auf sich genommen und seinen Gegnern damit einen triftigen Grund geliefert, der kaiserlichen Regierung die Kriegsschuld endgültig zuzuweisen.

Die Ulanen mit ihren langen Lanzen und den typischen Helmen ritten unbekümmert voran. Auf Widerstand stießen sie nicht, nirgendwo bekamen sie belgische Soldaten zu sehen. Am späten Vormittag rückte eine Schwadron in die kleine Ortschaft Battice an der Straße nach Lüttich ein. Da peitschten plötzlich Schüsse durch die Stille des wie verlassen daliegenden Dorfes; sie mussten aus einem der Gehöfte gekommen sein. Drei, vier Deutsche stürzten getroffen aus dem Sattel – vermutlich die ersten Opfer dieses Krieges.

Die Ulanen bekamen Battice schnell unter Kontrolle. Sie stellten fest, dass sich keine feindlichen Soldaten in dem Ort befanden. Also mussten sie von Zivilisten beschossen worden sein – von Partisanen, „Franktireuren". Die Eindringlinge trieben die Bewohner von Battice aus ihren Häusern und brannten das Dorf nieder.

So folgten auf die ersten Gefallenen ohne Verzug die ersten Kriegsverbrechen: Die deutsche Armee, die sich Gott empfohlen hatte und nach ihrem Selbstverständnis im Gedanken einer ritterlichen und humanen Kriegführung erzogen worden war, trug bereits in den ersten Stunden des Waffengangs Terror, Brand und Mord ins Feindesland.

Als die Sonne an jenem 4. August unterging, hatten die deutschen Kavallerieverbände bei Visé die Maas erreicht. Der Kampf um die Flussübergänge begann. Im Grenzraum waren alle Straßen, die von Osten, Süden und Norden her auf Lüttich zuliefen, mit Marschkolonnen in Feldgrau voll gestopft.

Am selben Abend, um 23 Uhr Londoner Zeit, erfolgte Großbritanniens Kriegseintritt – als unmittelbare und zwangsläufige Reaktion auf die Missachtung der durch internationale Verträge garantierten belgischen Neutralität. Kaiser Wilhelm II., zum ersten Mal von dunklen Vorahnungen erfüllt, beklagte sich bei Moltke: „Das habe ich gleich gedacht. Mir hat dieses Vorgehen gegen Belgien den Krieg mit England auf den Hals gebracht."

Doch der deutsche Generalstab gehorchte sklavisch einem unabänderlichen Plan, der in seinen Grundzügen lange vor Kriegsausbruch von Moltkes Vorgänger Alfred Graf von Schlieffen konzipiert worden war. Die deutsch-französische Grenze in Elsass-Lothringen war nur etwa 250 Kilometer lang, fast die Hälfte davon wurde durch das natürliche Hindernis der Vogesen gedeckt. Die Festungen von Belfort, Epinal, Toul und Verdun verriegelten die Lücken in dieser Kette, so dass ein frontaler Durchbruch kaum möglich schien.

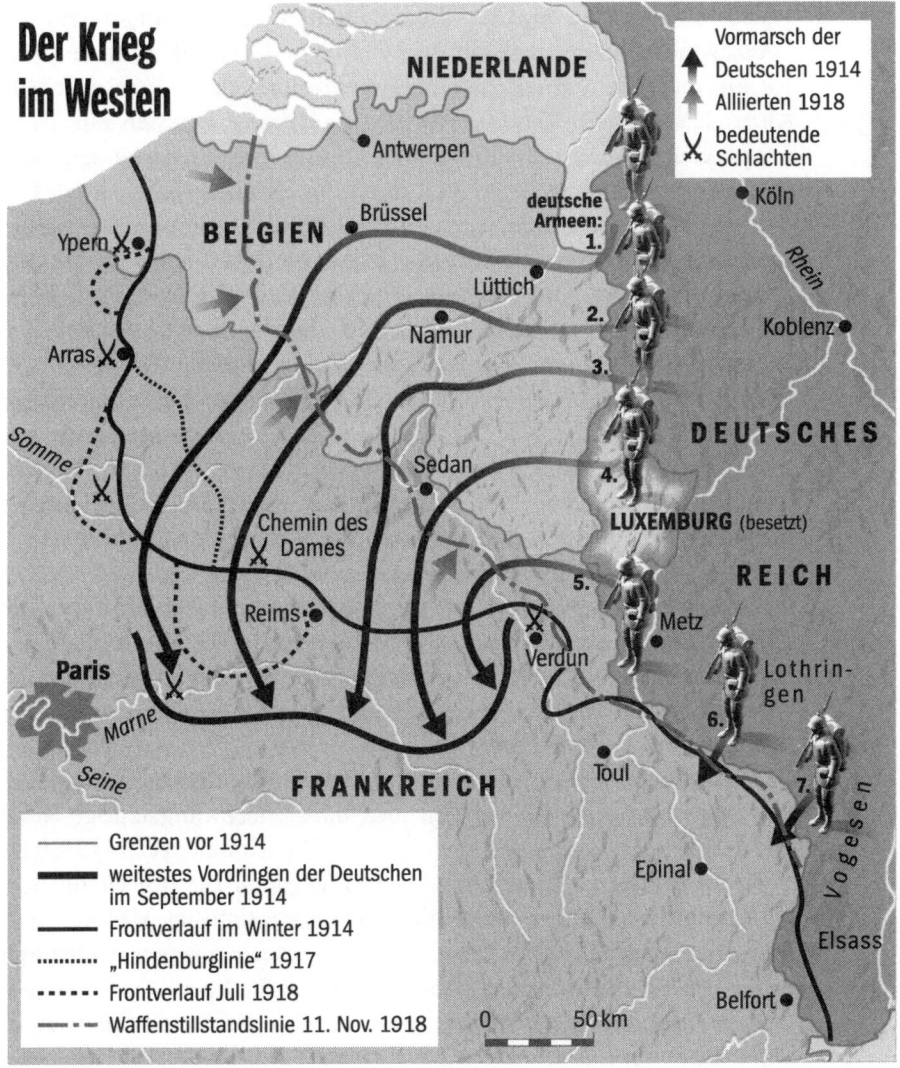

Der Krieg im Westen

Vormarsch der
↑ Deutschen 1914
↑ Alliierten 1918
✗ bedeutende Schlachten

NIEDERLANDE

Antwerpen

Köln

deutsche Armeen:
1.

Ypern ✗ BELGIEN Brüssel

Lüttich

2.

Koblenz

Arras ✗ Namur

3.

Somme

DEUTSCHES

Sedan

4.

Chemin des ✗ Dames

LUXEMBURG (besetzt)

5.

REICH

Reims

Metz

Paris Verdun

Lothringen

Marne

6.

Seine FRANKREICH Toul

7.

Vogesen

Epinal

Elsass

Rhein

Grenzen vor 1914
weitestes Vordringen der Deutschen im September 1914
Frontverlauf im Winter 1914
„Hindenburglinie" 1917
Frontverlauf Juli 1918
Waffenstillstandslinie 11. Nov. 1918

Belfort

0   50 km

61

Schlieffen wollte deshalb die linke französische Flanke in einem weit ausholenden Bogen umgehen. Der deutsche rechte Flügel, der durch die neutralen Länder Belgien und Luxemburg um den damals deutschen Angelpunkt Metz herum einschwenken sollte, musste so stark wie möglich sein: 79 Divisionen hatte Schlieffen dafür vorgesehen, während die restliche deutsche Front von Metz bis zur Schweizer Grenze nur von 13 Divisionen, einigen Landwehreinheiten und den Garnisonen in Metz und Straßburg gehalten werden sollte.

Von Anfang an war sich der deutsche Generalstab über das enorme Risiko und die logistischen Schwierigkeiten dieser Strategie im Klaren. Denn Schlieffen und Moltke zweifelten, ob sie über so viele Truppen verfügten, wie zur Verwirklichung ihres Plans nötig gewesen wären. Die deutsche Armee, die an mehreren Fronten kämpfen musste, war der französischen, die es lediglich mit einem einzigen Gegner zu tun hatte, keineswegs massiv überlegen.

Doch Schlieffen und der schwermütige Moltke hatten nach dem Eindruck ihrer Umgebung etwas von Fatalisten. Sie ließen dem Schicksal, das schon bald zum Verhängnis werden sollte, seinen Lauf – im Vertrauen darauf, dass die Führungsqualität des deutschen Offizierskorps, die Disziplin und der Kampfesmut des Heeres jeden Gegner ausstechen würden.

Zumindest an der Opferbereitschaft der jungen Deutschen gab es keine Zweifel, wie sich in den ersten Tagen vor Lüttich herausstellte. Der belgische Festungskommandant, General Gérard Leman, ließ seine mobile Infanterie zwischen den zwölf Forts in Stellung gehen, wo sie sich eingrub. Die vorrückenden deutschen Kolonnen gerieten in verheerendes Feuer – die grauen Massen gaben ein unverfehlbares Ziel ab, die Verteidiger brauchten nur in den Haufen hineinzuhalten.

Singend, wie wenig später bei Langemarck in Flandern, stürmten die Deutschen vor, während ringsum ihre Kameraden fielen. Sobald eine Angriffswelle niedergemäht war, bildete sich die nächste, ohne viel an Boden zu gewinnen.

Die furchtbaren Verluste und die Hartnäckigkeit der Deutschen verleiteten General Leman zu einem Fehlschluss: Er überschätzte die Stärke der Angreifer. Um seine mobilen Truppen zu retten, schickte er sie zurück nach Westen, damit sie sich dem Rest der belgischen Armee anschließen konnten. Damit war die Festung Lüttich zum Untergang verurteilt.

Am 7. August fuhr der deutsche Brigadekommandeur Erich Ludendorff, nur begleitet von einem Adjutanten, zur Zitadelle der Festung. Die schweren Tore waren verschlossen. Ludendorff, so zumindest ging es in die Geschichte ein, schlug mit dem Knauf seines Degens dagegen, bis von innen geöffnet wurde. Ein paar hundert belgische Soldaten ergaben sich. Dann führten die Deutschen die ersten Wunderwaffen dieses Krieges heran: riesige Belagerungsgeschütze, von Österreich geliehene Skoda-Mörser vom Kaliber 30,5 Zentimeter und Krupp-Geschütze vom beispiellosen Kaliber 42 Zentimeter. Deren Granaten ließen die Betonkuppeln der Lütticher Befestigungswerke aufplatzen wie Kürbisse.

Der deutsche Vormarsch, den der Widerstand von Lüttich kaum verzögert hatte, hinterließ in Belgien eine Spur der Verwüstung. In den kleinen Städten Andenne, Seilles, Tamines und Dinant massakrierten die Besatzer Zivilisten, nicht nur Männer, auch Frauen und Kinder: 211 Tote in Andenne, 384 in Tamines, 612 in Dinant. Die Geiseln wurden auf dem Hauptplatz zusammengetrieben und erschossen; Überlebende machten die Soldaten – keineswegs Sondereinsatztruppen, sondern ganz normale Wehrpflichtige – mit dem Bajonett nieder.

Drei Tage lang brannte die Universitätsstadt Löwen, das „belgische Oxford", ein Kleinod an Architektur, Kunst- und Bücherschätzen. Überall wähnten die Deutschen „Franktireurs" verborgen, die zumeist nur in ihrer Einbildung existierten. Am Ende ihres Wütens hatten sie die Universitätsbibliothek mit 230 000 Büchern und 1100 Gebäude zerstört; 209 Zivilisten kamen ums Leben, die 42 000 Einwohner der Stadt wurden davongejagt.

Vor den Augen der Welt hatte sich die große deutsche Kulturnation, deren Professoren und Studenten sich als Speerspitze des Patriotismus empfanden, unwiderruflich disqualifiziert. Gegen das Bild vom mordenden und plündernden „Hunnen" hatte jetzt Frankreich Recht, Moral und Zivilisation auf seiner Seite.

Dabei schien doch der von Moltke abgeänderte Schlieffenplan zunächst alle Erwartungen zu erfüllen. Mit ihrer 1., 2. und 3. Armee unter dem Oberbefehl der Generäle Bülow, Kluck und Hausen rückten die Deutschen in Gewaltmärschen von bis zu 30 Kilometern am Tag durch Belgien vor. Französische Offensiven in Lothringen, den Ardennen und im Elsass wurden abgeschlagen. Reihenweise entließ der französische Oberbefehlshaber Joseph Joffre in diesen ersten Wochen unfähige Generäle und Kommandeure. Nun rächte sich, dass die Franzosen bei der Mobilmachung Reserveoffiziere ohne Rücksicht auf ihr Alter einberufen hatten – vorausgesetzt, sie konnten sich einigermaßen gerade zu Pferde halten.

Die Armeen, die da aufeinander prallten, waren wie zu Zeiten Kaiser Napoleons in ihrer Beweglichkeit abhängig von Pferden. Ein Tier auf drei Männer veranschlagten die Fachleute in den Generalstäben. Die Deutschen requirierten 715 000 Pferde, und selbst die kleine britische Armee rekrutierte 165 000 Tiere, die im Geschützfeuer alsbald genauso massenhaft starben wie die Soldaten.

Knapp 30 Kilogramm an Waffen, Munition und Ausrüstung schleppten die Männer, oft genug mit blutenden Füßen in steifen Stiefeln, durch die sommerliche Hitze. Wie sich rasch herausstellte, machte den Franzosen ein ganz besonderes Handicap zu schaffen: Ihre veralteten Uniformen – blauer Rock über roten Hosen – gaben in der hellen Augustsonne auf weite Entfernung prächtige Zielscheiben ab. Im Kochgeschirr, das sie oben auf dem Tornister trugen, blinkte verräterisch das Licht, was einem jungen deutschen Leutnant namens Erwin Rommel Gelegenheit gab, mit präzisem Feuer eine große Zahl von Franzosen in einem Getreidefeld zu töten. Mitten im Krieg musste die französische Armee in aller Hast umrüsten.

Vor der deutschen Walze traten Joffres Soldaten überall den Rückzug an. Doch sie wehrten sich mit dem Mut der Verzweiflung. Typisch die Meldung, die General Ferdinand Foch an der Spitze der 9. Armee am 8. September 1914 verfasste: „Mein Zentrum gibt nach, mein rechter Flügel weicht zurück, Lage ausgezeichnet. Ich greife an."

Zwischen dem 15. August und dem 10. September 1914 hatte die französische Armee 250 000 Soldaten eingebüßt – Tote, Verwundete und Vermisste. Der Krieg schien verloren, Frankreich war besetzt bis zur Marne. Drei deutsche Armeen bewegten sich auf Paris zu. Die Regierung setzte sich nach Bordeaux ab, Stadtkommandant Gallieni bereitete die Sprengung des Eiffelturms und der Seine-Brücken vor.

Da geschah, was bis heute alle französischen Schulkinder als „Wunder an der Marne" lernen. Ein Opfer des eigenen Erfolgs und des schnellen Vorstoßes, hatten die Deutschen zwischen der 1. Armee unter General von Kluck und der 2. Armee unter General von Bülow eine gefährliche Bresche von 40 Kilometer Breite entstehen lassen. Franzosen und Briten konnten ungehindert in die eher zufällig entdeckte Lücke hineinstoßen, was möglicherweise „zu einer Katastrophe führen" konnte, wie Bülow erkannte.

Joffre zog sofort seine verfügbaren Reserven zusammen, um die Chance zur Revanche zu nutzen. Hunderte Pariser Taxen schafften in langen Konvois frische Soldaten an die Front. In fünf schrecklichen Kampftagen wendeten die Franzosen die Lage. Aus dem deutschen Hauptquartier kam der Befehl zum Rückzug, um die auseinander gerissene Front zusammenzufügen und zu stabilisieren. Schlieffens großartiger Plan, der den Sieg über Frankreich in sechs Wochen verheißen hatte, war gescheitert.

Moltke, ein gebrochener Mann, wurde am 14. September als Generalstabschef abgelöst; sein Nachfolger wurde Kriegsminister Erich von Falkenhayn. Mit seinem letzten Befehl ordnete Moltke die Befestigung der neuen deutschen Stellungen am Ufer der Aisne an. Die deutsche Infanterie grub sich ein, der Bewegungskrieg war zu Ende, der Stellungskrieg begann.

Die französischen Rothosen hatten das Land gerettet, auch wenn der Alptraum noch vier Jahre dauern sollte. Der Preis war furchtbar: 2 Millionen Mann hatte die französische Armee mobilisiert, davon waren 306 000 gefallen und 600 000 verwundet. Die Deutschen hatten 241 000 Soldaten verloren, davon 41 000 Freiwillige, bei Langemarck, nahe dem flämischen Ypern. Belgier und Briten hatten jeweils 30 000 Tote zu beklagen.

Und das war nur der Auftakt einer Schreckensstatistik, die sich vier Jahre lang unaufhörlich fortschrieb. Am Ende des Kriegs hatten rund 1,3 Millionen französische und 2 037 000 deutsche Soldaten den Tod gefunden. Von den Jahrgängen 1892 bis 1895 starben bei den Deutschen 35 bis 37 Prozent. Hunderttausende junger Frauen blieben zur Ehelosigkeit verurteilt. Hinzu kamen auf allen Seiten Millionen Kriegsversehrte, viele schwerstens verstümmelt und manche so im Gesicht entstellt, dass sie in eigenen Lazaretten ohne Spiegel und abseits der Städte den Blicken entzogen wurden.

Im ersten Kriegswinter schien die Möglichkeit einer erfolgreichen Offensive, ganz gleich, ob von alliierter oder deutscher Seite, in weite Ferne gerückt. Die Armeen waren ausgezehrt und erschöpft, es mangelte an Munition, vor allem für die Artillerie, der regelmäßige Nachschub musste mühselig organisiert werden. Eine Art brüchiger Frieden senkte sich mit dem Nebel über die Schützengräben in der nordfranzösischen Ebene.

Getrennt durch ein „Niemandsland", meistens 200 bis 300 Meter, an manchen Stellen aber auch nur wenige Meter breit, belauerten sich beide Armeen in ihren Gräben. Vom Frühjahr 1915 an wurden die Stellungen durch Stacheldraht, ursprünglich eine Erfindung amerikanischer Viehzüchter, gesichert. Die Gräben bauten die Soldaten immer komplexer und verschachtelter aus, wobei es die Deutschen zu höchster Kunstfertigkeit brachten. Hinter dem Kampfgraben entstanden Rückzugs-, Reserve- und Unterstützungslinien. In dem Wirrwarr konnten sich die Einheiten leicht verlieren, kundige Führer mussten die Ersatztruppen nach vorn bringen. In die kreidige Erde der Somme-Region und des Artois trieben die Deutschen Stollen von zehn Meter Tiefe und mehr, die selbst heftigstem Geschützfeuer widerstehen konnten.

Von 1914 bis 1917 blieb die Front im Westen mehr oder weniger statisch, aber der Verlauf der Gräben, die oft voll Wasser standen und von Ratten wimmelten, änderte sich ständig. Das Schanzensystem verschaffte den Verteidigern eine fast absolute Überlegenheit. Die Maschinengewehre konnten das Feuer auf 4000 Meter eröffnen, ihrem Kugelhagel waren Angreifer, die versuchten, das Niemandsland zu durchqueren, schutzlos ausgesetzt. Sämtliche Offensiven der Alliierten, ob die britische im Artois oder die französische in der Champagne, scheiterten nach unbedeutendem Geländegewinn.

Mit unermüdlicher Ausdauer verfeinerten die Deutschen ihre Verteidigungsfähigkeit, während die Alliierten weder taktisch noch technisch in der Lage waren, ihnen entscheidende Schläge zuzufügen. An einen Durchbruch und mithin an einen greifbaren Sieg war gar nicht zu denken.

Alle experimentierten mit einer neuen Waffe: Giftgas. Am 22. April 1915 setzten die Deutschen es zum ersten Mal ein. Bei Langemarck, wo die alliierte Front wie eine Beule in die deutschen Linien hineinragte, schien die Sonne; eine leichte Brise wehte von Ost nach West. Gegen 17 Uhr begann das Drama. Nach heftigem deutschen Artilleriefeuer bemerkten die Franzosen, überwiegend Kolonialtruppen aus Algerien, wie eine gelbgrüne Wolke über den umgepflügten

Boden auf ihre Stellungen zukroch. Im nächsten Augenblick griffen sich die Schützen und Zuaven an die Kehle, husteten, spuckten und kotzten; die Gesichter liefen blau an.

Zu Tausenden taumelten sie halbblind von dem unbekannten Höllenstoff nach hinten. Eine Bresche von sieben Kilometern Breite tat sich in der Verteidigungslinie vor Ypern auf. Zum ersten Mal hatten die Deutschen tödliches Chlorgas eingesetzt; 6000 Stahlflaschen mit 180 Kubikmetern Gas kamen an jenem Nachmittag zum Einsatz. Dann noch einmal am 24. April und am 1. Mai. Ein britischer Offizier berichtete, dass 90 seiner Männer nahezu augenblicklich starben. Andere, die sich noch zu den Sanitätszentren schleppen konnten, verendeten nach langen Qualen. Falkenhayn gelang es nicht, das Durcheinander auszunutzen; um die Fronten zu durchbrechen und aufzurollen, waren seine Kräfte zu schwach.

Das tückische Giftgas war eine Errungenschaft der I.G. Farben-Vorläufer, entwickelt und waffenfähig gemacht unter Anleitung des berühmten Chemikers und späteren Nobelpreisträgers Fritz Haber vom Kaiser-Wilhelm-Institut in Berlin. Der Schreckensruf „Gas! Gas!" war fortan der am meisten gefürchtete Alarm an der Westfront. Beide Seiten setzten die chemischen Massenvernichtungswaffen – nicht nur Chlorgas, sondern auch Senfgas – ohne Skrupel bis zum Ende des Kriegs ein. Entscheidende Bedeutung erlangten sie nicht, denn sie konnten nur bei günstiger Witterung verwendet werden. Schnell entwickelte Gasmasken für Menschen und Pferde boten außerdem halbwegs zuverlässigen Schutz.

Im scheinbar ausweglosen Patt des Stellungskriegs begann Falkenhayn sich darüber klar zu werden, dass sich das Kräfteverhältnis allmählich zu Gunsten der Alliierten verschob. Die Briten konnten noch bedeutende Reserven an Soldaten ins Feld schicken, und die Franzosen steigerten ihre industrielle Produktion an Kanonen, Granaten und Gewehren um ein Vielfaches. Im Herbst 1915 produzierten sie vor allem dank der Frauenarbeit 100 000 Artilleriegeschosse und 1500 Gewehre pro Tag.

Deutschland und seine Verbündeten könnten nicht endlos standhalten, schrieb Falkenhayn in einer Denkschrift, die er Weihnachten 1915 dem Kaiser vorgetragen haben will. Um aus der Sackgasse herauszukommen, schlug er eine begrenzte Offensive an einem neuralgischen Punkt vor, die Frankreichs Führung zwingen würde, alle verfügbaren Männer zur Verteidigung heranzuziehen: „Tut sie es, werden die französischen Kräfte verbluten." Als Ziel bezeichnete der Generalstabschef die Festung Verdun an einer Krümmung der Maas. Der Erfolg schien garantiert. Wenn die Franzosen aufgäben, würden sie Verdun verlieren; wenn sie ausharrten, ihre Armee.

Die von den Deutschen so genannte Operation Gericht begann am Morgen des 21. Februar 1916 mit einem Donnerschlag. Im Wald von Caures prasselten auf einer Fläche von 500 mal 1000 Meter 80 000 Granaten nieder, bevor die deutsche Infanterie antrat. Zwei Tage später meldete ein überlebender Leutnant der 72. französischen Division seinen Vorgesetzten: „Kommandeur und alle Kompanieführer sind gefallen. Mein Bataillon ist auf 180 Männer (von 600) geschrumpft. Ich habe weder Munition noch Verpflegung. Was soll ich tun?"

Am 25. Februar nahmen die Deutschen im Handstreich Fort Douaumont ein. Verdun schien vor dem Fall. Die Franzosen verhielten sich genau so, wie Falkenhayn es vorausgesehen hatte: Sie warfen unter dem neuen Verteidiger Philippe Pétain alle Reserven in die Schlacht und zogen im ganzen Land 12 000 Lastwagen zusammen, um die Festung über die „Voie sacrée", die heilige Straße zwischen Bar-le-Duc und Verdun, mit Nachschub zu versorgen. Die Stadt an der Maas wurde zum Symbol des Widerstandswillens der gesamten Nation.

Was Falkenhayn indes nicht bedacht hatte: Schon am 27. Februar kam seine Offensive nach einem Vorstoß von sechs Kilometern ins Stocken, und die Deutschen begannen genauso auszubluten wie die Franzosen. Der Abnutzungskrieg war gescheitert. Falkenhayn wollte seinen Misserfolg nicht wahrhaben und ließ weiter an wechselnden Punkten rund um Verdun angreifen. Bis Ende Juni hatten beide Seiten über 200 000 Tote und Verwundete zu beklagen.

Die Landschaft um Verdun verwandelte sich gespenstisch. Bis heute hat sie ihren natürlichen Zustand nicht wiedergefunden – kahl rasierte Wälder mit Baumstümpfen wie Streichhölzer, von Kratern durchlöcherter Boden, ausradierte Dörfer geben ein eigenartig morbides Bild ab wie aus einer anderen Welt.

Falkenhayns Gegenspieler erwiesen sich als Glücksfall für die Deutschen in dieser kritischen Phase, denn sie glänzten ebenfalls nicht gerade als strategische Großmeister. Um die schwer bedrängten Franzosen zu entlasten, startete der britische Feldmarschall Douglas Haig eine gewaltige Offensive an der Somme. Sie sollte, wie der Historiker John Keegan urteilt, zum größten militärischen Desaster der britischen Geschichte werden.

Haig, ein verschlossener und für seine Umgebung rätselhafter Offizier, zog an der Somme 20 Divisionen zusammen; dazu 1000 Feldgeschütze, 180 schwere Geschütze und 245 Mörser. An die drei Millionen Granaten hatten die Briten nach vorn bringen lassen. Alle 20 Meter Frontlinie stand ein Geschütz. Das Trommelfeuer auf die deutschen Linien sollte so verheerend sein, dass die britische Infanterie anschließend das Niemandsland, nur mit dem Spazierstock bewaffnet, durchqueren könnte, wie Haig glaubte.

Aus den Erfahrungen von Verdun hatte der britische Feldmarschall gelernt, dass in einer „Zermürbungsschlacht unsere Truppen möglicherweise stärker als jene des Feindes aufgebraucht werden". Dies war zwar richtig, aber Haig zog daraus den Schluss, er müsse mit einem massiven Frontalangriff einen Durchbruch erzielen. Ein furchtbarer Irrtum: Am ersten Tag der Schlacht, dem 1. Juli 1916, verloren die Briten binnen wenigen Stunden 60 000 Mann, die deutschen Verteidiger nur 6000. Doch Haig machte wider bessere Kenntnis weiter, obwohl er zu vermuten begann, die Deutschen seien nun, indem sie in der Defensive blieben, diejenigen, die „unsere Truppen mürbe machen".

Nach der gescheiterten Schlacht entsetzte sich der britische Premierminister Lloyd George: „Haig ist es völlig gleichgültig, wie viele Soldaten er verliert, er verschwendet einfach das Leben dieser Jungs." In dieser Gefühllosigkeit unterschied sich der Brite nicht von den meisten seiner französischen und deutschen Kollegen, für die Opferzahlen offenbar nichts anderes als eine abstrakte Größe der militärischen Geschäftsbilanz darstellten.

Ende August 1916 löste der Kaiser den glücklosen Falkenhayn ab. An die Spitze des Heeres berief er die populären Sieger von der Ostfront: Paul von Hindenburg wurde zum Chef des Generalstabs und Erich Ludendorff zum Ersten Generalquartiermeister ernannt. Die Weichen für den Marsch ins Verhängnis waren gestellt. Mit seinem strategischen Scharfsinn und seinem überragenden Organisationsgeschick konnte Ludendorff den Krieg noch in die Länge ziehen; der Endsieg, an den er glaubte, rückte aber wahrscheinlich bereits zu diesem Zeitpunkt in unerreichbare Ferne. Die Radikalisierung des Kriegs unter den neuen Befehlshabern brachte das Deutsche Reich wohl um die letzte kleine Chance, einen Verhandlungsfrieden durchzusetzen.

Im Frühjahr 1917, das wusste Ludendorff, würde Deutschland mit Sicherheit von allen Seiten angegriffen werden. An der Westfront hatten die Alliierten inzwischen 3,2 Millionen Soldaten stehen, gegenüber 2,8 Millionen auf der deutschen Seite. Die Verluste, die Deutschland bei Verdun und an der Somme erlitten hatte, waren nicht mehr wettzumachen; die Kampfkraft des Heeres ließ sich längst nicht mehr mit der von 1914 oder 1915 vergleichen.

Angesichts dieser unerfreulichen Lage entschied sich Ludendorff für eine neue Verteidigungstaktik. Statt die vordersten Stellungen in starrer Linie bis zum Letzten zu halten, sollte die Abwehrschlacht mit beweglichen Einheiten in der Tiefe des Raums geführt werden. Dadurch würden die Verluste geringer, starke Kräfte für einen Gegenangriff hielten sich, rückwärts gestaffelt, außerhalb des Feuerbereichs der feindlichen Feldartillerie bereit.

Zudem ordnete Ludendorff eine Frontbegradigung an, die Briten und Franzosen völlig überraschte. Im März 1917 zogen sich 29 deutsche Divisionen 30 Kilometer weit auf stark ausgebaute Verteidigungspositionen zurück. An einem Abschnitt von 150 Kilometer Länge hatten die Alliierten plötzlich keine Berührung mehr mit dem Feind. In der geräumten Zone zerstörten die Deutschen alles – Häuser, Bäume, Brunnen. Sie legten Minenfelder an und evakuierten die Bevölkerung. Die neue „Hindenburg-Linie" sollte die letzte Verteidigungsstellung in Frankreich werden.

Zu Ostern 1917 schlugen zwei britische Armeen bei Arras los. Kaum war dieser Angriff unter bedrohlichen Verlusten zum Stehen gebracht, traten die Franzosen unter ihrem neuen Oberbefehlshaber Robert Nivelle zur Frühjahrsoffensive in der Champagne und an der Aisne an. Doch Ludendorffs neue Verteidigungsdoktrin bewährte sich trotz des anfänglichen Schocks, die französische Operation am Chemin des Dames geriet zum mörderischen Fehlschlag. In zwei Wochen verloren die Angreifer 147 000 Mann.

Nie schien Frankreich dem inneren Zusammenbruch so nahe. In 54 Divisionen brachen Meutereien aus; die Soldaten weigerten sich, Befehlen zu folgen, die sie für sinnlos hielten, und wollten sich nicht in nutzlosen Angriffen verheizen lassen. Nivelle wurde entlassen und durch Pétain ersetzt, der die Moral der Truppe mit Zuckerbrot und Peitsche wiederherstellte. Den Soldaten versprach er bessere Verpflegung und mehr Fronturlaub; gleichzeitig kamen rund 23 000 Soldaten vors Kriegsgericht; etwa 600 „Rädelsführer" wurden zum Tode verurteilt, bis zu 75 von ihnen hingerichtet.

In den Turbulenzen dieses Frühjahrs 1917 ging fast unter, dass der Kongress der USA am 6. April Deutschland den Krieg erklärte, nachdem die Reichsregierung auf Drängen Ludendorffs und der Admiralität beschlossen hatte, den uneingeschränkten U-Boot-Krieg wiederaufzunehmen. Der deutsche Generalstab unterschätzte die Konsequenzen des amerikanischen Eingreifens auf fatale Weise. Zwar sollte es noch dauern, bis die ersten US-Truppen unter General John Pershing in Frankreich auftauchten. Aber von nun an war klar, dass die Westalliierten über ein schier unerschöpfliches Reservoir an Menschen und Material verfügen würden, während Deutschland langsam verhungerte und verblutete.

Nach dem Sieg über Russland im Osten holte Ludendorff im März 1918 zum letzten Schlag aus – er ging daneben, wie alle anderen an der Westfront, obwohl sich noch einmal eiskalte Angst der Franzosen und Engländer bemächtigte. Die Operation „Michael" wurde ein großer taktischer Erfolg, die Deutschen gewannen bis zu 60 Kilometer an Boden. Paris, in Reichweite deutscher Ferngeschütze, schien wieder gefährdet, doch am Ende blieb die strategische Lage unverändert.

Wieder einmal war es nicht möglich gewesen, einen entscheidenden Durchbruch zu erzielen. Die Verteidiger schafften schneller Verstärkungen heran, als die Angreifer vordringen konnten. Mitte Juli musste Ludendorff alle weiteren Angriffsversuche einstellen. Mit militärischen Mitteln konnte Deutschland den Krieg nach diesem letzten Aufbäumen nicht mehr gewinnen.

Hätte das Kaiserreich das Unentschieden, das vier Jahre lang im Westen geherrscht hatte, noch weiter aufrechterhalten können, um den Alliierten doch noch einen ehrenvollen Verhandlungsfrieden abzutrotzen? Auch das schien nach dem Eintreffen der ersten amerikanischen Verstärkungen nicht mehr möglich, jedenfalls nicht lange. In die Anfangserfolge des Unternehmens Michael hatten sich bereits erste Auflösungserscheinungen gemischt: Manche der Divisionen bewiesen kaum noch Kampfgeist; statt planmäßig vorzurücken, hielten sie oft genug inne, um die üppigen Versorgungsdepots der Alliierten zu plündern und sich zu betrinken. In vielen Fällen verloren die Offiziere die Kontrolle über die Truppe. Zurückweichende Einheiten beschimpften vorrückende Reservedivisionen als „Streikbrecher" und „Kriegsverlängerer". Ludendorff, zunehmend reizbar, feindselig und mit den Nerven am Ende, hatte das Vertrauen der Truppe und des deutschen Volks verloren.

Gewiss, der deutsche Rückzug ab dem Sommer 1918 war keine Flucht. Doch zum ersten Mal in diesem Krieg zeigten sich deutsche Soldaten bereit, sich in größeren Mengen zu ergeben. Nicht sosehr die materielle Überlegenheit der Briten, Franzosen und Amerikaner beendete den Krieg, sondern die endogene „Krise der deutschen Kampfmoral", wie der Historiker Niall Ferguson urteilt. Ludendorff gelangte zu dem Schluss, dass das Heer sich auflösen würde, wenn es nicht schnell zum Waffenstillstand käme.

Dass die Deutschen, die so zäh und bedrohlich gekämpft hatten, nunmehr so rasch aufgaben, überraschte den Gegner am meisten. Feldmarschall Haig hielt bis zum Schluss das deutsche Heer für „fähig, sich an die Grenzen zurückzuziehen und diese Linie zu halten". Am 7. November 1918, vier Tage bevor der Waffenstillstand unterzeichnet wurde, schrieb der britische Feldgeistliche Julian Bickersteth: „Der Feind kämpft eine schlaue Rückzugsaktion durch, und ich sehe nicht, wie wir ihn dazu bringen können, sich schneller zu bewegen. Wir alle erwarten weitere Kämpfe, die zumindest sechs Monate andauern werden."

Zwei Wochen zuvor, am 26. Oktober, hatte Ludendorff den Kaiser um seine Entlassung gebeten. Seiner Frau sagte er am selben Abend: „Du wirst sehen, in 14 Tagen haben wir kein Kaiserreich und keinen Kaiser mehr."

Krieg gegen den Krieg

Millionen Soldaten verweigerten – auf teilweise
listige Art – den Gehorsam oder versuchten dem
mörderischen Gemetzel zu entkommen.

VON STEFAN STORZ

Flandern, Herbst 1917. Im Morgengrauen schleifen sie ihn auf den
Hof. Zwei Soldaten zerren den jungen Mann zu einem Stuhl und
binden ihn fest. Eine schwarze Binde wird über seine Augen ge-
streift, ein weißes Taschentuch markiert sein Herz.

Das Exekutionskommando des London Scottish Regiments ist mit
zwölf Mann angetreten. Diesmal gibt es keine Platzpatrone. Alle
Gewehre sind scharf geladen. Einige der Männer schwanken, sie
haben sich betrunken. Sie könnten nicht einmal treffen, wenn sie es
wollten. Der Offizier senkt die Hand: Feuer. „Mutter!", der Schrei
erstirbt. Aber das Opfer lebt noch immer, bäumt sich auf. Der
Offizier jagt dem Wehrlosen mit seinem Revolver eine Kugel durch
den Kopf. Der 17-jährige Gefreite Victor Silvester weint stumm.

„Er war doch kaum älter als ich", erinnert sich der spätere Tanzwelt-
meister Silvester an das schreckliche Geschehen. „Danach erfuhren
wir noch, dass er unter Granatenschock stand." Das scherte die Militärgerichte wenig. Ihnen ging es um Abschreckung, nicht um Gerechtigkeit. Sie machten kurzen Prozess. In der Regel wurde in 20 Minuten
ein Urteil gefällt, in neun von zehn Fällen lautete es: schuldig.

Der unbekannte Deserteur in Flandern war nur einer von 115 005
registrierten Fällen von Fahnenflucht in der britischen Armee während des Ersten Weltkriegs; einer von 31 367 Soldaten, die deswegen
vor das Kriegsgericht kamen; einer von 2004 Delinquenten, die dort
zum Tode verurteilt wurden; einer von 272 Unglückseligen, an denen
das Urteil vollstreckt wurde.

Sie blieben lange Zeit verfemt und vergessen. Ihr Name war auf
keiner Gefallenenliste der nationalen Gedenkstätten zu finden. Sie
wurden aus dem kollektiven Gedächtnis verbannt und aus der

Gemeinschaft der Soldaten ausgeschlossen. Nicht nur in England. „Die Opfer der deutschen Militärjustiz im Ersten Weltkrieg sind vollkommen vergessen", konstatiert der Berliner Historiker Christoph Jahr. Das könnte sich ändern. In den letzten Jahren hat die militärgeschichtliche Forschung ein Stück verdrängter Kriegswirklichkeit entdeckt – den Krieg der Soldaten gegen den Krieg.

Wenn es eine anfängliche Kriegsbegeisterung gab, so wich sie schnell. Der erste industrialisierte Krieg der Geschichte konfrontierte die Soldaten mit grauenhaften Gewalterfahrungen, die viele nicht verkraften konnten. Die Militärärzte stellten schon wenige Wochen nach Beginn der Kämpfe fest, „dass ganze Kompanien von nervösen Zuständen, Weinkrämpfen, Erbrechen befallen" wurden.

Als die Front im Stellungskrieg erstarrte, kamen die Gegner sich näher. Ihre Gräben waren manchmal nur wenige Meter voneinander entfernt. Der Feind bekam menschliche Züge. Die verbotene Kooperation zwischen den feindlichen Gräben begann damit, dass die Kombattanten Feuerpausen einlegten, um dem Feind Gelegenheit zum Essen und zum ungestörten Latrinengang zu geben.

Eine wilde Waffenruhe konnte Stunden oder Tage anhalten. „Die 13ner aus Münster", schreibt im Herbst 1914 der westfälische Feldgraue Franz Töns von der Westfront nach Hause, „sind an einigen Stellen 15 Meter vom Feinde entfernt, bei Tage sind die französischen Offiziere nicht da, dann wird nicht geschossen, die Feldwebel setzen sich zu beiden Seiten auf den Schützengraben und unterhalten sich miteinander. Die Mannschaften wechseln gegenseitig Kognak und Zigaretten aus. Die Franzosen gaben auch einen Brief herüber und baten unsere sich zu ergeben."

Ein andermal in Flandern verständigten sich Dutzende von deutschen und britischen Soldaten bei strömendem Regen, der die Gräben absaufen ließ, auf einen befristeten Schlechtwetter-Frieden, um ihre Schlammlöcher wieder in Stand setzen zu können. Das friedliche Treiben konnte auch Offizier Graham Greenwell von der South Midland Division nicht verhindern, wie er zähneknirschend feststellen musste. „Die elenden Hunnen stehen offen auf ihrer Brustwehr und schöpfen Wasser und Schlamm. Die Männer weigern sich, auf sie zu schießen, obwohl es ihnen befohlen wurde."

Entsetzt waren die Generalstäbe über die Massenverbrüderungen Weihnachten 1914. Tagelang kehrten die Soldaten an einem 50 Kilometer langen Frontstreifen bei Ypern dem Krieg einfach den Rücken, trafen sich mit ihren Gegnern im Niemandsland, beschenkten einander mit Plumpudding und Zigarren, tauschten Uniformknöpfe gegen Koppelschlösser und spielten Fußball. Hauptmann Charles Stockwell, Kompaniechef bei den Königlich Walisischen Füsilieren, notierte den stilgerechten Ausklang eines 24-stündigen Weihnachtsfriedens: „Um 8.30 feuerte ich dreimal in die Luft und hisste eine Flagge mit der Aufschrift ‚Merry Christmas‘. Der deutsche Hauptmann erschien auf seiner Brustwehr. Wir salutierten. Er feuerte zweimal in die Luft. Dann war wieder Krieg.“

Und so sollte es nach dem Willen der Militärführung auch bleiben. Der deutsche Generalstabschef Erich von Falkenhayn setzte den Weihnachtsfrevel mit Hochverrat gleich und befahl, künftig jeden Mann, der den Graben Richtung Feind verlasse, sofort zu erschießen.

Aber die Soldaten wussten sich zu helfen. Statt in aller Offenheit zu fraternisieren, verständigten sie sich nun heimlich. Wochen und Monate schlief der Krieg bisweilen ein. Wenn hoher Besuch kam, wurde für die Großkopfeten ein Schauspiel inszeniert, wie Leutnant Wyatt vom Yorkshire Regiment notierte: „Die Deutschen benachrichtigten uns, dass am Nachmittag ihr General käme. Wir sollten uns in Acht nehmen, denn sie müssten dann ein bisschen schießen, um den Schein zu wahren.“

Der Generalität bereiteten diese kleinen Fluchten große Sorgen. Mit allen Mitteln sei die „Gefahr des Burgfriedens unter dem Motto ‚Tu mir nichts, ich tu dir nichts‘ niederzuhalten“, befahl Konstantin Schmidt von Knobelsdorf, Generalstabschef der 5. Armee. Die Stäbe ersannen absurde Leistungskontrollen, um den Verfall der Kampfmoral zu stoppen. Die Kompaniechefs mussten beispielsweise genaue Statistiken über ihre Aktionen an der Front führen und bis zu sechsmal am Tag detaillierte Lageberichte vorlegen.

Aber auch damit ließ sich leben. „Jeden Mittag platzen mit automatischer Pünktlichkeit über unseren Geschützen ein Dutzend Schrapnellschüsse. Wir schießen die Antwort eine Stunde später. Die französischen Geschosse tun unseren Kanonen nichts, die deutschen Geschosse tun den französischen Kanonen nichts“, schildert zufrieden ein bayerischer Artillerist das Procedere.

Ähnlich lief so manche von der militärischen Führung verordnete Nachtpatrouille ab. „Alle Patrouillen, ob deutsche oder englische, halten nichts vom Heldentod", notierte im Sommer 1915 der britische Infanterist Charles Sorley, „stoßen sie versehentlich aufeinander, schauen die einen nach links, die anderen nach rechts und ziehen schweigend aneinander vorbei."

Dem britischen General Frank Percy Crozier stank das unsoldatische Treiben. Er befahl, jede Streife müsse ein Stück deutschen Stacheldraht abliefern, um zu beweisen, dass sie die deutsche Stellung wirklich ausgespäht hatte. Pech für den General, dass seine Soldaten eine ganze Rolle dieses Stacheldrahts gebunkert hatten.

Wie viele waren es, die sich auf diese Weise dem Krieg entzogen? Keine offizielle Statistik erfasst die Kriegsdienstverweigerer auf Zeit; es müssen Millionen gewesen sein. Allein beim britischen Expeditionskorps, schätzt der britische Historiker Tony Ashworth, machte jeder dritte Soldat auf lau, wann immer es möglich war.

Mit den Materialschlachten vor Verdun und an der Somme, bei Arras und Ypern nimmt der Widerstand in den Armeen immer offenere Formen an. Nach dem blutigen Scheitern der Nivelle-Offensive im April 1917 bricht in der französischen Armee ein Aufruhr aus. Die Soldaten haben das Morden satt, lassen den Frieden hochleben und beschimpfen ihre Offiziere als „Schlächter". Wie ein Lauffeuer breiten sich die Unruhen aus. Zwischen April und September kommt es zu Meutereien in etwa der Hälfte aller Divisionen. Einheiten verweigern den Marschbefehl und bilden Soldatenräte. Rote Fahnen flattern. Das 370. Infanterieregiment henkt drei Gendarmen, kapert einen Zug nach Paris, um die Regierung zu stürzen. Loyale Truppen stoppen das Unternehmen und erschießen die Anführer. Mit einer Mischung aus Zugeständnissen und brutaler Härte gelingt es dem französischen Oberkommando, die Lage wieder zu stabilisieren. 23 385 Soldaten kommen vors Kriegsgericht. Von ihnen werden 3427 schuldig gesprochen, 554 zum Tode verurteilt, etwa 75 tatsächlich exekutiert. Zugleich erfüllt Oberbefehlshaber Henri Philippe Pétain aber auch eine zentrale Forderung der Soldaten und verzichtet auf jede weitere Großoffensive.

Im selben Jahr brach die italienische Armee nach der Niederlage bei Caporetto zusammen. Die Truppen gehorchten keinem Befehl mehr, Hunderttausende flüchteten, ganze Regimenter ergaben sich kampflos. Von den insgesamt rund fünf Millionen italienischen Soldaten kamen 190 000 wegen Desertion vors Kriegsgericht, 4028 wurden zum Tode verurteilt, rund 750 Soldaten hingerichtet.

Noch desolater war die Moral der Truppen 1917 im Osten. Die russische Armee löste sich auf. Zwischen Februar- und Oktoberrevolution desertierten über eine Million Soldaten.

Auch im deutschen Heer drehten die Zeichen auf Sturm. Soldaten meuterten in Kompaniestärke. Einige Einheiten mussten von ihren Offizieren mit vorgehaltener Waffe ins Gefecht getrieben werden. In der Hochseeflotte kam es zu Unruhen. Zwei Matrosen wurden erschossen. Bis Kriegsende fällten deutsche Militärgerichte 150 Todesurteile, 48 wurden vollstreckt.

Die Zahl der Deserteure schnellte nach oben. In den Dörfern und Städten des Hinterlands, wo Kneipen, Kinos und Bordelle Ablenkung boten, gab es auch Möglichkeiten, sich Blanko-Urlaubsscheine oder gefälschte Ausweispapiere zu besorgen. „Festgenommene sagen aus", warnte die Oberste Heeresleitung das Oberkommando der 4. Armee, „dass sie 3 bis 20 Mark für gefälschte Ausweise" bezahlt hätten. Einer der Fluchthelfer besaß „einen ganzen Block mit Formularen, die den Dienststempel ‚Etappen-Kommandantur 163' trugen".

Schätzungsweise 20000 deutschen Soldaten gelang es, sich ins neutrale Ausland, in die Schweiz, nach Dänemark oder in die Niederlande, abzusetzen. Doch es gab weitere Schlupflöcher. Ein Soldat schaffte es, sich in der Brüsseler Halbwelt ein halbes Jahr lang zu verstecken. Das nötige Geld verschaffte er sich durch den Verkauf von 1860 Flaschen Rotwein, die er zuvor aus Heeresbeständen hatte mitgehen lassen. Nicht schlecht fuhr auch der Husar Müller, der sich mit falschen Papieren einen Kraftwagen der Heeresverwaltung besorgte und damit monatelang quer durch Deutschland kutschierte. „Die Betriebsstoffe entnahm er, ohne zu bezahlen, militärischen Ausgabestellen. Als er verhaftet wurde, gelang es ihm durch die Ausweispapiere und sein sicheres Auftreten seine Freilassung zu erwirken", berichtet das stellvertretende Generalkommando in Münster von der Köpenickiade.

Als im Herbst 1917 zahlreiche Divisionen von der Ost- an die Westfront verlegt wurden, desertierten rund zehn Prozent der Mannschaften. „Schlachtvieh nach Flandern" stand auf vielen Waggons.

Nach dem Scheitern der deutschen Frühjahrsoffensive 1918 hatten die Soldaten endgültig genug. Ein „verdeckter Militärstreik", so der Historiker Wilhelm Deist, lähme immer größere Teile des Heeres. „Die Truppen greifen nicht an, trotz Befehlen", meldete Oberst von Lenz, Generalstabschef der 6. Armee, Mitte April. Immer mehr Soldaten tauchten ab. Hunderttausende leicht Verwundete marschierten Richtung Heimat oder stürmten Krankenzüge, um schneller nach Hause zu kommen.

Die Ausschreitungen bei den Ersatztransporten an die Front wurden immer heftiger. „In vielen Fällen", meldete das preußische Kriegsministerium, sei es „zu offenem Widerstand und tätlichen Angriffen gegen Vorgesetzte" gekommen. Bahnhöfe wurden verwüstet, Signalanlagen zerstört, Wagen abgekoppelt. 20 Prozent der Männer schlugen sich in die Büsche. Verschärfte Strafandrohungen und zusätzliche Bewachung griffen nicht.

Seit Beginn der alliierten Gegenoffensive Mitte Juli ließen sich Tausende Soldaten ohne jede Gegenwehr gefangen nehmen. „Teile der Infanterie nahmen die Hände hoch, wenn der Feind noch einen Kilometer entfernt war", berichtete die Radfahrerbrigade der 2. Armee.

Die Zahl der Soldaten, die nicht mehr kämpfen wollten, wurde jeden Tag größer. Kriegsverweigerung war zur Massenbewegung geworden. Allein im ersten Halbjahr 1918 desertierten im deutschen Heer etwa 40 000 Soldaten, bis Kriegsende wuchs ihre Zahl auf schätzungsweise 200 000 Fahnenflüchtige an. Insgesamt entzog sich in den letzten Kriegsmonaten vermutlich eine Million Soldaten der Armee. Es ist eine Legende, dass ein „Dolchstoß in den Rücken des Heeres" zum militärischen Zusammenbruch des Reichs führte. Die deutsche Armee blieb nicht, wie ihre Führung vorgaukelte, „im Felde unbesiegt" – am Ende war sie nicht viel mehr als ein Offizierskorps ohne Truppe.

Sicherlich hätten es noch mehr gewagt, sich vom Krieg zu verabschieden, wenn es so einfach gegangen wäre, wie es sich Pionier Dreher ausgemalt hatte. Der schickte, als er aus seinem Heimaturlaub wieder an die Front sollte, seinem Kompaniechef eine Karte: „Nachdem ich bis heute vergeblich auf eine Verlängerung meines Urlaubs gewartet habe, bin ich gezwungen, meinen Abschied von der Kompanie zu nehmen. Die Pflicht meiner Familie und meinen Eltern gegenüber hält mich von einer weiteren Dienstausübung zurück."

Der Wettlauf der Ingenieure

Moderne Waffentechnik und neue Produktionsmethoden,
nicht mehr die Generäle, entschieden über Sieg und Niederlage in den Militärschlachten.

VON CHRISTIAN HABBE

Der Hinterlader des thüringischen Gewehrbauers Johann Nikolaus
Dreyse schien eine Wunderwaffe: Statt Pulver und Kugel in den Lauf
zu stopfen, musste der Grenadier nur Patronen einlegen. Da das
auch im Liegen ging, bot er dem Gegner kaum noch ein Ziel.
Experten waren tief beeindruckt. Nach Dreyses bahnbrechendem
Zündnadelgewehr, so legte sich der Kriegstheoretiker Friedrich Engels
1878 fest, sei in der Technik des Landkriegs kein „neuer Fortschritt
von irgendeinem umwälzenden Einfluss" mehr zu erwarten.

Das war ein bizarrer Irrtum des Kampfgefährten von Karl Marx.
Aber die Kriegstechnik entwickelte sich gerade so schnell, dass auch
die übrige Fachwelt oft den Überblick verlor: Noch fünf Jahre vor
Kriegsausbruch glaubte der frühere preußische Generalstabschef,
Alfred von Schlieffen, die Entwicklung des Waffenarsenals sei endgültig auf dem Höhepunkt angekommen: „Das Denkbare ist erreicht."

Kurz darauf war das Denkbare wie weggesprengt, eine Umwäl-
zung nach der anderen brachte die Welt der großen Strategen ins
Wanken. Denn das Geschehen bestimmte nunmehr ein Wettlauf der
Techniker: mit U-Booten, Funktechnologien, Chemiewaffen und
vielem mehr. Fliegereinheiten, die sich gerade noch als kleine, feine
„Kavallerie der Lüfte" gesehen hatten, wuchsen binnen Monaten
zu straff organisierten Luftstreitkräften. Neu entwickelte schnelle
Torpedoboote und Zerstörer brachten auf See die Aufmärsche von
Linienschiffen und Panzerkreuzern durcheinander, an Land sprengte
ein Ferngeschütz von Krupp mit 120 Kilometer Reichweite die geg-
nerischen Linien. Dazu etablierte sich ein Horror völlig neuer Art –
der Panzerkrieg.

So etwas verwirrte Stabsplaner, die auf ihren Militärschulen über die neuen leichten Maschinengewehre (bis zu 300 Schuss pro Minute) oder den Masseneinsatz der englischen Splitterhandgranaten (70 Millionen Stück) nie etwas gehört hatten – ganz zu schweigen von der monströsesten Neuerung, dem Gaskrieg.

Den Kampfstoffeinsatz hatte das Reichsheer zwar nicht eingeführt, aber am stärksten forciert. Anfangs wurde eine Entwicklung des späteren Nobelpreisträgers Walter Nernst eingesetzt, eine Art Reizgas, das freilich die alliierten Soldaten beim ersten Einsatz im Oktober 1914 in Flandern lediglich zum Niesen brachte; der Sohn des Armeechefs Erich von Falkenhayn soll sich sogar für eine Champagnerwette fünf Minuten lang in eine Gaswolke gestellt haben.

Mit solchen Kasinoscherzen war es vorbei, als Nernst abtrat und sein Nachfolger Fritz Haber, später ebenfalls Nobelpreisträger, die Eskalation organisierte. Nun waberte auch das berüchtigte Senfgas („Gelbkreuz") über die Schützengräben. Beide Seiten benutzten es mit schrecklichem Resultat. Zahllose Soldaten wurden schwer geschädigt, 90 000 starben im Gas – davon allein rund 56 000 Russen.

Hinter der technischen Revolution des Krieges standen starke Kräfte. „Die ganze Gesellschaft war für den Krieg mobilisiert", so der Stuttgarter Historiker Gerhard Hirschfeld. Da propagierte selbst ein Friedensaktivist und Esperanto-Vorkämpfer wie der international renommierte Physiker Wilhelm Ostwald eine „nationale" Chemie, der Wiener Nervenarzt Sigmund Freud ließ 1914 ernsthaft wissen, seine „ganze Libido" gelte Österreich-Ungarn, und der sanfte Mystiker Paul Klee bemalte Tarnnetze für die Armee. Die Techniker und Naturwissenschaftler stellten sich meist weniger schwärmerisch auf die neuen Umstände ein. Viele sahen handfeste Chancen, mit ihrer als „Dienst am Vaterland" aufgemotzten Zuarbeit Militärgelder ins eigene Forschungsgebiet zu lenken.

Neben den etablierten „Waffenschmieden" wie Krupp oder AEG wurden der Energiesektor, die Transport- und Kommunikationstechnik sowie die Großchemie immer bedeutsamer. In Zschornewitz entstand das größte Kraftwerk der Welt, das neue Stickstoffwerk Piesteritz bei Wittenberg verbrauchte doppelt so viel Strom wie ganz Berlin.

In dem neuen militärisch-industriellen Komplex dominierte die Chemie, die in Deutschland binnen kurzem vom Farbenproduzenten zur Schlüsselindustrie aufstieg, weil sie sehr erfolgreich Ersatzstoffe für kriegsbedingte Importausfälle entwickelte. Das schürte – so der Bielefelder Experte für Technikgeschichte Joachim Radkau – einen noch lange wirksamen „Panchemismus" – den „Glauben an die universelle Anwendbarkeit der Chemie".

Der Krieg der Ingenieure, wie ihn der englische Schatzkanzler Lloyd George nannte, brachte völlig neue Industriezweige hervor, die in den kommenden Jahrzehnten die Schwerpunkte der Weltwirtschaft bestimmen sollten.

Auch die neutralen Friedensstaaten profitierten von der Völkerschlacht. Allseits begehrt waren Präzisionswaffen von Bofors aus Schweden oder Oerlikon (Schweiz), die „unter donnerndem non olet" auf Freund und Feind feuerten, wie der US-Historiker George Hallgarten schrieb.

Den größten Schnitt machten die großen Mächte. Niemals zuvor seien „in gleich kurzer Zeit neue Erfindungen und neue Verfahren in ähnlicher Fülle ausgedacht, ausprobiert und ins Werk gesetzt" worden, rühmte der deutschnationale Rüstungsorganisator Karl Helfferich, im Krieg Staatssekretär des Schatzamts. Und ein Generaldirektor von Daimler fand: „Mag dieser Krieg noch so viel Schreckliches gezeitigt haben, für den Automobilismus war er die großartigste Propaganda, die man sich denken kann."

Vor allem aber revolutionierten die Technologen das Handwerk der Generäle. Vorbei die Zeiten des Schlachtenlenkers auf dem Feldherrnhügel – die Truppen konnten von jetzt an ziemlich unspektakulär von rückwärtigen Lagezentren aus kommandiert werden. Kleine Heere von Nachrichtenhelfern mit Telefonen und Funkgeräten hielten von hier aus den Kontakt zur Front. Allein auf deutscher Seite wurde ein Feldtelefonnetz von über 900 000 Kilometern verlegt, fahrbare Funkgeräte reichten bis zu 300 Kilometer weit.

Zwar war die Erkundungstechnik alter Art mit Meldehunden und berittenen Spähtrupps noch nicht ganz ausrangiert – in abgeschnittenen Schützengräben gab es für den Notfall noch Brieftauben. Im Kontrast dazu wirkte die moderne Kriegstechnik nur noch eindrucksvoller: Die große Funkstation in der Nähe von Berlin reichte bis Afrika und Amerika, alliierte Soldaten schleppten die ersten drahtlosen Telefone übers Schlachtfeld.

Sogar Flugzeuge hielten schon Funkkontakt zur Bodenstation, auf deutscher Seite bereits ab 1915 – wenn auch noch mit Morsetechnik.

Engländer und Amerikaner bekamen gegen Kriegsende sogar regulären Sprechfunk ins Cockpit.

Zugleich gewann die militärische Aufklärung „gewaltige Bedeutung" (so 1920 das Standardwerk „Technik im Weltkriege"): Die Kopfstärke der deutschen Nachrichteneinheiten wuchs von 800 Offizieren und 25 000 Untergebenen zu Kriegsbeginn auf 4400 und 185 000 am Ende an.

Auch die Luftfahrt entwickelte sich in militärischem Tempo. Kriegsgegner wie Bertha von Suttner hatten schon früh kritisiert, dass der Traum von der völkerverbindenden Fliegerei nur Herstellerpropaganda sei, mit der die gleichzeitige „Anbiederung beim Militär" kaschiert werden sollte. Tatsächlich flogen erst einmal die Uniformierten – vor allem sie sollten den Ablauf des Krieges in nie gekannter Weise verändern. Flugzeugmotorenentwickler sorgten schnell für Leistungssteigerung mit höhentauglichen Triebwerken und avantgardistischen Komponenten. Spriteinspritzung und Turbolader kamen auf.

Das anfangs belächelte fliegende Offiziersspielzeug war binnen kurzem zum Schreckensinstrument des Kriegs der Zukunft geworden. Bereits Hunderte Maschinen kämpften 1918 über Belgiens Schlachtfeldern um die Lufthoheit. Allein die kaiserlichen Luftstreitkräfte – zuletzt mehr als 60 000 Mann stark – setzten 5000 Flugzeuge ein.

Bombenkrieg wurde ebenfalls schon praktiziert. Insgesamt warf das Royal Flying Corps 660 Tonnen Bomben auf deutsche Ziele, bei den deutschen Luftangriffen auf England starben 1400 Zivilisten.

Noch gigantischer war das U-Boot-Programm, mit dem die deutsche Marine den alliierten Materialnachschub aus Übersee bekämpfte. Insgesamt wurden 380 Boote gebaut, die 5500 Handelsschiffe versenkten. Die Westmächte konterten mit Horchtechnik und Luftaufklärung, um so die Angreifer unter und über Wasser aufzuspüren. Sogar Jagd-U-Boote wurden konstruiert – die englischen erreichten getaucht ein Tempo von 15 Knoten (rund 30 Stundenkilometer). 187 deutsche U-Boote wurden mit Hilfe der neuen Waffen versenkt.

Englands Admiräle, Herren über die bis dahin größte Schlachtschiffflotte, hatten lange Zeit nicht allzu viel auf U-Boote gegeben. So versäumten sie es, sich die Erkenntnisse des Torpedo-Konstrukteurs Robert Whitehead exklusiv zu sichern. Der Brite hatte eine hypermoderne Waffe entworfen: Seine pressluftgetriebenen Unterwasserprojektile verfügten über automatische Seiten- und Tiefensteuerung, das einstellbare Gyroskop hielt sie auf Kurs. „Geniale Erfindung", applaudierte 1914 der viel beachtete Marine-Almanach des „Geh. Regierungsrats" Max Geitel. Whitehead arbeitete zwar auch der Royal Navy zu; gleichwohl belieferte sein Unternehmen, das in Fiume an der Adria residierte, die Seestreitkräfte Europas. Besonders profitierte davon die U-Boot-Flotte des Kaisers.

Doch auch in der Kaiserlichen Marine übersahen die Schlachtschiff-Ideologen richtungweisende Angebote der eigenen Industrie. So fand etwa die Entwicklung eines schnellen Leichtkreuzers durch Ingenieure der Vulkan-Werft Stettin nur im Ausland Interessenten: Russland baute nach Vulkan-Plänen den Torpedoboot-Bekämpfer „Nowik". Der „Rapid-Kreuzer", angetrieben von drei AEG-Dampfturbinen mit 36 000 PS, lief 37 Knoten, rund 70 Stundenkilometer.

Ein Versäumnis der deutschen Militärplaner wirkte sich besonders verheerend aus – die vernachlässigte Entwicklung von Kampfpanzern. Zwar waren „Panzer-Automobile" gelegentlich bei Kaisermanövern mitgefahren, doch die militärischen Möglichkeiten dieser Fahrzeuge schöpften nur die Alliierten aus – in streng geheimen Entwicklungen, bei denen die klobigen Prototypen als Großbehälter („Tanks") getarnt waren.

Als sich dann im November 1917 bei Cambrai aus Nebelbänken eine Phalanx aus rund 300 englischen Panzern hervorwälzte, verursachte das bei den Kaisertruppen wahre Psychoschocks. Der Generalstabshistoriker Max Schwarte berichtete kurz nach dem Krieg: „Sie verbreiteten durch die Ungewohntheit ihres Anblickes und durch ihre augenscheinliche Unverletzbarkeit Furcht und Schrecken in den deutschen Reihen."

Das Entsetzen ließ schnell nach, denn die Wunderwaffe war unausgereift. Überschwer, unbeweglich und zu dünn gepanzert, waren die Tanks ziemlich leicht zu bekämpfen. Doch die Alliierten rüsteten nach. Als deutsche Ingenieure mit einem „Landpanzerkreuzer" kontern wollten – Besatzung: 18 Mann, Gewicht: 30 Tonnen –, hatten Engländer und Franzosen bereits schnelle Kleintanks an der Front. Und vor allem: Gegen Hunderte alliierter Sturmpanzer brachten die Deutschen ganze 20 ins Gefecht. Das „Versagen im Tank-Bau", folgert Chronist Schwarte, war denn auch „ein Vorzeichen des Zusammenbruchs".

„Wacht an der Somme"

Der Erste Weltkrieg war auch eine Propagandaschlacht.
Engländer und Franzosen stellten die Deutschen als „Hunnen"
und „teutonische Barbaren" dar. Die kaiserliche Propaganda
konterte matt und unbeholfen.

VON GERD KRUMEICH

Propaganda fidei – Verbreitung des Glaubens – war die Aufgabe
einer 1622 von Papst Gregor XV. in Rom gegründeten Gesellschaft
zur Verbreitung des Katholizismus unter den Heiden. Fast 300 Jahre
später, im Ersten Weltkrieg, enthielt „Propaganda" wieder Elemente
dieser ursprünglich religiösen Dimension.

„Dieser Krieg ist ein Religionskrieg", schrieb der französische
Historiker Ernest Lavisse bereits im August 1914. Und von allen
englischen, deutschen und russischen Kanzeln hallte das Echo zurück: „Ein heiliger Zorn muss euch beseelen (...). Mit uns ist das
Recht, Gott ist mit uns, wer kann da wider uns sein?"

Was solches Aufwallen von religiösen Gefühlen und Werten mit
Propaganda zu tun hatte, merkten die Deutschen bei ihrem ebenso
eiligen wie brutalen Vormarsch durch Luxemburg und Belgien im
Spätsommer 1914. Ihr Angriff entfachte nicht nur militärischen
Widerstand, sondern auch eine massive Kampagne gegen die „teuto-
nischen Barbaren", die „Hunnen", wie sie bald in aller Welt genannt
wurden.

Die Deutschen versuchten, ihr Vorgehen mit Sprüchen wie „Not
kennt kein Gebot" und dem unglaubhaften Hinweis auf belgische
„Heckenschützen" zu rechtfertigen. Aber daraus ließ sich keine effi-
ziente Propaganda schmieden – allen gegenteiligen Beteuerungen
zum Trotz blieb die Tatsache unübersehbar, dass die Deutschen
einen Angriffskrieg führten.

Die Propagandaschlacht im modernen Krieg findet immer an mehreren Fronten statt: an der „Heimatfront" und bei den eigenen
Soldaten im Feld; bei den Neutralen genauso wie bei den Verbün-

deten; und – last but not least – als „Feindpropaganda" zur Demoralisierung des Gegners.

Den Franzosen fiel das leicht, waren die Deutschen doch in ihr Land eingedrungen. Der Tenor ihrer ungemein farbenprächtigen Propaganda war auch in den exzessivsten Formen grundsätzlich glaubhaft. Der Deutsche wurde von vornherein zum „Hunnen", mit unvorstellbar brutaler Fratze, zum „barbarischsten Kriegsgott namens Thor", der die Welt zertrampelt, Kinder verspeist, Frauen vergewaltigt, Kirchen niederbrennt und die Landschaft verwüstet. Kaiser Wilhelm II. wurde gern als Metzger dargestellt, bluttriefend.

Nicht die in einem zentralisierten Staat wie Frankreich unproblematische Presseüberwachung und -lenkung im „Maison de la Presse" war entscheidend für den Vorsprung der französischen Propaganda. Es war in erster Linie die gelungene „Mobilisation der Geister", die Freund und Feind frappierte.

Hervorragende Wissenschaftler, vom Philosophen Henri Bergson bis zum Historiker Charles Seignobos, fanden sich in Comités zusammen. Sie verfassten Berichte, Stellungnahmen, Anklagen gegen den Bruch des Völkerrechts durch Deutschland. Groß herausgestellt wurden auch Massaker an der Zivilbevölkerung sowie vorgebliche oder tatsächliche Misshandlungen französischer Kriegsgefangener.

Die Franzosen fanden sofort den Tonfall und die Bildwelt, die „totaler" Kriegführung angemessen sind, also höchstmögliche Steigerung aller Phantasmen, Phobien, Vernichtungsszenarien – und Hoffnungen. Hier wurde für den Krieg angewandt, was Intellektuelle und Journalisten bereits mit dem Entstehen der Massenpresse hatten einüben und ausprobieren können.

Die Situation der Engländer war ähnlich. Auch hier gab es eine alte Streitkultur, die sich auf den äußeren Feind lenken ließ. Dies umso mehr, als die Deutschen den Briten schon seit dem gigantischen Flottenprogramm von Wilhelm II. und Großadmiral Alfred von Tirpitz als bedrohliche Störenfriede der internationalen Ordnung galten.

Die englische Propaganda vermied es ähnlich wie die französische penibel, als staatlich oktroyiert zu erscheinen, um die Glaubwürdigkeit nach innen und außen zu stärken. Die mit Hilfe der Regierung angefertigten Dokumentationen deutscher Kriegsverbrechen erhoben den Anspruch auf objektive Tatsachenforschung, waren sie doch von Wissenschaftlern zusammengestellt. Das so genannte Bryce Committee verlegte sich insbesondere auf den Nachweis der Gräueltaten deutscher Soldaten beim Durchmarsch durch Belgien. Diese galten damals als Propagandalüge, werden aber heute von der Forschung weitgehend bestätigt.

Die Deutschen hatten größte Schwierigkeiten, sich dagegenzustemmen. Das lag nicht zuletzt daran, dass im wilhelminischen Obrigkeitsstaat die politische Streitkultur ungleich schwächer entwickelt war als in den demokratischen Nationen; hier hatten nur Außenseiter – wie das Satireblatt „Kladderadatsch" – den ätzenden Tonfall kultiviert, der in Frankreich und England seit langem gang und gäbe war.

Deshalb blieb die deutsche Propaganda eher autoritär und betulich, vermischte sich ständig mit Zensur und forderte quasi „Ruhe und Ordnung" auch vom Gegner ein. Deutschland hatte alle Mühe, schon im eigenen Land die Behauptung aufrechtzuerhalten, man kämpfe einen gerechten, ja heiligen Krieg der Selbstverteidigung. Den Soldaten sollte dies mit dem Gedicht „Wacht an der Somme" des Kriegsdichters Ernst von Wolzogen eingebläut werden:

> „Die Grauen sie hocken und schmiegen sich tief
> Im Schoß der kreißenden Erde
> Wie Kindlein, eh' sie die Stunde rief
> Zum schmerzvoll erlösenden „Werde"!
> Und lacht der Tag
> Mit Amselschlag
> Und schweigt das teuflische Toben
> Der Graben lebt,
> Es steigt und hebt
> Und schaufelt sich keuchend nach oben
> Und liegt und lugt aus zerrissenem Nest
> Die Wacht an der Somme steht bombenfest."

Exemplarisch deutlich wird die Argumentationsnot der Deutschen in dem „Aufruf an die Kulturwelt!", einem von 93 renommierten deutschen Wissenschaftlern unterzeichneten Manifest an die „zivilisierte Welt". Kein anderes Produkt deutscher Propaganda hat international mehr Aufsehen erregt als dieses Manifest. Heute ist bekannt, dass viele der Unterzeichner den vom Schriftsteller Ludwig

Fulda ersonnenen Aufruf nicht einmal genau gelesen, sondern blanko unterschrieben hatten.

Das Ausland empfand die unverblümte Verteidigung des deutschen Militarismus und das Abstreiten evidenter Tatsachen als Verhöhnung jeder Wahrhaftigkeit. Französische, englische, auch amerikanische Universitäten erkannten den Wissenschaftlern, die den Aufruf unterzeichnet hatten, Ehrendoktorwürden oder Honorarprofessuren ab.

Wenn die deutsche Propaganda sich linkisch auf die „deutsche Kultur" berief und trotzig die „Ideen von 1914" (Gemeinschaftssinn, Ehrlichkeit, Opferbereitschaft) gegen die angeblich dekadente und lügnerische westliche Zivilisation stellte, so bestückte sie auch auf diese Weise das Arsenal der alliierten Propaganda.

Sowohl Briten als auch Franzosen, später auch die Amerikaner brachten ganze Sprüchesammlungen deutscher Geistesgrößen heraus. Mit Vorliebe wurde die Trias Fichte/Treitschke/Nietzsche mit ihren Äußerungen über germanische Übermenschen und deutsche „Sendung" in der Welt zitiert. Dazu noch besonders gern der General a. D. und Militärschriftsteller Friedrich von Bernhardi. Dessen ultramilitaristisches und alldeutsches Buch von 1912 über den „nächsten Krieg" forderte für die Deutschen das „Recht zum Kriege" ein.

Zwei Ereignisse verstärkten 1915 das Bild deutscher Barbarei: die standrechtliche Erschießung der englischen Krankenschwester Edith Cavell und die Versenkung des britischen Luxusdampfers „Lusitania" durch ein deutsches U-Boot am 7. Mai 1915. Die deutsche Marineführung war überzeugt, dass die „Lusitania", bei deren Untergang etwa 1200 Personen ums Leben kamen, Waffen und Munition transportierte und die Versenkung daher rechtens war. Für die Toten fand sie kein Wort des Bedauerns. Ein Privatmann ließ sogar eine Medaille prägen, mit der die Torpedierung gefeiert wurde.

Die „Lusitania"-Versenkung gilt dank britischer Propaganda – die deutsche Medaille wurde in zigtausend Exemplaren nachgeprägt – bis heute als abschreckendes Beispiel deutscher Kriegführung. Inzwischen konnte aber nachgewiesen werden, dass der Passagierdampfer tatsächlich militärische Konterbande mitführte, die Versenkung der Lusitania völkerrechtlich gerechtfertigt gewesen wäre, hätten die Deutschen den Passagieren die Möglichkeit gegeben, das Schiff zu verlassen.

Ähnliche Wirkung wie die Versenkung der „Lusitania" hatte die Hinrichtung Cavells am 12. Oktober 1915 in Brüssel. Ihr wurde vorgeworfen, sie habe verwundeten Soldaten der Alliierten die Flucht aus dem von ihr geleiteten deutschen Militärhospital ermöglicht. Dass Edith Cavell auch deutsche Verwundete liebevoll betreut und nur aus menschlichen Erwägungen gehandelt hatte, spielte keine Rolle. Die deutschen Militärs wollten ein „Exempel statuieren" – die Folge war ein weiterer Riesenerfolg der alliierten Propaganda.

In dem Maße, wie sich der Krieg einfraß, wie er „im Felde stecken blieb" (Ernst Jünger), veränderte sich auch die Propaganda. Die Geistlichen redeten jetzt kaum noch vom „Kreuzzug" gegen das Böse, eher vom „Kreuzweg" der Leiden, den die Soldaten und immer stärker auch die Zivilbevölkerung zu ertragen hatten. Die Propaganda diente mehr und mehr der Stabilisierung der bröckelnden „inneren Front".

Wichtig war besonders, die überlasteten Frauen und Mütter bei Laune zu halten. Im so genannten Steckrübenwinter 1916/17, als die Masse der Bevölkerung in Deutschland die Auswirkungen der umfassenden englischen See- und Küstenblockade zu spüren bekam, sank die Stimmung in der Heimat auf den Tiefpunkt. Aber den deutschen Propagandisten fiel nicht viel dagegen ein. Man brachte lustige Bilder unter das Volk, man verteilte Kriegs-Kochbücher, in denen Varianten der Rübenzubereitung zum kulinarischen Genuss verklärt wurden; man propagierte lauthals eine neue „Kau-Technik", um den Essensvorgang zu verlängern und die Nahrungsaufnahme zu verbessern.

Im Jahr 1917, als Flugzeuge und Panzer das Schlachtfeld zu beherrschen begannen, schlug sich der „Maschinenkrieg" auch in moderneren Propagandatechniken nieder. Neu hinzu kamen nun Filmpropaganda sowie Flugzettel, die massenweise über den feindlichen Linien abgeworfen wurden.

Die deutsche Filmpropaganda hatte in erster Linie den Zweck, die Durchhaltekraft der Bevölkerung zu stärken. Im Unterschied zu den in Soldatenkinos vorgeführten Spiel- und Unterhaltungsfilmen sollten Streifen wie „Mit dem Kronprinzen bei der Armee von Verdun" oder „Bei unseren Helden an der Somme" der Heimat die mental weit entfernte Front wieder näher bringen.

Die Filmszenen waren allerdings in keiner Weise realistisch. Denn erstens war die Kameratechnik nicht so perfekt, dass es möglich gewesen wäre, direkt aus dem Kampfgeschehen zu berichten; und zweitens hatten die deutschen Propagandabehörden kein Interesse, die Bevölkerung mit der Wirklichkeit des Stellungskriegs zu konfrontieren. Kampfszenen wurden entweder im Studio gedreht oder hinter der Front simuliert. Tod und Verstümmelung waren hier ebenso wenig zu sehen wie die Schlammwüsten und tropfnassen Soldaten-Unterstände.

Französische Frontfilme mussten bei den Aufnahmen von Kampfszenen mit denselben technischen Schwierigkeiten fertig werden. Sie zeigten gleichwohl ungeschminkt die Schrecken des Kriegs und machten vor zerfetzten Körpern nicht Halt.

Der meistverbreitete soldatische Erfahrungsbericht, Maurice Genevoix' Roman „Sous Verdun", erschien 1917 in unzensierter Form, obwohl nichts, aber auch gar nichts an Grauen ausgelassen war. Die Franzosen waren überzeugt, dass eine derartige Drastik in der Kriegsdarstellung die Entschlossenheit stärken würde, den Deutschen bis zuletzt zu widerstehen.

Auch hier wirkte also die Dialektik von Angriff und Verteidigung, der sich die Deutschen bis zum Kriegsende nicht entziehen konnten. Deutschland litt Hunger, aber die Franzosen litten unter den Deutschen, das war der ganze Unterschied und das Dilemma deutscher Propaganda.

Gegen Ende des Kriegs konzentrierten sich die Alliierten vor allem auf das Ziel, die Moral der deutschen Soldaten durch die Versprechungen einer demokratischen Zukunft ins Wanken zu bringen. In der Flugblattpropaganda verfolgten sie den Kurs, den einer der „Macher" der alliierten Propaganda, der berühmte Schriftsteller H. G. Wells, folgendermaßen vorgezeichnet hatte:

„Es sollte deutlich gemacht werden, dass nichts zwischen den feindlichen Völkern und einem Dauerfrieden steht, außer den räuberischen Plänen ihrer herrschenden Dynastien und militärischen und wirtschaftlichen Kasten; dass es nicht Absicht der Alliierten ist, irgendein Volk zu vernichten, sondern die Freiheit aller auf der Grundlage des Rechts auf Selbstbestimmung zu sichern."

Flugblätter dieses Inhalts wurden über den deutschen Linien und über Deutschland selbst abgeworfen. Allein im Juni und Juli 1918 waren es nach offiziellen Angaben mehr als 2,8 Millionen. Hindenburg und Ludendorff haben nach dem Krieg immer wieder die Erfolge dieser „Zersetzungspropaganda" bei den deutschen Soldaten beklagt, womit sie vertuschen wollten, dass es vor allem die Überbeanspruchung durch eine verantwortungslose Siegfriedensstrategie war, die den deutschen Armeen auf Dauer den Kampfesmut nahm.

Hindenburg und Ludendorff selbst hatten als Oberkommandierende ebenso phantasielos wie vergebens versucht, durch die Einrichtung eines „staatsbürgerlichen Unterrichts" für die Soldaten und durch massierte Film- und Bildpropaganda seitens des für diesen Zweck im Januar 1917 gebildeten Bild- und Film-Amts „Bufa" die Moral von Heer und Heimat zu stärken.

Selbst der militärfromme Adolf Hitler hat sich später über diesen grotesken Mangel an Psychologie des Kriegführens echauffiert. In „Mein Kampf" hat er das Versagen der deutschen Propaganda als Hauptgrund für die Niederlage von 1918 bezeichnet und versprochen, alles daranzusetzen, dass sich so etwas nicht wiederhole. Die feindliche Propaganda im Weltkrieg sei „genial" gewesen, und er selbst habe aus ihr „unendlich gelernt".

Der letzte Mann

Charles Kuentz aus Colmar ist der einzige noch lebende
Frontkämpfer der deutschen Armee.

VON ALEXANDER SMOLTCZYK

In den Ersten Weltkrieg zog er in deutscher Uniform. Denn er war
Elsässer. In den Zweiten Weltkrieg zog er in französischer Uniform.
Denn er war Elsässer.

Sein Sohn François wurde für den Krieg 1944 in eine SS-Uniform
gesteckt. Heute liegt der Sohn auf einem französischen Gefallenen-
friedhof, „Mort pour la France". Denn auch er war Elsässer.

„Es ist ein wenig kompliziert", sagt Charles Kuentz, als müsste er
sich dafür entschuldigen. Vor ihm auf dem Wohnzimmertisch liegen
eine preußische Kriegskarte und ein Militärpass. Es sind Museums-
stücke. Kuentz hat sie noch in seinem Tornister getragen. Im Februar
wurde Charles Kuentz 107 Jahre alt. Er ist einer der 36 noch lebenden Frontsoldaten in Frankreich. Er ist der Einzige von ihnen, der an
beiden Fronten des Weltkriegs, Ost und West, gekämpft hat. Und
vermutlich ist er der letzte noch Lebende von 13,2 Millionen Soldaten, die in deutscher Uniform gekämpft haben.

„Erzähl, Papa!", sagt seine Tochter.

„Die Kälte in Russland, die Nässe, der Schlamm in den Unterständen", sagt Charles Kuentz.

Kuentz ist ein hellwacher Greis mit seidiger Haut, der seine
Einkommenserklärung selbst macht, Kartoffeln schält und die Zeitung liest. Er braucht keinen Pfleger. Im Mai wird er nach Berlin
kommen, auf Einladung des Deutschen Historischen Museums. Er
wird durch eine Geschichtsausstellung gehen, und die Leute werden
ihn bestaunen wie jemanden, den eine Zeitmaschine ausgeworfen
hat.

Er hat die Augen weit aufgerissen, die Brauen nach oben gezogen
wie ein Junge, der sein erstes Autorennen sieht. Es ist der gleiche
neugierige Blick wie auf dem Foto vor ihm auf dem Küchentisch,

aufgenommen 1916 in Jüterbog, wo Charles Kuentz aus Colmar für den Tod gedrillt wurde. Das Bild zeigt ein als Soldat verkleidetes Kind, in zu großen Stiefeln und mit Jungenbärtchen auf der Oberlippe. Nein, sagt er, er träume nicht mehr vom Krieg.

Zweieinhalb Jahre lang war der Tod stets da. Kuentz überlebte die minus 40 Grad in den russischen Gräben, die Sümpfe und den Typhus. Er überlebte die zweite Marneschlacht, die Somme und das Gas von Ypern. Einmal wurde hinter ihm sein Freund weggeschossen. Er selbst lebte weiter. Die Luft war voller Eisen und Erde. Es stank nach den Kadavern, die von den Granaten immer wieder ein- und ausgegraben wurden. Da war das Pfeifen der heranfliegenden Granaten, das Grollen, trommelfellzerfetzendes Krachen, die maßlose Gewalt der Explosionswellen. Kuentz stand neben seinem Geschütz und lebte weiter. Keine Verwundung, kein Splitter, nichts. Der Tod immer gegenwärtig. Er muss sich so an Charles Kuentz gewöhnt haben, dass er schließlich vergaß, ihn mitzunehmen.

1995 hat die französische Republik alle noch lebenden Frontkämpfer mit der Ehrenlegion ausgezeichnet. Charles Kuentz hat sie nicht bekommen. Denn er ist Elsässer.

„Ich habe fast nie vom Krieg erzählt, als ich nach Hause kam", sagt Kuentz. Die Fragen hat er sich aufschreiben lassen und am Abend zuvor die Antworten notiert, in gleichmäßiger und ruhiger Schrift. „Es ist erst jetzt, seitdem ich hundert Jahre alt bin und man mich immer mehr über den Krieg befragt, dass ich versuche, mich an gewisse Ereignisse zu erinnern." Er liest auf Deutsch, erklärt auf Französisch. Seine Stimme etwas zu laut, wie bei allen, deren Gehör nachlässt. Beim Lesen schaut er sein Gegenüber immer wieder an, als wolle er sicher sein, dass kein Wort verloren geht.

Als Kuentz am 18. Februar 1897 geboren wurde, roch seine Welt nach Petroleumlampen. Strom gab es nicht. Ein Kind namens Adolf Hitler lernte gerade lesen. Kuentz' Vater war bei der Eisenbahn: „Er ist 1864 als Franzose geboren worden und musste in seinem Leben fünfmal die Nationalität wechseln." 1871 wurde Elsass-Lothringen deutsch, 1918 wieder französisch, 1940 von Deutschland besetzt und 1944 endgültig Teil der République Française.

Das Elsass war von Kultur und Sprache gewiss deutsch – vom Nationalgefühl jedoch französisch. Die Marseillaise war in Straßburg geschrieben und zum ersten Mal gesungen worden. Napoleons beste Generäle waren Elsässer, in der Grande Armée waren überproportional Elsässer unter den Offizieren.

Nach der Annexion Elsass-Lothringens 1871 begann Ähnliches wie 120 Jahre später in der Ex-DDR. Das alte Reich schickte Beamte, Lehrer und Ingenieure ins Anschlussgebiet und versuchte mit sehr viel Geld, im „Reichsland" blühende Landschaften zu errichten. Es wurde der Straßburger Bahnhof gebaut, die Justizgebäude rund um den Kaiserplatz. Das Elsass gehörte unmittelbar dem Reich. Der Kaiser übte die Staatsgewalt aus, und die aufgestellten Truppen hießen „Kaiserliche". So auch die „Kaiserliche Garde", deren letzter Angehöriger, der Artillerist Charles Kuentz, an seinem Wohnzimmertisch sitzt, in einem anderen Jahrtausend.

Als der Krieg begonnen wurde, war Kuentz Gymnasiast in Metz. An Kriegsbegeisterung kann er sich nicht erinnern. Manche Elsass-Lothringer mochten sich die Befreiung durch Frankreich erhoffen. Die meisten verhielten sich loyal, in der Annahme, dass Deutschland den Krieg rasch und siegreich beenden würde. Und alle fürchteten sich. Das Land westlich des Rheins hatte genug Kriege miterleben müssen, um zu wissen, dass die nächsten Monate entsetzlich sein würden.

Über ganz Elsass-Lothringen wurde der „verschärfte Kriegszustand" verhängt. Es gab Umsiedelungen, Kriegsgerichte, „Schutzhaft", Requirierungen und eingeschmolzene Kirchenglocken. Die zarten Gefühle für den Kaiser hielten dem Kriegsalltag nicht lange stand. Das Elsass war das einzige Gebiet des Reichs, auf dessen Boden während des gesamten Kriegs gekämpft wurde. Das Massensterben begann im Elsass, lange vor Verdun. Am Lingekopf und am Hartmannsweilerkopf starben Zehntausende Soldaten.

Von der Mobilmachung am 1. August 1914 waren 220 000 Elsässer und Lothringer betroffen, unter ihnen Robert Schuman, der spätere Außenminister und Gründungsvater Europas. Entgegen den Propagandazahlen des Kriegsministeriums waren es nur etwa 8000, die sich freiwillig gemeldet hatten.

Im Juni 1916 bekam auch Charles Kuentz seine Einberufung. „Ich war nicht in patriotischer Stimmung. Meine Situation als Elsässer war spezial", liest er vor. Er musste den Krieg als Bruderkrieg empfinden. Er hatte einen zwei Jahre älteren Cousin gleichen Namens in Lyon, auf der anderen Seite. Dem anderen Charles Kuentz gelang es dann, sich vom französischen Heer zurückstellen zu lassen, um sein

Archäologiestudium fortzusetzen. Er würde später an der Ausgrabung Tut-ench-Amuns teilnehmen.

In der Kaserne von Jüterbog wurde Kuentz ausgebildet. Er war der einzige Elsässer der Kompanie. Die „Franzosenköppe" galten als potenzielle Spione, Heimaturlaub wurde ihnen verweigert. Es hatte zu Kriegsbeginn Desertion gegeben. Das Artillerie-Regiment 99, in dem viele Elsässer dienten, bekam den Namen „Schnupftuchregiment", nachdem Mannschaften gleich am ersten Tag weiße Taschentücher an ihre Gewehre geknüpft und die Seiten gewechselt hatten.

Immer wieder wurde in deutschen Zeitungen von Verratsversuchen, von Giftanschlägen und Heckenschüssen der „Wackes" gemunkelt. Am 15. März 1915 gab es einen ersten Geheimbefehl des preußischen Kriegsministeriums, „politisch verdächtige Elsass-Lothringer" von der Westfront zu entfernen.

So wurde Kuentz im Winter 1916 nach Russland transportiert, um gegen den Zaren zu kämpfen. „Es war so furchtbar kalt", sagt er. „Bis zu minus 40 Grad. Wir konnten die Russen ganz in der Nähe sehen. Manchmal schossen sie herüber. Aber meist war es ruhig. Es war zu kalt für den Krieg."

Kuentz ist Katholik. Im Tornister trug er den Rosenkranz seiner verstorbenen Mutter. Er sagt: „Ich hatte großes Gottvertrauen. Ich habe viel gebetet, um Kraft zu schöpfen." Er erzählt, wie er sich einmal geweigert habe, zurück an die Front zu gehen, aus Protest gegen das Urlaubsverbot. „Ich zeigte dem Unteroffizier mein Militärheft, in dem der Satz vom Kaiser stand, er kenne nur noch Deutsche, mit gleichen Pflichten und Rechten." Kuentz wurde angebrüllt und zum Hauptmann geschleppt. Der hörte ihm zu. Kuentz bekam Urlaub. Als er zurückkehrte, waren die meisten seiner Kameraden gefallen.

Im Frühling 1917 wurde sein Regiment wieder nach Frankreich verlegt. Bis Kriegsende musste Kuentz an allen größeren Schlachten teilnehmen, in der Champagne, in Flandern, an der Marne. In Ypern habe er auf Engländer schießen müssen.

Im letzten Kriegsmonat kommt er nach Aachen. „Dort ging alles drunter und drüber. Es war eine Art Revolution. Die Soldaten rissen sich die Schulterstücke herunter. Als ich das sah, sagte ich mir: Der schreckliche Krieg ist vorbei, und bin nach Hause gegangen." Später erhielt er aus Berlin eine Mitteilung, wonach er keinen Anspruch auf Entlassungsgeld habe, weil er sich nicht ordnungsgemäß abgemeldet habe.

Das Elsass war für Deutschland verloren. In einem letzten Versuch, die Annexionen von 1871 zu retten, hatte Reichskanzler Max von Baden im Oktober 1918 eine unabhängige Republik Elsass-Lothringen angeboten. Es war zu spät. Die zarten Gefühle für den Kaiser hatten die harten Jahre unter der faktischen Militärdiktatur nicht überstanden. Die Franzosen wurden als Befreier begrüßt. Außerdem waren sie die Sieger.

In Straßburg bildeten sich Arbeiter- und Soldatenräte und hissten am 13. November die rote Fahne über der Kathedrale. Das Kaiser-Wilhelm-Denkmal wurde umgestürzt, man sang die Marseillaise und wechselte schließlich die rote gegen die blau-weiß-rote Fahne aus.

Charles Kuentz sprach gut Französisch. Das war sein Glück. Er ging zur Post, wurde Inspektor. Über den Krieg sprach er nicht: „Ich wollte von dem Krieg nichts mehr sehen und nichts mehr wissen. Ich wollte den Alptraum vergessen."

Er heiratete seine Frau Germaine, sie bekamen vier Kinder und hatten im Sommer 1939 genug Geld angespart, um endlich bauen zu können. Wieder kam der Krieg nach Colmar. Wieder ging die Front durch die Familie Kuentz. Charles Kuentz bekam diesmal eine französische Uniform übergestreift. Im „Drôle de guerre", den nahezu kampflosen Monaten zwischen Kriegserklärung an das Deutsche Reich und dem Beginn des Frankreich-Feldzugs, diente er in einer Fernmeldeeinheit. Als er entlassen wurde, war er wieder Deutscher geworden. Das Elsass blieb für den Rest des Kriegs besetztes Gebiet und gehörte jetzt zum „Gau Oberrhein".

„Ich hatte nur Angst, dass meinem Sohn François das Gleiche passieren könnte wie mir", sagt Kuentz. Genau das sollte geschehen. Völkerrechtswidrig zieht die Wehrmacht 140000 Elsass-Lothringer ein. Tausende andere werden aus Mühlhausen und Straßburg vertrieben, weil sie im vorangegangenen Krieg auf der französischen Seite gekämpft hatten.

„Die Deutschen haben meinen Sohn eingezogen. Er war ein ‚Malgré-nous'." Ein Widerwilliger. So nennen sich die von der Wehrmacht Zwangsrekrutierten Elsässer und Lothringer bis heute. François Kuentz kam im Februar 1944 noch als 17-Jähriger zur SS-Panzer-Division „Das Reich". „Als sein Zug nach Königsberg zur Ausbildung abfuhr, haben sie die Marseillaise gesungen." Daran erinnert sich sein Vater noch.

Wieder trugen Elsässer unterschiedliche Uniformen. François Kuentz kämpfte in seiner SS-Division gegen andere Elsässer, die im Südwesten Frankreichs die Brigade „Alsace-Lorraine" der Résistance aufgebaut hatten. Dann wurde er nach Norden beordert. In der Normandie waren die Alliierten gelandet.

Jahrelang fürchtete Charles Kuentz, sein Sohn hätte an den Massakern beteiligt sein können, die „Das Reich" in dem kleinen Ort Oradour anrichtete. „Da waren Elsässer dabei gewesen, das wusste ich. Aber es ist die 3. Kompanie gewesen, nicht die Einheit meines Sohnes."

François wurde verwundet, mit dem Viehwaggon heim in Richtung Reich gefahren, bekam Wundbrand und starb am 20. August 1944, kurz vor seinem 18. Geburtstag. Er wurde begraben in der Champagne, in der Erde, die im Krieg zuvor von der Artillerie seines Vaters umgepflügt worden war. Man legte ihn in die zweite Reihe des Soldatenfriedhofs von Sillery bei Reims. Auf dem Gefallenendenkmal steht „Mort pour la France", gefallen für Frankreich.

Im Elsass wird man keine Grabmäler „Gefallen für..." finden. Auf den Friedhöfen steht schlicht: „Unseren Toten". 1936, als in Deutschland der nächste Krieg vorbereitet wurde, errichtete in Straßburg der Bildhauer Léon Drivier auf dem Place de la République, ehemals Kaiserplatz, sein Gefallenenmahnmal. Es steht heute noch. Man sieht eine Mutter, die ihre zwei sterbenden Söhne in den Armen hält. Einer kämpfte für Frankreich, einer für Deutschland.

Der Sohn war tot, die älteste Tochter starb. Charles Kuentz, der Vater, lebte weiter. Jetzt wieder als Franzose.

Seine Frau Germaine ist längst gestorben, seine beiden jüngsten Kinder leben mit ihm zu Hause. Es gibt keine Enkel. Charles Kuentz sagt oft: „Man müaß namme, wie äs kömmt." Oder: „Tout avec mesure", seinen anderen Lebensspruch. Alles mit Maß.

1960 wird er nach 47 Jahren pensioniert. Er hat sich in der Mitte gehalten und ist auch nach den Kriegen den Einschlägen entkommen. Keine Krankheiten, keine Unfälle, kaum Gebrechen. Nur ein Sturz beim Bergwandern im 99. Lebensjahr. Kein Hass, kein Groll, keine Alpträume mehr. Kuentz steht auf, um sich zu verabschieden und kommt noch mit bis zur Tür. „Auf Wiedersehen", sagt er.

Diese Augen haben jeden einzelnen Tag des vergangenen Jahrhunderts gesehen, und Gott weiß, weshalb sie immer noch glänzen.

„Let op, Levensgevaar"

Ein mit 2000 Volt geladener Elektrozaun sollte die
300 Kilometer lange Grenze zwischen dem besetzten
Belgien und den Niederlanden sichern.

VON GERHARD HIRSCHFELD

Hunderten von belgischen Flüchtlingen, deutschen Deserteuren und
alliierten Spionen hat er den Tod gebracht. Sie verschmorten und
verkohlten im Drahtgeflecht. Sobald ein Opfer mit verkrampften
Händen im Gitter hing, läutete ein Signalwerk und rief den deutschen Grenzschutz herbei. Zahlreiche weitere Menschen wurden an
diesem Zaun von deutschen Militärpatrouillen erschossen.

Elektrisch geladene Grenzzäune, wie sie etwa die ČSSR an manchen Abschnitten ihrer Grenze nach Westen einst errichten ließ,
waren keine Erfindung der sozialistischen Staaten. Bereits das Militär des deutschen Kaiserreichs hatte 1915 die über 300 Kilometer
lange Grenze zwischen Belgien und den Niederlanden durch eine
tödliche Stromsperre gesichert. Wer diese Sperre überwinden wollte,
wurde kurzerhand „elektrikutiert", wie das damals hieß. Die genaue Zahl der Opfer, die an dem Hindernis ums Leben kamen,
ist unbekannt; zeitgenössische Quellen sprechen von weit über
2000 Opfern, darunter auch viele Frauen und Kinder. Doch mehr
als 20 000 Belgiern gelang es – oftmals unter abenteuerlichen und
bizarren Umständen –, den bis zum Kriegsende bestehenden „Todeszaun" zu überwinden.

Die Idee zu einem mit Starkstrom geladenen Zaun entlang der
niederländischen Grenze stammte vermutlich von dem preußischen
Hauptmann Schütte, Angehöriger eines Nachrichtenbataillons im
besetzten Belgien. Schüttes Anregung wurde vom deutschen Generalgouvernement in Brüssel – Generalgouverneur war seit November
1914 Moritz Ferdinand Freiherr von Bissing – aufgegriffen. Am
6. Juni 1915 unterrichtete der deutsche Gesandte in Den Haag das
niederländische Außenministerium, die deutschen Militärbehörden

wollten einzelne Abschnitte der belgisch-niederländischen Grenze durch eine Absperrung sichern – dass die Deutschen vorhatten, die gesamte Grenze hermetisch abzuschließen, verschwieg der Gesandte.

Die Arbeiten am „Grenzhochspannungshindernis", wie der Elektrozaun offiziell genannt wurde, begannen im Vierländereck bei Aachen, wo damals die Grenzen zwischen Deutschland, Belgien, den Niederlanden und dem bis Kriegsbeginn gemeinsam von Preußen und Belgien verwalteten Zwergstaat Neutral-Moresnet verliefen. Die gesamte Strecke von Vaals bei Aachen bis zur Mündung der Schelde (und schließlich weiter bis zur belgischen Kanalküste beim Seebad Knokke) wurde in zunächst sechs (später sieben) „Betriebsabschnitte" aufgeteilt. Entlang der Grenze sollte „ein mit Starkstrom geladener Draht gespannt werden" – so der Befehl des deutschen Grenzschutzkommandeurs Major Graf von Faber-Castell vom 1. Juli 1915. Doch die Arbeiten verzögerten sich: Im August 1915 waren erst einzelne Abschnitte des Elektrozauns am Netz. Probleme bereitete den deutschen Ingenieuren vor allem der Strom, der mit etwa 2000 Volt eingespeist werden sollte. Die für damalige Verhältnisse ungeheure Menge an benötigter Energie wurde schließlich in nahe gelegenen Fabriken oder in Transformatorenhäusern, die man in Abständen von etwa zwei Kilometern entlang dem Grenzzaun errichtete, mit Hilfe von Petroleumgeneratoren erzeugt.

In den Schalthäusern saßen auch die deutschen Grenzsoldaten, die ansonsten auf Fahrrädern oder zu Fuß auf einem etwa drei bis vier Meter breiten Grenzstreifen patrouillierten. Zu ihrem Schutz (und zur Sicherheit der niederländischen Militärs auf der anderen Seite) hatte man rechts und links des etwa zwei Meter hohen Zauns besondere Warndrähte angebracht. Der Mittelteil des Zauns bestand aus fünf bis zehn miteinander verbundenen Zink- oder Kupferdrähten, in denen der tödliche Strom floss. Entlang der Strecke waren Feldtelefone installiert, außerdem wurden einige Grenzabschnitte nachts durch riesige Scheinwerfer ausgeleuchtet, Sirenen meldeten jede Berührung.

Warum dieser Aufwand für eine Grenze, die militärisch kaum Bedeutung hatte?

Die deutsche Invasion von 1914 und die Nachrichten von Vergeltungen und Repressalien der deutschen Armee gegen die belgische Bevölkerung hatten eine riesige Fluchtbewegung ausgelöst.

Nach zeitgenössischen Schätzungen flohen bis zum Herbst 1914 über 800 000 Belgier in die Niederlande und nach Frankreich. Nach dem Fall von Antwerpen am 9. Oktober 1914 setzten sich 30 000 Soldaten über die niederländische Grenze ab. Sie wurden auf Anweisung der Haager Regierung, ebenso wie die bereits zuvor geflüchteten belgischen Zivilisten, aufgenommen und von den inzwischen völlig überforderten südniederländischen Gemeinden in rasch errichteten Auffanglagern untergebracht.

Zwar kehrten die meisten der über 700 000 in den Niederlanden gestrandeten Belgier in ihre Heimat zurück, nachdem die militärische Situation sich etwas beruhigt hatte, doch befanden sich 1916 immer noch 80 000 Flüchtlinge in dem nördlichen Nachbarland. Es entwickelte sich ein reger „Grenzverkehr" in beide Richtungen, der Schmuggel nahm überhand und machte den deutschen Besatzern immer heftiger zu schaffen. Zudem nutzten deutsche Überläufer und Deserteure ebenso wie alliierte Spione und Agenten den Weg über die offene Grenze in die neutralen Niederlande.

Die belgische Post, die ein Grenzpostamt in Baerle-Duc unterhielt, versicherte sich der Hilfe besonderer Grenzkuriere, um den Briefverkehr von Belgien nach Großbritannien und von dort wiederum nach Frankreich, aufrechtzuerhalten. Auf diese Weise gelangte unzensierte Post aus dem besetzten Teil Belgiens sogar an die jenseits der Yser weiter gegen die Deutschen kämpfenden belgischen Soldaten.

All diese Vorgänge beunruhigten das deutsche Militär und die Behörden des Generalgouvernements in hohem Maße. So entstand die Idee eines elektrischen Hochsicherheitszaunes.

Am 15. Juli 1915 informierte Generalgouverneur Freiherr von Bissing die belgische Bevölkerung über die Sperrung der Grenze, die künftig nur noch mit einem besonderen Passierschein überquert werden konnte.

Bereits während der Versuchsphasen an Teilabschnitten des Elektrozauns kam es zu zahlreichen tödlichen Unfällen. Nicht selten starben die Menschen, weil sie keine Ahnung von den tödlichen Wirkungen des Stroms hatten. Manche Gemeinden entlang der Grenze wurden erst in den dreißiger Jahren an das belgische Stromnetz angeschlossen. Trotz der zahlreichen Warntafeln („Let op, Levensgevaar") versuchten viele Menschen, den tödlichen Zaun zu überwinden. Einige schnallten sich nicht leitende Porzellanteller unter

Hände, Knie und Füße, benutzten Holzfässer und entwickelten ausklappbare Gestelle, um die Drähte auseinander zu biegen, oder sie schnitten die Drähte mit isolierten Zangen durch. Andere versuchten sich als Stabhochspringer oder schlüpften in angeblich isolierende Gummianzüge.

Manche Grenzposten und Streckenmeister ließen sich bestechen und öffneten für wenige Minuten die sicheren Übergänge oder schalteten kurzzeitig den Strom ab. Mit der Zeit organisierten sich in Belgien und den Niederlanden professionelle, technisch versierte Fluchthelfer, so genannte Passeurs. Mitunter schafften sie ganze Gruppen von Flüchtlingen ins Nachbarland.

Bis Kriegsende sollen etwa 20 000 bis 25 000 Menschen – so die Schätzung des Antwerpener Romanisten Alex Vanneste – über das monströse „Grenzhochspannungshindernis" in Richtung Niederlande retiriert sein. Unter ihnen waren vermutlich nicht wenige Männer und Frauen, die so den seit Herbst 1916 von der obersten Heeresleitung angeordneten Deportationen zum Einsatz als Zwangsarbeiter im Reich zu entkommen suchten.

Nach Kriegsende wurde der Zaun zu einem beliebten „Ersatzteillager" für Bewohner der Grenzgemeinden. Sie demontierten alles, was sie gebrauchen konnten. Doch die Erinnerung blieb lebendig: Berichte über mutige Fluchthelfer und tollkühne Spione erschienen in lokalen Zeitungen noch bis in die sechziger Jahre, dann geriet auch dieses Kapitel des „Großen Krieges" in Vergessenheit. Heute erinnern nur noch die Reste zerborstener Keramik-Isolatoren und verrosteter Drahtstücke entlang den alten Grenzpfaden an den „Todeszaun" des Ersten Weltkriegs.

Granaten im Garten

In Flandern erlebt der Schlachtfeldtourismus eine
neue Blüte. Hunderttausende Engländer, Kanadier und
Australier besuchen Soldatenfriedhöfe, Gedenkstätten
und Museen. Im Gefolge der Weltkriegsausflüge gedeiht
der Handel mit ausgegrabenen Waffen und Munition.

VON PER HINRICHS

Charlotte Cardoen-Descamps lagert die deutschen Senfgasgranaten
auf einer Holzpalette gleich neben ihrem Wohnhaus. Zwischen
den englischen 18-Pfund-Projektilen, diversen Munitionsresten und
Handgranaten wirken die verrosteten Chemiewaffen eigentlich ganz
harmlos, doch die 48-jährige Landwirtin warnt: „Innen ist das Ding
wie neu. Es ist auch nach mehr als 80 Jahren eine tödliche Waffe."
    Kein Absperrband sichert das kleine antike Waffenlager, keine
Spur vom Kampfmittelräumdienst der belgischen Armee. Den ruft
das Ehepaar Cardoen-Descamps nur etwa zweimal im Jahr an,
wenn es genug „shells" (Granaten) aus dem Boden seiner Varlet
Farm in Passchendaele bei Ypern geholt hat – der Bauernhof liegt
mitten auf einem der großen Schlachtfelder des Ersten Weltkriegs.
1917 verloren hier beide Seiten in etwa hundert Tagen knapp 500 000
Soldaten für einen Vorstoß von wenigen Kilometern.
    Allein die Engländer feuerten in einer Woche etwa drei Millionen
Granaten ab, von denen etwa ein Drittel nicht explodierte. „Bom-
benreste und Blindgänger findet hier jeder Bauer. Keiner regt sich
darüber auf", sagt Charlotte. Nur Gäste, die bei den beiden Belgiern
seit fünf Jahren ein „Bed and Breakfast" bekommen, um von hier
aus die Friedhöfe und Schlachtfelder zu besichtigen, fragen verun-
sichert, ob das „nicht doch hochgehen kann".
    Die Zahl der Übernachtungen steigt von Jahr zu Jahr auf der
Varlet Farm, aus dem Hobby wurde ein zweites Standbein. Briten,
Kanadier, Australier und auch Deutsche interessieren sich immer
mehr für die Geschichte und die Hinterlassenschaften des „Grote

Oorlogs", wie die Flamen den Ersten Weltkrieg nennen. Die 500 000 Schlachtfeldtouristen im Jahr sichern in der strukturschwachen Region inzwischen mehrere hundert Arbeitsplätze.

Ganz versessen sind die Besucher auf die eher harmlosen Reliquien, die Dirk Cardoen-Descamps aus seinen Gemüsefeldern birgt: Reste verrotteter Gürtelschnallen, krumm gebogene Gewehre, oxidierte Patronenhülsen, rostzerfressene Trinkbecher, vergammelte Uniformteile. Alles fein säuberlich aufgereiht auf zwei Tischen im hinteren Teil eines Schuppens. „Schrott", wie Charlotte sagt, den sie jahrzehntelang sofort weggeworfen hätten. Bis die Gäste kamen und seitdem jedes Teil so fasziniert begutachten, als hielten sie ein Stück Gold in der Hand.

Seit Mitte der achtziger Jahre erlebt der Schlachtfeldtourismus in Flandern eine neue Blüte, und das liegt auch an der Anziehungskraft, die die ausgegrabenen Reste des Weltkriegs auf die Besucher ausüben. Jacques Schrier zum Beispiel könnte erzählen, wie ihn die Militaria zu einem wohlhabenden Mann gemacht haben. Er hat das wohl meistbesuchte Museum in der Umgebung, direkt gegenüber dem legendären „Hill 62", von seinem Großvater übernommen.

Aber der 52-jährige Mann hinter dem Tresen seines „Privat-Museums mit Schützengraben" in Zillebeke mag sich dazu nicht äußern. Im Sommer drängeln sich vorzugsweise Engländer in der engen Devotionalien-Sammlung – ein gutes Geschäft bei immerhin sechs Euro Eintritt. Dass hier und da auch ein Relikt aus dem Zweiten Weltkrieg herumsteht, fast nichts beschriftet ist und der Schützengraben im Garten wohl kaum so verlief, stört kaum jemanden.

Vor der Tür liegt das Schlachtfeld „Sanctuary Woods", auf dem zwischen 1915 und 1916 einer der härtesten Kämpfe des Ersten Weltkriegs tobte. Die Deutschen griffen die kanadische Stellung wieder und wieder an und konnten sie erst im Juni 1916 nach massivem Artilleriebeschuss für elf Tage besetzen, bis die Kanadier sie zurückeroberten. Als die Schlacht geschlagen war, glich der „Hill 62" einer Mondlandschaft. Noch heute liegen Hunderte Soldaten auf dem mit Kratern übersäten Hügel begraben.

Franky Bostyn, Kurator eines Museums in Passchendaele, das im April eröffnet wird, hat andere Motive als der private Museumsbetreiber Schrier. Bostyn, 30, ist in Passchendaele aufgewachsen, hat Militärgeschichte studiert, steht der Association for Battlefield Archaeology in Flanders (ABAF) vor und hat eine „Weltkriegsobsession". Wann immer ein Unterstand ausgebuddelt, ein Tunnel rekonstruiert oder ein Schützengraben neu vermessen wird, ist Franky Bostyn dabei: „Um genau nachzuvollziehen, wie sich der Erste Weltkrieg hier abgespielt hat."

So sollen die Besucher des Memorial Museum Passchendaele 1917 erleben, wie sich der Krieg angefühlt hat. Ein nachgebauter „Dug out"-Tunnel, Waffenpräsentationen und Dioramas „lassen den Krieg lebendig werden", sagt Bostyn.

Ein paar Kilometer weiter, im „Bayernwald", graben Gemeindearbeiter einen deutschen Schützengraben aus, der hier vor mehr als 80 Jahren die Frontlinie markierte. „Alles wird so hergerichtet, wie es früher war", schwärmt Bostyn. Im sanften Zickzack verläuft der 1,50 Meter tiefe „trench" durch die Anhöhe. Damit die ursprünglichen Spuren nicht verwischt werden, hat Bostyn den Graben etwa 30 Zentimeter über dem alten Boden anlegen lassen: „Der alte Schützengraben bleibt so erhalten."

Nicht jeder arbeitet so penibel wie die Spurensucher bei der „battlefield archaeology". Etwa 100 „Digger", schätzt Bostyn, suchen rund um Passchendaele mit Metalldetektoren nach Waffen und anderem Alteisen. „Aber sie haben natürlich keinen professionellen Anspruch und verhökern das Material, das sie finden."

Allzu robust sollte man die Bomben nicht behandeln, sagt Patrick de Meyer, Offizier beim Munitionsräumdienst der belgischen Armee. „Jedes Jahr sterben ein paar Menschen, die sich an der Munition zu schaffen machen. Aber das sind die Typen, die die äußerlich intakten Granaten aufbohren oder aufsägen wollen." Immerhin holen seine Leute jedes Jahr 200 bis 300 Tonnen Munition bei den Bauern in Belgien ab. Dazu kommen noch die Unmengen an Granaten, die Farmer und illegale Graber behalten oder weiterverkaufen. Der Kleiboden konserviert die Projektile sehr gut; jeder Winter treibt durch den Frost neue Munition ans Tageslicht.

Und die findet stets ihre Liebhaber. Sonntags treffen sich Jäger und Sammler in der Kneipe „Canada" an der Passchendaelestraat. Wer zu Beginn um 7 Uhr morgens kommt, hat den interessanten Teil bereits verpasst. „Die wirklich heißen Sachen gehen schon um 6.30 Uhr über den Tisch", weiß Bostyn.

Auch der Museumsleiter hat solche „heißen Sachen" in seiner Sammlung. Franky Bostyn kramt im Lager eine weiße Tupperschale hervor. Darin liegen der halb zerfallene Rasierpinsel, das rostige Rasiermesser, ein weiteres korrodiertes Messer, Uniformteile, Knöpfe, die zersprungene Uhr und verwitterte Münzen eines australischen Soldaten. Ein Sammler hat ihm die Utensilien angeboten, Bostyn hat sie angenommen.

„Ich bin sicher, dass man die Leiche hätte identifizieren können", sagt Bostyn. „Der Sammler hat ein schlechtes Gewissen bekommen und mir die Habseligkeiten angeboten. Legal oder illegal – diese Relikte gehören ins Museum." Andernfalls landen sie bei Ebay oder im „Canada".

Das Geschäft mit dem Weltkrieg gefällt selbst den Profiteuren nicht immer. Zwar schenkt Charlotte Cardoen-Descamps allen Gästen zum Abschied ein kleines Souvenir aus dem Fundus. Doch verscherbeln würde sie ihre Bodenschätze nie. Einmal wollte ein Amerikaner ihr partout die Reste eines deutschen Maschinengewehrs abkaufen – „you name the price". Doch das geht gegen ihre Prinzipien: „Diese Dinge gehören zu unserer Farm. Ich würde mir schlecht vorkommen, wenn ich aus dem Tod der hier gestorbenen Menschen Kapital schlagen würde."

Dann überlegt sie kurz, als würde sie den Widerspruch bemerken, und fügt hinzu: „Ich möchte sie doch ehren."

Der vergiftete Sieg

Während sich der Blick der Weltöffentlichkeit auf
den Krieg im Westen richtete, tobte im Osten Europas
weithin unbeachtet ein gnadenloser Kampf um Länder
und ganze Völker. Die deutschen Besatzer führten
sich als überlegene Herrenmenschen auf.

VON VEJAS GABRIEL LIULEVICIUS

Über die Kämpfe und Massaker an der Ostfront des Ersten Weltkriegs ist weit weniger bekannt als über die Schützengräben und
Bunker im Westen. Winston Churchill nannte den Krieg im Osten
den „unbekannten Krieg".

In letzter Zeit aber rücken endlich die Bilder vom Leiden und
Sterben zwischen 1914 und 1918 in den Weiten Osteuropas stärker
in den Blickpunkt. Denn der Krieg im Osten war nicht minder fol-
genreich für die Geschichte des 20. Jahrhunderts als die „Stahl-
gewitter" im Westen.

Der Mordanschlag vom 28. Juni 1914 in Sarajevo auf den habsburgischen Thronerben Erzherzog Franz Ferdinand löste eine Kettenreaktion aus. Bismarcks prophetische Furcht, ein Störfall auf
dem Balkan könne einen größeren europäischen Konflikt auslösen,
wurde Wirklichkeit. Deutschland und Russland, früher konservative
Alliierte, standen einander jetzt als Mitglieder größerer Bündnisse
gegenüber. Ermutigt von ihrem deutschen Partner, machte die österreichisch-ungarische Regierung Serbien für den Mord in Sarajevo
verantwortlich und leitete damit eine Machtprobe mit ihrem Nachbarstaat ein. Trotz der wirren Botschaften, die in letzter Minute aus
Berlin eintrafen, baute sich die Krise weiter auf – der Zar mobilisierte, um die befreundeten Serben zu unterstützen, und Deutschland erklärte Russland am 1. August den Krieg.

Die Kriegsbereitschaft hatte viele Ursachen. Bei den deutschen
Eliten war es eine Mischung aus Angst, Verheißung und der fatalis-
tischen Überzeugung, ein großer Krieg müsse kommen, je eher, desto

besser. Sie waren gefangen in einem Gefühl der Furcht vor dem russischen Riesenreich mit seinen unermesslichen Rohstoffen und den 180 Millionen Menschen.

Reichskanzler Theobald von Bethmann Hollweg sinnierte voller Pessimismus, die Zukunft gehöre Russland, die Zeit arbeite gegen Deutschland. Schon Jahre vor dem Krieg schwadronierte Kaiser Wilhelm II. vom unvermeidlichen Zusammenstoß von Teutonen und Slawen. Der österreichische Stabschef Conrad von Hötzendorf träumte von der endgültigen Abrechnung mit den Serben.

Als der Krieg schließlich ausbrach, wurde er dem deutschen Volk vor allem als Verteidigungskrieg verkauft – mit Erfolg: Große Teile der Bevölkerung waren vereint in Begeisterung und Entschlossenheit. Eine Schlüsselrolle spielte die SPD, die trotz ihrer früheren antimilitaristischen Einstellung den Kriegskrediten zustimmte – nicht zuletzt, weil sie den Krieg gegen Russland, das autoritärste und repressivste Imperium Europas, für gerechtfertigt hielt.

Doch nicht jeden packte die Euphorie, als das Militär mobilmachte. Für manche ethnische Gruppen, etwa die Polen, deren Land im 18. Jahrhundert zwischen Russland, Preußen und Österreich aufgeteilt worden war, bedeutete der Krieg sinnlosen Brudermord. 1,5 Millionen Polen kämpften in den diversen Armeen, deutsche Litauer aus Ostpreußen standen Litauern in russischer Uniform gegenüber.

Der Erste Weltkrieg begann im Osten mit Überraschungen, was erst einmal die Militärplaner irritierte. Während 1,5 Millionen deutsche Soldaten nach Frankreich rollten, rückten zwei unerwartet schnell mobilisierte russische Armeen gegen Ostpreußen vor. Die russischen Truppen, etwa 650000 Mann, stießen auf ein kleines Heer von 170000 Deutschen. Die ostpreußische Zivilbevölkerung flüchtete ungeordnet und in heller Panik. Der Schrei „Die Kosaken kommen" artikulierte die Angst vor der Invasion, er beschwor Bilder herauf von wilden Steppenreitern und der unerbittlichen „russischen Dampfwalze", die auf Berlin zurollte.

Um die Verteidigung Ostpreußens zu organisieren, wurde der 66-jährige General Paul von Hindenburg aus dem Ruhestand zurückgeholt und ihm Erich Ludendorff an die Seite gestellt, ein Technokrat von beachtlichem Organisationstalent. Dank der größeren Mobilität und den besseren Waffen schlugen die deutschen Truppen unter ihrem Kommando die Russen Ende August 1914 in der Schlacht von Tannenberg. 50 000 russische Soldaten fielen, 90 000 gerieten in Gefangenschaft. „Tannenberg" wurde sofort zur Legende hochstilisiert – Revanche für die Schmach von 1410, als Polen und Litauer an diesem Ort gemeinsam das Heer der Deutschordensritter vernichteten.

Wenige Tage später trieben Hindenburg und Ludendorff die zweite russische Armee in der Schlacht an den Masurischen Seen zurück. Weitere 45 000 Russen wurden gefangen genommen, viele Feinde, verbreitete die deutsche Propaganda, seien auf ihrer panischen Flucht in den Seen ertrunken. Ostpreußen war frei von russischen Truppen.

Im Spätherbst 1914, als deutsche Truppen in Polen kämpften, um ihren österreichisch-ungarischen Verbündeten zu helfen, marschierte die russische Armee erneut in Ostpreußen ein, und eine neue Welle der Angst breitete sich aus. Doch wieder behielten die Deutschen die Oberhand. In der Winterschlacht in Masuren drängten sie im Februar 1915 die Russen abermals aus dem Land. Die russische Armee ließ 90 000 Mann als Gefangene zurück.

Die deutsche Propaganda nutzte den russischen Einfall in Ostpreußen, um den defensiven Charakter des Kriegs zu unterstreichen: Mehr als 10 000 Menschen seien von den Russen verschleppt worden, deren Soldateska habe Zivilisten als Spione erschossen, Frauen vergewaltigt, die Häuser niedergebrannt und geplündert. Im Osten „tränkt das Blut der von russischen Horden hingeschlachteten Frauen und Kinder die Erde", heißt es in dem „Aufruf an die Kulturwelt", einem Manifest deutscher Intellektueller vom Oktober 1914. Die aktuelle Forschung kommt zu einem anderen Ergebnis. Danach waren barbarische Exzesse russischer Soldaten die Ausnahme.

Die Kämpfe in Ostpreußen waren für das Erscheinungsbild dieses Kriegs auch psychologisch bedeutsam, zeigten sie doch, dass ein totaler Krieg die Menschen nicht nur an Brutalität gewöhnt, sondern sie auch für Despoten und blinde Heldenverehrung anfällig macht. Der Historiker Golo Mann resümierte: „Hier hört man zum ersten Mal von den riesigen Zahlen, den hundert-, den zweihundertfünfzigtausend erschlagenen und gefangenen Feinden; nun erschienen die Bilder für jung und alt, welche die verlorenen, toten, ertrinkenden, ohne Kopf und Glieder in die Luft geschleuderten Russen zeigten. Der öffentliche Geist verhärtete sich rasch."

Um Hindenburg, der als „Retter Ostpreußens", als „Russenschreck" und „Retter des Vaterlandes" bejubelt wurde, entstand ein Führerkult. Als Werbung für Kriegsanleihen wurden in deutschen Städten riesige Holzstatuen des Generalfeldmarschalls aufgestellt, in

Der Krieg im Osten

Finnland

Petrograd

SCHWEDEN

RUSSLAND

Riga

Ostsee

Baltikum

Moskau

Königsberg

Wilna

DEUT-
SCHES
REICH

Masuren

Minsk

Tannenberg

Warschau

Brest-
litowsk

Polen

Kiew

Gorlice-
Tarnów

Lemberg

Ukraine

Dnjepr

Budapest

ÖSTERREICH-
UNGARN

250 km
0

Sewastopol

Kaukasus

RUMÄNIEN

Donau

SERBIEN

MONTE-
NEGRO

BULGARIEN

Schwarzes Meer

ALBANIEN

OSMANISCHES REICH

DER SPIEGEL

Legende:
- Mittelmächte und Verbündete
- Russland und Verbündete
- Neutrale Staaten
- ⊩← weitestes Vordringen der Russen 1914/15
- — Frontverlauf Ende 1917
- ⇢ Vormarsch der Mittelmächte Frühjahr/Sommer 1918
- ✗ bedeutende Schlachten

Verwaltungsbezirke in den eroberten Gebieten
- Ober Ost
- Lublin
- rückwärtiger Bez. Ober Ost
- Warschau

die alle, die Geld spendeten, Nägel hämmerten, bis die Standbilder sichtbarer Ausdruck der deutschen Einigkeit waren. Straßen, Plätze und Haushaltsprodukte wie Blumenvasen wurden nach Hindenburg benannt.

Im Jahr 1915 standen mehr als 600 000 deutsche Soldaten im Osten bereit, den österreichischen Truppen in Galizien beizustehen. Ihnen gegenüber lagen gewaltige russische Heere, die jedoch oft mangelhaft geführt und ausgerüstet waren. Der russischen Infanterie fehlten Gewehre, bisweilen wurden Soldaten unbewaffnet an die Front geschickt mit der Order, sich dort die Waffe eines gefallenen Kameraden zu nehmen.

Im galizischen Gorlice-Tarnów gelang österreichischen und deutschen Truppen Anfang Mai 1915 ein bedeutender Durchbruch. Sie eroberten Przemyśl und Lemberg sowie Galizien zurück. Im Norden nahmen deutsche Streitkräfte im August und September Warschau, Kaunas, Brest-Litowsk und Wilna ein. Die Russen verloren Russisch-Polen, Litauen, Kurland und die westliche Ukraine – insgesamt ein Territorium von der Größe Frankreichs. Im September 1915 kam der große Vormarsch kurz vor Riga schließlich zum Stillstand.

Deutsche Soldaten haben den „großen Vormarsch" von 1915 nie vergessen. Bei ihrem Rückzug verfolgte die russische Armee eine „Politik der verbrannten Erde" – so wie 1812, als Napoleon auf Moskau zumarschierte. Felder wurden angezündet, Eisenbahnschienen weggerissen, Fabriken evakuiert oder zerstört. Die Russen räumten das ganze Land, eineinhalb Millionen Untertanen des Zaren mussten mit den Streitkräften abziehen. Angehörige von Volksgruppen, die als verdächtig galten, wie Juden und ethnische Deutsche, wurden vertrieben, misshandelt oder als Spione erschossen. Die russischen Trecks waren die erste Welle einer weit größeren Völkerwanderung, die der Erste Weltkrieg auslöste. 1917 waren im russischen Reich ungefähr sechs Millionen Flüchtlinge unterwegs.

So war 1915 das Jahr dramatischer Erfolge der Mittelmächte im Osten, obwohl Italiens Kriegseintritt auf Seiten der Entente die strategische Lage Österreich-Ungarns verschlechterte. Andererseits trat Bulgarien den Mittelmächten bei, und Ende 1915 wurde endlich Serbien bezwungen. Die serbische Armee allerdings zog sich über das Gebirge nach Albanien zurück, um von dort weiterzukämpfen. Der entscheidende Sieg für die Deutschen jedoch, der den Krieg im

Osten beendet hätte, blieb aus. Immer wieder konnten sich die Russen in ihr weites, offenes Land zurückziehen und Zeit gewinnen. Trotz aller militärischen Erfolge standen die Eroberer Ende 1915 vor großen Problemen. Sie mussten in den besetzten Gebieten eine zivile Verwaltung aufbauen und „geordnete Zustände" herstellen – eine Aufgabe, auf die sie schlecht vorbereitet waren.

Die Besatzer trafen auf neue Länder und Völker, die ihnen kulturell fremder waren als das besetzte Belgien oder Frankreich. In Briefen, Soldatenzeitungen und Erinnerungen kommentierten die Soldaten immer wieder die Fremdartigkeit des Ostens, seine armseligen Lebensbedingungen, die Leere, den Schmutz, die Krankheiten, die allgegenwärtigen Läuse. Ein deutscher Leutnant fasste seine Eindrücke vom Osten zusammen: „Innerstes Russland, ohne Abglanz mitteleuropäischer Kultur, Asien, Steppe, Sumpf, raumlose Unterwelt und eine gottverlassene Schlammwüste."

Malaria-, Cholera- und Fleckfieberepidemien wurden nicht als Ausdruck des Kriegs, sondern als für den Osten typisch verstanden. Hygiene war lebenswichtig für die Armee. Sie richtete Entlausungszentren ein und entsandte Seuchentrupps, um (auch zwangsweise) die örtliche Bevölkerung zu behandeln, von der es hieß, sie sei hochgradig verlaust. Im besetzten Polen starben 10 von 50 deutschen Sanitätsoffizieren an Typhus.

Die Langeweile, die Soldaten auf isolierten Posten hinter den Linien spürten, war bedrückend. Die meisten waren krank vor Heimweh und wollten bloß weg von dort. Zudem gab es Spannungen in der Truppe. Wehrpflichtige aus dem Elsass, von denen man nicht wollte, dass sie gegen Frankreich kämpften, weil man ihnen misstraute, wurden in den Osten verfrachtet, was sie empörte. Die Ungleichbehandlung von Offizieren und Mannschaften verbitterte ebenfalls viele Soldaten.

Polen stellte den Mittelmächten alte Probleme in neuer Form. Zunächst wurde das Gebiet in zwei Besatzungszonen aufgeteilt, Deutschland kontrollierte das Generalgouvernement Warschau, Österreich-Ungarn das Generalgouvernement Lublin. Beide konnten sich nicht über die Zukunft Polens verständigen. Die Alldeutschen forderten eine direkte Annexion oder einen polnischen Grenzstreifen als Puffer zwischen Deutschen und Slawen. Preußische Konservative mochten keine weiteren Ethnien ins Reich eingliedern und wollten deshalb Polen an Russland zurückgeben. Habsburgische Nationalisten wiederum träumten von einer „austro-polnischen Lösung", die Russisch-Polen mit Galizien vereinigen und eine stabile neue politische Basis für das Habsburgerreich schaffen würde.

Die Militärs enttäuschten alle: Auf Druck Ludendorffs wurde am 5. November 1916 ein polnisches Königreich proklamiert. Er hoffte, dankbare Polen würden sich freiwillig zur deutschen Armee melden, doch war der Schritt allzu durchsichtig. Außerdem blieb die Proklamation in kritischen Details vage. Das künftige Marionettenkönigreich war ein seltsamer Staat, ohne König, ohne Grenzen.

Kaum ein Pole ließ sich täuschen. Der legendäre Heerführer Józéf Pilsudski, der auf Seiten Österreichs die 1. Brigade der polnischen Legionen angeführt hatte, kündigte die Zusammenarbeit mit den Mittelmächten auf. Polnische Nationalisten setzten zunehmend ihre Hoffnungen auf die westlichen Alliierten und den amerikanischen Präsidenten Woodrow Wilson, die für die Nachkriegsordnung ein unabhängiges Polen vorsahen.

In den Gebieten nordöstlich von Russisch-Polen wurde 1915 ein neuer Militärstaat errichtet – das Land Ober Ost, benannt nach dem Oberbefehlshaber Ost, Hindenburg. Es umfasste Litauen, Kurland und Teile Weißrusslands. Ludendorff, der wahre Architekt dieses Staates, äußerte seinen „festen Entschluss, etwas Ganzes zu schaffen", eine Art Militär-Utopie. In seinen Memoiren schrieb Ludendorff: „Mein Wille durchdrang die Verwaltung und erhielt in ihr die Schaffensfreudigkeit." Sein Ziel sei es gewesen, „die Kulturarbeit, die die Deutschen während vieler Jahrhunderte in jenen Ländern getan hatten, in dem besetzten Gebiet aufzunehmen".

Ober Ost zählte rund drei Millionen Einwohner, mehr als eine Million Menschen waren rechtzeitig geflüchtet. Die verbliebene Bevölkerung setzte sich zusammen aus Litauern, Polen, Letten, Russen, Tataren sowie drei weiteren Volksgruppen, die bei den neuen Herren der Region für besonderes Aufsehen sorgten: Ostjuden, die „Jiddisch" sprachen und deshalb besser als irgendeine andere Gruppe mit den Deutschen kommunizieren konnten, „Weißruthenen", Slawen, deren Identität sich schwer ermitteln ließ, was bewies, wie kompliziert ethnische Unterscheidungen in dieser Gegend sein konnten, sowie der Elite der Deutschbalten. Diese waren mit den Reichsdeutschen verwandt, hatten jedoch als „Barone" ihre eigene aristokratische Vergangenheit, die nicht immer identisch war mit der Deutschlands.

Die Machthaber von Ober Ost machten sich daran, in dem neuen Land deutsche Kultur zu verbreiten. Unter dem Stichwort „Deutsche Arbeit" betrieb die Armee einen für Kriegszeiten erstaunlichen Aufwand hinter der Front: Es gab Zeitungen für Einheimische, Schulordnungen, archäologische und historische Untersuchungen, Theater. Gleichzeitig, doch gegenläufig zum Kulturprogramm, lief in Ober Ost die so genannte Verkehrspolitik an, die jede Bewegung und ökonomische Tätigkeit kontrollieren sollte. Ziel war die intensive wirtschaftliche Ausbeutung regionaler Rohstoffe und Arbeitskräfte. Zwangsarbeiter sollten für die deutschen Regenten schaffen, Ernten und Viehbestände sollten nach Gusto der Besatzer konfisziert werden.

Projekte zur Verbesserung der Infrastruktur – gewaltige Brücken, die Anpassung der breiteren Spurweite des russischen Eisenbahnnetzes an deutsche Standards, eine gigantische Holzmühle im Urwald von Bialowieska – sollten die Region an Deutschland binden. Doch ebendiese Politik, die darauf ausgerichtet war, den enormen Appetit auf Nachschub im totalen Krieg zu stillen, schreckte argwöhnische Einheimische nur weiter ab.

Das Verhältnis zur Bevölkerung war generell geprägt durch die kulturelle Hybris der Besatzer: Sie glaubten sich auf einer höheren Kulturstufe und behandelten die Einheimischen mit kolonialer Herablassung.

Die Einstellung der Deutschen zu den verschiedenen Völkergruppen schwankte zwischen Verständnis für die verwirrende Vielfalt des Ostens und grenzenloser Ablehnung des „Fremdvölkischen". Insgesamt hielten Deutsche und Österreicher die Menschen im Osten oft für schmutzig, undiszipliniert, faul und unterentwickelt. Ein deutscher Kommandeur höhnte, dass der Litauer „sich selbständig genauso gut regieren (kann), wie sich z. B. meine Tochter Ilse selbständig erziehen könnte". Solche rassistischen Ansichten radikalisierten sich mit der deutschen Niederlage. Doch es gab auch bemerkenswerte Ausnahmen. Einige Soldaten, darunter die Schriftsteller Arnold Zweig und Richard Dehmel, äußerten Sympathie und Respekt für die Einheimischen und kritisierten den autoritären Stil ihrer Oberen.

Besonders ambivalent verlief die Begegnung deutscher Soldaten mit Jiddisch sprechenden Ostjuden in den Ghettos und Schtetls. Die Reaktionen der deutschen Soldaten reichten von Mitleid bis zu scharfer Abneigung, standen jedoch in deutlichem Unterschied zum mörderischen Antisemitismus der Nazis. Ein Beispiel für das zwiespältige Auftreten der Besatzer liefert 1916 ein Vorfall im litauischen Schaulen (Siauliai), wo der Stadtkommandant Jüdinnen zwang, einen öffentlichen Platz zu säubern. Während ein paar gaffende Soldaten sich anscheinend über die Frauen lustig machten, protestierten andere laut gegen die Anweisung.

Jüdische deutsche Soldaten brachte die Begegnung mit Ostjuden häufig in ein Dilemma: Sie sahen oft ihre eigene Identität in einem neuen Licht. Arnold Zweig etwa bewunderte das Urwüchsige an den Ostjuden, der Tagebuchschreiber Victor Klemperer dagegen lehnte die gemeinsamen Wurzeln ab und bekannte, er habe sich nie deutscher gefühlt: „Ich dankte meinem Schöpfer, Deutscher zu sein."

Für viele Soldaten endete der Einsatz an der Ostfront in Gefangenenlagern. Nach Schätzungen gerieten an der Ostfront etwa sechs Millionen Soldaten in Kriegsgefangenschaft (an allen Fronten insgesamt acht Millionen). Etwa zwei Millionen österreichisch-ungarische Soldaten wurden in Russland gefangen gehalten, neben rund 1,1 Millionen Deutschen. Deutschland und Österreich-Ungarn nahmen ihrerseits etwa 2,7 Millionen Russen als Gefangene, die für die Kriegswirtschaft eine zunehmend wichtige Rolle spielten.

Auch mit dem Ende des großen Vormarschs von 1915 fiel im Osten keine Entscheidung für die Mittelmächte. Im Juni 1916 stießen im Rahmen der Brussilow-Offensive russische Truppen nach Galizien vor und nahmen eine viertel Million österreichisch-ungarische Soldaten gefangen. Umgehend rückten zusätzliche deutsche Truppen nach, die ihre Verbündeten stützen sollten. Russland verlor in diesem Feldzug eine Million Mann.

Die Ostfront dehnte sich weiter aus, als Rumänien im August 1916 der Entente beitrat. Diese neue Krise erlaubte es Hindenburg und Ludendorff, ihren Vorgesetzten, den Generalstabschef Erich von Falkenhayn, abzulösen, die Dritte Oberste Heeresleitung selbst zu übernehmen und damit eine Art deutsche Militärdiktatur zu errichten. Ende des Jahres wurde Rumänien von den Deutschen und ihren Verbündeten überrollt.

Ein historischer Wendepunkt im Ostkrieg war die russische Revolution. Am 8. März 1917 erhoben sich in Petrograd mit dem Zarenregime unzufriedene und des Kriegs überdrüssige Untertanen. Soldaten der Garnison schlossen sich ihnen an. Am 15. März dankte der Zar ab. Eine Übergangsregierung wurde gebildet, die versprach, Wahlen abzuhalten und den Krieg weiterzuführen.

Im Zuge der deutschen Taktik, feindliche Völker zu „revolutionieren", um deren Kriegswillen zu untergraben, hatte die Reichsregierung im April 1917 den Russen Wladimir Iljitsch Lenin in einem bewachten Zug aus der Schweiz quer durch Deutschland nach Petrograd reisen lassen. Dort, so die Hoffnung, werde er erfolgreich das Virus der Rebellion verbreiten und das Zarenreich weiter destabilisieren.

Die Übergangsregierung unter Alexander Kerenski war geschwächt. Die Kerenski-Offensive im Juli 1917 in Galizien stieß auf heftige deutsche Gegenwehr, die zerschlagene russische Streitmacht löste sich auf, die Soldaten gingen einfach heim. Am 7. November 1917 ergriffen Lenins Bolschewiki die Macht in Petrograd, etablierten eine Räteregierung, propagierten die Diktatur des Proletariats sowie die Weltrevolution – und wurden für die nächsten 70 Jahre zur Dauerbelastung der Weltpolitik.

Am 3. Dezember 1917 kündigten die Bolschewiki an, sich aus dem Krieg zurückzuziehen, und nahmen Friedensverhandlungen mit den Mittelmächten auf. Delegationen beider Seiten trafen sich in der russischen Festung Brest-Litowsk, um die Bedingungen auszuhandeln. Leo Trotzki, der Organisator des Aufstands und seit Anfang Januar Delegationsleiter der Bolschewiki, spielte geschickt auf Zeit. Die Bolschewisten rechneten fest damit, dass in nächster Zeit Arbeiteraufstände in allen Krieg führenden Ländern ausbrechen würden. Angesichts allzu harscher deutscher Forderungen unterbrach Trotzki die Gespräche einfach und verkündete, nun herrsche „weder Krieg noch Frieden". Die konsternierten Deutschen ließen daraufhin ihre Streitkräfte im Osten weiter vorrücken.

Im Februar 1918 drangen deutsche und österreichische Verbände in die Ukraine ein. Im März nahmen sie Kiew und setzten eine Regierung ein, die mit den Mittelmächten zu kooperieren und eine Million Tonnen Getreide zu liefern hatte. Bald darauf waren die Besatzungstruppen mit Aufständen und Partisanenunruhen auf dem

Lande beschäftigt, doch der Vormarsch ging weiter. Im Sommer 1918 marschierten deutsche Truppen zum Kaukasus.

Um die Revolution zu retten, drängte Lenin die Bolschewiki zu neuen Verhandlungen. Am 3. März 1918 wurde dann in Brest-Litowsk der Friedensvertrag unterzeichnet – ein Abkommen, das Russland in der Folge um Polen, Litauen, das Baltikum, Finnland (wo bald ein deutsches Expeditionskorps landete) und die Ukraine brachte. In den abgetretenen Gebieten lebte ein Drittel der russischen Bevölkerung, dort lag ein Großteil der industriellen und natürlichen Ressourcen des Landes.

Der Friede von Brest-Litowsk erfüllte die deutschen Erwartungen. Golo Mann schrieb: „Der Friede von Brest-Litowsk wird der vergessene Friede genannt, aber die Deutschen haben ihn nicht vergessen. Sie wissen, dass sie Russland geschlagen haben, manchmal betrachten sie es mit Stolz als die eigentliche, obgleich unbedankte, europäische Leistung des Kriegs." Im Reichstag stimmte einzig die Unabhängige Sozialdemokratische Partei Deutschlands (USPD), die sich von der kriegbejahenden SPD abgespalten hatte, gegen den Friedensvertrag – ein Zeichen dafür, dass die große Mehrheit der Nation die Rolle Deutschlands als Kontrollinstanz über Osteuropa guthieß. Hindenburg und Ludendorff hatten weitere Pläne für die Neuordnung des Ostens:

Sie wollten eine Kette von Protektoraten und deutschen Siedlungen errichten – Aufmarschgebiet für einen möglichen weiteren Krieg. Ein solches Ostreich hätte Deutschland auch wirtschaftlich autark gemacht und damit in einem künftigen Konflikt immun gegen eine neue britische Blockade.

Doch der Frieden war doppelt vergiftet: Seine harten Konditionen stärkten die Entschlossenheit der Entente-Staaten, es den Deutschen mit gleicher Münze heimzuzahlen. Das Ergebnis war der Versailler Vertrag. Zudem bedeuteten die Eroberungen im Osten, dass die deutsche Armee dort eine Million Soldaten zurückhalten musste, die in der Frühlingsoffensive 1918 im Westen fehlten.

Als Deutschlands Frühlingsoffensive im Westen scheiterte, kippte das militärische Gleichgewicht zu Gunsten der Entente. Der Zusammenbruch der Mittelmächte im November 1918 kam dennoch plötzlich und unerwartet. Österreichs Armee löste sich auf, und etliche ethnische Gruppen innerhalb der Doppelmonarchie erklärten sich zu unabhängigen Staaten. Während die Revolution sich in ganz Deutschland ausbreitete und der Kaiser floh, organisierten deutsche Landser Soldatenräte an der Ostfront. Doch die hatten weit mehr mit der Evakuierung der eigenen Soldaten als mit Revolution zu tun. Krank vor Heimweh und gestrandet in fernen Außenposten weit ab von Deutschland, wollte jeder nur noch nach Hause.

Das Machtvakuum Ende 1918 im Osten füllte sich bald: Neue Staaten – Polen, Litauen, Lettland, Estland – entstanden, deren Unabhängigkeit problematisch blieb. Gleichzeitig hielt die Sowjetarmee sich bereit beizuspringen, um die Arbeiteraufstände in Zentraleuropa und die Weltrevolution voranzutreiben.

Während Westeuropa den Ersten Weltkrieg schließlich als sinnlose Katastrophe bewertete, empfanden die Osteuropäer sein Ende teils als Gewinn, teils als Verlust. Für neue Staaten wie Polen, die baltischen Staaten, Jugoslawien, die Tschechoslowakei und Finnland war der Krieg keine Tragödie, sondern die Feuertaufe der nationalen Unabhängigkeit.

Ganz anders für Deutschland: Dort empörte der Versailler Vertrag von 1919 ein ganzes Volk, das seine Niederlage nicht anerkennen konnte, weil ihm in den Jahren zuvor korrekte Nachrichten über das wahre Kriegsgeschick verwehrt geblieben waren. Eine breite deutsche Öffentlichkeit verurteilte die „blutenden Grenzen" Deutschlands. Durch den Vertrag wurde Deutschland um ein Siebtel seines Staatsgebiets und um zehn Prozent seiner Bevölkerung reduziert: Westpreußen und Posen gingen an Polen, Ostpreußen wurde abgeschnitten, Danzig wurde Freie Stadt unter der Hoheit des Völkerbundes, Memel kam unter litauische Verwaltung.

Mit dem Waffenstillstand am 11. November 1918 in Compiègne und dem Schweigen der Waffen im Westen endete der Krieg im Osten nicht – die Nachbeben dauerten noch Jahre an. Zwischen Russland und Polen, deren gemeinsame Grenzen erst 1921 festgelegt wurden, gab es heftige Kämpfe. In einem brutalen Kleinkrieg verstrickten sich 1918/19 die kleinen Truppenverbände Litauens, Lettlands und Estlands, die Rote Armee, konterrevolutionäre Truppen, welche die Bolschewiki zu stürzen versuchten, und deutsche Freikorps. Diese Korps bestanden aus Freiwilligen, die in Deutschland von der Regierung angeworben wurden, um Arbeiteraufstände zu unterdrücken und unmittelbar gefährdete Grenzen zu schützen.

Zwischen 1918 und 1921 betrug die Zahl der Freikorpskämpfer etwa 400 000.

Einige Freikorps gingen nach Osten, wie der „Grenzschutz Ost", um gegen die polnischen Gebietsansprüche und später in Oberschlesien zu kämpfen. Die „Baltikumer", eine Gruppierung von 20 000 bis 40 000 Mann, zogen ins Baltikum, vorgeblich, um dort die europäische Kultur vor dem Bolschewismus zu retten. Die Ideologie der Baltikumer war nihilistisch, sie predigten extreme, ungehemmte Gewalt. Unter ihnen waren verrohte Männer, die sich den Nazis anschlossen, wie Rudolf Höß, der spätere Kommandant von Auschwitz. Ihr Amoklauf dauerte ein Jahr, dann kehrten die meisten nach Deutschland zurück und beteiligten sich fortan tatkräftig an der Demontage der Weimarer Republik.

Es wäre falsch, die deutsche Besatzungspolitik im Ersten Weltkrieg, die auf ethnische Manipulation abzielte, als Vorwegnahme von Hitlers späterer Ausrottungspolitik in Osteuropa zu charakterisieren. Trotzdem bestehen historische Parallelen: Die Praxis im Osten eröffnete neue Möglichkeiten, Länder und Leute als Objekte der Politik zu behandeln; heute nennt sich das Bevölkerungspolitik.

Die Niederlage von 1918 radikalisierte ferner die Einstellung der Deutschen zum Osten. Das Scheitern der Ostpolitik im Ersten Weltkrieg wurde dem „Menschenmaterial" angelastet, mit dem man arbeiten musste, ganze Völker wurden als zutiefst minderwertig eingestuft.

Auf diesen „Lektionen" des Ersten Weltkriegs konnten Hitler und die Nazis aufbauen bei ihrer mörderischen Entschlossenheit, den Osten umzugestalten. Anders als das Kaiserreich zwischen 1914 und 1918, so versprachen sie, würden sie diesen Umgestaltungsprozess konsequent und erfolgreich zu Ende bringen – koste es, was es wolle.

Aus dem Englischen übersetzt von Ilse Lange-Henckel

„Polen, das sind wir"

Marschall Pilsudski schuf am Ende des Ersten Weltkriegs
nach mehr als hundert Jahren wieder einen polnischen Staat –
und ist bis heute in seiner Heimat ein gefeierter Held.

VON JAN PUHL

Am Morgen des 11. November 1918 war für die deutschen Besatzer
in Warschau alles anders. Polen schlenderten vorbei, ohne zu grü-
ßen, Studenten schubsten verdatterte deutsche Wachposten zur
Seite und entrissen ihnen die Karabiner. Am Abend zogen Massen
singend und Fahnen schwenkend den Prachtboulevard Krakowskie
Przedmieście entlang. Eingeschüchtert verzogen sich die Soldaten
des Kaisers in ihre Quartiere.

Polen war wieder da. Mit der Niederlage der Mittelmächte hatte
das einst dreigeteilte Land nach mehr als 120 Jahren preußischer,
russischer und österreichischer Herrschaft die Unabhängigkeit wie-
dergewonnen.

Der Preis dafür war allerdings hoch, viel höher, als die Polen
zunächst vermutet hatten. Begeistert hatten diese den Beginn des
Völkerschlachtens 1914 begrüßt. Dass die Besatzer aufeinander
losgingen, so glaubten viele, könne nur gut sein für die polnische
Sache. Doch der Zar und die beiden Kaiser in Berlin und Wien
zogen 1,5 Millionen Polen als Wehrpflichtige ein und zwangen sie,
gegeneinander zu kämpfen. Mehrfach rollte die Front über das
Land. Die deutsche und die russische Armee verbrannten Felder, ver-
wüsteten Dörfer, demontierten und raubten Industrieanlagen. Fast
eine Million Menschen wurden vertrieben, 450 000 Soldaten fielen
in den Kämpfen.

Dass der Erste Weltkrieg dennoch als Triumph endete, verdanken
die Polen vor allem Józef Klemens Pilsudski. Der romantische
Nationalist eroberte für die Polen die Unabhängigkeit und weite
Landstriche im Osten – doch die Demokratie nahm er ihnen schon
nach ein paar Jahren wieder.

1914 war der 47-Jährige aus einem Dorf bei Wilna bereits eine Legende. Er hatte die Polnische Sozialistische Partei mitbegründet und um sich Freischärler geschart, mit denen er gegen die russische Besatzungsmacht in Ostpolen kämpfte. Als der Weltkrieg begann, versuchten die Mittelmächte die Polen durch Zugeständnisse auf ihre Seite zu ziehen. So erhielt Pilsudski in Wien die Erlaubnis, Freiwilligenverbände aufzustellen, um in das russische Teilungsgebiet einzumarschieren.

Dieser Vorstoß, so glaubte er, würde einen Volksaufstand gegen die zaristischen Unterdrücker auslösen. Doch der Empfang für Pilsudskis 200 Mann fiel frostig aus. Die Landbevölkerung interessierte sich nicht für die nationalistischen Träumereien der Kämpfer. Viele von Pilsudskis Soldaten und Offizieren begannen auf ihr Volk herabzusehen. „Polen, das sind wir", wurde ihr Credo.

Nach dem Fehlschlag unterstellte Pilsudski seine Verbände dem österreichischen Oberkommando. Er wurde Befehlshaber der viel besungenen 1. Brigade, die gegen die Armeen des Zaren manchen Triumph erfocht.

Im November 1916 versprachen die Mittelmächte den Polen die Errichtung einer konstitutionellen Erbmonarchie nach dem Krieg. Berlin hoffte, damit polnische Freiwillige in das deutsche Heer zu locken. Man setzte einen provisorischen Regierungsrat in Warschau ein, dem auch Pilsudski als Militärbeauftragter angehörte.

Zum Bruch mit den Deutschen kam es im Juli 1917. Der „Kommandant" rief seine „Legionen" auf, den Eid auf den Kaiser zu verweigern. Dieser ließ ihn verhaften und in Magdeburg einsperren. Die Gefangenschaft machte den legendären Führer in den Augen vieler Polen endgültig zum Helden.

Als im November 1918 die Mittelmächte vor dem Zusammenbruch standen, ließen die Deutschen Pilsudski frei. Der machte sich auf den Weg nach Warschau und übernahm die Macht an der Weichsel durch seine bloße Anwesenheit. Aus dem „Kommandanten" wurde der „Vorläufige Staatschef".

Jetzt fehlten dem neuen Polen nur noch sichere Grenzen. Die Versailler Friedenskonferenz legte die Westgrenze auf Kosten des Deutschen Reichs fest – was Polen die Feindschaft des Nachbarn eintrug. Im Osten versuchte Pilsudski, einen Grenzverlauf nach dem Vorbild des spätmittelalterlichen Großreichs der Jagellonen durchzusetzen – und verlängerte dadurch den Krieg für Polen um mehr als zwei Jahre.

1920 schlugen polnische Verbände die Rote Armee vernichtend an der Weichsel. Im Frieden von Riga 1921 musste die Sowjetunion Polens Grenzforderungen weitgehend erfüllen. Pilsudski hatte den Höhepunkt seines Ruhmes erreicht.

Das Land war jedoch von inneren Konflikten zerrissen: Es gab Streit zwischen den Polen und den Minderheiten. Immerhin über 30 Prozent der Bevölkerung verstanden sich als Deutsche, Ukrainer, Weißrussen oder Juden. Hinzu kam eine schwere Wirtschaftskrise. Pilsudski war ein Kämpfer für die Unabhängigkeit. Wie die tiefe Zersplitterung der Gesellschaft zu überwinden gewesen wäre, davon hatte er keine Vorstellungen. Frustriert zog er sich 1923 auf sein Gut bei Sulejówek zurück.

Doch schon im Mai 1926 war er wieder da. An der Spitze alter Kämpfer aus der Kriegszeit marschierte er in Warschau ein. Der Putsch kostete mehr als 300 Menschen das Leben. 1930 wurde seine Herrschaft endgültig zur Diktatur, als er 70 Oppositionspolitiker in der Festung Brest-Litowsk einkerkern ließ.

1935 starb der Marschall. Sein Sarg wurde in der Kirche auf dem Krakauer Wawel beigesetzt, gleich neben den größten polnischen Königen des Mittelalters. Die Heldenverehrung dauert bis heute an. Jeden 11. November, dem Unabhängigkeitstag, brennen zu Füßen des Pilsudski-Denkmals beim Warschauer Belweder-Palast Kerzen. „Pilsudski ist in Polen der populärste Pole", weiß der Historiker Andrzej Garlicki.

„Lenin arbeitet nach Wunsch"

Waffenruhe an der Ostfront – durch die russische Revolution

VON FRITJOF MEYER

Was nützt die ganze Rebellion, junger Mann? Sehen Sie nicht, dass Sie gegen eine Mauer anrennen?" So soll ein Polizist den Jurastudenten Wladimir Uljanow im zaristischen Gefängnis gefragt haben. Der Häftling, der sich später „Lenin" nannte, antwortete: „Jawohl, eine Mauer, aber eine morsche, ein Fußtritt, und sie stürzt ein."

Die Mauer war das reaktionärste Regime Europas jener Zeit, das Russland der Zaren, die absolut regierten, seit 1905 dekoriert mit einem Scheinparlament, der Duma. Aber die lokale Selbstverwaltung funktionierte, die Gerichte waren unabhängig, von 1880 bis 1890 wurden 17 Personen hingerichtet. Ein halbes Jahrhundert später kommen Millionen ums Leben.

Die „Prawda", das Organ der linksradikalen Lenin-Anhänger („Bolschewiki" = Mehrheitler), war meist frei verkäuflich. Die Zensur ließ „Das Kapital" von Karl Marx ungekürzt erscheinen. Jeder dritte männliche Russe, fast alle der drei Millionen Fabrikarbeiter konnten lesen und schreiben. Das von Großgrundbesitzern beherrschte Entwicklungsland mit 80 Prozent Landbevölkerung trat mit ausländischen Krediten in die Industrialisierung ein, erzeugte schon ebenso viel Stahl wie Frankreich, so viele Maschinen wie Österreich-Ungarn, so viel Papier wie Schweden. In der Industrieproduktion stand es an fünfter Stelle in der Welt, in der Erdölgewinnung an zweiter (hinter den USA).

Mit Reformen, die durch Ansiedlung freier Bauern in Sibirien vor allem die Übervölkerung auf dem Lande beenden sollten, hoffte Premier Witte bis 1922 den Anschluss an die fortgeschrittenen Industrienationen zu finden – falls kein Krieg dazwischenkomme. Doch dann führte die Parteinahme für Serbien, der Zugriff auf den Balkan, in den Krieg. Er stieß zunächst weithin auf Begeisterung, weil es gegen die verhassten deutschen Lehrmeister und Besserwisser ging, auch weitere Expansion erwarten ließ.

Doch Witte hatte es geahnt: Dieser Krieg überforderte die Kräfte Russlands, das noch vom verlorenen Feldzug gegen Japan 1904/05 und der daraus entstandenen, gescheiterten Revolution geschwächt war. Der russische Wehretat war zwar doppelt so hoch wie der deutsche. Über 60 000 Kilometer Eisenbahnstrecken waren gebaut worden, die Industrie hatte eine ausgezeichnete Artillerie bereitgestellt.

Von den 5,35 Millionen Soldaten des Kriegsbeginns hatte allerdings jeder dritte schon gegen die Japaner gekämpft und war dann ins Zivilleben zurückgekehrt, hatte eine Familie gegründet und mochte daher ungern sein Leben dem Vaterland opfern. 1,8 Millionen fielen bis zum Frühjahr 1915 aus – tot, verwundet oder gefangen. Bauernsöhne wurden zum Ersatz ausgehoben, schließlich steckten in der rund 16 Millionen Mann starken Armee knapp 40 Prozent der wehrfähigen Männer.

Die Folgen: Die Getreideproduktion sank um ein Drittel, das Bahnsystem funktionierte schlecht, die Kohleproduktion ging – auch nach dem Verlust des polnischen Kohlereviers – um ein Fünftel zurück. Die Versorgung der Städte brach zusammen, die Preise verdoppelten sich, die Menschen mussten – was den sozialrevolutionären Agitatoren zupass kam – nach allem Schlange stehen.

Die Deutschen drangen nach ihrem Sieg bei Tannenberg und an den masurischen Seen bis Litauen, Lettland und Weißrussland vor. Ihre Besatzungspolitik unterschied sich von der Tyrannei des Zweiten Weltkriegs, die Okkupanten stützten sich auf die Deutsch sprechende jüdische Minderheit. General Ludendorff ließ Flugblätter auf Jiddisch abwerfen: „Unsere Fohnen brengen eich Recht un Freiheit."

Die russischen Bauernsoldaten sahen sich ungenügend ernährt und bald auch ungenügend ausgerüstet, oftmals ohne Gewehr, das sie sich bei Gefallenen holen sollten. Rasch erlagen sie der sozialistischen, vom Feind mitfinanzierten Propaganda, die ihnen den Frieden und sogar eigenen Boden versprach.

Am Ende waren 1,7 Millionen gefallen, 4,9 Millionen verwundet, 2,5 Millionen in – erträglicher – Gefangenschaft. Die Russen hatten ihrerseits 1,1 Millionen Deutsche, 2 Millionen Österreicher und 50 000 Türken gefangen genommen.

Daheim übernahm der Zar den Oberbefehl und schaltete die Duma aus. Seine Frau, eine Deutsche, ließ sich von dem nach einer Ausweisung aus St. Petersburg rasch zurückgekehrten Wundermönch Rasputin beraten, was das ganze monarchische System in Misskredit brachte.

Die Einwohner aber hungerten und froren erbärmlich im Winter 1916/17. Am 23. Februar 1917 (nach altem Kalender, am 8. März nach westlicher Rechnung) begingen in der Hauptstadt Demonstrantinnen den Internationalen Frauentag. Rüstungsarbeiter, die wegen eines Streiks von 24 000 Beschäftigten der Putilow-Werke ausgesperrt waren, schlossen sich an.

Nach zwei Tagen streikten 200 000 für Brot und Frieden, der Zar ließ schießen. Daraufhin meuterten die 160 000 Mann der Garnison, auch die Garderegimenter – dieser Tritt genügte schon, das morsche Regime zerfiel. Ein Arbeiter- und Soldatenrat („Sowjet") trat zusammen. Duma-Abgeordnete bildeten eine Provisorische Regierung. Der Zar dankte rasch ab.

Lenin, als Emigrant in der Schweiz, wurde davon überrascht. Noch Wochen vorher hatte er resigniert: „Wir, die Alten, werden vielleicht die entscheidenden Kämpfe dieser kommenden Revolution nicht erleben." Dass sie spontan ausbrach, erfuhr er aus der „Neuen Zürcher Zeitung".

Doch er fand einen mächtigen Sponsor: die deutsche Reichsregierung, die ihm insgesamt 82 Millionen Goldmark zukommen ließ. Der kleine, kahlköpfige Mann mit einer deutschstämmigen Mutter und mehr Tatare als Russe bot Berlin die Chance, den Zweifrontenkrieg auf einer Seite zu beenden. Dieses Projekt hatte der Sozialist, Osthändler und Millionär Alexander Helphand („Parvus") dem deutschen Gesandten Ulrich von Brockdorff-Rantzau in Kopenhagen beigebracht, und jener meldete nach Berlin, was geschehen könnte, wenn es gelänge, „Russland rechtzeitig zu revolutionieren" und dadurch die Koalition der Feinde zu sprengen: „Der Sieg, und als Preis der erste Platz in der Welt, ist unser."

Im Grunde wollte Lenin dasselbe, aber für sich. Schon 1902 hatte er in einer Broschüre, die im Stuttgarter SPD-Verlag erschien („Was tun?"), eine Revolution propagiert, welche „das russische Proletariat zur Avantgarde des internationalen revolutionären Proletariats machen" werde.

Kaiser und Oberste Heeresleitung stimmten zu: Russlands neue Regierung setzte den Krieg fort, Lenin aber trommelte für sofortigen Friedensschluss mit Deutschland. So halfen die Deutschen den Kommunismus in Russland zu etablieren, welche Folgen das auch immer bergen mochte.

Durch Vermittlung von Helphands Agenten Georg Sklarz transportierte das deutsche Militär den gefährlichen Lenin samt drei Dutzend anderen Revolutionären im Bahnwaggon in ihre Heimat. An der Grenze ließ ein Rittmeister die Reisenden antreten und durchzählen. Über Berlin, Sassnitz, Schweden und Finnland ging es nach Petrograd, wie Russlands Hauptstadt nun hieß. Der Stockholmer Resident des deutschen Geheimdiensts telegrafierte: „Lenin Eintritt nach Russland geglückt. Er arbeitet völlig nach Wunsch." Noch auf dem Finnischen Bahnhof von Petrograd proklamierte Lenin den Sturz der Provisorischen Regierung, die den Krieg fortführte und weiter auf den Westen setzte.

Der deutsche Kriegsherr Ludendorff befand hernach: „Militärisch war die Reise gerechtfertigt, Russland musste fallen. Unsere Regierung aber hatte darauf zu achten, dass nicht auch wir fielen."

In Russland hielten zunächst sogar die bolschewistischen Spitzengenossen Lenin für übergeschnappt – er war mit seiner extremen Position auch unter den Sozialisten isoliert. Doch zwischen Lenins Rückkehr im März 1917 und dem Herbst desselben Jahres nahmen die Kriegsmüdigkeit der Bauern- und Arbeitersoldaten und ihr Hass auf die Obrigkeit dramatisch zu. Desertionen und Meutereien griffen um sich. Dieser Stimmungsumschwung bereitete der neuen Revolution, für die Lenin unermüdlich agitierte, den Boden. Weil die Provisorische Regierung den Revolutionär, den die deutsche Regierung eingeschleust hatte, als deutschen Spion zur Fahndung ausschrieb, tauchte Lenin mit falschem Pass in Finnland unter.

Dort entwarf er sein Projekt für Russland: Der Sozialismus stehe nicht auf der Tagesordnung. Wichtiger war es, in dem unterentwickelten Land eine Basis mit proletarischer Mehrheit zu schaffen, also die Industrialisierung weiter voranzutreiben, nur rascher – ohne die Grundbesitzerkaste und unabhängig von ausländischem Kapital. Entscheidende Hilfe erwartete er von der Revolution im industriell entwickelten Westeuropa – und paktierte mit Ludendorff.

Zum Muster eines künftigen Betriebs nahm Lenin die Deutsche Reichspost, zum Vorbild der Wirtschaftslenkung die deutsche Rüstungsbehörde „Wumba", das Waffen- und Munitionsbeschaffungsamt Walther Rathenaus am Berliner Kurfürstendamm. Lenin: „Macht, was die Wumba macht!" Und an Stelle der Arbeiterräte konzipierte er die unumschränkte Diktatur seiner kleinen Intellektuellenpartei.

Nach einem Szenario von Leo Trotzki, dem neben Lenin wichtigsten Führer der Revolution, besetzten am 25. Oktober 1917 Arbeiter, desertierte Soldaten und Rotgardisten kampflos die Brücken, die Telefonzentrale, die Telegrafenämter, Druckereien, Elektrizitätswerke, Bahnhöfe, Munitionsdepots und Lebensmittelmagazine in Petrograd. Auf Widerstand trafen sie nur im Militärhauptquartier und am Regierungssitz, dem Winterpalais, das von einem Frauenbataillon und Offiziersschülern verteidigt wurde. Sechs Tote forderte der Putsch. Dieser Umsturz sollte als „Große Sozialistische Oktoberrevolution" in die offizielle sowjetische Geschichtsschreibung eingehen. Aber er war keine Revolution, er war nicht sozialistisch, er war nicht groß (die Petersburger bemerkten ihn kaum). Nach westlichem Kalender fand er auch nicht im Oktober statt. Seine Folgen aber sollten Millionen Menschen das Leben kosten.

Im März 1918 schloss Lenin, um Zeit zu gewinnen, wie er sagte, bis zur erhofften Entlastung der russischen Revolution durch den sozialistischen Umsturz in Deutschland, in Brest-Litowsk Frieden mit dem Reich Kaiser Wilhelms II. Diesem brachte der Diktatfrieden an der Ostfront kaum Entlastung. Die deutschen Truppen blieben als Besatzer. Da sie zur Absicherung im Osten eingesetzt wurden, fehlten sie im Frühjahr 1918 bei den letzten verzweifelten Versuchen, das Kriegsgeschick an der Westfront zu Gunsten Deutschlands zu wenden.

Gleich nach dem Oktober-Putsch empfing Lenin 15 Millionen Goldmark aus Berlin. Auch in Moskau und anderen Städten siegten die Bolschewiki, ein jahrelanger, blutiger Bürgerkrieg folgte, in dem die Großmächte erfolglos intervenierten, den Trotzkis Rote Armee aber zur Wiederherstellung des Vielvölkerstaats nutzte.

Lenin hielt keines seiner Versprechen. Er befahl Myriaden von Hinrichtungen und die Verstaatlichung der Betriebe wie von Grund und Boden. Die Volkswirtschaft kollabierte, Arbeiter und Matrosen erhoben sich wieder 1921 in Kronstadt, ihr Aufstand wurde brutal niedergeschlagen. Lenin ging darauf zu einer Art Marktwirtschaft über, die er „Staatskapitalismus" nannte. Nach Lenins Tod 1924 ersetzte der Georgier Josef Stalin die Hoffnung auf die Weltrevolution durch den russisch-nationalen „Aufbau des Sozialismus in einem Land". Nach Enteignung der Bauern und Hinrichtung der meisten Oktober-Revolutionäre gelang es ihm, Russland mit Gulag-Gewalt zur Weltmacht zu führen.

Fast ein halbes Jahrhundert versteinerte der von Lenin gegründete Staat – bis auch er zerfiel wie eine morsche Mauer.

Grausige Himmelfahrt

Die irrwitzigsten Gefechte des Ersten Weltkriegs
führten Österreicher und Italiener hoch oben in Eis
und Schnee. Im Alpenkrieg starben mindestens
150 000 Menschen – vom Feind getötet, abgestürzt,
verhungert oder unter Lawinen begraben.

VON GEORG BÖNISCH

Über allen Gipfeln herrscht Ruh. Auch am Kleinen Lagazuoi in den
Dolomiten, 2778 Meter hoch. Es ist der 22. Mai des Jahres 1917,
der Berg liegt in der Abenddämmerung. Dann plötzlich kommt,
über die provisorische Telefonleitung, der verabredete Code: „Hauptmann Eymuth trifft heute 10 Uhr abends beim Kampfabschnitts-
kommando ein."

Eymuth ist österreichischer Offizier. Seine Kameraden haben, in
mühseliger Arbeit, durch einen eigens vorgetriebenen Stollen 24
Tonnen Sprengstoff ins Innere des Berges verfrachtet. 24 000 Kilogramm, verpackt in über 1000 Kisten. Eine Supermine im Abwehr-
kampf gegen die Italiener. Eymuths Name ist das Signal, diese Mine
vom Gewicht eines Panzers zum verabredeten Zeitpunkt zu zünden.

Auf die Sekunde genau um 22 Uhr explodiert der Berg, wieder
und wieder bricht sich das Echo im Tal und an den Höhen und stei-
gert sich zum infernalischen Getöse. „Die Felsen barsten", schildert
ein Augenzeuge, umher „schossen häusergroße Blöcke, Wände sanken um wie ein Bücherstapel. Menschenleiber, Köpfe, Beine, Arme
flogen empor – eine grausige Himmelfahrt". Wie viele italienische
Alpini bei dem Massaker oben auf dem Kleinen Lagazuoi den Tod
fanden, ist bis heute ungeklärt.

Als wieder Ruh herrschte über allen Gipfeln, sah der Berg anders
aus, kleiner und schmaler. Wohl 130 000 Kubikmeter Gestein hatte
die gewaltige Detonation abgesprengt. Jetzt klaffte im Gestein,
notierte der Beobachter weiter, „ein Riss, fast 200 Meter hoch und
136 Meter breit".

Der strategisch aberwitzige Coup war nur ein Etappensieg in einem fast surreal anmutenden Kampf zwischen Himmel und Erde, den europäische Soldaten bislang so nicht kannten. Der Alpenkrieg war ein Krieg auf Skiern und an Kletterseilen, auf schmalem Grat, in bis zu zehn Meter hohen Schneewüsten oder mitten im ewigen Eis.

Manche Militärhistoriker reihen, fast wie Guinness-Statistiker, Rekord an Rekord: erster eroberter Dreitausender der Kriegsgeschichte (Monte Scorluzzo, 3094 Meter); erstes Gletschergefecht der Kriegsgeschichte (Presema, 2700 Meter); höchstgelegenes Gefecht bis dato (Punta San Matteo, 3692 Meter); höchstgelegener Schützengraben samt Geschütz (Ortler, 3905 Meter).

Was sich aber dahinter verbarg und was sich da oben wirklich abspielte, oft nur unter vier Augen und ohne Zeugen, muss ein archaisches Ringen gewesen sein – ein Kampf mit dem Feind und mit der Natur gleichermaßen. Temperaturen bis zu minus 40 Grad konnten, buchstäblich, das Blut gefrieren lassen, schwere Stürme und mächtige Gewitter lähmten oft alle Sinne, die Lunge musste doppelte Arbeit leisten.

Und wenn in der rauen Höhe die automatischen Waffen versagten, Pistolen oder Karabiner, dann kämpften die Soldaten auf kleinen Felsvorsprüngen mit Steinen in den Fäusten. Oder sie schwangen den Morgenstern – jene mittelalterliche Stachelkeule, die in manchen Einheiten zur Standardausrüstung gehörte. Ein bizarrer Anachronismus, vor gerade mal 90 Jahren.

Wer aber – egal, mit welchen Mitteln – den Berg beherrschte, der galt erst einmal als unbezwingbar. Wie eine Burg, deren Steilhänge darunter, weil schon die Schwerkraft half, sich gegen Angreifer recht leicht verteidigen ließ. Die Gipfelbesetzer konnten kaum von da oben vertrieben werden. Selbst wenn es nur ein paar Mann waren.

Das jedenfalls schien zu Beginn des Alpenkriegs feste Überzeugung der militärischen Führung zu sein; und daran knüpfte sich vermutlich die Hoffnung vieler, diesen Abschnitt der Auseinandersetzung mit möglichst geringen Verlusten durchzustehen.

Trotzdem starben in den Alpen damals mindestens 150 000 Menschen, wahrscheinlich mehr als 180 000 – vom Feind getötet, abgestürzt, verhungert, erschöpft. Eine genaue Zahl der Opfer gibt es nicht, auch keine der Vermissten. Wohl 60 000 von ihnen wurden durch Lawinen in den Tod gerissen. Eigentlich, schrieb der Autor

Gunther Langes, habe niemand damit gerechnet, dass es je „die Front der Hochalpen" geben würde, schließlich sei das Gebirge „moderner Strategie fremd geblieben". Ein Irrtum, fatal und folgenschwer.

Rom, 23. Mai 1915. Italien erklärt Österreich-Ungarn offiziell den Krieg – und stürzt die Donaumonarchie auf den ersten Blick „in eine verzweifelte Lage", heißt es in der kürzlich erschienenen „Enzyklopädie Erster Weltkrieg". Fast das gesamte k. u. k. Heer operiert an der Ostfront und auf dem Balkan, für die notwendige Sicherung der 600 Kilometer langen Grenze zu Italien stehen „nur schwache, improvisierte Kräfte zur Verfügung". Etwa die Tiroler Standschützen, eine über 30 000-köpfige Miliz, die als letztes Aufgebot galt – bestand sie doch weitgehend aus sehr jungen oder älteren, häufig invaliden Männern. Aber, so lobte der österreichische General Ernst Kabisch: „Sie alle kannten die Berge, wussten die Büchse zu führen und mit Falkenblick zu spähen, zu zielen und zu treffen."

Die potenzielle Kampflinie begann im flacheren Osten am Flüsschen Isonzo, wo später mehrere große Schlachten geschlagen werden sollten, zog sich in sichelförmigem Bogen über die Julischen und Karnischen Alpen hinweg ins Dolomitengebiet, ging runter ins Etschtal, quer durch Judikarien nordwestlich des Gardasees und übers Ortlermassiv. Sie endete am Stilfser Joch; hier begann die neutrale Schweiz.

Knapp 100 Kilometer der österreichisch-italienischen Grenze im Westen verliefen auf einer geschlossenen Eisfront, fast durchweg in Höhen von über 3000 Metern. Schon deshalb wollte der italienische Oberbefehlshaber Luigi Graf von Cadorna, vermerkt die Enzyklopädie, „nichts überhasten und erst nach sorgfältiger Vorbereitung methodisch vorrücken". Auch hatte er vor dem kriegserfahrenen Gegner gehörigen Respekt.

Die Zeit, die General Cadorna verstreichen ließ, nutzten die Österreicher zur Formierung ihrer Verteidigung. Als Ablösung der Standschützen besetzten Patrouillen der Tiroler Landesschützen (ab 1917 Kaiserschützen), auch steirische und Kärntner Kräfte, alle Gebirgsposten – manche dieser befohlenen Klettereien ist in die alpine Historiografie als Erstbesteigung eines Berges eingegangen. Zu Beginn half den Bundesgenossen auch eine Spezialeinheit, die gerade erst aufgestellt worden war: das Deutsche Alpenkorps.

Auf beiden Seiten kamen nicht nur Soldaten zum Einsatz, die sich im Gebirge auskannten, mit den Widrigkeiten dort und den Unberechenbarkeiten. Auch Infanteristen oder Artilleristen, die zuvor nur im Flachland operiert hatten, gehörten zur Truppe. Alle vollbrachten Außergewöhnliches – schließlich, urteilt der Historiker Hans Jürgen Pantenius, habe es „keinen Vorgang in der Kriegsgeschichte" gegeben, „auf den man sich bei der Planung und Durchführung hätte stützen können".

Um da oben überhaupt Krieg führen zu können, wo nur Adler nisten und Dohlen, mussten erst Straßen angelegt werden, dann Wege und letztlich Steige. Vom Gletscher des Zebru zum Gipfel der Thurwieserspitze im Ortlergebiet etwa zogen die Italiener eine Steiganlage mit Strickleitern hoch, die sie durchaus treffend „Himmelsleiter" nannten. So konnten auf 3000 Meter Länge über 700 Höhenmeter überwunden werden, von 2900 ging es auf 3648 Meter.

Seilbahnen schleppten Material heran, Mulis und Pferde. Bohrmaschinen und Sprengsätze schufen Kavernen, in denen das ganze Jahr über Schützen hockten – wochenlang zu zweit oder zu dritt. Irgendwo im Nirwana außerhalb des Weltgeschehens, den Feind aber im Auge.

Kanonen wurden an Flaschenzügen auf Dreitausender gehievt, wo sie „brav und sicher", schreibt Langes, „ihren Dienst taten wie in

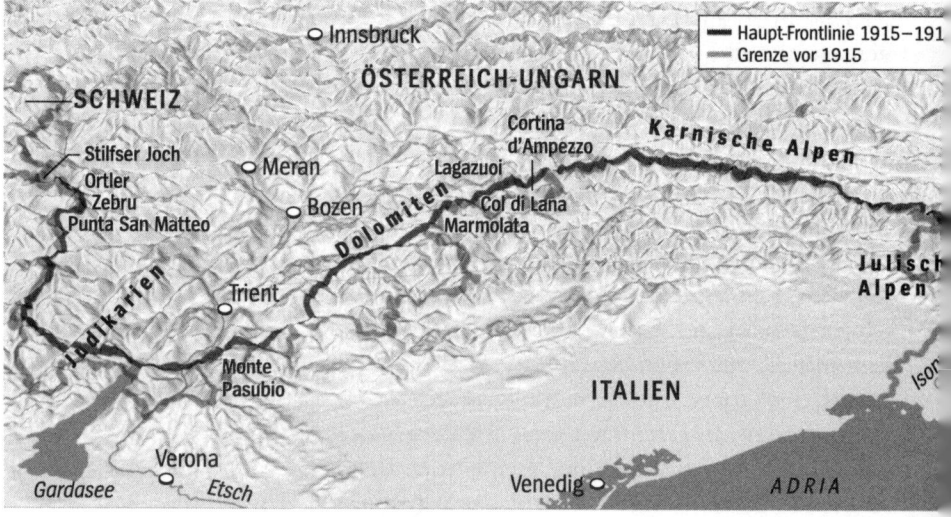

einem Kornacker". Oder sie wurden im Tal zerlegt – um jedes Teil einzeln nach oben zu schaffen. Hunderte Soldaten schufteten zwei Tage lang; dann war das Geschütz auf dem Ortler, eben das höchste seiner Zeit, feuerbereit.

Allein der Aufstieg zur „Front in Fels und Eis" (Langes) konnte bereits zum Überlebenskampf werden. General Kabisch beschrieb die Situation seiner Leute so:

> „Wenn nur der Hunger nicht wäre! Man kaut an einer Speckschwarte, sucht den Durst mit Schnee zu löschen und schiebt sich langsam weiter, dem 3000 Meter hohen Kamm entgegen. Schon ist die sechste Nacht vorüber. Ein glücklich vors Gewehr gekommener Gamsbock hilft, in ungesalzenem Schneewasser gekocht, ein wenig weiter.
>
> Endlich am siebenten Tage ist die Höhenlinie erreicht … Nebelheim zwischen Fels und Firn. Und fertig mit ihrer Kraft ist die kleine Schar, wie sie da oben steht, um sich schauend nach der Stellung, die sie besetzen will, nach den Menschen, die sie da vorzufinden hoffte, nach den Lebensmitteln, deren sie so sehr bedarf. Nichts!
>
> Auf die Zeichen, die hinunter, nach rechts und links mit Laternen und Flaggen gegeben werden – keine Antwort. Erschöpft sinken alle in den Schnee und schlafen, wie sie gerade liegen."

Viele waren für eine solche Extremsituation nur schlecht gewappnet, weil es im Arsenal der Zeugmeister oftmals keine Pelzmützen gab, keine warmen Filzstiefel und keine wattegefüllten Fäustlinge. Häufig fehlte auch Ersatz. „Heute", schrieb ein Kaiserjäger in sein Tagebuch, „habe ich nach 20 Tagen erstmals meine nassen Schuhe ausgezogen." Und fügte später hinzu: „Bezüglich Winterausrüstung, Bekleidung, Beschuhung, Kälteschutz lebten wir … in der Steinzeit."

Dennoch, der Krankenstand lag erstaunlich niedrig. Ihm sei es immer „noch ein Rätsel", notierte der Österreicher nach dem Krieg, „wie man diese Strapazen ohne Schaden aushalten konnte". Erfrierungen an Zehen, Fingern und Ohren wurden offenbar klaglos hingenommen, auch die Schneeblindheit und der so genannte Gletscherbrand, der Lippen und Nasenflügel eitern ließ. Blasenkatarre, Darmkoliken oder Lungenentzündungen galten als kleinere Malaisen.

Zu den Denkwürdigkeiten des „Weißen Krieges", wie ihn die italienischen Gebirgsjäger nannten, gehörten neben der Logistik am

Berg auch andere technische Meisterleistungen – etwa der Bau und der Betrieb eines regelrechten Camps im Inneren des Marmolata-Gletschers in den Dolomiten, der sich vom 3200 Meter hohen Hauptkamm ganz langsam bergab bewegt. Weil es draußen an ausreichender Deckung fehlte, gruben sich die österreichischen Soldaten ins Eis hinein, bis schließlich mehr als acht Kilometer lange Stollengänge kreuz und quer den Gletscher durchzogen – selbst Glaziologen waren bis dahin nicht so tief ins Innere eines Eiskolosses gedrungen. Das Stollensystem unter den Gletschern des Adamello hatte insgesamt eine Länge von 24 Kilometern.

Im Bauch des Marmolata-Gletschers gab es Munitionsdepots und Provianträume, mehrere Schlafstellen für bis zu 70 Mann, eine Offiziers- und eine Sanitätsbaracke, in der der Bataillonsarzt Behandlungen durchführte. Strom kam aus einem Kraftwerk im Tal, eine Fernsprechzentrale war das Relais zur Außenwelt.

Die Tarnung für Hunderte Soldaten war perfekt, auch die Geschütze blieben unsichtbar – sie standen zurückgezogen in Kavernen und wurden von innen bedient. Das „einzige Zeichen menschlicher Anwesenheit" seien „die glitzernden Drahtseile der Seilbahn" gewesen, notiert Autor Langes. Deren Stationen jedoch „waren wie Bahnhöfe einer Untergrundbahn tief in Fels und Eis versenkt".

Weil solche Eisstädte und in den Fels gehauene Stellungen nur unter schwersten Verlusten einzunehmen waren, ersannen Österreicher und Italiener eine neue Methode: den Maulwurfkrieg. Berge wurden, wie der Kleine Lagazuoi, in oft monatelanger Arbeit unterminiert – um am Ende der Stollen, die über 1000 Meter lang sein konnten, große Mengen Sprengstoff zu platzieren und dann die Bergkuppen wegzubomben.

Die Arbeitsgeräusche im Berg blieben nicht verborgen, spezielle Horchtrupps wurden eingesetzt, um Richtung und Ziel des Stollenbaus festzustellen. Die „einzig wirksame Gegenmaßnahme" sei dann gewesen, schreibt Langes, „dem bohrenden Gegner Stollen entgegenzutreiben und ihm durch Sprengung der eigenen Stollen den Weg unter der Erde zu versperren".

So zerstörten Italiener am 17. April 1916 die von Österreichern gehaltene Spitze des Col di Lana nahe Cortina d'Ampezzo. Am 13. März 1918 zündeten die Österreicher nach dreijährigen heftigen Kämpfen mit Tausenden von Toten im Monte Pasubio südlich von

Trient eine 55 Tonnen schwere Mine – dreieinhalb Stunden bevor die Italiener eine eigene Mine hochjagen wollten. Es war, noch ein Rekord, die größte im gesamten Ersten Weltkrieg.

Wenige Monate später ging der Krieg in den Alpen zu Ende. Die Erinnerung an ihn ist, anders als in den sonstigen Gefechtsgebieten, immer noch auf ganz spezielle Art präsent. Jeder Tourist, jeder Wanderer kennt die merkwürdigen Löcher oben im Fels, die die Natur nie hätte erschaffen können – als wären es tote Augen, die mahnen.

Der Kampf in den Küchen

Die Alliierten wollten die Deutschen durch Aushungern mürbe machen. Und die Blockade war wirkungsvoll: Etwa 700 000 Menschen starben während des Krieges an Unterernährung. Aus den Protesten gegen Hunger und Entbehrung entwickelte sich der Aufstand gegen das Kaiserreich.

VON MICHAEL SCHMIDT-KLINGENBERG

Das kaiserliche Berlin war am 15. Oktober 1915 mit wichtigen Dingen beschäftigt. Generalfeldmarschall Paul von Hindenburg, der Held von Tannenberg, wurde aus Anlass seines 67. Geburtstags gefeiert.

Die Untertanen des Kaisers, die sich an diesem Abend in der Landsberger Allee 54 vor dem Laden des Herrn Göbel versammelten, hatten andere Sorgen. Lautstark protestierten etliche Frauen gegen steigende Butter-Preise. Ladenbesitzer Göbel schloss eilig sein Geschäft. Doch gegen 20 Uhr wuchs die Menge auf 5000 bis 6000 Menschen an, sie johlten, pfiffen und warfen Steine ins Schaufenster und auf die Polizisten. Erst um 22.30 Uhr nachts, heißt es im Bericht des Polizeibeamten Marschke, herrschte wieder „Ruhe auf der Straße".

Doch die Unruhen wegen der Butter hörten nicht auf. Den ganzen Oktober über sammelten sich besonders in den Arbeiterbezirken Friedrichshain und Lichtenberg oft mehrere tausend Unzufriedene. Die Polizeispitzel ließen in ihren Berichten zunehmend Verständnis für die Wut der Frauen durchblicken, und ihr Vorgesetzter, Polizeipräsident Traugott von Jagow, nahm den Aufruhr so ernst, dass er Kopien der Vermerke an höchste Stellen schickte – sogar an den Kaiser persönlich. Am 31. Oktober verfügte Generaloberst Gustav von Kessel einen Höchstpreis von 2,80 Mark pro Pfund Butter, 20 bis 60 Pfennig unter dem Niveau, das den Aufruhr ausgelöst hatte. Damit schaffte er tatsächlich Ruhe auf der Straße – fürs Erste jedenfalls.

Die Butter-Krawalle – ähnliche gab es in vielen anderen Städten – waren die erste große Demonstrationswelle gegen die Folgen des Weltkrieges für das gemeine Volk. Was als spontane Aktion wider vermeintliche Kriegsgewinnler und Spekulanten begann, richtete sich bald gegen die Unfähigkeit der Reichsregierung, der Ernährungskrise Herr zu werden.

Je länger das Schlachten an den Fronten andauerte und der Hunger in der Heimat wuchs, desto mehr bekamen die Proteste politische Untertöne: In ihnen artikulierte sich Kriegsmüdigkeit und Friedenssehnsucht, aber auch Hass auf die oberen Klassen, die sich auf dem Schwarzmarkt noch fast alles kaufen konnten, und die Forderung nach einem „Lebensmitteldiktator", der endlich alles ordnen sollte. Die Empörung der Hunger-Proteste ging schließlich über in die revolutionäre Bewegung des November 1918, die das Kaiserreich hinwegfegte. Die Reichsregierung hatte die Demonstrationen gegen die Mangelwirtschaft von Anfang an ernst genommen, wie schon die Reaktionen auf die Butter-Unruhen zeigten. Denn die „Heimatfront", so hieß der nun erstmals weit verbreitete Begriff, galt als ebenso kriegsentscheidend wie die Front an den Schützengräben. „Die Grenzen schirmt der Männer Stahl – / Zum Kampf mit tausendfacher Qual / Steht auf, ihr deutschen Frauen!", dichtete 1914 die Führerin der deutschen Frauenbewegung, Helene Lange.

Zum ersten Mal in neuerer Zeit war die Zivilbevölkerung total in einen Krieg einbezogen. Zwar blieb sie von Militäraktionen noch weitgehend verschont – obwohl es auch im Ersten Weltkrieg schon Luftbombardements auf frontnahe Städte wie Freiburg oder Paris gab. Doch das zivile Leben im Deutschen Reich, ebenso wie in Frankreich und Großbritannien, stand fast ganz im Zeichen des Krieges.

Unter äußerst misslichen Umständen bahnte sich dabei eine andere, aktivere Rolle der Frauen aus der Arbeiterklasse an. Frauen mussten männliche Arbeitskräfte ersetzen und die Rolle der Väter in der Familie übernehmen. Denn die bis dahin unerreichte Zahl von über 13 Millionen Männern wurde im Lauf des vierjährigen Krieges eingesetzt, von ihnen starben über 2 Millionen. Insbesondere in den Rüstungsbetrieben, aber zum Beispiel auch im Straßenbau, leisteten weibliche Kräfte nun Schwerstarbeit. Die Frauen trugen dazu die ganze Last des Kampfes um das tägliche Überleben. Nach stundenlangem Anstehen in den Schlangen mussten sie aus immer weiter schrumpfenden Rationen etwas Essbares herstellen.

Im Guten wie im Schlechten wirkten die Veränderungen der Kriegsgesellschaft bis in die Nachkriegszeit hinein. Aus den Hunger-Demonstrationen entwickelte sich ein politisches Bewusstsein für mehr Demokratie. Not und Ungerechtigkeit der Mangelwirtschaft verschärften aber auch die Klassengegensätze: Die Beamten neideten etwa den Schwerarbeitern ihre Sonderzulagen, die hungernden Massen in den Städten schimpften auf Bauern und Großagrarier, die sie für hohe Preise und das Horten von Nahrungsmitteln verantwortlich machten. Die Wut auf Kriegsspekulanten hatte nicht selten eine antisemitische Tonart.

Dass Versorgungsprobleme die Lage im Lande bestimmen würden, zeigten schon die Zahlen zu Kriegsbeginn: Deutschland importierte rund ein Drittel seiner Nahrungsmittel. Die britische Flotte blockierte gleich im August 1914 die Zufahrten zu den deutschen Häfen mit dem erklärten Ziel, nicht nur der Rüstungsproduktion wichtige Nachschubgüter abzuschneiden, sondern auch den Widerstand der Zivilbevölkerung durch Aushungern zu brechen. Mit den neutralen Staaten auf dem Kontinent schlossen die Alliierten Abkommen, nach denen die Lieferung zahlreicher Ernährungsgüter, etwa von Milchprodukten, an Deutschland und Österreich-Ungarn verboten war.

Die Blockade wirkte schon bald: Zunächst verursachte die Knappheit einen enormen Anstieg der Preise. Im Mai 1915 kosteten Nahrungsmittel 65 Prozent mehr als vor Kriegsbeginn. Brot und Kartoffeln, die typisch deutschen Grundnahrungsmittel, traf es besonders. Die Wut darüber richtete sich erst einmal gegen den Feind. „Gott strafe England", lautete eine beliebte Begrüßungsformel, und die korrekte Antwort hieß: „Er strafe es." Für ein Kriegskochbuch („Des Vaterlandes Kochtopf") machte der Verlag Reklame mit den Worten: „Die Küchenfrage ist jetzt eine Bewaffnungsfrage geworden, um dem englischen Aushungerungsplan wirksam zu begegnen."

Die Herrscherfamilie ging beispielhaft voran in der Kunst frugaler Lebensweise. Kaiserin Auguste Viktoria sammelte in den Schlossgärten von Homburg oder Wilhelmshöhe höchstselbst Fallobst auf. Als ihre Hofdamen einmal die Paradiesäpfelchen schon vor Erscheinen der Hoheit aufgeklaubt hatten, so erinnerte sich eine von ihnen,

„wurde sie sehr ärgerlich und verbat sich diesen Eingriff in ihr Amt auf das Energischste".

Ihr Gatte Wilhelm II. stieß an der Hoftafel auf peinlich berührtes Schweigen, als er einen Bericht seines ostpreußischen Forstmeisters Freiherr Speck von Sternburg über die Lage des Hirschbestandes im kaiserlichen Jagdrevier vorlas – der Jägersmann empfahl mitten in der Hungerkrise, „Mohrrüben zur besseren Geweihbildung für die Fütterung aufzukaufen".

Auch Briten und Franzosen hatten an ihrer „home front" oder „front arrière" mit Nahrungsproblemen zu kämpfen. Nachdem Deutschland 1917 den „uneingeschränkten" U-Boot-Krieg gegen die Alliierten ausgerufen hatte, gab es auf der Insel spürbare Einschränkungen. Doch die Deutschen litten ohne Zweifel schwerer unter dem Hunger-Krieg.

Die schon durch die Blockade angespannte Versorgungslage wurde noch durch die mangelhafte Organisation verschärft. Das Chaos in der Ernährungswirtschaft stand in merkwürdigem Gegensatz zur Effizienz, mit der die militärisch-industrielle Produktion die Nachschubprobleme in den Griff bekam. Bei Kriegsbeginn reichten die Rohstoffvorräte der Industrie höchstens für ein halbes Jahr. AEG-Chef Walther Rathenau regte sofort die Gründung einer „Kriegsrohstoffabteilung" im Preußischen Kriegsministerium an, die mit Mitarbeitern aus der Privatwirtschaft besetzt und zunächst von Rathenau selbst geleitet wurde. Die „unbestritten erfolgreichste Wirtschaftsorganisation, die während des Krieges in Deutschland geschaffen wurde", so der amerikanische Historiker Gerald D. Feldman, war zwar auch die Schaltstelle, an der die Großkonzerne Aufträge und Profite unter sich aufteilten. Sie brachte es aber auch zu Stande, dass noch im letzten Kriegsjahr die Rüstungsproduktion ihren Höhepunkt erreichte.

Eine ähnliche Organisationsform, die Rathenau auch für die Lebensmittel vorgeschlagen hatte, lehnte das Kriegsministerium ab – die Verantwortung für diese erkennbar unangenehme Aufgabe mochte der Minister Erich von Falkenhayn nicht auch noch übernehmen. So kam es zu einem Wirrwarr von Dienststellen wie der Kriegsgetreidegesellschaft oder der Reichskartoffelstelle, die jeweils nur beschränkte Kompetenzen hatten. Ein schließlich im Mai 1916 gegründetes Kriegsernährungsamt (KEA) war nur für die Zivilbevölkerung zuständig und konkurrierte mit dem Militär um die Nahrungsmittelbeschaffung. Im KEA durften zahllose Verbände von den christlichen Gewerkschaften bis zu den Großagrariern mitreden – und blockierten sich dabei meistens gegenseitig.

Anfang 1915 musste als erstes Nahrungsmittel das Brot rationiert werden, im Dezember die Milch. Im folgenden Jahr gab es auch Fett, Fleisch, Eier und Kartoffeln offiziell nur noch auf Karten, ebenso wie Kaffee, Tee, Zucker, Hülsenfrüchte und Teigwaren. In den Großstädten richteten die Behörden Volksküchen ein, die, wie in Hamburg, mitunter täglich bis zu 150 000 Menschen versorgten, ein Sechstel der Bevölkerung.

Doch die öffentlichen Speisehallen waren ein ständiger Ort des Ärgers. Die „Minderbemittelten", wie die ärmere Bevölkerung im Amtsdeutsch hieß, sahen darin weniger eine Wohltat als eine Diskriminierung gegenüber den besseren Kreisen, die um die Volksküchen einen großen Bogen machten. Das Essen könne man an manchen Tagen nur „mit Ekel und Brechreiz" in sich hineinquälen, urteilte ein Hamburger über das Menü – „die stinkende Graupensuppe, die ungewürzte Salzwasser-Reissuppe oder die sauren Pflaumen mit Wassernudeln ohne Zucker".

Immer häufiger begann es an der Heimatfront zu rumoren. „Eine wahre himmelschreiende Sünde ist es, wie es zugeht", schrieben „Krieger- und Nichtkriegerfrauen von Hamburg" im Juni 1915 anonym an den Senat. „Es müsste den Wucherern alles weggenommen werden und an arme Leute verschenkt werden. Wir wollen mal sehen, wenn wir es unseren Männern schreiben, wie es uns geht. Es sind doch unsere Männer, die den Feind von all den Verwüstungen zurückhalten." Viele machten die Drohung wahr und verstärkten mit ihren Berichten von den Leiden in der Heimat die Kriegsmüdigkeit an der Front. Der Historiker Hans-Ulrich Wehler resümiert: „Im Grunde war der Krieg im Frühjahr 1916 ernährungswirtschaftlich verloren."

Oft nahmen sich „minderbemittelte" Frauen nun das Recht, nicht nur demonstrierend durch die Straßen zu marschieren, sondern den Regierenden direkt ihre Forderungen zu präsentieren. Im Oktober 1915 erschienen rund 200 Frauen vor dem Rathaus von Solingen, wo die Polizei sie vom Eindringen in das Gebäude abhielt. Der stellvertretende Bürgermeister empfing schließlich eine fünfköpfige

Delegation und ließ sich auf Verhandlungen mit ihnen ein. Er versprach, für billige Kartoffeln und Kohle zu sorgen. Die Frauen wollten mehr und erreichten eine allgemeine Erhöhung der Unterstützung für Soldatenfrauen. Mit der Zusage des Bürgermeisters allein nicht zufrieden, schickten sie eine weitere Abordnung zur Bezirksverwaltung und ließen sich das Verhandlungsergebnis bestätigen.

Auf die eigenen parlamentarischen Vertreter, die Sozialdemokraten, setzten viele „Minderbemittelte" in der Hunger-Krise offenbar gar nicht mehr. Die SPD, die nach Kriegsbeginn einen politischen „Burgfrieden" mit der Regierung einhielt, war beim Kriegsernährungsamt in die Verantwortung eingebunden worden, durch den ersten sozialdemokratischen Unterstaatssekretär August Müller, einen Hamburger Genossenschaftsführer. Als im August 1916 ein Vortrag Müllers in „Sagebiels Etablissement" angekündigt wurde, warnten Hamburger Gegner des offiziellen SPD-Kurses mit einem Flugblatt „Sozialdemokrat oder Regierungsagent?" vor dem „Beruhigungsdoktor": „Das Auftreten dieses Auch-Sozialdemokraten ist eine Beleidigung der Hamburger Arbeiterschaft."

Müllers Rede vor rund 3000 Zuhörern rechtfertigte die Arbeit des Kriegsernährungsamtes („Im Großen und Ganzen haben wir noch viel Glück gehabt, dass wir gut über die schwere Zeit hinweggekommen sind") und wurde immer öfter von Lachen, Lärm und Zwischenrufen unterbrochen. Als der Sozialdemokrat auch noch kriegsbedingte Preiserhöhungen für vertretbar erklärte und provokant hinzufügte, „so viel ich weiß, sind auch die Löhne der Arbeiter erhöht worden", gingen seine Worte im Tumult unter.

Ein älterer Zigarrenarbeiter, Friedrich Hörmann, sprach der Versammlung dagegen aus dem Herzen. „Dr. Müller und die Leute um die Alster herum müssten sich nur acht Tage lang ihr Essen aus der Kriegsküche holen", rief er unter demonstrativem Beifall, dann würde „Dr. Müller nicht mehr sagen durchhalten, sondern aufhalten".

Die Durchhalteparolen nahmen zu, je mehr die Menschen an der Heimatfront abnehmen mussten. Im berüchtigten „Steckrübenwinter" 1916/17 sank die durchschnittliche Versorgung auf 1000 Kalorien pro Tag, die Hälfte des Mindestbedarfs.

Zu den Folgen der Blockade kamen nun weitere unglückliche Umstände. Die Ernte war verregnet, und wegen der unsinnigen amtlichen Preisregelungen brachte es den Landwirten mehr, Kartoffeln und Getreide zu verfüttern oder an Brennereien zu verkaufen, als in die hungernden Städte zu liefern. Im Frühjahr 1917 bemühte sich das Kriegsernährungsamt um Klarstellung: „Immer wieder begegnet man der Meinung, dass jetzt noch Korn zur Schnapsherstellung verwendet wird. Das ist ein Irrtum." Getreide dürfe zum Schnapsbrennen „auch nicht für das Heer verwendet werden".

Die Steckrübe, eigentlich ein Futtermittel, musste die fehlenden Kartoffeln ersetzen. Die Kohlpflanze war nach Meinung der Kochratgeber für fast alles zu gebrauchen: Steckrüben-Suppe, -Auflauf, -Pudding, -Frikadellen, -Koteletts, -Klöße, -Mus, -Marmelade.

Die Lehrerin Gertrud Schädla aus Verden schrieb am 5. November 1916 in ihr Tagebuch: „Die innere Lage, das Durchhalten mit den Lebensmitteln, ist verzweifelt ernst. England hat, wenn auch nicht ganz, so doch fast erreicht, was es wollte: Wir nagen am Hungertuche. Mit 90 Gramm Fett, mit 150 Gramm Fleisch, mit 2000 Gramm Brot und einem Ei die Woche auskommen, das ist wahrhaftig kein Spaß. Es ist wirklich jetzt oft so, wie Tante Emilie schon vor einem halben Jahr von ihrem Haushalt sagte: ,Jeder geht rum und suchet, was er verschlinge.'"

Die inländische Agrarproduktion war seit Kriegsbeginn dramatisch gefallen, bei Kartoffeln, Zucker oder Hafer zum Beispiel um rund die Hälfte. Von einem Ausgleich der Importausfälle konnte nicht die Rede sein. Bis zum Ausbruch des Krieges war das Kaiserreich weltweit der größte Importeur von Agrarprodukten.

Besonders litten die landwirtschaftlichen Betriebe unter der Einberufung der Bauern in den Krieg. Die Führung auf dem Hof mussten nun die Bäuerinnen übernehmen, 44 Prozent der Agrarbetriebe standen 1916 unter weiblicher Leitung. Kriegsgefangene konnten die eingezogenen Bauern nur begrenzt ersetzen, schwere Feldarbeit wie Pflügen oder Mähen war nun Sache der Frauen.

„Jetzt muss ich halt dem Josef seine Arbeit auch noch mittun, es ist manchmal schwer für mich, zum Beispiel das Ackern geht wohl nicht recht gut", schrieb eine Bäuerin aus dem südbayerischen Erdenwies 1917 an ihre Schwester, und eine andere klagte: „Drei Jahre Arbeiten allein wie ein Riesenvieh, das halten die Menschen nicht mehr aus, wir haben für Gott schon vieles getan, und kein Ende werde nicht mehr."

In den Städten wurde der Kampf um das tägliche Brot, das es nun oft nur ersatzweise als „Kriegsbrot" aus Kartoffelmehl gab, zu einem erschöpfenden Stellungskrieg in den Schlangen. Eine Freiburgerin schilderte das Anstehen Ende 1917. Hunderte von Menschen warteten in Zehnerreihen vor dem Kornhaus. Nach anderthalb Stunden hatte die Frau den Eingang erreicht, nur um festzustellen, „dass die ganze Menge sich an einen einzigen Zahlschalter vorschieben musste. Diese Prozedur ging unter großem Gedränge und Schimpfen vor sich. Ich gab den Kampf auf und zog mich zurück".

Schätzungsweise 700 000 Deutsche starben während des Ersten Weltkrieges vor allem an den Folgen von Unterernährung. Die Verluste an der Heimatfront erreichten ein demoralisierendes Ausmaß – die Zahl der zivilen Opfer betrug immerhin rund 35 Prozent der Gefallenen an den Kriegsfronten. Zwischen 1914 und 1918 kamen mehr Menschen in Deutschland durch den Hunger-Krieg um als von 1939 bis 1945 durch die alliierten Flächenbombardements, die rund 600 000 Tote forderten.

Mit dem Steckrübenwinter 1916/17 nahmen die Proteste in den Städten eine neue Qualität an. Die Frauen demonstrierten nicht mehr nur gegen Wucher und Mangel, sondern zunehmend gegen Krieg und Ausbeutung. „Und nun frage ich die Männer: Wie lange wollt ihr es noch aushalten mit dem schlechten Lohn?", rief eine Frau auf einer Versammlung Hamburger Hafenarbeiter im Dezember 1917. „Wie lange soll es noch dauern, dass ihr euch bei der langen Arbeitszeit die letzte Kraft aus den Knochen saugen lasst?"

Die meisten Arbeiter auf den kriegswichtigen Hamburger Werften gingen ein hohes Risiko ein, wenn sie öffentlich aufbegehrten. Sie waren „reklamiert", also zum Soldatendienst eingezogen und dann für den Arbeitseinsatz freigestellt. Schon bei geringen Verstößen konnten sie an die Front geschickt werden. „Wir müssen uns alle einschränken. Ihnen geht es hier viel zu gut", erklärte der Gründer von Blohm & Voss, Hermann Blohm, schon 1915. „Sie können froh sein, dass Sie reklamiert sind und nicht im Schützengraben rumliegen brauchen."

Allen Drohungen zum Trotz begann im Oktober 1916 eine Kette von Werftstreiks, die bis ins nächste Frühjahr dauerte. Ging es zunächst noch um die Verschleppungstaktik der Arbeitgeber bei Lohnverhandlungen, wurden bald auch Forderungen nach Frieden

immer lauter. Am 1. August 1917, dem dritten Jahrestag des Kriegsbeginns, sammelten sich an die 10 000 Fabrik- und Werftarbeiter
auf dem Heiligengeistfeld zu einer Friedensdemonstration. Aufgerufen dazu hatten Mitglieder der Sozialistischen Arbeiterjugend
Hamburgs, im Polizeibericht als „Halbstarke" tituliert.

Vom traditionellen Versammlungsplatz der Hamburger Arbeiterschaft ging es zum Alsterpavillon am Jungfernstieg, dem bevorzugten Café der hanseatischen Bürger. „Einige Steine sausen hinein",
schilderte ein junger Sozialist die Ereignisse für eine Feldpostzeitung.
„Für die Prasser noch viel zu wenig; denn den Verwundeten der hie-
sigen Lazarette ist das Passieren des Jungfernstieges verboten, weil
die Herrschaften den Anblick nicht ertragen können."

Ende Januar 1918 wurde die Streikwelle immer mächtiger. Hunderttausende Arbeiter und Arbeiterinnen waren in ganz Deutschland im Ausstand, in Berlin, dem Zentrum der Rüstungsfabriken,
allein 180 000. Die Polizeispitzel warnten ihre Vorgesetzten vor der
realen Drohung einer Revolution. Doch noch war es nicht so weit.
Nach massivem Polizeieinsatz und in heftigem Schneefall lösten sich
die Proteste auf.

Demonstrationen und Streiks hatten inzwischen Unterstützung
auch bei Sozialdemokraten gefunden – nicht bei der Mehrheit der
Reichstagsfraktion, die weiter unerschüttert zum Burgfrieden mit
der Regierung stand, sondern bei einer Minderheit der Berliner SPD-
Abgeordneten, die diesen Kurs nicht mehr mittragen wollten. Zur
endgültigen Spaltung war es gekommen, als 18 Mitglieder der
Fraktion im März 1916 darauf beharrten, keine weiteren Kriegskredite zu bewilligen. Die Opponenten wurden unter heftigen Be-
schimpfungen ausgeschlossen. „Dreckseele", „schamloser Kerl",
„frecher Halunke" schleuderten die Genossen dem Kollegen Hugo
Haase entgegen, der die Ablehnung in der Sitzung begründete – er
war immerhin ihr eigener Parteivorsitzender.

Anfang April 1917 gründeten die Ausgeschlossenen eine eigene
Partei, die Unabhängige Sozialdemokratische Partei Deutschlands
(USPD). Der Ort der Versammlung war mit Blick auf die SPD-Tra-
dition symbolträchtig ausgewählt: Gotha, wo sich 1875 aus verschiedenen Gruppierungen die mächtige deutsche Arbeiterpartei zusam-
mengefunden hatte. Die führenden Vertreter der neuen Sozialdemokratie kamen von links wie von rechts. Rosa Luxemburg und Karl

Liebknecht, überzeugte Kriegsgegner und später Gründer der Kommunistischen Partei Deutschlands, waren ebenso dabei wie der Theoretiker des rechten Revisionismus, Eduard Bernstein, und der pragmatisch orientierte Haase.

Rosa Luxemburg, zwischen 1915 und 1918 mit wenigen Unterbrechungen in Haft, hatte einen pathetischen Ton, der den braven Mehrheitssozialisten eher unheimlich war, die Stimmung der Enttäuschten und Geschwächten in den Versammlungen aber gut traf. In „Die Krise der deutschen Sozialdemokratie" schrieb sie 1916: „Geschändet, entehrt, im Blute watend, von Schmutz triefend – so steht die bürgerliche Gesellschaft da, so ist sie. Nicht wenn sie, geleckt und sittsam, Kultur, Philosophie und Ethik, Ordnung, Frieden und Rechtsstaat mimt – als reißende Bestie, als Hexensabbat der Anarchie, als Pesthauch für Kultur und Menschheit, so zeigt sie sich in ihrer wahren, nackten Gestalt."

Rund ein Siebtel der SPD-Bezirksorganisationen schwenkte sofort zur neuen Partei über. Im Oktober 1917 hatte die USPD rund 120 000 Mitglieder, eine erstaunliche Zahl im Vergleich zur SPD. Die kam zu dieser Zeit gerade mal noch auf doppelt so viele Genossen – seit 1914 war der Mitgliederbestand von fast 1,1 Millionen auf 243 000 geschrumpft. Die alte Partei litt unter den Folgen ihrer Kompromisse mit der Reichsregierung, die junge Rivalin gewann durch klare, offene Kritik am Krieg.

Die Führung des wilhelminischen Reiches war allerdings nicht bereit, auf Friedenswünsche im Volk einzugehen. Während die Demonstrationen und Streiks heftiger wurden, holte die Reichsregierung unter Kanzler Theobald von Bethmann Hollweg ausgerechnet die Hardliner an die Spitze der militärischen Kommandogewalt, die unbeirrt bis zum Endsieg kämpfen wollten. Am 29. August 1916 wurden Generalfeldmarschall Paul von Hindenburg, der populäre Held der Tannnenberg-Schlacht, und sein Generalskamerad Erich Ludendorff zu Oberkommandierenden der 3. Obersten Heeresleitung (OHL) ernannt.

Die „Dioskuren" besaßen eine bisher ungekannte Machtfülle, mit einer Rücktrittsdrohung konnten die vermeintlichen Retter ihre Wünsche gegenüber Kaiser und Kanzler jederzeit durchsetzen. Der angesehene Hindenburg gab die Vaterfigur ab, Ludendorff hielt die Fäden in der Hand. „Politisch ahnungslos und überaus ungebildet, nervös und jäh" nannte ihn der Kanzler-Gehilfe Kurt Riezler. „Würde, wenn frei losgelassen, Deutschland binnen kurzem in den Abgrund stürzen."

Mit dem so genannten Hindenburg-Programm strebten die neuen Herren eine völlige Militarisierung Deutschlands an. Jugendliche sollten vom 16. Lebensjahr an militärisch ausgebildet werden, die Pflichtzeit für den Soldatendienst sollte bis zum 50. Lebensjahr ausgedehnt werden, Frauen sollten einer allgemeinen Dienstpflicht unterliegen. Als Gesetz über den „Vaterländischen Hilfsdienst" wurde das Programm im Reichstag allerdings noch erheblich verändert, um besonders die Gewerkschaften und die SPD einzubinden. Das Entgegenkommen begründete General Wilhelm Groener, Chef eines neuen „Kriegsamtes" zur Rüstungskoordination, zum Entsetzen der meisten Industriellen mit den Worten: „Gegen die Arbeiter könnten wir den Krieg überhaupt nicht gewinnen."

Die Gewerkschaften wurden im Gesetz erstmals als Partner anerkannt, Arbeiterausschüsse in den Betrieben und Schlichtungsverfahren gaben ihnen neue Rechte, die nach dem Krieg Grundlage für den Ausbau des Sozialstaates wurden. Zugleich waren die Gewerkschaften damit aber Teil der Kriegsmaschinerie, die auf Hochtouren einen Sieg mit illusionären Kriegszielen anstrebte. Der Gewerkschaftsführer Carl Legien war sich dieses Risikos des „Zwangsgesetzes" durchaus bewusst, das nur mit „einigen Tropfen sozialen Öls" gesalbt sei.

Der totalen Mobilmachung im Innern entsprach nach außen eine Ausweitung des Krieges: Am 1. Februar 1917 wurde der uneingeschränkte U-Boot-Krieg angeordnet. Das bedeutete: Deutsche Unterseeboote schossen in internationalen Gewässern ohne Vorwarnung auf Handelsschiffe aller Nationen. Damit sollte insbesondere England vom Nachschub abgeschnitten werden. Die Militärs behaupteten, das Königreich könne so innerhalb von etwa fünf Monaten zum Frieden gezwungen werden. Das war eine Fehlkalkulation, den Briten stand trotz ersten Erfolgen bei der Versenkung eine viel größere Handelsflotte zur Verfügung, als die deutschen U-Boot-Strategen berechnet hatten.

Die gefährlichste Folge der Torpedierungsaktion war jedoch der Kriegseintritt der USA. Genau aus diesem Grund hatte sich Kanzler Bethmann Hollweg zunächst gegen die Pläne der 3. OHL gewandt.

Doch in der Berliner Politik fand die fatale Risikostrategie zahlreiche verblendete Befürworter, vom lange zögernden Kaiser Wilhelm II. bis hin zum Nationalliberalen Gustav Stresemann, dem späteren Außenminister der Weimarer Republik. Kein einziger amerikanischer Truppentransporter, so tönten sie, werde je durchkommen, um einen US-Soldaten an die Westfront zu bringen. Der Staatssekretär des Auswärtigen Amtes, Wilhelm Solf, resignierte: „Der Verstand hat vor der Macht seine Fahne heruntergeholt."

Der Aufmarsch der US-Armee auf dem europäischen Kriegsschauplatz besiegelte die deutsche Niederlage und den Untergang des Kaiserreichs. Ende September 1918 musste Ludendorff gegenüber der Regierung zugeben, dass wegen des Einsatzes frischer US-Verbände ein militärisches Debakel drohe. Zudem sei die eigene Armee „schwer verseucht durch das Gift spartakistischer und sozialistischer Ideen".

Aus Furcht vor einer Revolution brachte die wilhelminische Regierung kurz vor dem Untergang, am 24. Oktober 1918, einen Verfassungsentwurf für eine – ziemlich halbherzige – parlamentarische Monarchie im Reichstag ein. Die Sozialdemokraten wurden in eine neue Reichsregierung unter dem Kanzler Prinz Max von Baden miteinbezogen.

Das teilte der MSPD einmal mehr die Rolle der Abwiegler zu, während auf den Straßen schon der Aufruhr zu spüren war. Hamburger Mehrheitssozialdemokraten beschworen ihre Anhänger: „Je größer die Gefahr, desto unerschütterlicher muss die Ruhe der Volksmassen sein." Derweil konnte es die Polizei in der Hansestadt schon nicht mehr wagen, gegen Versammlungen der USPD vorzugehen. Über eine dieser Zusammenkünfte berichtete ein Genosse: „Geradezu elementar brach sich die auf Herbeiführung einer sozialen Republik und gegen den von regierungssozialistischer Seite propagierten nationalen Krieg gerichtete Stimmung Bahn."

Den letzten Anstoß zur Revolution gab die Marineleitung. In einem aberwitzigen Anfall von „soldatischer Ehre" wollte Admiral Reinhard Scheer seine Flotte zu einem „letzten großen Kampf mit England" auslaufen lassen. Auf den nahe der Insel Wangerooge versammelten Schiffen gingen Gerüchte von einer „Todesfahrt" um. Als am Abend des 29. Oktober der Befehl zum Ankerlichten am nächsten Morgen ausgegeben wurde, brach eine erste Meuterei aus. Offizieren gelang es noch, 1000 Matrosen gefangen zu nehmen.

Doch die Nachricht verbreitete sich schnell, vor allem bei dem nach Kiel zurückgekehrten III. Geschwader, die Empörung war gewaltig, und der Funke sprang von einem Schiff zum anderen über. Am 2. November solidarisierten sich die Soldaten, die gegen die Meuterer vorgehen sollten, mit den Matrosen, Arbeiter schlossen sich an, die ersten Räte wurden gegründet. Nun war die Welle nicht mehr aufzuhalten.

In Hamburg jubelte der USPD-Reichstagsabgeordnete Wilhelm Dittmann auf einer Versammlung im Gewerkschaftshaus: „Diese Verbrüderung der Arbeiter im Werkstattkittel und im Waffenrock ist die erhebendste Erscheinung dieses Krieges. Der Krieg hat zur Reife gebracht, was sonst noch Jahrzehnte erfordert hätte." Während Dittmann noch von der Machtergreifung des Proletariats redete, drängte eine Abordnung Kieler Matrosen mit roten Bändchen auf der Brust zur Rednerbühne, dann stieß ein Trupp Infanteristen dazu und hakte sich mit den Arbeitern unter. Die Begeisterung war allgemein, wie eine Teilnehmerin schilderte: „Das war eine Versammlung, wie noch keine war, und wie wir wohl keine wieder erleben werden."

Das Kaiserreich war am Ende, aber auch die Revolution war bald wieder vorbei. Der MSPD-Abgeordnete Friedrich Ebert, später Reichspräsident, erklärte dem Kanzler Max von Baden, wie er den Zusammenhang sah: „Wenn der Kaiser nicht abdankt, dann ist die soziale Revolution unvermeidlich; ich aber will sie nicht, ja, ich hasse sie wie die Sünde." Der Kanzler verkündete die Abdankung auf eigene Faust und übergab Ebert die Regierungsgeschäfte – was so in der Verfassung nicht vorgesehen war und einem Staatsstreich gleichkam. Es war der 9. November 1918. Zwei Tage später unterzeichnete der Reichstagsabgeordnete Matthias Erzberger das Waffenstillstandsabkommen im Wald von Compiègne.

Kaiser Wilhelm II., der sich im Hauptquartier der OHL im belgischen Spa aufgehalten hatte, brach ins niederländische Exil auf mit den Worten: „Ja, wer hätte das gedacht, dass es so kommen würde?" Dann fand er aber für sich eine passende Erklärung: „Das deutsche Volk ist eine Schweinebande."

Der „Schatten-Kaiser"

Die Kriegsjahre verbrachte Wilhelm II. fast vollständig
im Großen Hauptquartier. An den militärischen
Entscheidungen war der psychisch labile Monarch
jedoch kaum beteiligt.

VON JOACHIM MOHR

Am 4. August 1914, drei Tage nach der Mobilmachung, erklärte
Wilhelm II. in seiner Thronrede zur Eröffnung des Reichstags: „Ich
kenne keine Parteien mehr, ich kenne nur noch Deutsche!" Nie
wähnte sich Wilhelm II. seinem Ideal des Nationalkaisertums näher
als in diesen Tagen zu Beginn des Kriegs – und war doch in Wahrheit
meilenweit davon entfernt.

Der Kaiser war in den vier Kriegsjahren zu keinem Zeitpunkt in
der Lage, die militärischen Operationen persönlich zu leiten. Weder
intellektuell noch psychisch war er fähig, die Geschicke des Deutschen Reichs effektiv und zielgerichtet zu lenken. Er war – wie seit
Beginn seiner Regentschaft 1888 – labil, sprunghaft und oft in
Wunschvorstellungen fern der Realität gefangen.

Noch wenige Tage vor Kriegsausbruch hieß es, der Kaiser sei entschlossen, „die Sache durchzufechten, koste es, was es wolle". Einen
Tag darauf war die Stimmung „völlig umgeschlagen", wie der preußische Kriegsminister Erich von Falkenhayn feststellte. Der Kaiser
halte „wirre Reden, aus denen nur klar hervorgeht, dass er den
Krieg jetzt nicht mehr will". Wiederum einen Tag später vermerkte
Falkenhayn, die Stimmung des Kaisers habe sich erneut geändert,
jetzt sei er der Meinung, die ins Rollen gekommene Kugel sei nicht
mehr aufzuhalten.

Unmittelbar bei Kriegsbeginn übertrug Wilhelm II. seine Befug-
nisse als Oberster Kriegsherr an den Chef des Großen Generalstabs,
Helmuth von Moltke. Dieser wurde durch ihn ermächtigt, im Namen
des Kaisers selbständig Befehle zu erteilen. Nach außen sollte aber
unter allen Umständen die Fiktion aufrechterhalten werden, alle

Entscheidungen und Befehle würden entweder durch Wilhelm II. selbst oder mit seinem Wissen und seiner Billigung erfolgen. Die Wirklichkeit war davon jedoch weit entfernt. Zwar verbrachte der Kaiser fast die gesamte Kriegszeit im Großen Hauptquartier, das sich zu Kriegsbeginn in Koblenz, dann in Luxemburg, im französischen Charleville-Mézières und in der zweiten Kriegshälfte in Bad Kreuznach und im belgischen Spa befand.

Dort ließ er sich jeden Vormittag über die militärischen Ereignisse Bericht erstatten und markierte Erfolge gern höchstpersönlich mit Fähnchen auf großen Karten. Ansonsten nahm der Kaiser jedoch nicht an strategischen Planungen teil. Vielmehr bemühten sich die Militärs, ihn so weit wie möglich von ihren Vorhaben und Entscheidungen auszuschließen.

Bereits im Herbst 1914 klagte Wilhelm II.: „Der Generalstab sagt mir nichts und fragt mich auch nicht. Wenn man sich in Deutschland einbildet, dass ich das Heer führe, so irrt man sich sehr." Und fuhr frustriert fort: „Ich trinke Tee und säge Holz und gehe spazieren, und dann erfahre ich von Zeit zu Zeit, das und das ist gemacht, ganz wie es den Herren beliebt."

Hin und wieder stattete er zwar verschiedenen Truppenteilen Frontbesuche ab. Die Militärs vermieden es jedoch, ihn in unmittelbare Nähe der Kampfhandlungen zu bringen. Einen persönlichen Eindruck des menschenverachtenden Grabenkrieges etwa bekam er nie. Als Paul von Hindenburg und Erich Ludendorff im August 1916 die Oberste Heeresleitung übernahmen, sank der Einfluss Wilhelms II. noch weiter.

Vor dem Krieg war der Kaiser stets in der Öffentlichkeit präsent, er liebte Empfänge, Paraden und Aufmärsche, Jagden, Reisen im Reich und ins Ausland. Nun, meist im Großen Hauptquartier und nur noch selten in Berlin, verschwand Wilhelm II. auch für die Öffentlichkeit immer mehr von der Bildfläche und verlor, je länger der Krieg dauerte, an Bedeutung. Der britische Historiker John C. G. Röhl nennt ihn daher den „Schatten-Kaiser".

Mit fortschreitendem Kriegsverlauf litt Wilhelm II. zunehmend unter Realitätsverlust und flüchtete sich häufig in eine monarchisch-religiöse Phantasiewelt. So schrieb er etwa im Januar 1917 dem Rassenideologen Houston Stewart Chamberlain: Der Krieg sei „ein Kreuzzug gegen das Böse – Satan – in der Welt, von uns geführt als Werkzeuge des Herrn ... Gott will diesen Kampf ... Er wird ihn leiten, um den Ausgang brauchen wir nicht zu sorgen, wir werden leiden, fechten und siegen unter Seinem Zeichen! Dann kommt der Friede, der deutsche, der Gottes-Friede, in dem die ganze befreite Welt aufathmen wird".

Im Herbst 1918, als sich in Deutschland eine aggressive Anti-Kriegsstimmung ausbreitete und die Matrosen rebellierten, verlor Wilhelm II. weitestgehend den Bezug zur Realität. Auf die wieder-holte Forderung des Reichskanzlers Max von Baden, auf den Thron zu verzichten, erklärte er noch am 1. November: „Wenn zu Hause der Bolschewismus kommt, stelle ich mich an die Spitze einiger Divisionen, rücke nach Berlin und hänge alle auf, die Verrat üben. Da wollen wir mal sehen, ob die Masse nicht doch zu Kaiser und Reich hält." Am 8. November phantasierte er gar: „Es ist nicht aus-geschlossen, dass die Engländer mir noch Truppenhilfe anbieten, um den Bolschewismus in Deutschland zu unterdrücken."

Um den Kaiser auf den Boden der militärischen und politischen Tatsachen zurückzuholen, bestellte General Wilhelm Groener, seit 26. Oktober Nachfolger Ludendorffs in der Obersten Heeresleitung, am Vormittag des 9. November 50 Frontoffiziere in das Hauptquar-tier. Die 39, die eintrafen, wurden gefragt, ob die Armee bereit sei, gegen die revolutionären Umtriebe in der Heimat vorzugehen. Nur ein einziger bejahte.

Als Wilhelm II. ankündigte, er sei bereit, als Deutscher Kaiser abzudanken, „aber nicht als König von Preußen", und daran denke, nach einem Waffenstillstand an der Spitze der Truppen nach Berlin zu marschieren, erwiderte General Groener kalt: „Unter seinen Generälen wird das Heer in Ruhe und Ordnung in die Heimat zurückmarschieren, aber nicht unter der Führung Eurer Majestät."

Im Morgengrauen des 10. November floh der Deutsche Kaiser Wilhelm II. mit einer Hand voll Getreuer. In zwei Personenwagen, bewaffnet mit vier Karabinern, erreichten sie den niederländischen Grenzposten Eijsden. Nach Überschreiten der Landesgrenze musste Seine Majestät im Wartesaal des Bahnhofs auf seinen Hofzug warten.

Schlange vorm Bordell

In der Heimat fehlten die Männer, an der Front die Frauen.
Der Krieg zerstörte auch die bürgerliche Sexualmoral.

VON SIEGFRIED KOGELFRANZ

The Great War, der Große Krieg, wie er bei Deutschlands einstigen
Gegnern bis heute heißt, bescherte britischen Polizisten ungewohn-
ten Zusatzdienst. Sie sollten in den Schlafzimmern von Soldatenfrauen nach Liebhabern schnüffeln. Denn Sittsamkeit an der Heimatfront wurde mit dem Krieg zur nationalen Pflicht. Ehebruch der
Strohwitwen hätte die Moral der Kämpfenden beeinträchtigen können, wurde deshalb mit Streichung staatlicher Zuwendungen an
deren Familien geahndet. Neben den Bobbys wachten eigens aufge-
stellte Frauenpatrouillen über Zucht und Anstand ihrer Geschlechts-
genossinnen. Aufreizende Literatur oder zweideutige Theaterstücke
wurden vorbeugend zensiert.

Probleme mit der kriegsbedingten Trennung von Ehepartnern hatten sämtliche am Waffengang beteiligten Staaten. In England wie in
Frankreich, in Russland wie in Deutschland brachte der massenhafte Marsch der Männer an die Front das Sexualleben in der Heimat
durcheinander.

Im Deutschen Reich verpflichtete das Kriegsministerium Soldatenfrauen per Propaganda und Runderlassen zur ehelichen Treue. Auch
unter dem Kaiser konnten Ehebrecherinnen mit Unterstützungsent-
zug bestraft werden. Durch namentliche Veröffentlichungen an den
Pranger gestellt und strafrechtlich verfolgt wurden Frauen, die sich
mit Kriegsgefangenen einließen. Das blieb angesichts 13 Millionen
eingezogener Männer und über einer Million an der Heimatfront
schuftender Gefangener keine Seltenheit.

Um die Sexualmoral der Soldaten selbst war der Staat weniger
besorgt. Die konnten sich in Bordellen ausleben, in denen „die ge-
schlechtliche Notdurft", so formulierte es eine feministische Publi-
zistin, „vielfach auf völlig gemütslose, ja tierische Art gestillt wer-

den musste". Die frontnahen Puffs, wo die Freier Schlange standen, wurden zum Teil vom Militär selbst betrieben und stabsärztlich überwacht. Denn Geschlechtskrankheiten zersetzten die Wehrkraft. An die Truppe wurden deshalb auch Kondome oder Desinfektionsmittel ausgegeben. Für Offiziere gab es luxuriöse Etablissements mit Champagnerservice. So blieb die Krankenrate bei deutschen Kriegern auf 1,5 bis maximal 3 Prozent (in der kopulationsfreundlicheren Etappe) beschränkt.

Beim zunächst weniger peniblen Feind stieg die Lustseuchenrate – etwa bei kanadischen Einheiten – zeitweise auf in der Tat wehrkraftgefährdende 29 Prozent. Mit harten Strafen bedrohten die Briten angesichts 5 Prozent geschlechtskranker Kämpfer infizierte Frauen, die Sex mit Soldaten Seiner Majestät suchten. Amerika erklärte für seine Truppe in Frankreich Bordelle als „off limits", trieb sie aber damit nur kaum kontrollierten freiberuflichen Gunstgewerblerinnen in die Arme.

Sex, zu Beginn des vorigen Jahrhunderts in der Öffentlichkeit noch weithin Tabuthema, sollte auch im Krieg unter der Decke bleiben. Doch die Macht des Faktischen war stärker. Von den über 70 Millionen dienenden Männern, die zum Teil an Fronten fern der Heimat kämpften und täglich mit dem Tod rechnen mussten, kümmerten sich viele kaum mehr um bürgerliche Sexualmoral, lebten sich vielmehr mit „Mademoiselles" oder „Slawenhuren", so der Soldatenjargon, aus – wenn sich die Chance dazu ergab.

Millionen Frauen, die im Alltag daheim Männer ersetzen mussten und gleichzeitig zur Kinderproduktion angehalten wurden, scherten sich ebenfalls immer weniger um die Keuschheitsappelle ihrer Obrigkeiten. „Reichswochenhilfe" wurde nämlich auch unehelichen deutschen Müttern zuteil, deren Prozentsatz in den Kriegsjahren um zwei Drittel anstieg. Frankreich verkündete eine „Mobilisierung der Wiegen". England feierte 1917, zum Höhepunkt der gezielten Menschenvernichtung an der Westfront, eine „National Baby Week" im Hinblick auf künftiges Kanonenfutter.

Gleichzeitig ächtete die fortdauernde Doppelmoral frei ausgelebte weibliche Sexualität. Deutschland ließ als „unzüchtig" aufgefallene Frauen sittenpolizeilich überwachen. In Frankreich, wo der Kriegsschriftsteller Roland Dorgelès den gefährlichsten Feind an der Heimatfront „in Gestalt der Frauen, die ihre Männer an der Front betrogen", ausmachte, mussten Gaststätten um 21 Uhr schließen, Alkoholausschank an weibliche Gäste war verboten. In England drohte „amateur girls", die Männer anmachten, Inhaftierung bis zum 19. Lebensjahr. In Garnisonsorten wurden Prostituierte mit nächtlichem Ausgehverbot belegt.

Da die spießbürgerliche Einbindung sexueller Beziehungen in die Ehe mangels Ehemänner aber nicht mehr funktionierte, „verallgemeinerten sich die erotischen Verhältnisse zwischen Frauen und Männern, die weder verheiratet noch Prostituierte und Freier waren", so Ute Daniel in der „Enzyklopädie Erster Weltkrieg". Freie Liebe grassierte.

Je länger der Krieg dauerte, umso mehr spielten Frauen auch im Kampfgeschehen eine Rolle. Im besetzten Belgien etwa waren die Frauen, „in denen ein Feuer glühte", so ein Historiker, die Seele des Widerstandes gegen die deutschen Soldaten. Eine 18-jährige „Franktireurin", wie die Partisaninnen genannt wurden, erschoss einen deutschen Offizier und wurde dafür hingerichtet.

Im Frühjahr 1917 wurden Frauen auch im regulären Militärdienst eingesetzt. Die Alliierten stellten als Erste zur Entlastung der kämpfenden Männer weibliche Hilfskorps auf. Britische Traditionalisten erregte, dass die Frauen das geheiligte Khaki der Soldaten trugen, und sorgten sich, dass sie womöglich die „boys" verführen und von ihrer Kampfaufgabe ablenken könnten. Etliche der eingezogenen Girls wandten sich freilich eher Angehörigen des amerikanischen Expeditionskorps zu, einige entfleuchten für immer nach Übersee.

Rund 17 000 junge Frauen aus Deutschland dienten als „Etappenhelferinnen" in besetzten Gebieten, vor allem in Frankreich, und waren dort bald als „abenteuerliche Mädchen" bekannt. Von der Westfront nahm das deutsche Heer in den letzten Kriegsmonaten zudem mehrere tausend Französinnen mit auf den Rückzug – wie viele davon unter Zwang, wurde nie bekannt. An der Ostfront grassierte die Legende von Flintenweibern. Tatsächlich gab es gegen Kriegsende ein russisches Frauenbataillon mit etwa 300 Schützinnen.

Vergewaltigungen kamen an allen Fronten vor, waren aber im Gegensatz zum Zweiten Weltkrieg keine Massendelikte. Gleichwohl heizten die Engländer schon zu Kriegsbeginn eine Gräuelpropaganda an, wonach „deutsche Soldaten sengen, morden, rauben und vergewaltigen, wohin sie auch kommen mögen". Zum Propaganda-

Arsenal gehörten auch Berichte über „abgehackte Kinderhände" oder „ausgestochene Augen" – Schauermärchen, die keiner objektiven Überprüfung standhielten.

Wahr hingegen ist: Der Erste Weltkrieg sprengte traditionelle Gesellschaftsformen. Der sexuellen Versuchung im Schlachtengetümmel folgten die wilden zwanziger Jahre in Berlin oder London mit einer bis dahin unbekannten sexuellen Freizügigkeit.

Im Windkanal der Avantgarde

Malstil oder literarische Form, Sitzmöbel oder Menschenbild:
Der Erste Weltkrieg hat der Moderne des 20. Jahrhunderts ihr
Gesicht gegeben. Montagekunst, radikale Wertskepsis und
die Suche nach Halt im Chaos machen den kulturellen
Epochenschritt erkennbar.

VON JOHANNES SALTZWEDEL

Einen Moment lang verschlug es auch Wiens schärfstem Moralisten
die Sprache. Als Karl Kraus Anfang Juli 1914 seinen Nachruf auf
Österreichs ermordeten Thronfolger schrieb, orakelte er: Franz Ferdinand habe „eine kranke Zeit wecken" wollen, „dass sie nicht ihren
Tod verschlafe. Nun verschläft sie den seinen".

Was sollte das heißen – Tod der Zeit? Wie eine Gewitterwolke
überschatteten die Worte ausgerechnet das 400. Heft der einzigartigen Ein-Mann-Zeitschrift „Die Fackel". Erst dann fand Kraus seinen satirischen Ton wieder. Dass ein paar Schaulustige am Rande
der Beisetzung „um Würstel und Bier" gerauft hätten, verbuchte er
mit gewohntem Grimm unter der Überschrift „Österreichs Erwachen".

Schon viele Schlamassel in der „Versuchsstation des Weltuntergangs" hatte Kraus so aufgespießt. Doch selbst er, der wortgewaltige
Ankläger, fühlte sich nun vom Horror der Wirklichkeit eingeholt, ja
übertroffen. „In dieser großen Zeit", meldete endlich im Dezember
ein dünnes, aber gewichtiges „Fackel"-Heft, solle niemand von ihm,
Kraus, ein eigenes Wort erwarten. „Die jetzt nichts zu sagen haben,
weil die Tat das Wort hat, sprechen weiter. Wer etwas zu sagen hat,
trete vor und schweige!" Nur noch das Paradox konnte vermitteln,
dass etwas Unvorstellbares eingetreten war.

„Die Fackel" sollte ein Maßstab dieser Erschütterung werden.
Gerade die vier bitteren Jahre europäischer Metzeleien, Hasstiraden
und Materialschlachten trieben Kraus auf den Gipfel seiner Wortgewalt. Der Radius seiner Zeitkritik wuchs von Jahr zu Jahr: Nicht

bloß Wien oder Österreich war auf dem falschen Gleis; die Welt schlechthin ging in die Irre. „Die letzten Tage der Menschheit" nannte er sein viele hundert Seiten langes, schon 1919 erschienenes apokalyptisches Lesedrama über den Wahnsinn des Kriegs. Das Schlusswort spricht Gott selbst: „Ich habe es nicht gewollt."

Wenige nur verstanden diese Tonlage. Aber alle spürten, dass Entscheidendes geschah. Keinen Intellektuellen, ob Kraus-Leser oder nicht, haben die mörderischen Zeitläufte unerschüttert gelassen. „Ich vermute, dass der schwerste psychologische Schlag gegen den intellektuellen Optimismus des 19. Jahrhunderts nicht in irgendeiner intellektuellen Entwicklung bestand, sondern vielmehr in der Katastrophe des Ersten Weltkriegs", sagt in seinem jüngsten Buch der renommierte US-Philosoph John Searle. Wie weggeblasen schien bald die saturierte wilhelminische Wertewelt, das bürgerlich-behäbige Dasein in Erfolg und Selbstbewusstsein. „Der Wetterschlag des Kriegs", wie der Kulturphilosoph Theodor Lessing das tödliche Fanal nannte, sollte Europa geistig und kulturell von Grund auf verwandeln – wenn auch fast immer anders als erhofft.

Denkbar kunstfern begann es: mit einem technologischen Schub, den die von Kriegslärm und -leiden betäubten Menschen kaum wahrnahmen. Der politische Ausnahmezustand ließ großtechnische Anlagen, in denen Kampfmittel ebenso eilig und in Mengen produziert werden konnten wie die auf Dauer dringend nötigen Ersatzstoffe (etwa Hartgummi), rascher denn je emporwachsen. Und im Innern der Fabriken fand sich nun mehr und mehr, was Autokönig Henry Ford erst 1913 in Detroit eingeführt hatte: Fließbänder und Automaten.

„Vollmechanisierung" hat der Technikhistoriker Sigfried Giedion genannt, was zwar längst weltweit im Vormarsch war, aber erst jetzt auch das private Leben zu durchdringen begann: Staubsauger beispielsweise oder Kühlschränke, ja simple Utensilien wie emaillierte Badewannen. Von Funk und Radio, deren technische Möglichkeiten der Krieg schlagartig klarmachte, bis zu etwas so Alltäglichem wie Mascara und Lidschatten für Frauen reicht die Skala der Details, mit denen sich die Zivilisation, sobald sie wieder zu sich gekommen war, ins 20. Jahrhundert katapultiert sah.

Niemand hatte die erstaunlich rasche Entwicklung voraussehen können, schon gar nicht die Kriegsjubler von 1914. Aber auch

Skeptiker tappten im Dunkeln. „Wie faulige frucht / Schmeckt das gered von hoh-zeit auferstehung / In welkem ton", schrieb der strenge Poet Stefan George nach knapp drei Jahren Krieg und verabschiedete kühl das alte Europa: „Erkrankte welten fiebern sich zu ende / In dem getob." Was tun? Jetzt, so der Seher, helfe „Nur vollste umkehr: schau und innrer sinn". Seine Bilanz: Es bleibe „Herr der zukunft wer sich wandeln kann".

Dabei war noch keineswegs entschieden, ob fortan überhaupt Herren und Herrscher das Sagen haben sollten. Wie am 9. November 1918 im Abstand von zwei Stunden Philipp Scheidemann und Karl Liebknecht an zwei Orten Berlins die demokratische und die sozialistische Republik verkündeten, so blieb zumindest in Westeuropa der Aufbruch weithin zwiespältig. Zwar gab es endlich hier und da Tarifverträge, aber Mangel und Inflation hatten den einst braven Untertanen ein Misstrauen gegen die Obrigkeit eingeflößt, das nicht mehr weichen wollte.

Einig war man nur darin, dass, wie der Historiker Thomas Nipperdey es formuliert hat, „das Leben wieder gesund" werden müsse. Eine Genesung an Haupt und Gliedern, zu der jeder mithelfen könne – allen voran die Kultureliten, nicht nur in Deutschland. Wofür hießen sie denn neuerdings nach dem militärischen Begriff „Avantgarde"?

Etliche nahmen die Vortrab-Rolle sogar verblüffend wörtlich. Als hörten sie die Signale aus den Fabrikhallen, verwandelte sich die Welt für Maler und Bildhauer ganz unterschiedlicher Couleur und stilistischer Herkunft in ein Licht- und Strebenspiel der Konstruktionen. Nicht einmal vor Naturformen machten sie Halt. Kurz vorher noch tastend pompös, brav-ruppig oder gefällig-morbid, begannen die entschlossenen „Kubisten" Georges Braque und Pablo Picasso in Paris den Menschen als wildfremde Schachtelwesen aus Winkeln und Kanten zu zeigen, wie unvollendete Maschinen ohne Serienreife.

Gemäßigtere Expressionisten wie Franz Marc oder August Macke hatten schon vor Kriegsbeginn kaleidoskopische Farbgeometrien erprobt. Nun übergoss das politische Desaster manch grellbunte Palette mit fahler Monochromie. Aus dieser Not wollten die Niederländer Theo van Doesburg und Piet Mondrian eine Tugend machen. Sie reduzierten das Chaos des Gegenständlichen immer mehr auf ein Gerüst von schwarzen Linien und wenigen Grundfarben. Einen parallelen Weg gingen in Russland Utopiker wie der „Suprematist" Kasimir Malewitsch, dessen Skizzen zu Großbauten (er nannte sie „Planiten") eine Quaderwelt mit spärlichen Rot- und Blauflächen zeigen.

Das Bauhaus, 1919 in Weimar gegründet, erinnerte schon im Namen an Konstruktion und Montage. Malerei, Skulptur, Architektur, Design, überhaupt alle Gestaltungsfelder sollten handwerklich sauber nach durchschaubaren Methoden zusammenwirken. In einer „intellektuellen Kehrtwendung", erklärte Gründungsdirektor Walter Gropius, wollte man „den verhängnisvollen Abgrund, der zwischen Wirklichkeit und Ideal gähnt, auszufüllen" beginnen.

Sosehr diese Botschaft ein Erbe der Lebensreformer aus Vorkriegszeiten war: Erzieherischen Schwung, Gründerpathos und humanistischen Glauben entwickelte die neue Kunstschule gerade vor dem Hintergrund des verlorenen Kriegs. Mit ihrem Verlangen nach schnörkellosen Linien, sichtbaren Werkstoffen und funktionaler Bescheidenheit waren die Bauhäusler freilich nicht allein. Der Stuttgarter Hauptbahnhof, zwischen 1912 und 1928 von dem gelernten Traditionalisten Paul Bonatz errichtet, zeigte im Monumentalen den gleichen Hang zur rechtwinkligen Form, ohne die auch die Sitzmöbel Gerrit Rietvelds nicht denkbar wären, deren fragile Skelette ihren Halt in der kubischen Ordnung bunt bemalter Leisten gewinnen.

Erstaunlich analog dazu strebten musikalische Avantgardisten nach konstruktiv schlichter Methodik in der Klangbewegung. Schon die späten Etüden Claude Debussys (1915) schmolzen das Harfenspiel seiner bisherigen Tonsprache zu kargen, kalkulierten Akkorden ein. In den Werken der 1920 gegründeten „Groupe des Six" schlug der noble französische Impressionismus dann oft unmittelbar in spröde bis kesse Ironie um.

Ernüchterung war nicht nur bei Franzosen herauszuhören. Vom groß besetzten Skandalballett „Das Frühlingsopfer" (1913), dessen wild-archaische Rhythmen wie Vorboten des Trommelfeuers im Gedächtnis nachhallten, kehrte der Exilrusse Igor Strawinski zum Kammerensemble seiner „Geschichte vom Soldaten", ja zu klassizistischen Harmonien zurück. In Gegenrichtung schritt der radikale Wiener Arnold Schönberg: Seit 1915 hatte er versucht, auf der Grundlage von Zwölftonreihen zu komponieren, die statt der überkommenen Klanghierarchie ein System präziser Ordnung und zugleich neuer Freiheit bescheren sollten.

Das gewandelte Stilbewusstsein zeigte sich auch im Konzertsaal. Nahmen sich um die Jahrhundertwende bemähnte Tastenlöwen noch beinahe groteske Freiheiten heraus, so gewannen nach dem Ersten Weltkrieg Werktreue und analytischer Geist die Oberhand. Exponent des Wandels war – als Pianist mehr denn als Komponist – der universalistische Klavierdenker Ferruccio Busoni (1866 bis 1924).

Als erfahrungsreiche Durststrecke erlebte die Katastrophe ein Wortmusiker, der seit der Jahrhundertwende fesselnde, aber oft von Reimranken überwucherte Lyrik geschrieben hatte: Rainer Maria Rilke. Nach ein paar verbiesterten Hymnen an den Kriegsgott („Und wir? Glühen in Eines zusammen, in ein neues Geschöpf, das er tödlich belebt") merkte der Dichter im Herbst 1914, dass ihm für einen Rückzug vor den täglichen Todesmeldungen nur noch blieb, was er „Weltinnenraum" nannte: eine Frömmigkeit ohne Gott, die das Verhängnis des Menschendaseins wenigstens auszuhalten hilft.

„Wir sind nicht einig. Sind nicht wie die Zug-/vögel verständigt", klagte Rilke 1915. „Feindschaft ist uns das Nächste ... Alles/ist nicht es selbst." Noch zwei Jahre später fühlte er sich „mitgefangen im Wahnsinn des Menschlichen", fremd und fern „der ganzen einigen Natur". Sein großes Elegienwerk, dessen Anfang ihm 1912 auf Schloss Duino an der Adria wie durch Entrückung zugefallen war, schien vor dem „schrecklichsten Schmelzofen" namens Weltkrieg unvollendbar.

Für Momente erhoffte er 1918 von der kurzlebigen Münchner Räterepublik, deren Aufstieg und Fall er aus nächster Nähe verfolgte, dass die Menschheit „eine ganz neue Seite der Zukunft aufzuschlagen ermächtigt sein möge" – ein Wunschtraum wie viele. Noch lange Monate sollte Rilke umherirren, Menschen und Orte prüfen und wieder verlassen, bis ihn 1922 im kleinen Schweizer Château Muzot die erlösende Inspiration traf: erst ein fast unglaublich reicher Schwall von „Sonetten an Orpheus", dann die ersehnten Elegien.

„Und plötzlich in diesem mühsamen Nirgends, plötzlich/die unsägliche Stelle, wo sich das reine Zuwenig/unbegreiflich verwandelt –, umspringt/in jenes leere Zuviel." Reimlos, chiffriert, frei zwischen Klage und Jubel in einem unerhört intensiven „Tun ohne

Bild" – so erlebte der Lyriker den Durchbruch zur neuen Sprache konzentrierter Schlichtheit, die ihn seither nicht mehr verließ.

Kaum einer der literarischen Zeitgenossen hat die Kriegsjahre so bangend durchlitten wie ausgerechnet Rilke, der nie im Schützengraben war. Dennoch ist seine Erfahrung typisch; andere erlebten sie nur prosaischer. Epoche machte das Grauen bei den meisten.

So stehen Franz Kafkas Hauptwerke „Die Verwandlung" (erschienen 1915) und „Der Prozeß" (geschrieben 1914/15) nur scheinbar zufällig in Verbindung mit dem Krieg, ebenso wie die ersten Bände von Marcel Prousts Erinnerungswerk „Auf der Suche nach der verlorenen Zeit"; auch James Joyce' Totalroman „Ulysses" entstand in diesen Jahren. Alle drei Erzväter der Moderne reagierten hoch bewusst auf die Wendung des Weltgeschehens ins Chaotische: Joyce durch penible Vernetzung der Story durch ein allumfassendes Bedeutungsraster – ähnlich wie Schönberg –, Kafka mit der bohrenden Reflexion nie erklärter Schuld bis zur Exekution und Proust in einer verstörenden Beschleunigung der Handlung, die schließlich jede Erkenntnis von Grund auf fraglich macht.

Vor allem kam den Avantgarde-Erzählern samt ihren Figuren die Behaglichkeit abhanden. Angesichts äußerster Risiken war für genießerische Unterhaltung einfach keine Zeit mehr – Leben wie Literatur gingen aufs Ganze.

Mochten auch ein paar Traditionalisten weiter mit Titeln wie „Weltinnigkeit" (Ina Seidel) an Einkehr und Sentiment appellieren: Spöttische Gemüter schafften das behäbige Erzählen lieber gleich so gut wie ganz ab. Walter Serner etwa, Dr. jur. und gewitzter Dada-Literat, ließ in sorgsam ziselierten Kürzest-Dialoggeschichten Spitzel und Ganoven der Halbwelt einander hereinlegen – als vorbeihuschende Gestalten einer filmisch rasanten Welt, in der Schein und Sein austauschbar werden. Serners „Handbrevier für Hochstapler" hieß zwar im Obertitel „Letzte Lockerung". Das galt fürs Image. Im Privatleben dagegen empfahl der Ironiker volle Deckung, denn: „Alles, was um mich herum vorgeht, kann auch gespielt sein."

Wahrheit und Werte sind in dieser Welt nur noch Kulissen des Trugs wie alles Übrige. „Hast du plötzlich nicht mehr die Kraft, zu lügen, so sei wenigstens grausam", lautet eine weitere Serner-Maxime. Solch hoch moralische Amoral traf die Selbstzweifel der Nachkriegsjahre genau. Hatte nicht schon der stets zeitbewusste

Heinrich Mann einmal in einem „Drei-Minuten-Roman" die Kardinalfrage „Was ist Wirklichkeit?" untergebracht?

Ob die Antwort gravitätisch oder eher grinsend ausfallen sollte, blieb offen. Marcel Proust deutete immerhin eine Richtung an, als er zu Protokoll gab, sein in zahllose Facetten zersprengtes Gesellschaftsbild gehe „nicht mikroskopisch, sondern teleskopisch" vor. Details auf Fernsicht: Nach diesem Prinzip arbeitete (neben dem Wort-Ingenieur James Joyce) auch Robert Musil, der mit seinem gewaltigen, nie vollendeten Romanwerk „Der Mann ohne Eigenschaften" seit 1925 die Summe der verstörenden Erfahrungen ziehen wollte.

Musil, während des Kriegs Offizier im Italienfeldzug, rückte diese Jahre später ausdrücklich in den Mittelpunkt, allerdings indirekt: Die Planung einer „Parallelaktion", die einige Figuren des Buchs beschäftigt, gilt dem 70. Thronjubiläum von Österreich-Ungarns Kaiser Franz Joseph, das für 1918 bevorsteht – ein Zielpunkt, der wie sein Gegenstück auf deutscher Seite durch den Lauf der Ereignisse hinfällig wurde. Absurdität grundiert so die Groß-Satire von Anfang an.

Dazu lieferten die Naturwissenschaften wichtige Anzeichen. Schriftsteller war Musil, Doktor der Physik, schließlich auch deshalb geworden, weil er spürte, dass auf eine exakte Klärung des Weltbaus durch Gleichungen nicht mehr zu hoffen war. Hatten die Forscher des 19. Jahrhunderts noch an die baldige Aufklärung aller Naturgeheimnisse geglaubt, so war nun durch Max Plancks Quantenformeln und Albert Einsteins Relativitätstheorie – 1915 in der „Allgemeinen" Fassung auch auf beschleunigte Systeme erweitert – das alte Newtonsche Gebäude dem Einsturz nahe.

Bei den Kulturphilosophen sah es verblüffend ähnlich aus. Von der „machtgeschützten Innerlichkeit" (Thomas Mann) des wilhelminischen und viktorianischen Imperialismus waren bestenfalls noch Fassaden übrig. Allerorten propagierten Selbstdenker häufig von apokalyptischer Grundstimmung geprägte Weltsichten. „Die Krisis der europäischen Kultur" nannte der Nietzscheaner Rudolf Pannwitz 1917 seine Diagnose. Ein Jahr später setzte Oswald Spengler noch eins drauf: Sein geschichtstheoretisches Hauptwerk hieß „Der Untergang des Abendlandes".

Dabei wollten die Denker nicht das Ende herbeischreiben. Sie konnten nicht mehr ignorieren, dass ringsum wuchtige Begriffs-

Französische Stellung bei Het Sas 1917

Grauen in Farbe

Erst jetzt wurden in französischen Archiven Farbaufnahmen aus dem
Ersten Weltkrieg entdeckt. Sie waren mit dem ersten praktisch
anwendbaren Farbverfahren hergestellt worden, das die Brüder
Auguste und Louis Lumière aus Lyon erfunden hatten. Dabei werden
kleine, durchsichtige Kartoffelstärke-Körner in den Farben Rot, Grün
und Blau auf eine Glasplatte gepresst. Die dann folgende Aufnahme
wird mit der Glasseite der Platte zum Objektiv gemacht, so dass die
gefärbten Stärkekörner wie kleine Filter wirken, von denen jedes nur
das Licht der eigenen Farbe passieren lässt. Nachdem die Platte im
Verlauf der Entwicklung in ein Diapositiv verwandelt wurde,
gibt das Licht, das durch die farbigen Körner kam, jedem Punkt im
Bild seine Farbe. Die Autochrome-Technik erlaubte wegen der
langen Belichtungszeit keine Aufnahmen an der Front. Gleichwohl
wirken die farbigen Bilder aus dem Ersten Weltkrieg authentischer
als viele Schwarzweißaufnahmen.

Von Deutschen zerstörtes Universitätsviertel in Reims 1917

Truppenaufmarsch in Versailles

Australische Kamelsoldaten in Palästina 1918

Deutsche Soldaten in Berlin

Rüstungsfabrik in Italien

Britisches Jagdflugzeug in Palästina 1918

Belgisches Kanonenboot bei Ypern 1917

Flugzeugbau in
Frankreich 1917

Französische Artilleriesoldaten in ihren Unterständen 1915

General Ferdinand Foch

General Henri Pétain

Verdun-Ortskommandant Dehay 1917

General François Humbert 1917

Französische Sanitätsfahrzeuge im Gefechtsfeld 1917

Französische Soldaten an schwerem Maschinengewehr

Vermessung einer Luftabwehr-Stellung 1917

Horchgerät für Flugabwehr

Blick aus einer französischen Stellung 1917

Zerstörter deutscher Panzer

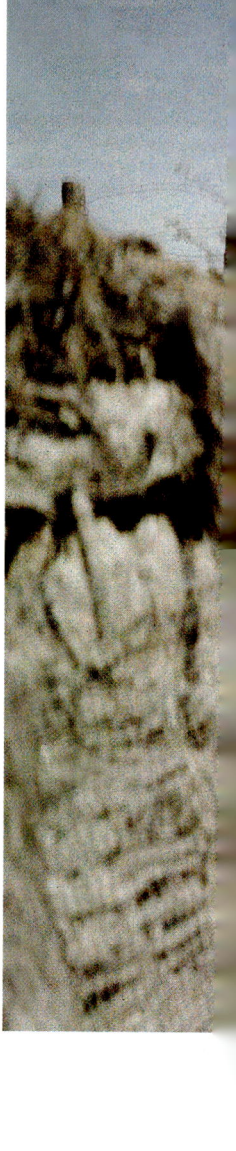

Französisches
Ferngeschütz 1917

Truppenbesuch in einem französischen Schützengraben 1916

Schlachtfeld bei Verdun 1916

Häuserruinen der Stadt Cuffies 1917

Soldaten in den Ruinen von Reims 1917

Zerstörtes Gehöft in Frankreich 1917

Französischer Fertigbeton-Bunker 1917

Sanitätssoldaten in Rafa 1918

Australische Kavallerie i

Englische Truppen vor Beirut 1919

Französischer Außenminister Briand mit Muslim-Vertretern

Algerische Infanteriesoldaten

Französische Maschinengewehr-Stellung 1916

Indische Soldaten in Europa

Senegalesische Kolonialtruppen in Frankreich 1917

Australische Feldambulanz bei der Bergung von Toten und Verwundeten
an der belgischen Front bei Ypern 1917

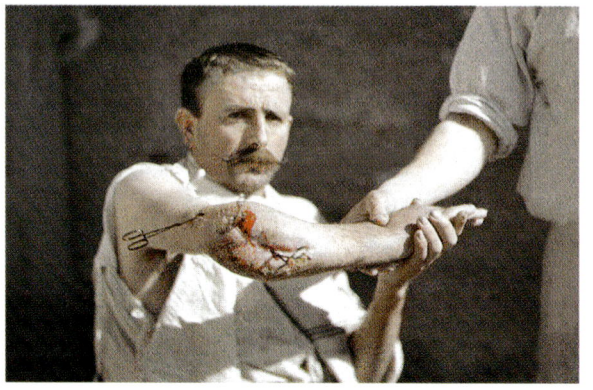

Kriegsverwundeter französischer Soldat 1915

Durch Granaten getöte

Messe für die Kriegsopfer 1915

Behandelte Verwundu

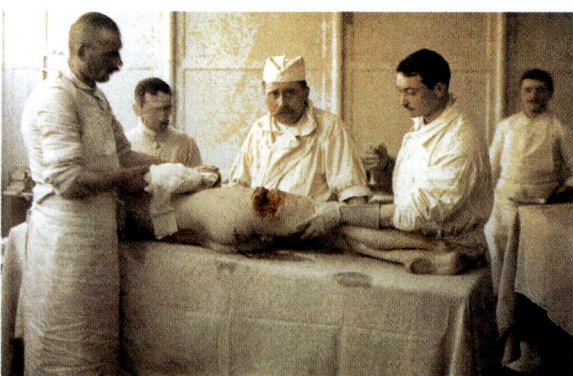

Operation eines durch Bombensplitter verletzten Soldaten

Gefallener MG-Schüt

en 1919

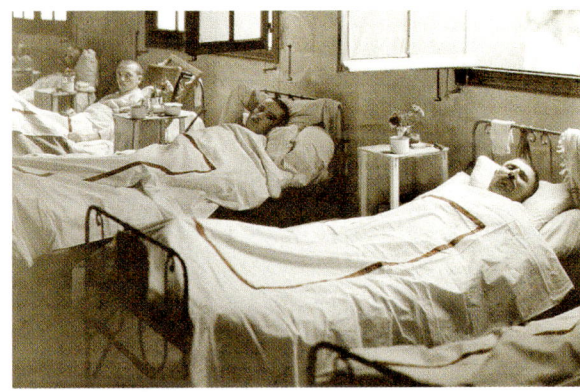

Verwundete im Hospital von Soissons 1917

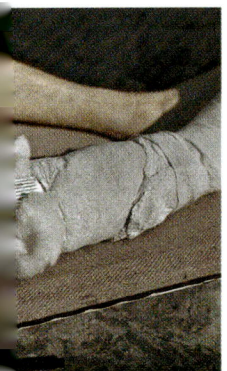

ranzosen 1915

Sanitätspersonal in Soissons 1917

Durch Senfgas verletzter französischer Soldat

Bau einer Schienenverbindung in Tunesien 1916

Deutsches Kriegsgefangenen-Orchester im Lager in Tizi Ouzou 1916

Österreichische Kriegsgefangene in Russisch-Karelien 1915

Eingang des Gefangenenlagers in Tizi Ouzou 1916

Französische Soldaten im Rheinland

Krater nach Minenexplosionen in Berry-Au-Bac

gebäude „wie modrige Pilze" (Hugo von Hofmannsthal) ihren Geist aufgaben.

So erwies sich mittlerweile überdeutlich, dass Geschichtsdeutungen, deren Maßstäbe selbst wieder historisch bedingt sein mussten, niemals zu endgültigem Wissen führen könnten. Seinen großen Buchessay über dieses Problem nannte Theodor Lessing – auch er ein Weltbild-Gründer auf eigene Rechnung – beinahe auftrumpfend „Geschichte als Sinngebung des Sinnlosen". Selbst ein Experte, der Theologe und Philosoph Ernst Troeltsch, ergrübelte gegen die Not des „Historismus und seine Probleme" nur eine verschwommene „Kultursynthese".

Mit den vielen Weltanschauungsaposteln von eigenen Gnaden, die das „Leben" – was immer sie so nannten – stärken und steuern wollten, rechnete schon Musil sarkastisch ab, samt der nicht selten anvisierten „Erlösung". Doch am Ernst der Probleme änderte auch die klügste Satire wenig. Für wie souverän und bewusst durfte sich der Mensch überhaupt noch halten, wenn ihm weder die Lenkung der Welt noch auch nur private Willensfreiheit übrig zu bleiben schienen?

Das oft empfohlene Eintauchen in die „Gemeinschaft" könne keine Lösung sein, meinte der scharfsinnige Anthropologe Helmuth Plessner, der sich unter „den Eindrücken und Erlebnissen dreier Kriegsjahre" zum Gesellschaftsanalytiker entwickelt hatte. Er hielt überlegte Distanz für das Gebot der Stunde: „Der Mensch lebt also nur, wenn er ein Leben führt." Eigensinn gegen den chaotischen Sinnschwall der Welt, Haltung und Form, cooles, fast dandyhaftes Stilgefühl statt zielloser Schwärmerei – mit dergleichen Verpanzerungen ihres Selbst hofften viele die Krise zu überstehen.

Bis weit in die Mitte des 20. Jahrhunderts, zu Gottfried Benns „Radardenker" und Ernst Jüngers „Anarch", prägten solche „Verhaltenslehren der Kälte" – wie der Literaturwissenschaftler Helmut Lethen sie genannt hat – das intellektuelle Klima. Konstruktion der Wirklichkeit ohne Naturvorbild, Entscheidung und Tat jenseits sicherer Maßstäbe: Es war ein eisiger Hauch desillusionierter Sachlichkeit, der die Nachkriegsjahre durchwehte.

Die Suche nach neuen Eindeutigkeiten sollte qualvoll werden. Zwar gab es für aufstrebende Biologen oder Psychologen, als die rechnerische Gewissheit zweifelhaft wurde, eine Menge ergiebiger neuer

Forschungsfragen wie die nach Gestalt und Umwelt. Doch keiner mochte mehr darauf vertrauen, dass die in etlichen Disziplinen begonnene Suche nach übergeordneten Mustern eine unbezweifelte Basis für das Denken ersetzen könnte.

War am Ende die Sprache selbst der Wirklichkeit nicht mehr angemessen? An diesem Gedanken laborierte der Wiener Industriellensohn Ludwig Wittgenstein, der während des Kriegs sein ererbtes Vermögen zu verschenken begann (auch Rilke kam so zu einer kleinen Spende), dann als Volksschullehrer Lebenssinn zu finden hoffte und endlich 1921 den „Tractatus logico-philosophicus" veröffentlichte. Das Büchlein aus vielen kurzen, nach Nummern geordneten Abschnitten war nichts Geringeres als ein Versuch, zwischen gültigen Tatsachen und der übrigen Sprache sauber zu unterscheiden – wobei alle Aussagen jenseits der Naturgesetze als „Unsinn" oder „Mystisches" beiseite rückten.

Wittgenstein wusste genau, welch heiklen Vorschlag er da machte. Selbst wenn er Recht habe, schrieb er, zeige das nur, „wie wenig damit getan ist, dass die Probleme gelöst sind". Ein prophetischer Satz: Anstatt neuen Lösungen trieb das Zeitbewusstsein immer schrofferen Extremen entgegen. Zwischen dem rauschhaften Glück des Jetzt und Hier – häufig im Zeichen reiner Geschwindigkeit: auch Wittgenstein konstruierte Flugzeugpropeller – und der Scheu vor dem Verhängnis, etwa einer „faustischen" Vorbestimmung des abendländischen Weltlaufs (Oswald Spengler), zwischen der Flucht in kühl kalkulierte Montage und der Sehnsucht nach fragloser Gemeinschaftswärme, zwischen Konstruktion und Ekstase sollte das Pendel in Zukunft immer wilder ausschlagen.

Der Erste Weltkrieg hat diesen „Zwiespalt der Modernität" – so Thomas Nipperdeys salomonische Formel – nicht ausgelöst. Aber er hat die Existenzfragen auf nahezu allen Gebieten menschlicher Kultur wie ein Windkanal gebündelt und beschleunigt, wie ein Durchlauferhitzer zum Sieden gebracht und damit das Szenario für die oft gewaltsamen Umbrüche des 20. Jahrhunderts erst entstehen lassen.

„Wieder einer, wieder einer!"

Die Furcht vor Spitzeln und Spionen löste im Ersten Weltkrieg
auf allen Seiten Massenhysterie aus. In Wahrheit aber spielten
die Agenten so gut wie keine Rolle.

VON HANS MICHAEL KLOTH

Atemlose Stille herrscht am 4. Oktober 1917 in der Pariser Nationalversammlung, als Premierminister Paul Painlevé das Wort ergreift, um einen Brief von äußerster Brisanz zu verlesen. Gerade hat
die Grande Nation die tiefste Krise des Kriegs durchgemacht. Die
große Frühjahrsoffensive, die den Durchbruch gegen die Deutschen
bringen sollte, war gescheitert. Stattdessen gab es Meutereien unter
den Soldaten und Streiks in den Fabriken.

Jetzt werden Schuldige gesucht. „Monsieur Malvy, ehemaliger
Minister des Inneren", zitiert Painlevé aus dem Dokument, „ist ein
Verräter. Er verrät die nationale Verteidigung seit drei Jahren." Täglich, so die Anschuldigung, habe der Minister einen deutschen Agenten getroffen und ihm geheime Dokumente übergeben. Beweise für
den Verrat gebe es „im Überfluss". Absender des Schreibens ist der
rechte Journalist Léon Daudet.

Blass und erschöpft rafft sich der Beschuldigte zu einer Replik auf.
Es nützt nichts. Gestützt von zwei Kollegen, verlässt Louis-Jean
Malvy die Stätte seiner politischen Hinrichtung. „Noch nie zuvor",
schreibt die Berliner Historikerin Gundula Bavendamm, die den Fall
in einem neuen Buch minutiös aufrollt, „hatte ein Regierungschef im
Parlament ein Dokument vorgelesen, dass einen Minister des Verrats bezichtigte."[*]

Wenig später muss die Regierung Painlevé zurücktreten. Die Anschuldigung gegen Malvy sind nicht zu halten. Dennoch lässt Painlevés Nachfolger Georges Clemenceau den Ex-Minister anklagen;

---

[*] Gundula Bavendamm: „Spionage und Verrat. Konspirative Kriegserzählungen
und französische Innenpolitik, 1914–1917". Klartext-Verlag, Essen 2003.

obwohl der Hohe Gerichtshof Malvy von den zentralen Vorwürfen freispricht, wird er wegen „Verrats seiner Amtspflichten" zu fünf Jahren Verbannung verurteilt – ein rein politisch motiviertes Urteil.

Die „Affäre Malvy" ist der Höhepunkt eines kollektiven Wahns, der Regierungen und Bürger, Militärs wie Zivilisten im Ersten Weltkrieg gleichermaßen erfasst. Ob in Berlin, Wien, Paris, London oder St. Petersburg – in ganz Europa entlädt sich die nervöse Anspannung in einer allgemeinen Spionagehysterie. Am 3. August 1914 stellt in Berlin eine johlende Menge auf dem Potsdamer Platz innerhalb einer halben Stunde gleich vier angebliche russische Agenten. „Wieder einer, wieder einer!", schallt es, als Polizisten einen von ihnen abführen.

Und halb Deutschland fahndet in der ersten Augustwoche 1914 nach ominösen „Geldautomobilen" aus Frankreich, die mit Bargeld für die russische Kriegskasse unterwegs nach St. Petersburg sein sollen. In Fürth werden vorsorglich Straßensperren errichtet.

Derweil plündert in Paris der Mob deutsche Geschäfte – oder was er dafür hält. In Montmartre verwüsten aufgebrachte Passanten mehrere Filialen des Schweizer Milchkonzerns Maggi, der angeblich eine Spionagezentrale ist und mit vergifteten Produkten Frankreichs Widerstandskraft lähmen will. Systematisch lässt das Innenministerium Werbetafeln der Maggi-Tochter KUB zerstören – angeblich enthalten die landauf, landab an Durchgangsstraßen und Kreuzungen angebrachten Werbetafeln chiffrierte Informationen für die deutschen Invasoren.

In der aufgeheizten Stimmung reicht schon ein Akzent, um Verdacht zu erregen. In Köln gerät eine Dame aus Bayern in das Visier der Agentenjäger, in der französischen Hauptstadt muss ein Ladenbesitzer sein Geschäft mit dem Hinweisschild schützen, er stamme aus der Provinz und spreche Dialekt, kein Deutsch. Die Hamburger Presse warnt davor, Dänisch oder Schwedisch mit Russisch zu verwechseln und Angehörige neutraler Staaten niederzuschlagen.

Manche brauchen nicht einmal den Mund aufzumachen, um aufzufallen. So verhaften Polizisten in Nancy einen jungen Mann mit blonden Haaren und Kneifer auf Grund seines „deutschen" Aussehens. Rechts des Rheins wiederum werden Offiziere wegen schlecht sitzender Uniformen beargwöhnt: Ein schludrig gekleideter angeblicher preußischer Soldat, so die verquere Logik, muss ein Spion sein.

Ausgelöst hat die allgemeine Paranoia vor allem der Mangel an präzisen Informationen. Die Presse wird seit Kriegsbeginn scharf zensiert. Folge: Die Gerüchteküche brodelt über, ganz normale Vorgänge verwandeln sich in abstruse Verschwörungstheorien. Die Pariser Polizei etwa erhält mit schöner Regelmäßigkeit Hinweise auf mysteriöse Lichtzeichen, mit denen angeblich eingeschleuste Agenten mit den Deutschen kommunizieren, womöglich um Bombenflieger zu lohnenden Angriffszielen lotsen.

In den Staaten der Entente ist die Spionagehysterie häufig mit antisemitischen Ressentiments gepaart. Die „espionnage juif-allemand" ist in Frankreich ein fester Begriff, und auch in Großbritannien gelten die dortigen Juden weithin schlichtweg als „Deutsche", also als innerer Feind.

Nicht zuletzt ist das ganze Spionagesujet hochgradig sexualisiert. Überall schüren die Krieg führenden Altherrenrunden die Furcht vor dem lasziven Vollweib als einer geborenen Verräterin. Die legendäre Mata Hari, als Spionin eine Null, als Nackttänzerin eine Wucht, kosten die schwülen Phantasien einiger Generäle und Politiker das Leben; im Oktober 1917 wird sie im Wald von Vincennes von den Franzosen füsiliert.

Wie Fiktionen Fakten schaffen können, illustriert auch das Beispiel England. Auf der Insel geht schon lange vor 1914 die Furcht vor einer deutschen Geheimarmee um, die – getarnt als Kellner, Friseure oder Urlauber – im Untergrund bereitstehen soll. Geschürt wird die allgemeine „spy scare" vor allem durch reißerische Agentenromane mit Titeln wie „The Invasion of 1910" oder „Spies of the Kaiser", die in den Vorkriegsjahrzehnten hohe Auflagen erzielen.

Die Sensationspresse tut ein Übriges: Die „Weekly News", die „Spies of the Kaiser" als Serie abdruckt, bietet ihren Lesern zehn Pfund für eigene Erlebnisse mit „ausländischen Spionen", die natürlich prompt waschkörbeweise eintreffen.

Den Kolportageromanen verdankt sogar der britische Geheimdienst seine Existenz: 1909 empfiehlt eine Kommission unter Kriegsminister Lord Haldane die Schaffung eines Secret Service, da es „zweifellos" ein „ausgedehntes System der deutschen Spionage" im Lande gebe. Das maßgebliche Beweismaterial sind die wirren Leserbriefe an „Weekly News", in denen mit Ferngläsern bewaffnete

Radfahrer auf einsamen Landstraßen oder komische Männer mit Bärten zu Spitzeln und Saboteuren mutieren.

Tatsächlich indes ist Spionage im Ersten Weltkrieg kaum mehr als eine „drittklassige" Bedrohung, so der Cambridge-Historiker Christopher Andrew. „Insgesamt nur geringen Erfolg" bescheinigt auch Bavendamm den Spitzeln jedweder Couleur: „Ihr Einsatz spielte für den eigentlichen Kriegsverlauf selbst keine Rolle." Die wenigen, die es gibt, sind Einzelgänger – wie etwa Oberst Alfred Redl, der 1912 die österreichischen Aufmarschpläne an die Russen verrät.

In der Spionageabteilung IIIb beim deutschen Generalstab sitzen am Vorabend des Kriegsausbruchs lediglich drei Hauptamtliche, der britische MI5 besteht 1914 aus elf Leuten. Heute beschäftigt selbst ein mittelprächtiger Dienst wie der der BND 6000 Schlapphüte, der britische Nachrichtendienst zählt über 10 000, und für die Amerikaner gehen Experten von insgesamt rund 200 000 Geheimen aus.

Hysterien lösen diese Riesenapparate heute nicht mehr aus. Die Geheimdienste gehören längst zum Inventar von Hollywood.

Ersatzmarmelade und K-Brot

Wie der Erste Weltkrieg die Wirtschaft veränderte

VON WOLFRAM BICKERICH

Manche Worte aus fernen Tagen klingen noch immer vertraut – Leuna, Ersatzkaffee, Sozialpartnerschaft, Hapag-Lloyd etwa oder Hyperinflation und Rentenmark. Auch manche Namen rufen Erinnerungen wach – Walther Rathenau, Adam Stegerwald, Marie-Elisabeth Lüders oder die Chemiker Fritz Haber und Carl Bosch. Sie alle stehen für die Wirtschafts- und Finanzpolitik des Deutschen Reichs zu Beginn und Ende des Ersten Weltkriegs.

Die Geschichtsschreiber sind sich einig, dass der Erste Weltkrieg auch ein Wirtschaftskrieg war – ein Kampf um Rohstoffe und Märkte. Die wirtschaftlichen und sozialen Folgen dieses Krieges, vor allem die Verarmung des Mittelstandes, trugen dazu bei, Adolf Hitler an die Macht zu spülen. Und sie prägten den Deutschen eine Angst vor Inflation ein, die bis heute währt.

Die deutsche Industrie, hoch abhängig von Einfuhren aus dem plötzlich feindlichen Ausland, war 1914 auf einen Krieg nicht vorbereitet; die Militärs versprachen ja (wie so oft) einen schnellen Sieg. Auf den Ernstfall vorbereitet war nur die Reichsbank: Sie hatte schon 1911 in aller Stille die vorgeschriebene Golddeckung der Reichsmark aufgekündigt und den Schatz im Spandauer Juliusturm – die von Frankreich nach der Niederlage 1871 geleistete Reparation in Höhe von 120 Millionen Goldmark – den staatlichen Goldreserven zugeschlagen.

Auf dem Umweg über neu gegründete Darlehenskassen schuf sich die – von der Reichsregierung abhängige – Notenbank zudem die Möglichkeit, ziemlich unbegrenzt Geld für die Kriegsfinanzierung zu schöpfen. Nach einem schnellen militärischen Sieg sollten, so das Kalkül, die Verlierer (also die anderen) die Kosten und Schulden begleichen. Das war der Keim für jene Hyperinflation, die Ende 1923 Deutschland und seine Bürger erschütterte.

Wie wenig die Industrie auf den Krieg eingestellt war, zeigte sich schon kurz nach Kriegsausbruch: Im Oktober 1914 bereits waren die Munitionsvorräte der Armee aufgebraucht. Die Artillerie an der Westfront verfügte am 14. November nur noch über Granaten für vier Tage. Bei der Marne-Schlacht verschoss die deutsche Artillerie mehr Munition als während des gesamten deutsch-französischen Krieges 1870/71. Der Erste Weltkrieg wuchs sich in der Folge zu einer Materialschlacht aus, wie es sie bis dahin nicht gegeben hatte.

Die Situation für die Militärs verschärfte sich weiter, weil Handelssperren und Blockaden der deutschen Kriegsgegner bald Wirkung zeigten. Die Mittelmächte behalfen sich, wenn Rohstoffe fehlten, mit Ersatzprodukten: Im Mai 1916 begann die BASF mit dem Bau der Leuna-Werke, in denen das für Munition unentbehrliche Ammoniak produziert wurde; das Verfahren beruhte auf einer Entdeckung der Chemiker Fritz Haber und Carl Bosch, die dafür den Nobelpreis erhielten. Vor der Blockade hatte Deutschland jährlich 770 000 Tonnen Salpeter aus Chile importiert. Weil der Nachschub an Gummi stockte, wurde aus Butadien und Natrium Kunstkautschuk entwickelt, den später das deshalb so genannte I.G.-Farben-Werk Buna in großem Stil produzierte.

Dass die deutsche Führung der Produktion von Gewehren und Munition Vorrang vor Konsumgütern einräumte, machte alles nur noch schlimmer. Mit zunehmender Kriegsdauer bekam vor allem die Zivilbevölkerung den täglichen Mangel zu spüren: Es gab Butterersatz aus gefärbtem Quark, Salatölersatz aus Pflanzenschleim und Wasser, Ersatzmarmelade aus Gelatine und gefärbtem Wasser; das so genannte K-Brot war mit Kartoffelmehl gestreckt. 1918 wurden mehr als 11 000 derart minderwertige Produkte gezählt.

Dass die Versorgung der Rüstungsindustrie mit den nötigen Rohstoffen trotz der Blockade gelang, war das Werk des Managers und Intellektuellen Walther Rathenau, dessen Vater Emil die Allgemeine Elektricitäts-Gesellschaft AEG gegründet hatte. Als Rathenau junior am 8. August 1914, wenige Tage nach Kriegsausbruch, von Kriegsminister Erich von Falkenhayn erfuhr, es gebe keine Pläne oder gar Maßnahmen für eine gesicherte Versorgung mit strategisch wichtigen Rohstoffen, baute er selbst in wenigen Monaten eine Kriegsrohstoffabteilung (KRA) im Ministerium auf. Die KRA gründete gemeinsam mit den betroffenen Branchen 200 „Kriegsrohstoff-gesellschaften" in der Rechtsform von Aktiengesellschaften, etwa für Wasserstoff oder für Manganerz. 1917 kam die Stelle eines „Reichskohlekommissars" dazu.

So entstand unter dem Zwang, schnell auf die internationale Blockade zu reagieren, eine Mischform aus Selbst- und Staatsverwaltung, aus Plan- und Marktwirtschaft, die beschönigend „Gemeinwirtschaft", kritisch aber „Kriegssozialismus" genannt wurde. Privatwirtschaftlich blieben Eigentum, Kapitaleinsatz, Gewinnstreben; aber wie ein Dach wölbte sich über den Unternehmen das nationale Interesse und die staatliche Lenkung.

Der ostpreußische Generallandschaftsdirektor Wolfgang Kapp, Mitbegründer der Deutschen Vaterlandspartei, rügte einen „höchst unerfreulichen Staatssozialismus". Der Alldeutsche und Krupp-Generaldirektor Alfred Hugenberg erkannte das „Ende der individualistischen Wirtschaftsepoche".

Rathenau, der Initiator dieser Gemeinwirtschaft, war schon bald von den ständigen Streitereien zwischen Bürokratie und Militär zermürbt. Im Frühjahr 1915 wechselte er als Präsident an die Spitze der AEG. Heftig kritisierte er Kriegsgewinnler und private Monopole und schuf sich damit auch unter seinesgleichen reichlich Gegner.

Dank Rathenaus Wirken im Krieg konnte zwar die Rüstung weiter forciert werden, doch immer mehr Branchen oder Güter wurden staatlicher Kontrolle unterstellt; schon bald gehörten Lebensmittel dazu. Die deutsche Zwangswirtschaft funktionierte allerdings schlecht. Seit Februar 1915 wurde in Berlin Brot nur noch auf Karte verkauft, seit Juni im ganzen Reich. Eine „Kriegsgetreidegesellschaft", deren Geschäfte von den Experten der damals noch voneinander unabhängigen Reedereien Hapag und Norddeutscher Lloyd geführt wurden, sollte die allgemeine Versorgung sichern.

Als ein Jahr später in Leipzig die ersten Hungerunruhen ausbrachen, wurde ein Kriegsernährungsamt gebildet, in dessen Vorstand als erster deutscher Sozialdemokrat der Genossenschaftspolitiker August Müller ein Regierungsamt erhielt. Aus Proporzgründen wurde der christliche Gewerkschafter Adam Stegerwald, Ahnherr der heutigen CDU-Sozialausschüsse, an seine Seite gestellt. Zwar hatte das Amt keinen sonderlichen Erfolg – die Zeiten waren zu schlecht –, doch die Besetzung des Vorstands sollte als Signal für Bürger und, vor allem, Arbeiter verstanden werden, dass der Kaiser „keine Parteien mehr" kenne.

Bei so viel staatlicher oder halbstaatlicher Lenkung war es unvermeidlich, dass auch der Faktor Arbeit reglementiert werden musste. Bis Ende 1914 war ein Drittel aller Industriearbeiter zum Militär einberufen, und Militärs entschieden darüber, ob ein Facharbeiter eingezogen oder „u. k.", unabkömmlich, gestellt wurde. 1915 wurde diese Entscheidung erst in der Rüstungsindustrie Berlins, dann im ganzen Reich Kriegsausschüssen übertragen, bei denen erstmals in der deutschen Geschichte Gewerkschaften mitbestimmen durften: Die Ausschüsse waren paritätisch von Unternehmensleitung und Belegschaftsvertretern besetzt, „ein Modellfall", wie der Historiker Gordon A. Craig urteilt. Für die zunehmende Frauenarbeit in der Industrie war im Kriegsamt ausgerechnet die liberale Exponentin der Frauenbewegung, Marie-Elisabeth Lüders, zuständig, in den fünfziger Jahren FDP-Abgeordnete im Bonner Bundestag.

Noch mehr Auswirkungen auf die deutsche Gesellschaft als die Kriegsausschüsse hatte das Gesetz „über den vaterländischen Hilfsdienst" von 1916: alle Männer zwischen 17 und 60 mussten in kriegswichtigen Betrieben arbeiten. Militärführung und Regierung erkauften sich die Mehrheit im Reichstag durch bedeutsame Zugeständnisse an die parlamentarische Linke: Betriebe mit mehr als 50 Beschäftigten mussten Arbeiter- und Angestelltenausschüsse bilden – Vorläufer der heutigen Betriebsräte –, mit deren Hilfe die Zahl der vom Wehrdienst freigestellten Arbeiter fast verdoppelt wurde. Das Gesetz hatte zwar keine direkte Folge für das Kriegsgeschehen, war aber „eine epochale Umformung der deutschen Sozialverfassung", so der Historiker Thomas Nipperdey. Wenige Tage nach der Abdankung des Kaisers, am 15. November 1918, verständigten sich Hugo Stinnes für die Arbeitgeber und Carl Legien für die Gewerkschaften auf ein Grundsatzabkommen über Tarifverträge und die Rolle der Gewerkschaften.

Die allmähliche Aufwertung von Arbeiterschaft und Gewerkschaften war auch der Dank der Regierung für den „Burgfrieden", dem die Gewerkschaften zu Kriegsbeginn zugestimmt hatten. Dieser Waffenstillstand hielt lange, doch er hatte einen hohen Preis: Die politischen Fronten im Reich verhärteten sich. Die Dolchstoßlegende entstand, rechte wie linke Extremisten bekamen immer größeren Zulauf.

Wolfgang Kapp inszenierte 1920 den nach ihm benannten Putsch von rechts, zum Glück erfolglos. Walther Rathenau, nun Außenminister der Weimarer Republik, und von den zahlreichen Antisemiten im Lande als „gottverdammte Judensau" verhöhnt, wurde 1922 ermordet, weil er den Vertrag von Versailles und Reparationen an die Sieger guthieß. Hugenberg begründete ein Medienimperium und wurde 1933 unter Hitler Reichsminister für Wirtschaft und Ernährung.

Die Bürger spürten erst spät, was ihnen der Krieg eingebrockt hatte. Er kostete 155 Milliarden Mark, davon kamen ganze 9 Milliarden aus Steuern. Aus neun Kriegsanleihen wurden 98 Milliarden Mark aufgebracht. Die sechste Kriegsanleihe 1917 zeichneten noch sieben Millionen Deutsche, die darin nach wie vor ihre vaterländische Pflicht sahen.

Die Geldmenge in Deutschland wuchs in den vier Kriegsjahren um 285 Prozent. Der Notenumlauf erhöhte sich von 1,8 auf 22,8 Milliarden, die öffentliche Schuld türmte sich auf 156 Milliarden Mark. Allein der Schuldendienst für Anleihen oder Darlehen betrug 126 Prozent der ordentlichen Einnahmen, war also nur über neue Schulden zu finanzieren. Obendrein sollte Deutschland, so stand es im Versailler Vertrag, als erste Tranche 20 Milliarden Goldmark an Reparationen zahlen. Die gesamten Reparationen wurden 1921 auf 138 Milliarden Goldmark festgesetzt.

Die Verantwortlichen in Regierung und Reichsbank sahen nur einen Ausweg: die Duldung, ja Förderung der Inflation, um Geld billiger und Schulden bezahlbar zu machen. Der Alternativ-Vorschlag des Reichswirtschaftsministers Rudolf Schmidt, von allen Wohlhabenden 20 Prozent ihres Vermögens ersatzlos zu kassieren, fand kein Gehör.

Am 15. November 1923 war ein Dollar 4,2 Billionen Mark wert, die kleinen Leute waren die Dummen. Sie, die eben noch ihre Barschaft für inzwischen wertlose Kriegsanleihen hergegeben hatten, gingen leer aus: Mit der Umstellung auf die Rentenmark verringerte sich die öffentliche Schuld auf 15,5 Pfennig des alten Goldmark-Standards. Alle, die auf Sachwerte oder Immobilien gesetzt hatten – unter ihnen die Junker und agrarischen Großgrundbesitzer –, zählten nun, wie schon die Profiteure aus der Rüstungsindustrie, zu den Kriegsgewinnlern. Die anderen hatten Pech. Hitler konnte kommen.

Verkäufer des Todes

Der Krieg brachte den Produzenten von Waffen
und Munition stattlichen Profit.

VON NORBERT F. PÖTZL

Hugo Stinnes rechnete nicht mit einem kurzen Krieg. Als ein Berliner Immobilienmakler dem Großindustriellen von der Ruhr im März 1915 eine Wohnung Unter den Linden mit dem Argument anpries, dort habe er den besten Blick auf die Siegesparade der heimkehrenden deutschen Soldaten, winkte Stinnes ab: „Ich halte das für verfrüht."

Zwar zweifelte der Magnat aus Mülheim nicht am militärischen Erfolg der kaiserlichen Armee. Aber seine größte Sorge in den ersten Kriegsmonaten war, dass Deutschland durch einen „vorzeitigen Frieden" das wichtigste Kriegsziel der niederrheinisch-westfälischen Schlotbarone verfehlen könnte: die Erbeutung der Bodenschätze in den westlichen Nachbarstaaten. Schon am 21. August 1914, drei Wochen nach Kriegsbeginn, hatten die führenden Ruhr-Industriellen die Annexion der Erz- und Kohlenlagerstätten in Frankreich und Belgien sowie die Hoheit über die Nordseehäfen dieser Länder zum Hauptzweck des Waffengangs erklärt.

Ähnlich wie Stinnes redeten sich auch andere Schwerindustrielle wie August Thyssen, Emil Kirdorf, Generaldirektor der Gelsenkirchener Bergwerks AG, oder Alfred Hugenberg, Vorsitzender des Direktoriums der Fried. Krupp AG, gleich nach Kriegsausbruch in einen wahren Eroberungsrausch.

Den Krieg angestrebt hatte Stinnes nicht. Einem Führer der rechtsradikalen „Alldeutschen Bewegung", der für einen baldigen Angriffskrieg trommelte, hatte er noch 1911 entgegengehalten, man könne doch „nach und nach die Aktienmehrheit von diesem oder jenem Unternehmen erwerben", die „Kohleversorgung Italiens an sich bringen" oder „wegen der notwendigen Erze in Schweden und Spanien unauffällig Fuß fassen" und sich „sogar in der Normandie festsetzen". Stinnes, der 1893 als 23-Jähriger mit einem Kohlenhandel den Grundstock zu einem verzweigten Imperium aus Bergwerken, Stahlhütten und Stromversorgungsunternehmen gelegt hatte, traute sich zu, innerhalb weniger Jahre „die deutsche Vorherrschaft in Europa im Stillen" zu erreichen.

Nachdem der Krieg ausgebrochen war, half Stinnes allerdings rasch mit, das Heer mit Granaten zu versorgen. Euphorisch schilderte er seinem Sohn Edmund in einem Brief im Juli 1915 die Auftragslage: „Wir haben 5000 Arbeiter z. Zt., darunter 1200 weibliche. Unsere Mädels gewinnen den Krieg, sie sind ganz tadellos willig."

Wie Stinnes expandierten die anderen Rüstungsfirmen. Vor 1914 hatte bei Krupp, der legendären „Waffenschmiede des Reiches", die Produktion von Militärgerät kaum mehr als ein Drittel ausgemacht. Nun aber wurde der Konzern zu über 80 Prozent auf Armeebedarf umgestellt. Die Zahl der Beschäftigten stieg von rund 8300 im August 1914 auf annähernd 17000 vier Jahre später. Bei den Rheinmetall-Werken, die Anfang 1914 knapp 8000 Mitarbeiter beschäftigten, vergrößerte sich die Belegschaft bis 1918 auf fast 4800. Und allein Thyssens Mülheimer Maschinenfabrik wuchs von 3000 auf 2200 Mitarbeiter.

Die privaten Rüstungsunternehmen und der staatliche Militärsektor waren gleich nach Kriegsbeginn zu einer Verteilungsorganisation verschmolzen worden. Im preußischen Kriegsministerium wurde eine „Kriegsrohstoffabteilung" eingerichtet, geleitet von Walther Rathenau, dem Chef der AEG. Ihm zur Seite standen Wirtschaftsführer wie Florian Klöckner, Mitinhaber des Duisburger Klöckner-Konzerns, Generaldirektor Franz Burgers vom Schalker Gruben- und Hüttenverein sowie Hermann Fischer, Inhaber der Discontogesellschaft, der größten privaten Geschäftsbank.

Einem „industriellen Beirat" gehörten unter anderen Hugo Stinnes, Emil Kirdorf, August Thyssen, Paul Reusch (Gutehoffnungshütte) und Hermann Röchling an. Bei der Vergabe von Heeresaufträgen bevorzugten sie unverhohlen die eigenen Betriebe. So trugen neun von zehn deutschen Soldaten Helme von Röchling.

Stinnes war, wie General Wilhelm Groener, der Aufmarschplaner des deutschen Heeres, in seinen „Lebenserinnerungen" festhielt, „der tatsächliche Führer der Schwerindustrie, nicht Krupp". Er verfügte über außergewöhnlichen politischen Einfluss, hatte jederzeit

Zugang zu Reichskanzler Theobald von Bethmann Hollweg und zur Obersten Heeresleitung.

Über Krupp hielt Wilhelm II. seine schützende Hand. Der Essener Stahldynastie war der Kaiser schon lange verbunden. Am Grab des 1902 verstorbenen Firmeninhabers Friedrich Alfred Krupp bezeichnete sich der Monarch als „Freund des Verewigten und seines Hauses". Als die Alleinerbin Bertha Krupp 1906 den Diplomaten Gustav von Bohlen und Halbach heiratete, der dank eines kaiserlichen Dekrets seinem Adelsnamen den bürgerlichen Namen Krupp voranstellen durfte, war Wilhelm II. Trauzeuge. Er wünschte der „lieben Tochter" in seiner Festansprache, es möge „gelingen, das Werk auf der erreichten Höhe zu halten, auf die es gehoben worden ist, unserem Vaterland auch fernerhin Schutz- und Trutzwaffen zu liefern, welche nach wie vor von keiner Nation erreicht werden".

Zu Beginn des Ersten Weltkriegs hatte Krupp gerade ein neues Riesengeschütz entwickelt: einen 42-Zentimeter-Mörser, der sogleich an die Front in Belgien transportiert wurde und die überraschende Einnahme der Festungsstadt Lüttich durch rund 400 Schüsse möglich gemacht haben soll. Die Wunderwaffe wurde unter dem Namen „Dicke Bertha" berühmt.

Krupp hatte, wie andere europäische Rüstungskonzerne, vor dem Krieg in alle Welt Waffen verkauft, die sich nun auch gegen die eigene Armee richteten. Das Waffengeschäft, konstatiert der britische Historiker Anthony Sampson, hatte sich „zum internationalsten Gewerbe der Welt entwickelt".

Als mächtigster und reichster Waffenhändler Europas galt der 1849 in Anatolien geborene Wahl-Brite Basil Zaharoff. „Verkäufer des Todes" wurde er genannt, weil er skrupellos mit jedem dealte, der Waffen brauchte – ohne Loyalität und ohne Ansehen der Nation. Sein Handwerk hatte Zaharoff beim britischen Waffenproduzenten Vickers erlernt, dessen Chef er schließlich wurde. Vickers hatte 1902 von Krupp die Lizenzen zur Herstellung aller Kruppschen Zeitzünder für Granaten erworben – was bizarre Folgen hatte: Bei der Seeschlacht am Skagerrak 1916 zwischen deutschen und britischen Kriegsschiffen feuerten beide Seiten Granaten mit Krupp-Zündern ab. Das einträgliche Monopol wurde nach dem Krieg öffentlich bekannt, als Krupp Vickers erfolgreich auf Zahlung der Lizenzgebühren verklagte.

Mit dem Ausbruch des Kriegs wandelte sich die Essener Firma „von einem Welt-Kriegs-Konzern zu einem deutschen Weltkriegs-Konzern", so der Bochumer Historiker Klaus Tenfelde in einer Chronik des Hauses Krupp: Die Auslandsmärkte für Kriegsmaterial brachen fast völlig weg, weil viele der bisherigen Auftraggeber nun zu den Feindstaaten zählten.

Die Ausfälle waren zu verschmerzen. Als der Krieg begann, stieg in der gesamten Schwerindustrie die Produktion. Die Branche musste zwar einen großen Teil ihrer Belegschaften an die Front entlassen, bekam aber im Gegenzug Kriegsgefangene und Zivilinternierte zugewiesen.

Als schon im Oktober 1914 Munition knapp wurde, löste dies zusätzliche Eilbestellungen aus. Und der ungeheure Materialverschleiß im Sommer 1916, vor allem bei den Schlachten vor Verdun und an der Somme, steigerte den Bedarf an Rüstungsgütern noch einmal sprunghaft.

Auch Stinnes, dem es – so der amerikanische Historiker und Stinnes-Biograf Gerald D. Feldman – „ganz und gar keine Freude" bereitete, „sich an der Rüstungsindustrie zu beteiligen", forcierte nun die Militärproduktion. „Die Heeresverwaltung verlangt unmögliche Mengen Granatenstahl", notierte Stinnes. „Wir müssen selbstredend mitmachen, soweit es irgend durchführbar ist."

Die Produktionssteigerungen, die Krupp schon während der beiden ersten Kriegsjahre erzielte, wurden noch bei weitem übertroffen durch die Zuwächse seit Ende 1916, die mit dem so genannten Hindenburg-Programm verbunden waren. Nachdem im Verlauf der Somme-Schlacht die Oberste Heeresleitung (OHL) ausgewechselt und die Verantwortung für die Kriegführung in die Hände des Generalfeldmarschalls Paul von Hindenburg und des Ersten Generalquartiermeisters Erich Ludendorff übergeben worden war, setzte eine Serie hektischer, zunächst interner Beratungen über den für eine siegreiche Fortsetzung des Waffengangs erforderlichen Bedarf an Kriegsmaterial ein.

Krupp fuhr persönlich ins Kriegsministerium nach Berlin und machte den beiden neuen Chefs der OHL Zusagen über die künftige Leistungsfähigkeit. Die Beflissenheit zahlte sich aus. Am Hindenburg-Programm war wohl keine andere Firma stärker beteiligt als die Krupp AG. Gustav Krupp ordnete zwar an, dass keine außergewöhnlichen Gewinne zu kalkulieren seien. Aber das Unternehmen erhielt durch die bald hundertprozentige Auslastung einen zusätzlichen, sehr erheblichen Bonus.

Die Kriegsprofite waren von Anfang an umstritten, ihre genaue Höhe wurde nie ermittelt. Den Unternehmern gelang es, wie der Bielefelder Historiker Hans-Ulrich Wehler darlegt, „alle staatlichen Anläufe zu einer Kontrolle ihrer internen Kostenkalkulation und Preisfestsetzung bis zuletzt mit unerschütterlichem Egoismus zu vereiteln". Der Staat verkam zum Selbstbedienungsladen der Industrie. Er zahlte Vorschüsse zur Finanzierung der Umstellung von Zivil- auf Rüstungsproduktionen, unterzeichnete langfristige Lieferverträge und entrichtete fast jeden von der Wirtschaft diktierten Preis für Rüstungsgüter.

Die aufkommende Kritik wehrte ein führender Mitarbeiter der Kriegsrohstoffabteilung hochmütig ab: „Die Nutzung der Landesnot im eigenen Interesse bedeutet keine Entartung des Kapitalismus." Aber selbst Kriegsminister Adolf Wild von Hohenborn klagte beim Studium einer Preisliste, dass „die Eisenleute offenbar noch nicht genug verdient" hätten.

Die Unternehmer rührte solcher Tadel nicht. Jakob Reichert, Geschäftsführer des Vereins Deutscher Eisen- und Stahlindustrieller, beharrte darauf: „Wer Außerordentliches leistet unter außerordentlichen Umständen, hat Anspruch auf außerordentliche Vergütung. Hohe Kriegsgewinne sind aber durchaus begründet. Sie stärken die Hoffnung auf unseren Sieg im künftigen Weltwirtschaftskampf."

Bei Krupp kletterte der Überschuss von 31,3 Millionen Mark im Geschäftsjahr 1913/14 auf 79,7 Millionen Mark in 1916/17, bei der Deutschen Waffen- und Munitionsfabrik von 5,5 auf 12,7 Millionen Mark, bei den Kölner Pulverfabriken von 4,3 auf 14,7 Millionen Mark, bei Rheinmetall sogar von 1,4 auf 15,3 Millionen Mark.

Die skandalumwitterten Kriegsprofite führten dazu, dass seit Dezember 1916 eine Reichstagskommission die Kriegslieferungen und -gewinne untersuchte. Den Vorsitz übernahm Innenminister Karl Helfferich, vormals Vorstandsmitglied der Deutschen Bank, der unverfroren die Interessen der Industrie verfocht.

Monatelang verstanden es die Unternehmen, ihre Interna zu verbergen. In einem Geheimmemorandum vom Juli 1917 forderte schließlich selbst General Groener als Chef des Kriegsamts, dass die staatliche Regulierung der Gewinne unumgänglich sei, da die Unternehmer offenbar nur dem „Gewinnanreiz", keineswegs aber der „Vaterlandsliebe" folgten. Der empörte Aufschrei des Unternehmerlagers gegen diese Kritik führte mit zum Sturz Groeners.

Immerhin fand die Kommission manches heraus. Dass etwa die 16 wichtigsten Stahl- und Montanbetriebe ihre Gewinne vom letzten Vorkriegsjahr bis 1917 um 800 Prozent hatten steigern können. Die Realgewinne lagen sogar noch höher, da ein großer Teil des Profits in Rücklagen und im Aktienkapital versteckt worden war, ehe er publiziert wurde. „Die Dividenden steigen, die Proletarier fallen", kommentierte die linke Politikerin Rosa Luxemburg bitter.

Obendrein, resümiert Wehler, sicherte sich die Rüstungsindustrie „auch auf längere Sicht – von Kostenexternalisierung, Risikoprämien und Kapazitätsausbau einmal ganz abgesehen – staatlich finanzierte Vorteile für den künftigen Konkurrenzkampf".

Zwar mussten Krupp und Thyssen alle Einrichtungen zerstören, die der Kriegsproduktion gedient hatten. Bei Krupp schrumpfte die Belegschaft wieder auf die Hälfte. Für die Umstellung der Betriebe auf zivile Produkte standen allerdings erhebliche, während des Kriegs angelegte Finanzpolster zur Verfügung.

Auch Hugo Stinnes hat trotz der Niederlage vom Krieg profitiert. Als er 1924 starb, war das Familienunternehmen mit über 600 000 Beschäftigten der größte Arbeitgeber der Welt.

Gebrochen an Leib und Seele

Zum ersten Mal in der Kriegsgeschichte stand 1914
ein durchorganisiertes Sanitätswesen zur Versorgung
der Verwundeten bereit. Nicht zuletzt deshalb kehrte
ein Heer von Blinden, Amputierten und Verstümmelten
in die Heimat zurück.

VON BRUNO SCHREP

August 1914, kurz hinter der französischen Grenze. Als seine jungen
Soldaten beim Vormarsch im Dreck stecken blieben, sich im geg-
nerischen Trommelfeuer keinen Meter mehr weitertrauten, sprang
Bataillonskommandeur Hans Behr an die Spitze der Truppe, feuerte
seine Leute an. Mit gezogenem Säbel stürmte der Major den französischen Linien entgegen – bis ihn eine explodierende Artilleriegra-
nate stoppte.

Ein Schrapnell zerfetzte seine Augen, riss ihm die Nase weg, zertrümmerte seinen Oberkiefer. „Ich wurde zu Boden geschleudert,
um mich war plötzlich Nacht", erinnerte er sich später, „das Blut
lief mir ständig in den Hals. Ich glaubte nicht, dass ich mit dem
Leben davonkommen würde." Und tatsächlich: In keinem früheren
Krieg hätte der Berufsoffizier eine derart schwere Verletzung mehr
als einige Stunden überstanden, er wäre noch auf dem Schlachtfeld
verblutet.

Doch erstmals seit der Erfindung des Schießpulvers gab es im
Ersten Weltkrieg ein funktionierendes, durchorganisiertes Sanitätswesen. Schon kurz hinter der Front warteten Militärärzte, freiwillige
Krankenpfleger und als Sanitäter ausgebildete Soldaten auf die Opfer
der Kämpfe.

Längst nicht selbstverständlich. Noch bis ins 18. Jahrhundert hinein war es durchaus üblich, schwer verletzte Soldaten, die sich nicht
selbst helfen konnten, einfach auf dem Schlachtfeld liegen zu lassen.

Das war 1914 anders. Mutige Krankenpfleger schleppten Major
Behr, der kurz nach seiner Verwundung das Bewusstsein verlor, noch

während des Kampfgetümmels unter Lebensgefahr aus der vordersten Linie. Auf einem Verbandsplatz wurden die schlimmsten Blutungen in seinem zerstörten Gesicht gestillt, im Feldlazarett dahinter desinfizierten Mediziner die fürchterlichen Wunden, legten erste Verbände an. Gepflegt und therapiert wurde der Offizier zunächst in einem Kriegslazarett in Charleroi, später in Spezialkliniken in Aachen und schließlich in Berlin.

Unzählige Operationen folgten, die teils gelangen, teils missglückten, die Verletzungen jedoch nie wirklich korrigieren konnten. Zum Trost beförderte die Armeeführung den Schwerverwundeten zum Oberstleutnant und schmückte ihn mit dem Eisernen Kreuz erster Klasse.

Und immerhin: Der Kriegsversehrte wurde fast 80 Jahre alt – blind, ohne Nase, mit mühselig zusammengeflicktem Kiefer. Noch im Krieg heiratete er eine Krankenschwester, wurde Vater von zwei Kindern. Seine Verstümmelungen verbarg der Spross einer alten preußischen Offiziersfamilie notdürftig hinter einer riesigen grünen Brille. Sein Sohn, inzwischen auch schon Mitte achtzig, erinnert sich an den Vater als den „Mann ohne Gesicht".

Solche Männer gab es zu Tausenden im Ersten Weltkrieg: Männer, denen die Nase oder ein Ohr fehlten, Männer, denen die Stirn weggeschossen war oder das Kinn abgesprengt, Männer, deren Gesichter an apokalyptische Horrorvisionen erinnerten. Dazu kehrten Hunderttausende so genannte Kriegskrüppel von der Front ins Deutsche Reich zurück: Soldaten ohne Arme und ohne Beine, die sich auf Stümpfen oder mit Krücken vorwärts schleppten oder bewegungsunfähig auf die Hilfe Dritter angewiesen waren.

Bei den Kriegsgegnern in England und Frankreich war es kaum anders: Der Erste Weltkrieg hinterließ ein Heer von Blinden, Amputierten, von an Seele und Körper Zerschmetterten wie kein Krieg zuvor.

Allein in Deutschland, wo 2 Millionen Tote zu beklagen waren, erinnerten hinterher über 2,7 Millionen Kriegsopfer an die Schrecken des Waffengangs. Vor allem in Großstädten wie Berlin beherrschten schon während des Kriegs, doch erst recht danach, die Elendsgestalten der Versehrten das Straßenbild.

Das hatte der Generalstab der kaiserlichen Wehrmacht nicht im Sinn, als er neben der Aufrüstung zu Wasser und zu Lande nach der

Jahrhundertwende einen umfangreichen Ausbau des Sanitätswesens anordnete.

Zu Beginn des Kriegs standen allein auf deutscher Seite 24 000 Ärzte bereit, darunter auch Studenten ab dem 7. Semester, die so genannten Feldunterärzte. Unter den mobilisierten Reservisten waren viele Chirurgen mit Operationserfahrung aus langjähriger Praxis in Krankenhäusern. Die Mediziner versorgten die Verwundeten in fast 400 Feldlazaretten, gegen Kriegsende waren sogar fast 600 solcher mobilen Sanitätsstationen im Einsatz. Von den 200 000 Krankenschwestern, die unter Lebensgefahr die Verletzten versorgten, hatten sich viele freiwillig gemeldet.

Das Ziel war klar: Verwundete sollten so schnell wie möglich zurück an die Front. Auch eine schwere Verletzung sollte nicht, wie früher, gleichbedeutend sein mit dem Verlust des Soldaten und mithin seiner Kampfkraft.

Noch beim siegreichen Feldzug gegen Frankreich 1870/71 waren 90 Prozent aller preußischen Soldaten, die eine Schussverletzung mit Knochenbruch erlitten hatten, einen so genannten Schussbruch, kurz darauf elend gestorben – ein Aderlass, der sich keinesfalls wiederholen sollte.

Allerdings hatten selbst größte Pessimisten nicht mit dem Blutzoll gerechnet, den der neue, moderne Krieg schon in den ersten Monaten forderte: Der forcierte Einsatz und die enorme Durchschlagskraft der Artillerie führten zu Verlusten in bis dahin unvorstellbarem Ausmaß. Im Gegensatz zu früheren Kriegen, bei denen die meisten Soldaten von Gewehrkugeln getroffen wurden, rissen jetzt zerberstende Artilleriegranaten die schlimmsten Wunden. 85 Prozent aller Schussverletzungen des Ersten Weltkriegs stammten von solchen Geschossen – mit verheerendem Resultat: Das Gewebe wurde weit stärker zerfetzt als durch herkömmliche Munition, die Wunden meist noch mit Dreck vom Schlachtfeld infiziert. Die Folge: Während bei den Kriegen im 19. Jahrhundert trotz medizinischer Unterversorgung nur jeder vierte Soldat an seinen Verwundungen starb, traf es im Ersten Weltkrieg jeden dritten.

Ohne die Errungenschaften der modernen Medizin wären die Verluste noch viel schlimmer ausgefallen. Erstmals wurden Wundinfektionen mit Medikamenten wie Tetanus-Antitoxin bekämpft, zudem achteten die Ärzte vor allem bei der Erstversorgung mehr auf

Hygiene als je zuvor. Erstmals verfügbare Impfstoffe bewirkten, dass nicht, wie in früheren Kriegen, Seuchen wie Typhus oder Pocken Tausende Soldaten wegrafften, bevor sie einen Schuss abgegeben hatten. Verbesserte Operationsmethoden gestatteten zudem komplizierte Amputationen. Die wiederum waren nur Dank der Entwicklung der Narkosetechnik möglich.

Völlig unvorbereitet traf Mediziner und Militärführung gleich zu Kriegsbeginn ein Phänomen, das es früher so nicht gegeben hatte: Die gewaltigen Detonationen, das Inferno eines teilweise 24-stündigen Trommelfeuers, zerrütteten die Psyche Tausender Soldaten bis zum Kollaps. Manche Männer schrien Tag und Nacht, wälzten sich in Krämpfen, andere konnten nicht mehr aufhören zu zittern.

Der Anblick der „Schüttler", die anfangs vereinzelt, später häufiger in der Heimat auftauchten, wandelte vielerorts die anfängliche Kriegsbegeisterung der Zivilbevölkerung in Entsetzen. Vielen grauste es angesichts der bebenden Jammergestalten weit mehr als bei der Konfrontation mit Blinden oder Amputierten, spiegelten die unkontrollierten Zuckungen dieser Soldaten doch auf bestürzende Weise das unsagbare Grauen auf den Schlachtfeldern und in den Schützengräben wider.

Rund 200 000 solcher „Kriegsneurotiker" bevölkerten während des Kriegs die deutschen Lazarette und Sanatorien – eine Herausforderung und ein riesiges Ärgernis für die Militärmediziner. Denn zumindest organisch, daran gab es kaum einen Zweifel, schienen die Männer kerngesund. Und während anfangs noch Wasserkuren verordnet und Dienstbefreiungen gewährt wurden, reagierten die Ärzte mit zunehmender Kriegsdauer immer rigider. Die Nervenkranken galten jetzt als Drückeberger und Feiglinge. Manche Ärzte traktierten die beargwöhnten Patienten mit Elektroschocks, nahmen dabei auch Todesfälle in Kauf. Andere versuchten es mit Hungerkuren, ließen die Soldaten zudem in völliger Isolation schmachten, unterbrochen nur von Zwangs- oder Gewaltexerzieren.

Ziel war es, die Kranken förmlich zur Gesundung zu zwingen. Wenn sie nur energisch genug wollten, so die Theorie, könnten sie durchaus aufhören zu zittern. Die Therapie geriet so zu einem Kampf zwischen Arzt und Patient.

Der Verdacht, Simulanten suchten sich ins Lazarett zu retten, war jedoch nicht in jedem Fall unbegründet. Tausende kamen allein auf deutscher Seite vor ein Kriegsgericht, weil sie sich mit Tricks dem Heldentod zu entziehen suchten. Aller Kriegspropaganda zum Trotz, in der das Sterben fürs Vaterland nach klassischem Vorbild als besonders süß idealisiert wurde („Dulce et decorum est pro patria mori"), wollten viele Landser einfach nur überleben. Die Skala reichte von der Selbstverstümmelung bis zur Befehlsverweigerung.

„Einige Leute fand ich beim Vorspringen des Bataillonsstabes ganz ruhig im hohen Rübenkraut liegen, als ob sie verwundet oder tot seien", schrieb der später so schwer im Gesicht verletzte Major Behr in seinem letzten Gefechtsbericht. „Ich brachte sie energisch nach vorne und ließ auch die Gefechtsordonanzen auf solche Drückeberger Jagd machen."

Um dem Inferno zu entkommen, fügten sich kriegsmüde Soldaten schwerste Verletzungen zu, häufig mit dem eigenen Gewehr: Sie jagten sich Kugeln in einen Fuß oder eine Hand, einzelne schossen sich die Finger ab. Im kalten Russland entledigten sich manche ihrer Stiefel, um mit erfrorenen Füßen nach Hause geschickt zu werden.

Feldärzte meldeten Rekruten, die Säure geschluckt hatten, die sich Petroleum unter die Haut gespritzt oder sich mit ätzenden Tinkturen eingerieben hatten – alles, um nicht weiterkämpfen zu müssen. Und fast 3000 deutsche Soldaten, die den Kriegsalltag nicht mehr aushielten, begingen Selbstmord.

Mehr als den Tod fürchteten viele Frontkämpfer, ähnlich schrecklich verstümmelt zu werden wie Bataillonskommandeur Behr oder auf besonders elende Weise zu Grunde zu gehen. Panik in den Schützengräben löste vor allem der Schreckensruf „Gasalarm" aus. Die Furcht, in giftigen Schwaden Phosgen oder Senfgas zu ersticken oder sich mit platzender Lunge zu Tode zu husten, peinigte die Soldaten aller Kriegsparteien mehr als die Angst vor Bomben oder Maschinengewehrfeuer.

Die deutsche Wehrmacht hatte im April 1915 im flandrischen Langemark bei Ypern mit dem Gaskrieg begonnen, Briten und Franzosen zogen nach. Im tödlichen Dunst von rund 113 000 Tonnen Kampfgas starben 91 000 Soldaten, rund 1,3 Millionen wurden vergiftet. Die Überlebenden trugen Abszesse und innere Verätzungen davon oder erblindeten ganz oder nur vorübergehend wie der Gefreite und spätere Führer Adolf Hitler („die Augen waren in glühende Kohlen verwandelt").

Weil der traurige Zug von Kriegsheimkehrern mit Blindenbinden und Krücken so wenig mit dem offiziell propagierten Bild siegreicher Kriegshelden übereinstimmte, geriet die Militärführung zunehmend in Erklärungsnot. Das Gerücht, besonders übel entstellte Opfer würden in so genannten Schweigelazaretten versteckt, ließ sich jedoch nicht verifizieren. Allerdings mieden viele Soldaten mit schweren Gesichtsverletzungen freiwillig die menschliche Gesellschaft. Sie verkrochen sich aus Scham für den Rest ihres Lebens hinter Klinikmauern.

Eine der Ursachen: Die Gesichtschirurgie steckte noch in den Anfängen. Zwar versuchten Ärzte, zertrümmerte Kiefer mit Knochenteilen aus dem Unterarm der Opfer und Metallschienen zu richten, weggeschossene Nasen mit Hilfe von Rippenstücken und Elfenbeinpfropfen aufzubauen. Doch selten gelangen überzeugende Korrekturen. Antibiotika gab es noch nicht, vieles missglückte. Mal wurden die Transplantate abgestoßen, dann wieder führten Entzündungen zum Scheitern.

Auch Major Hans Behr, der „Mann ohne Gesicht", erfuhr diese Grenzen der Heilkunst. Das Stück Schienbeinknochen, das ihm ein Chirurg als Nasenbeinersatz einsetzte, vereiterte, musste wieder entfernt werden. „Die Operation war unangenehm und schmerzhaft", erinnerte sich der Schwerverwundete noch Jahre später in preußischem Unterstatement.

Um schlimmste Verstümmelungen zu kaschieren, experimentierten Ärzte auch mit Gesichtsmasken aus Gummi, Wachs, Zelluloid oder Gelatine. Bei fehlender Nase wurde solch ein Ersatzteil an den Rändern der Nasenhöhle eingehängt, bei einem fehlenden Ohr am Brillengestell befestigt.

Für Armamputierte schufen Spezialisten gar ein makabres Panoptikum von Ersatzgliedern: Kunstarme, an deren Ende stählerne Zangen, Haken oder Messer, manchmal sogar Bügeleisenhalter, befestigt waren.

1916, mitten im Krieg, gelang dem Chirurgen Ferdinand Sauerbruch, damals Oberstabsarzt, eine medizinische Sensation: Er entwickelte eine Unterarmprothese, den so genannten Sauerbruch-Arm. Das Bahnbrechende daran: Die nach einer Amputation im Stumpf verbliebenen Muskeln und Sehnen wurden genutzt, um eine künstliche Hand zu bewegen. Solche Apparaturen waren jedoch selten. Viele Invaliden vegetierten in bitterster Armut. Beinamputierte rutschten auf Brettern oder humpelten auf primitiven Holzbeinen über die Straße, zerlumpte Blinde tasteten sich an Häuserwänden vorwärts.

Eine Ursache war die Ungleichbehandlung von Offizieren und Mannschaften. Die Höhe der Pensionen und Invalidenrenten richtete sich zunächst ausschließlich nach dem Dienstgrad. Die bevorzugten Offiziere verfügten zudem oft noch über Kontakte zu Adel und Bürgertum. Der schwer verletzte und verstümmelte Major Behr etwa wurde jahrelang in privaten Berliner Sanatorien gepflegt – von adligen Familien finanziert. Einmal besuchte ihn sogar die Kaiserin.

Viele einfache Soldaten dagegen verloren neben ihrer Gesundheit auch die Existenz. Sie schlugen sich nach dem Krieg in Versehrtenberufen wie Bürstenbinder oder Schnürsenkelverkäufer durch, viele endeten auch als Bettler in der Gosse. Erst in der Weimarer Republik wurde das so genannte Krüppelfürsorgegesetz verabschiedet, das keinen Unterschied mehr zwischen den Dienstgraden machte. Doch die Renten aus diesem Gesetz reichten oft nicht zum Überleben.

Dem neuen Staat, krisengeschüttelt und klamm, kamen die Ansprüche der Kriegsopfer ungelegen. Immer wieder versuchten die Versorgungsämter, Antragsteller abzuwimmeln. Wie schon im Krieg wurden Nervenkranke, die noch Jahre nach dem Inferno zitterten oder an Krampfanfällen litten, als Simulanten eingestuft.

Wenig Mitleid zeigten die Gutachter auch gegenüber einem Bahnarbeiter, dem ein Granatsplitter eine Wange zerfetzt und einen Teil der Nase weggerissen hatte, der sich deshalb nicht mehr aus dem Haus wagte. Dem Mann wurde eine Invalidenrente mit der Begründung versagt, die Narben würden „keine schwere Beeinträchtigung der körperlichen Unversehrtheit" darstellen.

Sündenböcke der Niederlage

Warum der deutsche Antisemitismus im Ersten Weltkrieg immer radikaler wurde

VON CHRISTOPH JAHR

Als Deutschland 1914 in den Krieg zog, zeigten die Juden die gleiche Mischung aus Entschlossenheit und Unsicherheit, aus Kriegsbegeisterung und Friedenssehnsucht wie ihre nichtjüdischen Mitbürger. So demonstrierten auch sie die für jene Tage typische Kampfbereitschaft. „Glaubensgenossen! Wir rufen euch auf, über das Maß der Pflicht hinaus eure Kräfte dem Vaterland zu widmen!", gab der „Centralverein deutscher Staatsbürger jüdischen Glaubens" den ausrückenden Soldaten mit auf den Weg.

Kaum eine Bevölkerungsgruppe in Deutschland hat das Versprechen Wilhelms II., „keine Parteien mehr" zu kennen, häufiger beschworen als die Juden. Denn obwohl sie seit über vier Jahrzehnten gleichberechtigte Staatsbürger gewesen waren, blieben Vorurteile und Abneigung, von skrupellosen Agitatoren geschürt, in der Gesellschaft gegenwärtig. Nun aber, im Sommer 1914, schien das alles vergessen. Die antisemitische Hetzpresse schwieg, und erstmals seit Jahrzehnten wurden sogar wieder Juden zu preußischen Offizieren befördert.

Die Hoffnung, sich durch demonstrativen Patriotismus aus ihrer Außenseiterrolle befreien zu können, teilten die deutschen Juden mit den Sozialdemokraten. Und so war es der jüdische SPD-Reichstagsabgeordnete Ludwig Frank, der als Kriegsfreiwilliger bereits am 3. September 1914 fiel – als einziges Mitglied dieses an Stammtischpatrioten reichen Parlaments.

Und noch eines verband beide: ihre von der Reichsregierung geschickt ausgenutzte Abneigung gegen das zaristische Russland, die Heimat der Pogrome und der Unterdrückung, den Inbegriff der Rückständigkeit. Die zionistische „Jüdische Rundschau" etwa schrieb, „dass der Sieg des Moskowitertums jüdische und zionistische Hoffnungen ... vernichtet ... Denn auf deutscher Seite ist Fortschritt, Freiheit und Kultur".

Ungeachtet solch patriotischer Töne brachen jedoch die Antisemiten den emphatisch verkündeten „Burgfrieden" sehr schnell. Houston Stewart Chamberlain etwa, Schwiegersohn Richard Wagners und antisemitischer Theoretiker, zeigte sich im September 1914 reumütig, weil die Juden „ihre Pflicht vor dem Feinde und daheim" getan hatten. Doch bald schon hatte er zu seinem alten Hass gegen das „Teufelsgezücht" zurückgefunden. Ähnlich hielt es der Leipziger Antisemit Theodor Fritsch, dessen „Reichshammerbund" bereits seit Ende August 1914 wieder „Belastungsmaterial" gegen die Juden sammelte.

Die schlimmsten Auswüchse antisemitischer Propaganda wurden jedoch von der Militärzensur unterdrückt, so dass die Judenfeinde zum Mittel der Denunziation griffen. Ihre erste Kampagne richtete sich gegen die angeblich „wie ein Heuschreckenschwarm über das Deutsche Reich" herfallenden Juden aus dem deutsch besetzten Osteuropa.

Etwa 50 000 ostjüdische Arbeiter lebten bereits vor dem Krieg in Deutschland, nach 1914 kamen rund 30 000 hinzu, die Hälfte davon als Zwangsarbeiter. Sie waren für die Kriegswirtschaft ebenso unverzichtbar wie der Chemiker Fritz Haber, der Reeder Albert Ballin oder der Großindustrielle und spätere Reichsaußenminister Walther Rathenau. Haber war der Initiator und Organisator des Giftgaskrieges auf deutscher Seite, Ballin organisierte im Herbst 1914 die deutsche Getreideversorgung. Doch es war vor allem Rathenau, der die deutsche Kriegswirtschaft 1914/15 als erster Leiter der auf seinen Vorschlag hin gegründeten Kriegsrohstoffabteilung im Preußischen Kriegsministerium prägte.

Juden in einigen leitenden Positionen der von Mangel und Verteilungskämpfen geprägten Kriegswirtschaft, in der viele Menschen um ihr täglich Brot kämpfen mussten – das war ein gefundenes Fressen für die Antisemiten, die das alte Klischee vom „jüdischen Wucherer" begierig aufwärmten.

Auch im Heer wuchs bald wieder der Antisemitismus. Desillusioniert vertraute etwa im September 1916 der Vize-Feldwebel Julius Marx seinem Tagebuch an: „Ich möchte hier nichts sein als ein deutscher Soldat – aber man sorgt nachgerade dafür, dass ich's anders weiß." Schlimmer noch als der Vorwurf der „Kriegsgewinnlerei" war in diesem menschenverschlingenden Krieg die heimtückische Behauptung, viele Juden entzögen sich dem Frontdienst.

Seit Ende 1915 überschwemmten die Antisemiten das Preußische Kriegsministerium mit anonymen Eingaben. Am 11. Oktober 1916 ordnete der Preußische Kriegsminister Wild von Hohenborn schließlich unter dem aktenstaubtrockenen Titel „Nachweisung der beim Heere befindlichen wehrpflichtigen Juden" eine von den Zeitgenossen schlicht „Judenzählung" genannte Statistik an. Zwar lautete deren offizielle Begründung, man wolle den Vorwurf der „Drückebergerei" lediglich nachprüfen, um ihm „gegebenenfalls entgegentreten zu können". Doch alle gegenteiligen Beteuerungen halfen nichts: Mit diesem Erlass übernahm das Ministerium antisemitische Stereotypen.

Die Ergebnisse der „Judenzählung" wurden nie veröffentlicht, worin die Antisemiten eine Bestätigung ihrer Vorwürfe erblickten. Nach Kriegsende wurden dem radikalvölkischen Autor Alfred Roth die amtlichen Quellen zugespielt, aus denen er den angeblichen Beweis für die Wahrheit jenes Spruches erbrachte, der 1918 an der Front kursierte: „Überall grinst ihr Gesicht, nur im Schützengraben nicht!" Der Soziologe und Nationalökonom Franz Oppenheimer und andere entlarvten die Taschenspielertricks, mit denen Roth und Konsorten die an sich schon fragwürdige Statistik weiter verfälscht hatten.

Seriöse Hochrechnungen zeigten, dass unter rund 550000 deutschen Staatsbürgern jüdischer Religionszugehörigkeit knapp 100000 Kriegsteilnehmer waren, von denen 77 Prozent an der Front standen. Allein die Zahl von 30000 Kriegsauszeichnungen und 12000 Gefallenen beweist ihre Opferbereitschaft. Nach 1933 wurden die „Frontkämpfer" daher zunächst noch von einigen antijüdischen Maßnahmen des Nazi-Regimes ausgenommen, doch spätestens 1935 war es auch damit vorbei. Kein im Weltkrieg erworbenes Eisernes Kreuz schützte sie später vor der Deportation in den Tod.

Die „Judenzählung" kann nicht allein durch den Antisemitismus erklärt werden. Sie stand vielmehr im Zusammenhang mit der Ausbildung der „verdeckten Militärdiktatur" unter Generalstabschef Paul von Hindenburg und seinem Adlatus Erich Ludendorff, der totalen Mobilmachung aller menschlichen und industriellen Ressourcen sowie der aggressiven Agitation gegen den Reichskanzler

Theobald von Bethmann Hollweg. Der war gewiss kein Liberaler oder gar Demokrat. Aber er war doch Realist genug, um zu erkennen, dass innenpolitische Reformen notwendig waren und der Krieg notfalls auch ohne militärischen Sieg beendet werden musste.

Das genügte, um ihn als „Flaumacher" zu diffamieren und das Schreckbild einer Regierung unter „alljüdischer" Leitung zu malen. Angesichts der Niederlage rief Heinrich Claß, Führer des antisemitischen und ultranationalistischen „Alldeutschen Verbandes", im Oktober 1918 dazu auf, die katastrophale Lage Deutschlands „zu Fanfaren gegen das Judentum und die Juden als Blitzableiter" zu benutzen. Die „Dolchstoßlegende" war geboren, der zufolge Deutschland nicht militärischer Überlegenheit, sondern einer internationalen Verschwörung von Sozialisten, Pazifisten und Juden erlegen war, obwohl beispielsweise Walther Rathenau bis zuletzt zum „Durchhalten" aufrief.

Seit der Oktoberrevolution in Russland gewann auch die Behauptung der Identität von Revolution und Judentum durch den Hinweis auf führende Revolutionäre jüdischer Herkunft wie Leo Trotzki eine scheinbare Plausibilität im verunsicherten Bürgertum. 1941 diente der „Kampf gegen den jüdischen Bolschewismus" als Propagandafanfare für den Überfall auf die Sowjetunion und half, Hemmungen vor dem systematischen Judenmord abzubauen. Die Hohmann-Affäre hat gezeigt, dass die Gleichsetzung der Juden mit den Verbrechen des Bolschewismus bis heute herumgeistert.

So kamen im Krieg all jene Zutaten zusammen, aus denen die Antisemiten nach 1918 einen neuen Giftcocktail mischten. Das uralte Motiv des „jüdischen Schmarotzers" erstand in Gestalt des „Kriegsgewinnlers" neu. Der vermeintlich „zersetzende", liberal-individualistische Jude des 19. Jahrhunderts wandelte sich in den „bolschewistischen Revolutionär". Und einmal mehr galten die Juden als national illoyale, „wurzellose Kosmopoliten". Die deutsch-nationalen Kräfte verhöhnten die erste deutsche Demokratie daher als angeblich „undeutsch" und als „Judenrepublik".

Viele Deutsche akzeptierten diesen Wahn als Realität. Der Schriftsteller Jakob Wassermann schrieb 1921 verbittert über seine Mitbürger: „Es ist vergeblich, in das tobsüchtige Geschrei Worte der Vernunft zu werfen ... Es ist vergeblich, für sie zu leben und für sie zu sterben. Sie sagen: Er ist ein Jude."

Der Patriotismus und die Opferbereitschaft der deutschen Juden wurden im Ersten Weltkrieg bitter verhöhnt. Doch unter staatlicher Diskriminierung hatten andere Bevölkerungsgruppen womöglich noch mehr gelitten, vor allem die nationalen Minderheiten im polnisch geprägten Osten Preußens, in Elsass-Lothringen sowie in Nordschleswig. Und Opfer eines Völkermords in diesem Krieg wurden nicht die Juden, sondern die Armenier im Osmanischen Reich. Dieser nach wie vor von der Türkei geleugnete Genozid erscheint heute als ein Probelauf zu der noch größeren Katastrophe, die einen Weltkrieg später über die europäischen Juden hereinbrach. Die zwischen 1914 und 1918 erbrachten Opfer waren umsonst gewesen.

Das Debakel der Arbeiterbewegung

Die Vertreter der politisch organisierten Arbeiter Europas
hatten einander geschworen, sich mit aller Kraft gegen Völkerhass und Brudermord zu stemmen. Als der Krieg da war, kam
alles anders.

VON RAINER TRAUB

Das Kriegskalkül der europäischen Großmächte musste mit einem
starken innenpolitischen Widersacher rechnen – der sozialistischen
Arbeiterbewegung. Denn die beschränkte sich nicht auf die Verteidigung materieller Lebensinteressen im eigenen Land. Sie verstand
sich vielmehr als internationale, humanistische und antimilitaristische Bewegung, als legitime Erbin der bürgerlichen Revolutionen –
berufen, den Kapitalismus zu überwinden und die alte Verheißung
von Freiheit, Gleichheit und Brüderlichkeit zu verwirklichen. Die
Grundvoraussetzung dafür bildete der entschlossene und geschlossene
Widerstand gegen Völkerhass und Krieg.

Darüber waren sich, trotz taktischer Differenzen, alle einig. Je
akuter ein Krieg drohte, umso leidenschaftlicher stritten Vertreter
der sozialistisch organisierten Arbeiter vor 1914 auf immer neuen
internationalen Kongressen über die rettenden Gegenmittel: Ab-
schaffung der stehenden Heere und Übergang zur Volksmiliz? Internationale Schiedsgerichte? Generalstreik? Befehlsverweigerung? Aufstand?

Schon die erste, 1864 in London gegründete „Internationale Arbeiterassoziation" und ihr Spiritus Rector, der deutsche Emigrant Karl
Marx, waren mehrfach – wie beim deutsch-französischen Krieg von
1870/71 – mit diesem Problem konfrontiert gewesen. Erst recht
beherrschte es die politischen Debatten der „Zweiten" oder „Sozialistischen" Internationale. Gegründet in Paris am 14. Juli 1889, dem
hundertsten Jahrestag der Französischen Revolution, vertrat diese
Organisation einen beträchtlichen Teil der europäischen Arbeiterschaft; im Vierteljahrhundert vor Kriegsausbruch wuchs sie bestän-

dig. Die mit Abstand größte Partei und das allseits bewunderte Vorbild dieser Internationale war die SPD.

Zäh hatte diese zwischen 1878 und 1890 dem Versuch des Reichskanzlers Bismarck getrotzt, sie mit Hilfe des Sozialistengesetzes zu zerschlagen. Trotz der Repressionen wuchs ihre Stimmenzahl bei den Wahlen von 310 000 im Jahr 1881 kontinuierlich auf 1 427 000 nach Aufhebung des Sozialistengesetzes 1890 – da stimmte schon jeder fünfte Wähler für die SPD.

Bismarck hatte einst, um die Massen für die Idee des deutschen Nationalstaates zu gewinnen, die Einführung des allgemeinen Wahlrechts betrieben. Angesichts der Wahltriumphe der Roten hielt er das im Nachhinein für den größten politischen Fehler seines Lebens. Doch der Staatsstreich gegen die Sozialdemokratie, der dem Eisernen Kanzler Anfang der neunziger Jahre vorschwebte, passte Seiner Majestät Wilhelm II. nicht in den Kram: Kurz nach der Thronbesteigung war der neue Kaiser um Popularität bemüht.

Ingrimmig musste er in der Folgezeit zusehen, wie die Stimmenzahl der antimilitaristischen SPD weiter wuchs; bei den letzten Vorkriegswahlen, 1912, heimste sie mehr als ein Drittel der Stimmen ein und stellte die stärkste Fraktion im Reichstag.

Kein Wunder, dass immer mehr Sozialdemokraten den Tag nahe glaubten, an dem ihre Partei Monarchie, Kapitalismus und Krieg abschaffen und die sozialistische Republik ausrufen würde. In einem Brief an einen der Bismarck-Nachfolger, Reichskanzler Bernhard von Bülow, befand Deutschlands Herrscher angesichts dieser Entwicklung an Silvester 1905, die Lage sei noch nicht reif für einen Krieg: „Erst die Sozialisten abschießen, köpfen und unschädlich machen – wenn nötig per Blutbad – und dann Krieg nach außen!"

Es musste ihm ebenso undenkbar erscheinen wie den verhassten Sozis, dass diese wenige Jahre später im großen Krieg mitmachen würden. Zu eindeutig klangen die Willenserklärungen der Sozialistischen Internationale. Auf dem größten ihrer Kongresse, in Stuttgart 1907, hatten 886 Delegierte, die Millionen europäischer Arbeiter aus 25 Nationen vertraten, einstimmig einen Beschluss gefasst:

„Droht der Ausbruch eines Krieges, so sind die arbeitenden Klassen und deren parlamentarische Vertretungen in den beteiligten Ländern verpflichtet ... alles aufzubieten, um durch die Anwendung der ihnen am wirksamsten erscheinenden Mittel den Ausbruch des Krieges zu verhindern ... Falls der Krieg dennoch ausbrechen sollte, ist es die Pflicht, für dessen rasche Beendigung einzutreten und mit allen Kräften dahin zu streben, die durch den Krieg herbeigeführte wirtschaftliche und politische Krise zur Aufrüttelung des Volkes auszunützen und dadurch die Beseitigung der kapitalistischen Klassenherrschaft zu beschleunigen."

Die Schwäche dieser scheinbar eindeutigen Resolution lag freilich darin, dass sie keinerlei Unterscheidung zwischen Angriffs- und Verteidigungskrieg traf. Sie ging davon aus, dass im Zeitalter des waffenstarrenden Wettstreits um Kolonien und Rohstoffe alle europäischen Großmächte gleichermaßen zu kapitalistischen Räubern geworden seien.

Bei näherer Betrachtung verhielt sich die Sache aber gar nicht eindeutig. Das Recht auf nationale Selbstverteidigung gegen einen Überfall von außen hatten traditionell auch die Repräsentanten der Arbeiterbewegung nur selten in Frage gestellt. Sogar der betagte SPD-Gründer August Bebel wollte gegen einen möglichen Angriff des als konterrevolutionär verhassten zaristischen Russland noch einmal das Gewehr schultern. Das hatte er 1904 im Reichstag erklärt.

Auch bei Preußens Krieg gegen das französische Kaiserreich von Napoleon III. war 1870 die überwältigende Mehrheit der jungen deutschen Sozialdemokratie zunächst für die Verteidigung ihres Landes eingetreten. Nachdem die französische Monarchie aber im September 1870 nach sechs Wochen geschlagen, Napoleon III. gestürzt und gefangen war, bejubelten Sozialisten beiderseits des Rheins die Wiederkehr der Republik in Frankreich.

Sie forderten einen ehrenvollen Frieden zwischen Preußen-Deutschland und der französischen Republik. Einmütig protestierten sie gegen die Fortsetzung des Kriegs und gegen die Annexion Elsass-Lothringens, die Frankreich in die Arme Russlands treiben und unweigerlich einen weit schlimmeren Krieg nach sich ziehen müsste (der 1914 kam). Wegen dieser Haltung wurden alle Mitglieder der deutschen Sektion der Internationalen Arbeiterassoziation im September 1870 des Hochverrats bezichtigt und in Ketten in die ostpreußische Festung Boyen gebracht.

Die Unterscheidung zwischen Verteidigungs- und Angriffskrieg gehörte auch zur Tradition der französischen Sozialisten. Dass sie die Errungenschaften der Französischen Revolution mit Klauen und Zähnen gegen einen Angriff auf Frankreich verteidigen würden, verstand sich für sie von selbst. Ihr erklärtes Vorbild war die legendäre Pariser Kommune vom März 1871: Damals erhob sich das einfache Volk in der Hauptstadt gegen die deutschen Invasoren, nachdem die Armee des bürgerlichen Frankreich längst kapituliert hatte.

Die Beispiele zeigen, worauf es im Vorfeld von 1914 für die Gegenseite, die zum Krieg entschlossenen Politiker und Militärs, ankam: Sie mussten den Krieg als unvermeidliche nationale Notwehr verkaufen. Eben das hatte Deutschlands Generalstabchef Helmuth von Moltke in einer Denkschrift von 1913 im Sinn. Man könne auch die schwersten Aufgaben bewältigen, heißt es da, „wenn es gelingt, den Casus Belli so zu formulieren, dass die Nation einmütig zu den Waffen greift".

Und es gelingt – obwohl sich SPD und Arbeiterschaft bis zum letzten Moment gegen das große Schlachten aufbäumen. Auf das österreichische Ultimatum an Serbien vom 23. Juli 1914 reagiert der SPD-Parteivorstand mit einem Aufruf zu Massendemonstrationen: „Das klassenbewusste Proletariat Deutschlands erhebt im Namen der Menschlichkeit und der Kultur flammenden Protest gegen dieses verbrecherische Treiben der Kriegshetzer. Es fordert gebieterisch von der deutschen Regierung, dass sie ihren Einfluss auf die österreichische Regierung zur Aufrechterhaltung des Friedens ausübe und, falls der schändliche Krieg nicht zu verhindern sein sollte, sich jeder kriegerischen Einmischung enthalte. Kein Tropfen Blut eines deutschen Soldaten darf dem Machtkitzel der österreichischen Gewalthaber, den imperialistischen Profitinteressen geopfert werden." Mehr als eine halbe Million Menschen folgen in der letzten Juli-Woche dem Aufruf.

Am Tag der österreichischen Kriegserklärung an Serbien, dem 28. Juli, trifft sich in Brüssel die Zweite Internationale – und offenbart ihre Ohnmacht. Resigniert berichtet Victor Adler, der große alte Mann der österreichischen Sozialisten, vom Ausnahmezustand in seinem Land. Verzweifelt erklärt der Führer der tschechischen Arbeiter: „Das Parlament ist ausgeschaltet. Wer der Mobilisierung Widerstand leistet, wird aufgehängt."

Die Repräsentanten der beiden stärksten europäischen Arbeiterparteien aus Deutschland und Frankreich versuchen, mit Optimismus dagegenzuhalten. SPD-Parteiführer Hugo Haase verweist beschwörend auf die deutschen Massendemonstrationen. Er meint, Wilhelm II. habe Angst vor dem Krieg und wolle ihn nicht. Jean Jaurès, als mitreißender Redner und hoch gebildeter Sozialist eine der überragenden Gestalten der europäischen Arbeiterbewegung, ruft aus: „Ich habe nie gezaudert, auf mein Haupt den Hass unserer Chauvinisten herabzuziehen durch meine hartnäckige Forderung einer deutsch-französischen Annäherung." Drei Tage später werden seine Worte schrecklich bestätigt: Ein französischer Kriegsfanatiker erschießt Jaurès in einem Pariser Café. In den Straßen Brüssels aber hallt an diesem 28. Juli 1914 noch einmal die alte Parole der Internationale wieder: „Guerre à la guerre", Krieg dem Krieg.

Berlin ist am selben Tag Schauplatz von 27 Massenversammlungen. „Die Sozen machen antimilitaristische Umtriebe in den Straßen, das darf nicht geduldet werden", notiert Kaiser Wilhelm erbost. Im Wiederholungsfall will er den Belagerungszustand ausrufen und die Führer „samt und sonders einsperren". Am 30. Juli schickt die SPD vorsorglich Friedrich Ebert und Otto Braun mit einem Teil des Parteivermögens nach Zürich.

Doch Kanzler Theobald von Bethmann Hollweg verfolgt eine geschmeidigere Taktik. Mehrfach werden in den letzten Juli-Tagen SPD-Vertreter in Preußens Innenministerium bestellt. Die Friedensdemonstrationen, beteuern die Ministerialen, wolle man nicht unterdrücken. Auch die Regierung wünsche ja Frieden. Die deutsche Führung setzt auf die Russenfurcht der Arbeiterbewegung. Zuverlässigen Informationen zufolge, gibt sie zu verstehen, sei die antideutsche, panslawistische Stimmung in Russland sehr stark. Die SPD-Führung möge es darum vermeiden, durch Kritik der eigenen Regierung dieser Stimmung Vorschub zu leisten.

Albert Südekum vom rechten SPD-Flügel versichert dem Kanzler schriftlich und ehrerbietig, dass „gerade aus dem Wunsch heraus, dem Frieden zu dienen, keinerlei wie immer geartete Aktion (General- oder partieller Streik, Sabotage u. dgl.) geplant oder auch nur zu befürchten" sei. Befriedigt registriert Bethmann Hollweg, dass seine Taktik aufgeht.

Bis zum 31. Juli scheint die Haltung der SPD zum unmittelbar bevorstehenden Krieg offen. Im Partei- und Fraktionsvorstand herrscht Ratlosigkeit, nur ein einziger Abgeordneter kündigt an, er werde den Kriegskrediten zustimmen. Hermann Müller, späterer Reichskanzler der Weimarer Republik, wird ohne klare Direktiven nach Paris entsandt, um die Haltung mit den französischen Genossen abzustimmen. Für diese geht die Bedrohung freilich vom deutschen Militarismus aus. Die deutschen Arbeiter, so beteuert Müller, hegten für Frankreich nur brüderliche Gefühle – nicht aber für den russischen Zarismus. Ein Teil der SPD-Fraktion wolle sich enthalten, ein anderer gegen die Kriegskredite stimmen. Eine Zustimmung zieht er nicht in Betracht. Als Müller nach Berlin zurückkommt, ist die Stimmung über Nacht umgeschlagen. Deutschland hat Russland am 1. August den Krieg erklärt, die Mobilmachung ist im Gange, die Arbeiterpresse ruft wie die bürgerlichen Zeitungen zur Verteidigung gegen das „Blutzarentum" und „halbbarbarische Horden" auf.

Am 3. August beschließt die SPD-Fraktion mit 78 zu 14 Stimmen das Unerhörte: Sie wird den Kriegskrediten zustimmen. Sogar die unterlegene Minderheit um den rastlosen Kriegsgegner Karl Liebknecht unterwirft sich dem geheiligten Prinzip der Parteidisziplin. Sie trägt am 4. August im Reichstag das einstimmige sozialdemokratische Ja mit – obwohl Deutschland inzwischen auch dem republikanischen Frankreich den Krieg erklärt hat.

Wie schwer sich die Partei mit der Entscheidung tut, deren Folgen sie bald zerreißen werden, geht aus ihrer Erklärung zum Protokoll hervor. Darin gibt sie der „imperialistischen Politik" die Verantwortung für den Krieg: „Wir lehnen sie ab. Die Sozialdemokratie hat diese verhängnisvolle Entwicklung mit allen Kräften bekämpft, und noch bis in die letzten Stunden hinein hat sie durch machtvolle Kundgebungen für die Aufrechterhaltung des Friedens gewirkt. Ihre Anstrengungen sind vergeblich gewesen. Jetzt stehen wir vor der ehernen Tatsache des Kriegs ... Für unser Volk und seine freiheitliche Zukunft steht bei einem Sieg des russischen Despotismus, der sich mit dem Blute der Besten des eigenen Volkes befleckt hat, viel, wenn nicht alles auf dem Spiel. Es gilt, die Kultur und die Unabhängigkeit unseres eigenen Landes sicherzustellen."

Die ganze Hilflosigkeit der Partei zeigt sich im Widersinn, dass sie die Verantwortung für einen Krieg ablehnt, dessen Finanzierung sie zustimmt. Was für die Internationale zählt, ist indes nicht der dramatische innere Konflikt der Sozialdemokraten, sondern ihre

Zustimmung. „Dieser Akt traf die Internationale ins Herz. Sie fiel als das erste Opfer des Weltkrieges", schreibt der Historiker Julius Braunthal in seiner großen „Geschichte der Internationale". Prompt folgen andere sozialistische Parteien dem deutschen Beispiel und stellen die Vaterlandsverteidigung über die internationale Solidarität.

Die Nachricht, dass ausgerechnet das große Vorbild SPD plötzlich die Kriegskredite befürwortet, löst unter revolutionären Sozialisten fassungsloses Entsetzen aus. Rosa Luxemburg ist so niedergeschmettert, dass sie sich im ersten Moment umbringen will, um ein Fanal zu setzen. Lenin hält die Meldung zunächst für einen imperialistischen Propagandatrick – auch er, der Fanatiker der Revolution, hat bis zum 4. August an den Mythos der unbeugsamen Sozialdemokratie geglaubt. Aus der „Schändung des Sozialismus", wie er die Zustimmung zu den Kriegskrediten nennt, zieht er nun seine eigene Konsequenz: Da die alte Internationale mit dem Klassenfeind paktiere und tot sei, agitiert er fortan für den Aufbau einer revolutionären Alternative, die als „Dritte" oder „Kommunistische Internationale" 1919 in Moskau Gestalt annehmen wird.

Lenins Parole vom historischen „Verrat" der Arbeiterführer gehört bis heute zu den Dogmen des orthodoxen Kommunismus. Sie geht an der Wirklichkeit vorbei. Denn die instinktive Entscheidung für die vermeintlich bedrohte Heimat entsprach exakt dem jähen Umschwung in der Stimmung der Arbeiterbevölkerung – nicht nur in Deutschland, sondern in allen Krieg führenden Ländern. Die SPD musste fürchten, jeden Rückhalt bei ihrer Basis zu verlieren, hätte sie bei Kriegsausbruch anders gestimmt. Die panische Angst vor der Niederlage, besonders gegen Russland, war geschürt von einer gerissenen Diplomatie, die in den entscheidenden Tagen den Zarismus als Sündenbock vorschob.

Sicher spielte daneben auch die Sorge eine Rolle, dass die stolze SPD unter dem Belagerungszustand wieder auf eine Paria-Existenz reduziert würde wie unter dem Sozialistengesetz. Längst hatten deutsche Sozialdemokraten mehr zu verlieren als die Ketten der Proletarier, von denen einst im „Kommunistischen Manifest" die Rede gewesen war. Und mit den scheinbar unaufhaltsamen Wahlerfolgen war bei einem beträchtlichen Teil der deutschen Arbeiter die Vorstellung gewachsen, dem Sozialismus sei mit Reformen und bürgerlicher Gleichberechtigung besser gedient als mit der alten Revolutionsrhetorik.

Dass es aber Deutschlands Staatsführung gelang, die SPD nicht nur zur Bewilligung der Kriegskredite, sondern auch zu einem vierjährigen „Burgfrieden" zu bringen, darin lag „der größte innenpolitische Triumph der Reichsleitung während des Kriegs" – so urteilt die Historikerin Susanne Miller im Standardwerk „Burgfrieden und Klassenkampf".

Für die deutsche Arbeiterbewegung war dieser Burgfrieden teuer erkauft. „Das Postulat ‚Es gibt keine Parteien mehr'", konstatierte Karl Liebknecht bitter, „bedeutet nur: Anerkennung des Proletariats als gleichberechtigtes Kanonenfutter."

Zu ebendiesem Schluss kamen nach dem Bekanntwerden der deutschen Eroberungspläne immer mehr Arbeiter, die gegen die offizielle Parteilinie rebellierten. Die überstimmte SPD-Minderheit der Kriegskreditgegner bildete den Kern der neuen Unabhängigen Sozialdemokratischen Partei Deutschlands, aus der nach einer weiteren Spaltung die Kommunistische Partei Deutschlands hervorging.

So wurde der Krieg zum Ursprung einer folgenschweren Spaltung der deutschen Arbeiterbewegung. Sie sollte keine 20 Jahre später den stärksten Gegner des Nationalsozialismus lähmen und dadurch Hitler den Weg zur Macht ebnen.

Der globalisierte Krieg

Der Erste Weltkrieg war nicht nur eine europäische
Katastrophe. Abertausende Soldaten aus Asien und Übersee mussten für den imperialistischen Größenwahn der
europäischen Supermächte Deutschland, Frankreich und
England sterben.

VON STIG FÖRSTER

Kut al-Amara, 140 km südöstlich von Bagdad am 29. April 1916:
Nach fünf Monaten Belagerung kapitulieren 9300 indische Soldaten
und 2500 Briten vor einer türkischen Übermacht. Auf die Verlierer
wartet ein düsteres Schicksal: Beim Todesmarsch nach Anatolien
sterben 4250 Gefangene. Nur der britische General Charles Town-
shend, der in Kut das Kommando geführt hat, darf den Rest des
Krieges in relativem Luxus auf einer Insel vor Konstantinopel ver-
bringen.

Das türkische Heer hat ein Deutscher befehligt – bis zu seinem
Tod zehn Tage vor dem Fall von Kut: Generalfeldmarschall Colmar
Freiherr von der Goltz, der davon träumte, an der Spitze seiner
Armee über Persien bis nach Indien vorzudringen.

Ein Jahr später, Mitte Juni 1917, gerät ein kleiner Trupp deutscher
Infanteristen unter der Führung des Offiziers Ernst Jünger in der
Nähe von St. Quentin an der Westfront in ein nächtliches Gefecht.
Den Deutschen gelingt es, den Feind in die Flucht zu schlagen. Ver-
blüfft mustern sie die Gefangenen – Angehörige der „First Hariana
Lancers". Jünger schrieb dazu später in seinem Kriegsbuch „In
Stahlgewittern": „Wir hatten also Inder vor uns, weit übers Meer
gekommen, um sich auf diesem gottverlassenen Stück Erde an Han-
noverschen Füsilieren die Schädel einzurennen."

Beide Episoden verdeutlichen die globale Dimension des Großen
Krieges von 1914 bis 1918. Allein auf Seiten der Engländer kämpften
mehrere hunderttausend Mann aus den britischen Dominions Kanada, Australien und Neuseeland. Hinzu kamen anderthalb Millio-

nen Soldaten und „Kulis" aus der Kolonie Indien. In Afrika kämpften neben Indern und Südafrikanern Belgier aus dem Kongo sowie
britische, deutsche und portugiesische Kolonialeinheiten, dazu einheimische „Askari" von der deutschen Schutztruppe. Und die USA,
die erst 1917 in den Krieg eintraten, schafften etwa zwei Millionen
Wehrpflichtige zum Einsatz nach Frankreich.

Dass es irgendwann zu einer weltumfassenden Auseinandersetzung kommen werde, hatten, schon lange bevor die Schüsse von
Sarajevo fielen, weitsichtige Zeitgenossen geahnt. Bereits 1887 etwa
warnte der preußische General Alfred von Waldersee vor einem
Weltkrieg. Acht Wochen vor dem Beginn des Debakels schwante
auch dem deutschen Reichskanzler Theobald von Bethmann Hollweg: „Wir treiben dem Weltkrieg zu."

Und in der Nacht zum 31. Juli 1914, als die Katastrophe schon
nicht mehr aufzuhalten war, erklärte der deutsche Generalstabschef
Helmuth von Moltke seinem Adjutanten finster: „Dieser Krieg wird
sich zu einem Weltkriege auswachsen. Wie das alles enden soll, ahnt
heute niemand."

Aus heiterem Himmel kam das Desaster nicht. Wichtige Voraus-
setzungen dafür entstanden bereits im ausgehenden 15. Jahrhundert, als die europäischen Staaten begannen, sich den Rest der Welt
untertan zu machen. Immer mehr Völker und Staaten kamen durch
Entdeckungen, wirtschaftliche Vernetzung, aber auch Eroberungen
miteinander in Kontakt. Dieser Beginn der Globalisierung führte vor
allem in Amerika, aber auch auf anderen Kontinenten zur Vernichtung ganzer Kulturen, auf deren Trümmern dann europäische Sied-
lungskolonien entstanden.

Gekennzeichnet war dieser Expansionsprozess häufig durch bru-
tale Gewalt. Europäer führten in Übersee nicht nur Kriege gegen
Einheimische. Im Verteilungskampf um Märkte und Kolonien gerieten sie schon bald direkt aneinander. Zu einem Weltkrieg indes eska-
lierten diese Konflikte erst, als sie mit einem gesamteuropäischen
Krieg ineinander flossen.

Die Tendenz hierzu beschleunigte sich im Verlauf des 18. Jahrhunderts und erreichte zwischen 1792 und 1815 einen Höhepunkt.
Die Kriege im Gefolge der Französischen Revolution und zur Zeit
der napoleonischen Herrschaft verheerten schließlich Europa von
Lissabon bis Moskau und strahlten zudem auf Nord- und Süd-

amerika, auf Teile Afrikas und den Nahen Osten, auf die Region am Kaspischen Meer und auf den indischen Subkontinent aus. Sucht man nach einem Weltkrieg vor 1914, so wird man in jener Periode fündig.

Seit den achtziger Jahren des 19. Jahrhunderts brodelte es in Europa erneut, wiederholt stand der Kontinent am Rand eines allgemeinen Kriegs. Gleichzeitig rief die schubweise Industrialisierung nicht nur Spannungen in den europäischen Gesellschaften hervor, sie trieb auch die Globalisierung weiter voran. Die Entfernungen zwischen den Kontinenten schrumpften, die wirtschaftliche Vernetzung intensivierte sich. Der hektische Imperialismus gegen Ende des 19. Jahrhunderts verlieh den europäischen Spannungen eine globale Dimension.

Der Wettlauf nach Afrika war in diesem Zusammenhang besonders gefährlich. Die Vertreter der Kolonialmächte bemühten sich daher, den Schwarzen Kontinent nicht zum Schlachtfeld zwischen Europäern werden zu lassen. Es sollte den frisch unterworfenen „Eingeborenen" keinesfalls das Schauspiel geboten werden, dass sich ihre neuen Herren gegenseitig massakrierten.

Als die Berliner Afrikakonferenz von 1884/85 die Spielregeln für die Aufteilung des Kontinents festlegte, wurde denn auch ausdrücklich beschlossen, die afrikanischen Kolonien im Fall eines europäischen Kriegs neutral zu halten. 1914 allerdings zeigte sich, dass derlei Übereinkommen im Ernstfall das Papier nicht wert waren, auf dem sie standen.

In der Tat nahm der Krieg sofort globale Dimensionen an. Er griff von Europa prompt auf die Kolonien über. Treibende Kraft war hierbei zunächst Großbritannien. Der völkerrechtswidrige deutsche Überfall auf das neutrale Belgien bot einen glänzenden Vorwand, die Abmachungen der Berliner Afrikakonferenz für hinfällig zu erklären.

Am 5. August 1914, unmittelbar nach Kriegsausbruch, beschloss das „Committee of Imperial Defence" in London, alle deutschen Kolonien anzugreifen. Britische, französische, indische und südafrikanische Truppen sollten Deutsch-Ostafrika, Deutsch-Südwestafrika, Togo und Kamerun erobern. Gleichzeitig sollten australische, neuseeländische und japanische Einheiten die deutschen Besitzungen im pazifischen Raum und in China attackieren.

Tatsächlich fielen die deutschen Niederlassungen in China und im Pazifischen Ozean schon bald in die Hände der Alliierten. Dabei hatten sich die deutschen Garnisonen zum Teil erbittert gewehrt. So hielten die noch nicht einmal 5000 Mann starken Verteidiger von Tsingtau, der deutschen Kolonie in China, gut zwei Monate lang gegen fast 60 000 japanische Belagerer aus, bevor sie kapitulierten und unter ehrenvollen Bedingungen in Gefangenschaft gingen.

Der Krieg in Afrika war härter. Togo, wo kaum deutsche Truppen stationiert waren, musste sich zwar schnell ergeben. Doch in Kamerun wurde bis in den Januar 1916 hinein heftig gekämpft. Erst dann gelang es Truppen aus Westafrika, der Karibik und Indien, die unter britischem und französischem Kommando standen, sowie belgischen Einheiten, diese Kolonie zu erobern. Den Ort Jaunde fanden sie verlassen und nahezu unbewohnbar vor. Die Männer der deutschen Schutztruppe hatten auf den verbliebenen Möbeln sogar ihre Notdurft verrichtet, um sie unbrauchbar zu machen.

Der Feldzug in Südwestafrika war zwar bereits am 9. Juli 1915 beendet, doch kostete auch er immerhin 1600 Soldaten das Leben. Am schlimmsten wüteten die Kämpfe um Deutsch-Ostafrika. Sie hielten den ganzen Krieg über an und dehnten sich auf Britisch-Ostafrika, Mosambik und Rhodesien aus. Auf britischer Seite kämpften rund 160 000 Soldaten aus dem Mutterland und den Dominions, dazu kamen mehr als eine Million Einheimische als Hilfstruppen und Träger. Ganze Landstriche wurden verwüstet. Hungersnöte, Seuchen und Gefechte forderten Tausende Tote unter der Zivilbevölkerung. Die Zahl der gefallenen Soldaten und Träger auf beiden Seiten überstieg 120 000.

Dabei hatten der deutsche Gouverneur Albert Heinrich Schnee und sein britischer Amtskollege in Nairobi, Henry Conway Belfield, zunächst gehofft, ihre Kolonien aus dem Krieg heraushalten zu können. Doch unter der „weißen" Bevölkerung machte sich sofort nach Bekanntwerden des Kriegsausbruchs in Europa eine regelrechte Hysterie breit. Im August 1914 wurde nachts in Nairobi wiederholt mit allen möglichen Waffen in die Luft geschossen, um vermeintliche deutsche Zeppeline abzuwehren.

Vor allem aber waren die Militärs auf beiden Seiten nicht bereit, sich die Aussicht auf Kriegsruhm entgehen zu lassen. Männer wie Paul von Lettow-Vorbeck, der mit Geschick und Rücksichtslosigkeit die deutsche Schutztruppe führte und den Gegner immer wieder narrte, konnten in den folgenden vier Jahren tatsächlich militärische Lorbeeren ernten. Doch die ganze Region zahlte einen bitteren Preis für diesen Ehrgeiz. Entgegen dem immer noch weit verbreiteten Mythos war der Krieg in Afrika alles andere als nur ein Abenteuer für europäische Heldentypen: Es war ein grausames Gemetzel.

Eine entscheidende Rolle spielten dabei die Dominions und Kolonien. Sie stellten nicht nur Millionen Soldaten und Hilfstrupps, sondern trugen auch einen wesentlichen Teil der Kriegskosten. Allein Indien gab bei Kriegsbeginn einen Kredit in Höhe von 100 Millionen Pfund und zahlte anschließend jährlich 20 Millionen bis 30 Millionen Pfund in die Kriegskasse des Empire.

Auch Frankreich rekrutierte Zehntausende Soldaten in Westafrika und im Maghreb. Massenweise wurden Kolonialsoldaten sogar auf den europäischen Schlachtfeldern eingesetzt, wo sie schwere Verluste hinnehmen mussten.

Aber die Heimatländer der Kolonialsoldaten waren eben keine souveränen Staaten. Die in Fragen der inneren Politik weitgehend souveränen Parlamente der britischen Dominions wurden von den Gouverneuren noch nicht einmal angehört, als es um die Entscheidung zum Kriegseintritt an der Seite des Mutterlandes ging. Staatsrechtlich betrachtet blieb dieser Konflikt somit über weite Strecken ein Kampf zwischen europäisch dominierten Imperien, auch wenn die betroffenen Menschen diese Vorgänge als Weltkrieg erfuhren.

Frühzeitig griffen souveräne außereuropäische Mächte in den Krieg ein. Vergleichsweise marginal blieb die Rolle des seit 1902 mit Großbritannien verbündeten Japan. Die dortige Führung beschränkte sich darauf, deutsche Kolonien in Ostasien zu besetzen, verlor aber nahezu gänzlich den Wettlauf mit Australien und Neuseeland um die deutschen Besitzungen im südlichen Pazifik. Das durch die Eroberung der deutschen Kolonie Tsingtau ausgelöste direkte Engagement der Japaner in China indes entzündete einen Konflikt, der zu den Wurzeln des Zweiten Weltkriegs zu rechnen ist.

Kurzfristig wesentlich bedeutsamer war der Kriegseintritt des Osmanischen Reichs – eines Imperiums, dessen Territorium seit 1912/13 fast gänzlich außerhalb Europas lag. Auf Betreiben des Kriegsministers Enver Pascha griffen die Osmanen im Oktober 1914 an der Seite der Mittelmächte in den Krieg ein. Ziel osmanischer Eroberungsträume war die Schaffung eines pantürkischen Reichs auf Kosten Russlands. Im Winter 1914/15 griff eine türkische Armee in der Kaukasusregion an.

Doch die schlecht vorbreitete Offensive endete mit einer Katastrophe. Für einen Winterfeldzug in den Bergen war die osmanische Armee nicht ausgerüstet. Zudem funktionierte der Nachschub nicht. So erfroren und verhungerten Tausende Soldaten. Von 90 000 Mann überlebten nur 12 000.

Ab Frühjahr 1915 drangen im Gegenzug russische Truppen nach Anatolien vor, wo sie bei Teilen der armenischen Bevölkerung Unterstützung fanden. Die osmanischen Behörden reagierten mit äußerster Brutalität. Die angeordnete Deportation der Armenier endete in einem regelrechten Genozid.

Der osmanische Kriegseintritt bewirkte eine fundamentale Wende in der britischen Nahostpolitik, deren oberstes Gebot bis dahin die Erhaltung des Osmanischen Reichs war. Mitglieder der britischen Führung, wie Außenminister Sir Edward Grey, gingen nun so weit, dem russischen Verbündeten insgeheim die Überlassung der türkischen Meerengen zu versprechen.

In der Folgezeit schacherten zudem britische und französische Unterhändler um ihre jeweiligen Wünsche bei der Aufteilung des Osmanischen Territoriums. Auch die italienische Regierung machte sich Hoffnungen auf einen erheblichen Anteil an der zu erwartenden Beute.

Der osmanische Sultan, in Personalunion Kalif und damit oberster religiöser Führer des Islam, rief seinerseits den Dschihad, den heiligen Krieg, gegen die Ungläubigen aus, um die muslimischen Untertanen innerhalb des britischen Empire, vor allem in Indien und im britisch besetzten Ägypten, sowie die Glaubensbrüder unter russischer Herrschaft zum Aufstand anzustacheln. Er hatte damit letztlich aber keinen Erfolg. Der Krieg in der Levante wurde vor diesem Hintergrund von allen Seiten mit großer Härte geführt.

Die Folgen waren verheerend. Die ganze Region geriet in Brand. Im Verlauf des Jahres 1915 scheiterte der britische Durchbruchversuch auf der Halbinsel Gallipoli, der die Eroberung Konstantinopels einleiten sollte. Den Truppen des Empire gelang es nicht, die türkischen Stellungen auf den Hügeln der Halbinsel zu stürmen. Mehr als 50 000 Mann, unter ihnen viele Australier und Neuseeländer, kamen

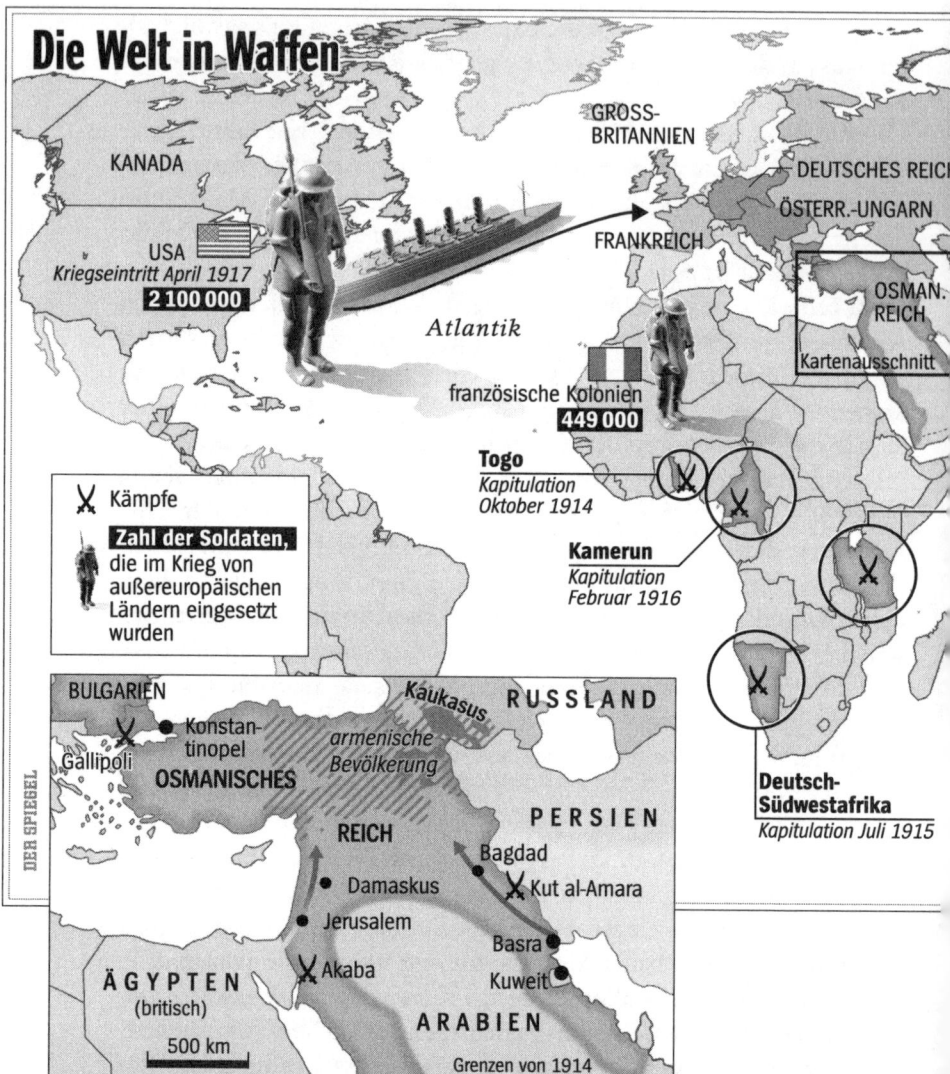

Die Welt in Waffen

KANADA

GROSS-
BRITANNIEN

DEUTSCHES REICH

ÖSTERR.-UNGARN

USA
Kriegseintritt April 1917
2 100 000

FRANKREICH

OSMAN.
REICH

Kartenausschnitt

Atlantik

französische Kolonien
449 000

Togo
*Kapitulation
Oktober 1914*

X Kämpfe

Zahl der Soldaten,
die im Krieg von
außereuropäischen
Ländern eingesetzt
wurden

Kamerun
*Kapitulation
Februar 1916*

BULGARIEN

Konstan-
tinopel

Kaukasus

RUSSLAND

Gallipoli

*armenische
Bevölkerung*

OSMANISCHES

REICH

PERSIEN

Bagdad

X Kut al-Amara

Damaskus

Jerusalem

Basra

ÄGYPTEN
(britisch)

X Akaba

Kuwait

Deutsch-
Südwestafrika
Kapitulation Juli 1915

ARABIEN

500 km

Grenzen von 1914

DER SPIEGEL

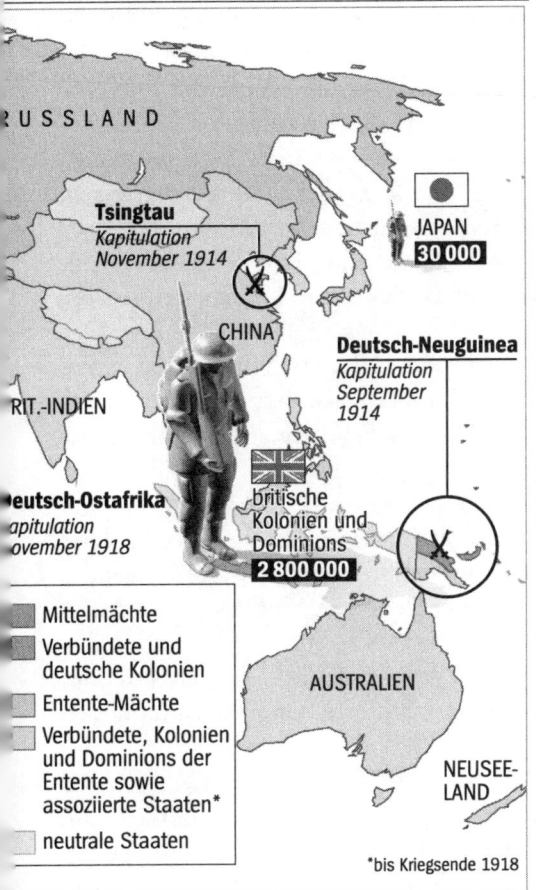

RUSSLAND

Tsingtau
Kapitulation
November 1914

JAPAN
30 000

CHINA

Deutsch-Neuguinea
Kapitulation
September
1914

BRIT.-INDIEN

britische
Kolonien und
Dominions
2 800 000

Deutsch-Ostafrika
Kapitulation
November 1918

Mittelmächte

Verbündete und
deutsche Kolonien

Entente-Mächte

Verbündete, Kolonien
und Dominions der
Entente sowie
assoziierte Staaten*

neutrale Staaten

AUSTRALIEN

NEUSEE-
LAND

*bis Kriegsende 1918

bei dem Desaster ums Leben. Die Tragödie von Gallipoli wirkt bis heute in Australien als Trauma nach und wurde 1981 mit dem jungen Mel Gibson in der Hauptrolle meisterhaft verfilmt.

Auch das zum Osmanischen Reich gehörende Mesopotamien, das Gebiet des heutigen Irak, wurde zum Kriegsschauplatz, nicht zuletzt wegen seiner Ölquellen. Im November 1914 landeten britische und indische Truppen an der Küste und nahmen schon bald Basra ein. Vorstöße in Richtung Bagdad kamen jedoch nur mühsam voran und wurden mit der Kapitulation von General Townshends Division in Kut al-Amara vorläufig gestoppt. Aber die Briten gaben nicht auf und schickten Verstärkungen. Am 11. März 1917 fiel Bagdad dann doch. Die Kampfhandlungen im nördlichen Mesopotamien gingen danach bis Kriegsende weiter.

Auf dem Sinai wurde ebenfalls gekämpft, zwei osmanische Vorstöße gegen den Suez-Kanal scheiterten. Auf der arabischen Halbinsel entwickelte sich derweil ein brutaler Kleinkrieg. Den von der Haschemiten-Dynastie des Emirs von Mekka geführten arabischen Aufstand unterstützten die britischen Behörden in Ägypten zunächst nur halbherzig. Aber der junge Archäologe und Offizier Thomas Edward Lawrence, der eigentlich nur als Beobachter nach Mekka entsandt worden war, ergriff die Chance, seinen unbändigen Tatendrang zu stillen. In enger Zusammenarbeit mit Feisal, dem Sohn des Emirs, intensivierte er den Guerillakrieg gegen die Türken. Mit der waghalsigen Einnahme der Hafenstadt Akaba errang der exzentrische Abenteurer endgültig Kriegsruhm als „Lawrence of Arabia".

Die Hoffnungen der Haschemiten auf die Gründung eines neuen arabischen Reichs erfüllten sich allerdings nicht. Sie scheiterten an den imperialistischen Expansionsansprüchen Großbritanniens und Frankreichs. Nicht einmal Lawrence, der vom Doppelspiel der Politiker angewidert war und sich auf die Seite der Haschemiten schlug, konnte daran etwas ändern.

Die Deutschen entsandten nicht nur Offiziere, Piloten und Material auf den nahöstlichen Kriegsschauplatz, sondern sogar ein eigenständiges „Asien-Korps", das bis zum Frühjahr 1918 eine Stärke von 18 000 Mann erreichte. Hochrangige deutsche Heerführer wie Generalfeldmarschall von der Goltz sowie die Generäle Otto Liman von Sanders und Erich von Falkenhayn übernahmen im Verlauf des Kriegs verschiedene führende Kommandoposten an den Fronten des Nahen Ostens. Allerdings war der deutsche Einfluss im Osmanischen Reich zu keiner Zeit bestimmend. Die entschieden nationalistische türkische Führung achtete streng darauf, das Heft in der Hand zu behalten. Einen deutschen Lawrence konnte es unter diesen Umständen nicht geben.

Der Krieg tobte schließlich auch in Palästina, Syrien und im Libanon. Die Zionisten stellten eigene Einheiten zusammen, um durch die Unterstützung der Briten ihrem Ziel, der Errichtung eines eigenen jüdischen Staats, näher zu kommen. Im Herbst 1917 startete General Edmund Allenby von der Sinai-Halbinsel aus eine britische Großoffensive. Am 9. Dezember 1917 fiel Jerusalem, seit 1517 in türkischer Hand. Der theatralische Einzug in die Heilige Stadt kurz vor Weihnachten war ein großer Propagandaerfolg für die Briten.

In den folgenden Monaten drang Allenby immer weiter nach Norden vor. Am 1. Oktober 1918 rückte australische Kavallerie in Damaskus ein.

Während das Osmanische Reich im Süden auseinander brach, versuchte die türkische Führung, sich durch eine letzte, fast aberwitzige Kraftanstrengung im Norden Luft zu verschaffen. Russland war durch Revolution und Bürgerkrieg geschwächt. Im Herbst

1918 drangen türkische Truppen bis nach Baku vor, um die muslimischen Brüder in Aserbaidschan zu befreien und ein neues Reich zu gründen.

Doch es war bereits zu spät. Am 31. Oktober 1918 musste die osmanische Führung sich dem Diktat der siegreichen Briten unterwerfen. Immerhin, das Osmanische Reich hatte vier Jahre lang einen äußerst harten Krieg an mehreren Fronten durchgestanden, was ihm vorher kaum jemand zugetraut hätte.

Der Preis war enorm: Etwa eine Million Menschen, die ermordeten Armenier nicht mitgerechnet, waren ums Leben gekommen. Der gesamte Nahe Osten versank im Chaos. Die späteren Friedensregelungen sorgten dafür, dass dies noch lange so blieb.

Der Erste Weltkrieg war von Anfang an auch und gerade ein Wirtschaftskrieg. Langfristig von größter Bedeutung war der Zugang zu den Weltmärkten. Die Wirtschaft der europäischen Mächte war nämlich längst viel zu sehr von den globalen Handelsströmen abhängig, um, nur auf sich selbst angewiesen, auf Dauer überleben zu können. Seeblockaden erwiesen sich als eine wichtige Waffe, um den Feind durch Abschnürung der Lebensmittel-, Rohstoff- und Warenzufuhr zu schwächen.

So sperrten Großbritannien und Frankreich die Zufahrten zum Atlantik und zum Mittelmeer. Die davon betroffenen Mittelmächte und ihre Verbündeten blockierten ihrerseits den russischen Außenhandel durch die Ostsee und durch die türkischen Meerengen. Die schlechte Infrastruktur machte es Russland unmöglich, die dadurch entstandenen Ausfälle über seine eisfreien Häfen im hohen Norden und im Fernen Osten zu kompensieren. Es war kein Zufall, dass jene Mächte, denen auf diese Weise der Zugang zu den Weltmeeren versperrt wurde, am Ende zu den großen Verlierern gehörten. Während ihre Kriegswirtschaft nämlich immer weniger in der Lage war, den Bedarf zu decken, konnten sich die Entente-Mächte nahezu ungehindert auf dem Weltmarkt bedienen. Ihre Kolonialimperien waren dabei sehr hilfreich. Doch geradezu entscheidend war der Zugang zum US-amerikanischen Markt.

Für die Wirtschaft der USA eröffneten sich glänzende Möglichkeiten. Zwischen 1914 und 1917 vervierfachten sich die Exporte. Allein die Eisen- und Stahlproduktion stieg um 76 Prozent. Auch die Landwirtschaft erreichte traumhafte Zuwachsraten. Die Masse dieser Exporte ging an die Entente-Mächte. Obwohl die USA offiziell ihre Neutralität erklärt hatten, ergriffen sie damit indirekt Partei.

Die deutsche Führung hielt sich daher für berechtigt, mit modernsten militärischen Mitteln ihrerseits eine Blockade des Transatlantikhandels aufzubauen. U-Boote sollten Großbritannien von den lebensnotwendigen Importen abschneiden. Doch die taugten nur bedingt zur Blockade, solange sie nicht ohne Rücksicht auf zivile und neutrale Ziele eingesetzt wurden. Nach langen internen Machtkämpfen setzten sich innerhalb der Reichsleitung schließlich Anfang 1917 jene durch, die den unbeschränkten U-Boot-Krieg trotz aller Warnungen aus Washington befürworteten. Die Folge war der Kriegseintritt der USA am 6. April 1917 – einem Karfreitag.

US-Präsident Woodrow Wilson war über die deutsche Hinterhältigkeit empört, zumal auch noch ein dummdreistes Telegramm von Staatssekretär Arthur Zimmermann abgefangen worden war, in welchem dieser die Regierung Mexikos aufforderte, die USA anzugreifen. Der Idealist Wilson verfolgte das Ziel, der Demokratie zum Sieg zu verhelfen. Obendrein lagen die Sympathien in den USA mehrheitlich auf Seiten der Entente.

Aber mindestens ebenso wichtig war, dass die USA in den letzten Jahren geradezu süchtig nach dem Handel mit den Entente-Mächten geworden waren. Die glänzende Konjunktur war in Gefahr, wenn die Handelspartner und Schuldner von den Mittelmächten besiegt werden würden. So spielten wirtschaftliche Motive eine ganz erhebliche Rolle dabei, die USA in den Krieg hineinzutreiben. Spätestens jetzt war der Weltkrieg endgültig da, zumal die meisten Staaten Lateinamerikas dem Beispiel Washingtons folgten.

Die deutsche Führung war davon ausgegangen, dass die USA kaum in der Lage sein würden, größere Truppenkontingente nach Europa zu entsenden. Welch ein Irrtum! Innerhalb von anderthalb Jahren wurde aus der 200 000 Mann starken Berufsarmee nach Einführung der allgemeinen Wehrpflicht ein Heer von vier Millionen. Etwa zwei Millionen GIs schafften die Amerikaner ohne Verluste über den Atlantik an die Westfront nach Frankreich.

Sie entschieden den Krieg. Nicht, dass sie besonders gut ausgebildet und ausgerüstet gewesen wären. Doch die schiere Masse dieser frischen Soldaten erdrückte die erschöpften deutschen Divisionen.

Dabei kamen rund 117 000 US-Soldaten durch Feindeinwirkung oder infolge von Krankheiten ums Leben.

Die schweren Niederlagen an der Westfront, der Zusammenbruch der Verbündeten und dann auch noch die Revolution im eigenen Land zwangen das Deutsche Reich im Oktober 1918, um Waffenstillstand zu bitten. Grundlage sollte das Vierzehn-Punkte-Programm von Präsident Wilson sein, das, ausgehend vom Selbstbestimmungsrecht der Völker, einen gerechten Frieden versprach. Zum ersten Mal in ihrer Geschichte waren die USA zur Weltmacht aufgestiegen.

Der Erste Weltkrieg endete mit einer merklichen Verschiebung der globalen Kräfteverhältnisse. Vier Imperien waren zusammengebrochen: das Deutsche Reich, Österreich-Ungarn, das Russische Reich und das Osmanische Reich. Mit Finnland, den baltischen Ländern, Polen, Ungarn, Österreich, der Tschechoslowakei und dem späteren Jugoslawien entstanden neun neue Staaten. Großbritannien, Frankreich und Italien erschienen als siegreiche Großmächte. Japan hatte seine Großmachtstellung in Ostasien gefestigt.

Dieser Krieg war in all seiner Grausamkeit Ausdruck der fortschreitenden Globalisierung. Er wurde nicht nur auf mehreren Kontinenten und allen Weltmeeren geführt, sondern er verschob riesige Armeen samt ihrem Tross über Tausende Kilometer hinweg. Dass sich dies technisch und logistisch überhaupt ermöglichen ließ, demonstrierte, wie klein die Welt geworden war. Es wurde zudem deutlich, wie eng sich das Netz der Weltwirtschaft verflochten hatte. Wer vom Weltmarkt ausgeschlossen war, hatte auf Dauer keine Chance.

Die Öffnung der Märkte und damit die weitere, diesmal friedliche Globalisierung war eines der wichtigsten amerikanischen Kriegsziele gewesen. Durch die erneute Selbstisolation der USA nach dem Krieg – der US-Senat verweigerte im März 1920 die Ratifizierung des Versailler Vertrags – aber wurde dieses Ziel verraten und auch die Gesundung der schwer beschädigten Weltwirtschaft behindert. Die von Wilson verfolgten multilateralen Prinzipien blieben somit letztlich Papier, und überall gewannen die nationalen Egoismen die Oberhand.

Für die Kolonialreiche hatte der Krieg noch eine andere bedenkliche Folge: Die Sieger konnten sich nämlich die deutschen Kolonien und die okkupierten Teile des Osmanischen Reichs nicht einfach einverleiben. Diese Gebiete wurden ihnen vielmehr als Mandate des neu gegründeten Völkerbundes übergeben, verbunden mit der ausdrücklichen Aufforderung, deren Unabhängigkeit vorzubereiten. Doch wenn diesen Gebieten zumindest langfristig das Recht auf Selbstbestimmung zuerkannt wurde, warum dann nicht auch den anderen Kolonien?

Die Dominions des britischen Empire hatten im Krieg an Selbstbewusstsein gewonnen und strebten in der Folgezeit nach größerer Selbständigkeit. Aber auch in Kolonien wie Indien wuchs das Verlangen nach Selbstbestimmung. Der Indische National-Kongress des Mahatma Gandhi berief sich fortan auf das Selbstbestimmungsrecht der Völker und vergaß auch nicht, an den erheblichen Beitrag zu erinnern, den Indien in diesem Krieg geleistet hatte.

Die Forderungen der indischen Nationalisten dienten den antikolonialistischen Bestrebungen in anderen Teilen der Welt in den folgenden Jahrzehnten als Vorbild. Durch den Sieg im Ersten Weltkrieg hatten das britische und das französische Kolonialreich ihre größte territoriale Ausdehnung erreicht. Doch gleichzeitig begannen sich jene Kräfte zu regen, die nach dem Zweiten Weltkrieg ihren Untergang herbeiführten.

Die Sieger erwiesen sich als unfähig, aus der globalen Katastrophe des Ersten Weltkriegs die richtigen Schlüsse zu ziehen. Statt sich der Herausforderung der Globalisierung zu stellen und sich um die Schaffung einer offeneren und gerechteren Weltordnung zu bemühen, beharrten sie auf jenem nationalistischen Kleingeist, welcher 1914 das Unheil heraufbeschworen hatte. Die in den Pariser Vorortverträgen ausgehandelte Friedensordnung provozierte auf Dauer neue Konflikte.

Der britische Offizier Archibald Wavell, der unter General Allenby im Nahen Osten gedient hatte, kommentierte das Ergebnis sarkastisch: „Nach dem ‚Krieg zur Beendigung aller Kriege' scheinen sie in Paris ziemlich erfolgreich an einem ‚Frieden zur Beendigung allen Friedens' gearbeitet zu haben."

„Ein Volk auf der Schlachtbank"

Im Frühjahr 1915 begann im Osmanischen Reich
der Völkermord an den Armeniern. Das deutsche Kaiserreich deckte das Verbrechen.

VON KAREN ANDRESEN

Die Männer holten sie zuerst. Eines Sommermorgens im Jahr 1915
führten türkische Häscher alle männlichen Bewohner des Ortes
Adiyaman ab. Ihre Familien sahen sie nie wieder.

Als Nächstes traf die zurückgebliebenen Frauen und Kinder der
Bannstrahl der Machthaber in Konstantinopel. Sie wurden aus ihrer
Heimatstadt gejagt und wochenlang kreuz und quer durch die glühende Hitze getrieben. 2000 Menschen, ohne Wasser und ohne Brot.
Mütter, deren Säuglinge in ihren Armen verendeten. Junge Mädchen,
die sich ängstlich vor Vergewaltigungen zu schützen suchten. Das Wenige, was die Verbannten am Leibe mitführten, nahmen ihnen schon
bald Wegelagerer ab. Wen die Kräfte verließen, der blieb am Straßen-
rand liegen. Über dem Land lag beißender Verwesungsgeruch.

Vergebens hatten die verzweifelten Frauen den Gouverneur in
Adiyaman angefleht, sie nicht erst auf lange Todesmärsche zu schicken, sondern gleich vor Ort zu erschießen. Nicht einmal diese
Gnade mochte Konstantinopel seinen armenischen Untertanen noch
gewähren.

Seit Oktober 1914 stand das Osmanische Reich an der Seite
Deutschlands und Österreichs im Krieg, und im Schatten der großen
Schlachten orchestrierte die Regierung noch ein anderes blutiges
Projekt – die Vertreibung und Ermordung der christlichen Armenier.
Es war ein Genozid, der an Grausamkeit wohl nur noch vom Holo-
caust an den europäischen Juden mehr als zwei Jahrzehnte später
überboten wurde. Über eine Million Menschen starben qualvoll,
und auch diesmal waren die Deutschen nicht ohne Schuld.

Zwar hatte das Kaiserreich den Völkermord nicht initiiert, wie es
die Propaganda der Entente behauptete. Aber Berlin deckte ihn. Aus

211

Sorge, den Waffenbruder am Bosporus zu verlieren, aber wohl auch, weil viele im wilhelminischen Deutschland die Abneigung der Türken gegen die Armenier teilten. „Blutsauger" seien sie, hieß es, und „gewissenlose Krämer", verschlagen und hinterlistig – Stereotype, wie sie die antisemitische Hetze in Deutschland auch gegen Juden benutzte. „Der Armenier ist der schlechteste Kerl von der Welt", schrieb Karl May, der in seinem Leben nie mit Armeniern zusammengetroffen war.

Die Menschen, gegen die sich diese Schmähungen richteten, lebten vor allem im Ostteil des Osmanischen Reichs, an der Grenze zu Persien und zum türkischen Erzfeind Russland, wo es ebenfalls große armenische Siedlungsgebiete gab.

Die Armenier waren besser ausgebildet als ihre türkischen oder kurdischen Nachbarn und deshalb zu einem wichtigen Wirtschaftsfaktor im Vielvölkerstaat aufgestiegen. Schmiede und Schlosser, Maurer und Schneider, Apotheker und Advokaten gehörten überwiegend der christlichen Minderheit an.

Seit Mitte des 19. Jahrhunderts begeisterten sich armenische Intellektuelle zunehmend für nationale Bewegungen – eine Entwicklung, die in Konstantinopel mit Misstrauen registriert wurde. Zumal sich auch die europäischen Mächte und, fataler noch, das am Bosporus verhasste Russland für mehr Eigenständigkeit der armenischen Minderheit stark machten. Schon 1895 begannen antiarmenische Pogrome, bei denen Tausende starben.

Die Lage spitzte sich zu, als 1913 Mitglieder der jungtürkischen Bewegung im Osmanischen Reich die Alleinherrschaft übernahmen. Getrieben von der Angst, ihr ohnehin in Auflösung begriffener Vielvölkerstaat könnte vollständig auseinander brechen, verschrieben sich die neuen Machthaber einem radikalen Nationalismus. Die Türken, so ihre Überzeugung, müssten andere ausrotten, um der eigenen Ausrottung zu entgehen.

Die Deportationen begannen in Zeytun, einem Ort im Taurusgebirge, dem Franz Werfel in seinem berühmten Roman „Die vierzig Tage des Musa Dagh" ein bewegendes Denkmal gesetzt hat. Im April 1915 verschanzten sich dort in einem Kloster 150 Deserteure. 4000 türkische Soldaten stürmten das Gebäude. Einen Tag später wurden die Bewohner der Stadt, die heute Süleymanli heißt, in die nahe gelegenen Sümpfe oder die Syrische Wüste getrieben.

Bald schleppten sich aus fast allen armenischen Ansiedlungen des Osmanischen Reichs verängstigte Menschen über die staubigen Straßen. Oder sie wurden in überfüllten Bahnwaggons wie Vieh durchs Land transportiert. Wer die Strapazen überlebte, musste in einem der Konzentrationslager in der Wüste ausharren, ohne Dach über dem Kopf. Allenfalls ein paar Erdlöcher boten spärlichen Schutz vor Hitze und Kälte. „Mein Volk", so die Klage eines armenischen Geistlichen, „liegt auf der Schlachtbank."

Der Regierung des deutschen Kaiserreichs blieb das mörderische Treiben ihres türkischen Verbündeten nicht verborgen. Schon am 10. Mai 1915 berichtete der Konsul in Aleppo, Walter Rößler, von einer „Vernichtung der Armenier in ganzen Bezirken". Seine Kollegen aus Erzurum und Adana schlugen ebenfalls Alarm.

Berlin beeindruckte das nicht. Die Regierung in Konstantinopel hatte militärische Gründe für die Vertreibungen vorgeschoben, und die deutsche Regierung hielt sich an diese Version. Die Maßnahmen, so der deutsche Botschafter Hans Freiherr von Wangenheim, bedeuteten zwar eine „große Härte", seien aber „leider nicht zu vermeiden".

Erst als die Kriegsgegner Deutschlands das Kaiserreich für die grausamen Massaker mitverantwortlich machten, entschloss sich Berlin, in Konstantinopel zu protestieren – besorgt allerdings mehr um den eigenen Ruf als um das Leben der Armenier. Er habe die Hohe Pforte, so Botschafter von Wangenheim im Juli 1915, „darauf aufmerksam gemacht, dass wir Deportationen der Bevölkerung nur insofern billigen, als sie durch militärische Rücksichten geboten" sind.

Konstantinopel blieb uneinsichtig – und konnte sich dabei auch auf deutsche Militärs berufen, die das Kaiserreich zur Reorganisation der osmanischen Armee an den Bosporus entsandt hatte. Etwa auf Korvettenkapitän Hans Humann, der feststellte: „Die Armenier wurden jetzt mehr oder weniger ausgerottet. Das ist hart, aber nützlich." Oder auf den Offizier Eberhard Wolffskeel, für den die Deportation der Bewohner von Zeytun „eine günstige Gelegenheit" war, endlich „aufzuräumen". Nur Paul Graf Wolff-Metternich, seit dem 15. November 1915 Botschafter in Konstantinopel, mochte nicht stillhalten. Knapp einen Monat nach seinem Amtsantritt schrieb er an Reichskanzler Theobald von Bethmann Hollweg, dass gegen die

„Armeniergreuel" unbedingt „schärfere Mittel notwendig" seien – etwa die Veröffentlichung eines scharfen Protestes in deutschen Zeitungen.

Bis dahin hatten die Deutschen in der zensierten Presse des Kaiserreichs von den Vorgängen im Osmanischen Reich kaum etwas erfahren. Und auch jetzt lehnte Bethmann Hollweg jede öffentliche Verurteilung des Bündnispartners ab. „Unser einziges Ziel ist, die Türkei bis zum Ende des Kriegs an unserer Seite zu halten, gleichgültig ob darüber Armenier zu Grunde gehen oder nicht", schrieb er unter die Metternich-Vorlage.

Zehn Monate später musste der Botschafter seinen Posten räumen. Die meisten Deutschen konnten auch weiterhin allenfalls in Kirchenblättchen lesen, dass im Osmanischen Reich gerade ein ganzes Volk auslöscht wurde.

Adolf Hitler allerdings muss über das Schicksal der Armenier wohl informiert gewesen sein – und hocherfreut darüber, dass der Genozid nach Kriegsende so schnell in Vergessenheit geraten war. „Wer spricht heute noch vom Völkermord an den Armeniern?", soll der Diktator seine Zuhörer im August 1939 auf dem Obersalzberg spöttisch gefragt haben. Gut zwei Jahre danach begannen die Massendeportationen in die deutschen Vernichtungslager.

Der Traum von der Seemacht

Der Aufbau der deutschen Hochseeflotte war eine
der Ursachen für den Ersten Weltkrieg. Doch während
des Kriegs spielte die Kaiserliche Marine nur eine Nebenrolle. Die britische Vorherrschaft auf den Weltmeeren
konnte sie nicht brechen.

VON MICHAEL SONTHEIMER

Der 21. Juni 1919 ist in Scapa Flow vor der Nordküste Schottlands
ein ungewöhnlich schöner Tag. Zu Beginn des Sommers zeigt sich
der Himmel über dem größten britischen Marinestützpunkt strah-
lend blau. Eine leichte Brise kräuselt das Wasser. Kaiserwetter. Die
74 Schiffe der deutschen Marine, die mit knapp 1800 Mann Besatzung seit November 1918 in Scapa Flow interniert sind und von der
Royal Navy bewacht werden, dümpeln friedlich in der Bucht.

Die Siegermächte der Entente pokern in diesen Tagen in Versailles
um die deutsche Kriegsflotte. Die Franzosen und Italiener beanspru-
chen jeweils ein Viertel der Schiffe, auch Belgier, Portugiesen und
Polen melden Ansprüche an. Briten und Amerikaner dagegen wollen
die Kriegsbeute am liebsten versenken. Unerbetene Hilfe leistet ihnen
der Deutsche Ludwig von Reuter, der die Besatzungen der Kaiserlichen Marine in Scapa Flow kommandiert.

Es ist kurz nach elf Uhr, als der Konteradmiral das entscheidende
Signal hissen lässt, auf das seine Männer den vier Tage zuvor ausge-
händigten Befehl ausführen: Die Matrosen eilen ins Innere der
Schiffe und öffnen sämtliche verfügbaren Schotteinlässe und Flut-
ventile. Das Linienschiff „Friedrich der Große" versinkt als erstes in
den Fluten.

„Unsere Zukunft liegt auf dem Wasser", hatte der junge Wilhelm II.
1898 erklärt. Der Kaiser war wild entschlossen, „Weltpolitik" zu
betreiben und Deutschland zu einer global agierenden Großmacht
aufzurüsten – mit Hilfe einer mächtigen Schlachtflotte. Der Mann,
der den Bau dieser Flotte realisieren sollte, war Alfred von Tirpitz.

Nachdem der Konteradmiral 1897 zum Staatssekretär des Reichs-
marineamts ernannt worden war, begann er sofort, ein groß ange-
legtes Flottenbauprogramm zu entwickeln. Tirpitz, den Rudolf Augstein einen „verkannten Schurken" genannt hat, setzte das Ziel einer
Flottenstärke von 19 Schlachtschiffen durch.

Der geistige Vater der deutschen Flottenrüstung indes war ein
Amerikaner. Der US-Seeoffizier Alfred Thayer Mahan hatte 1895
ein Buch mit dem Titel „The Influence of Sea Power Upon History"
veröffentlicht. Darin erklärte er, zum unabdingbaren Arsenal jeder
Weltmacht gehöre eine schlagkräftige Flotte, die die Handelsrouten
kontrolliert. Nur wer über eine mächtige Marine verfüge, so Mahans Postulat, könne im Kriegsfall den feindlichen Nachschub blockieren und den Gegner von See her mit Hilfe von Landungstruppen
direkt angreifen.

„Gegenwärtig", schrieb Wilhelm II. kurz nach Erscheinen des
Werks an einen Freund, „lese ich Kapitän Mahans Buch nicht, sondern verschlinge es und versuche, es auswendig zu lernen." Es befän-
de sich nicht nur an Bord aller seiner Schiffe, sondern werde auch
„beständig von meinen Kapitänen und Offizieren zitiert".

Nicht nur für den Kaiser und Tirpitz, sondern für das gesamte
Marine-Offizierskorps wurde die Flotte zum Symbol für Deutschlands Kampf um „einen Platz an der Sonne". Konteradmiral Adolf
von Trotha pries noch im Ersten Weltkrieg die Marine als natürlichen „Kraftausdruck des zur Weltmacht reifenden Volkes". In
einer Denkschrift urteilte er: „Nur ein Volk, das seinen nationalen
Sinn an Bord nimmt, ist ein Herrenvolk, die andern bleiben Die-
nende."

Der deutsche Wille, zum Herrenvolk aufzusteigen, richtete sich
zwangsläufig gegen Großbritannien. Seit der Seeschlacht von Trafalgar im Jahr 1805, in der Lord Nelson über die französische Flotte
triumphiert hatte, war die britische Herrschaft über die Weltmeere
nicht mehr herausgefordert worden. Ende des 19. Jahrhunderts beherrschte das Vereinigte Königreich rund ein Viertel des Territoriums und der Bevölkerung der Erde, seine Handelsmarine wickelte
mehr als die Hälfte des globalen Warenverkehrs ab – Britannia rules
the waves.

Den Engländern entgingen die deutschen Anstrengungen keineswegs. Sie fürchteten ohnehin das deutsche Heer, mit dem das Kaiser-

reich sich anschickte, das europäische Festland zu dominieren. Der Versuch Deutschlands, auch noch Seemacht zu werden, brachte die Briten dazu, die alten Feindschaften mit Frankreich und Russland zu begraben. Der deutsche Flottenbau, so analysierte Winston Churchill später, „schloss die Reihen der Entente. Mit jeder Niete, die Tirpitz in seine Kriegsschiffe trieb, einte er die britische öffentliche Meinung. Die Hämmer, die in Kiel und Wilhelmshaven erklangen, schmiedeten die Koalition der Nationen, die Deutschland Widerstand leisten und es schließlich zu Fall bringen sollten".

Die Briten begannen ihrerseits, ihre Grand Fleet aufzurüsten. Der Erste Seelord John Fisher ließ die althergebrachten Strukturen der von einem Zeitgenossen als „verschlafener, ineffizienter und mottenzerfressener Organismus" kritisierten Royal Navy modernisieren. Darüber hinaus wurden neue Schiffstypen entwickelt, allen voran die „Dreadnoughts" (Fürchte nichts) – schwer gepanzerte, gigantische Burgen aus Stahl, die mit zehn Geschützen des Kalibers 30,5 cm in alle Richtungen feuern konnten. Die Grand Fleet, so die Londoner Devise, sollte bei den Großkampfschiffen ein numerisches Übergewicht von 60 Prozent behalten. Das Wettrüsten führte beide Länder, so Augstein, „an die Grenzen ihrer finanziellen Kräfte".

Naturgemäß waren die Briten für Tirpitz sowohl Vorbild als auch „der gefährlichste Gegner zur See". Tirpitz' strategische Doktrin, wie man ihnen im Kriegsfalle beikommen könnte, war sehr simpel: Die Engländer, so nahm der selbstherrliche und beratungsresistente Admiral mit dem Gabelbart an, würden mit ihrer zahlenmäßig überlegenen Flotte schnell in die Offensive gehen, die deutsche Nordseeküste und deren Häfen blockieren und eine Entscheidungsschlacht suchen, um die deutsche Flotte zu vernichten. Im heimischen Gewässer der Deutschen Bucht sollte dann die Hochseeflotte, dank besserer Taktik und Technologie, die Briten in einer Entscheidungsschlacht besiegen.

Schon 1912 erkannte allerdings Admiralstabschef August von Heeringen: „Wenn der Engländer sich tatsächlich auf die Fernblockade mit konsequenter Zurückhaltung seiner Schlachtflotte verlegt, kann die Rolle unserer schönen Hochseeflotte im Kriege eine sehr traurige werden." Vorausschauende Worte, doch zunächst begrüßten junge Seeoffiziere wie Ernst von Weizsäcker, der nach dem Zweiten Weltkrieg in Nürnberg als Kriegsverbrecher verurteilte Vater des ehemaligen Bundespräsidenten Richard von Weizsäcker, den Krieg als „eine schöne Zeit der moralischen Regeneration".

Als Großbritannien am 4. August 1914 dem Deutschen Reich den Krieg erklärte, verfügten die Briten über 29 moderne Großkampfschiffe, die Deutschen nur über 18. Bei kleineren und älteren Schiffstypen war das Ungleichgewicht noch eindeutiger. Trotz der Überlegenheit an Schiffen, aber auch an Schnelligkeit und Feuerkraft versuchte der britische Admiralstab jedoch keine küstennahe Blockade in der Deutschen Bucht, sondern machte den Ärmelkanal und die Nordsee zwischen Schottland und Norwegen dicht.

Auf diese Fernblockade war der deutsche Admiralstab nicht vorbereitet. Er wollte zunächst mit kleineren Attacken das britische Übergewicht ausgleichen und dann die Grand Fleet für eine Entscheidungsschlacht in heimische Gewässer locken. Für den Fall, dass die Briten dabei nicht mitspielten, gab es keine Alternativpläne.

Was aber auf deutscher Seite vor allem fehlte, war eine Gesamtstrategie für Heer und Marine. In den ersten Kriegsmonaten, beim deutschen Vormarsch auf Paris, hätte die Flotte mit allen Mitteln die britischen Transporte an Truppen und Nachschub über den Kanal verhindern müssen, stattdessen dümpelte die Kriegsmarine tatenlos in den Nordseehäfen.

Alfred von Tirpitz hatte gar wie Kaiser Wilhelm und andere Phantasten in der deutschen Führung bis zuletzt nicht daran geglaubt, dass England gegen Deutschland in den Krieg ziehen würde. Der deutsche Admiralstab begann deshalb erst wenige Tage vor Kriegsausbruch mit konkreten Operationsplanungen gegen die Royal Navy.

Die Deutschen erlebten denn auch gleich zu Kriegsbeginn mehrere Desaster. Die Briten griffen am 28. August 1914 mit zwei Kreuzern und 31 Zerstörern einen deutschen Verband bei Helgoland an. Sie versenkten zunächst ein deutsches Torpedoboot, doch die Deutschen reagierten auf den Angriff schnell und leisteten Widerstand. Vizeadmiral Sir David Beatty musste mit zwei Schlachtkreuzern zu Hilfe eilen. Sein feuerstarker Verband versenkte drei kleine Kreuzer. 723 Deutsche kamen zu Tode; die Briten verloren lediglich 35 Mann.

Kein guter Start für die Hochseeflotte, deren Offiziere ohnehin an einem tief sitzenden Minderwertigkeitskomplex gegenüber den im Seekrieg ungleich erfahreneren Engländern litten. Da half es auch nur wenig, dass Vizeadmiral Maximilian Graf von Spee mit einem

Geschwader von fünf Schiffen vor der Küste Chiles zwei britische Panzerkreuzer versenken konnte. Die Admiralität in London schickte sofort einen Verband mit zwei modernen Schlachtkreuzern in den Südatlantik, und bei der Schlacht unweit der Falklandinseln am 8. Dezember versenkten sie vier der fünf deutschen Schiffe. Das Meer wurde für 1985 Seeleute zum Grab, darunter auch für Spee und seine beiden Söhne. Die Briten hatten nur sechs Tote zu beklagen.

Ähnlich erging es dem Geschwader des Konteradmirals Franz Ritter von Hipper, als es im Januar 1915 gegen die englische Küste vorstoßen wollte. Dank entzifferter deutscher Funksprüche war die britische Admiralität von dem bevorstehenden Angriff informiert. Russische Truppen hatten in einem in der Ostsee auf Grund gelaufenen deutschen Kreuzer die Codebücher der Kaiserlichen Marine geborgen und sie den Briten übergeben.

Vizeadmiral Beatty konnte deshalb mit seinen überlegenen Schlachtkreuzern Hippers Geschwader den Weg abschneiden. Bei dem Gefecht an der Doggerbank wurde der Panzerkreuzer „Blücher" versenkt; 600 Mann kamen um. Nur weil Beatty Angriffe deutscher U-Boote fürchtete und deshalb das Gefecht abbrach, entging die Kriegsmarine einer schlimmeren Niederlage.

Der Seekrieg war auf beiden Seiten von Anfang an durch defensives Denken geprägt. Die Schiffe, allen voran die modernen Schlachtkreuzer, waren nationale Prestigesymbole und ihr Bau derart teuer, dass die Admirale ihren Verlust nicht riskieren wollten. Nach dem Gefecht an der Doggerbank wurde der deutsche Flottenchef Admiral Friedrich von Ingenohl abgelöst.

Zur größten Seeschlacht im Ersten Weltkrieg kam es nur, weil beide Seiten nicht wussten, dass der Feind mit dem größten Teil seiner Flotte unterwegs war. Vizeadmiral Reinhard Scheer hatte für den 31. Mai 1916 einen Erkundungsvorstoß zum Skagerrak befohlen, der Meerenge zwischen der Nordküste Jütlands und der Südküste Norwegens. Er hoffte, mit seinen 99 Schiffen auf unterlegene britische Kräfte zu stoßen und sie zu vernichten. Allerdings wurden bereits die Funksignale, die die Exkursion einleiteten, von den Briten abgefangen und zum Teil entschlüsselt. Der Admiralstab in London ließ sofort die Grand Fleet unter Admiral Sir John Jellicoe mit insgesamt 150 Schiffen auslaufen.

Als es am frühen Nachmittag des 31. Mai zum ersten Sichtkontakt kam, hatten beide Admirale nicht die geringste Ahnung, dass sie es mit der feindlichen Hauptmacht zu tun hatten. Ohne Radar, funktionierende Luftaufklärung und verlässliche Funkkommunikation waren sie auf Sicht, unzuverlässige Flaggensignale und Intuition angewiesen.

In der ersten Phase der Schlacht am Skagerrak oder The Battle of Jutland, wie sie die Engländer nennen, stießen die Schlachtkreuzer aufeinander: Fünf deutsche, geführt von Vizeadmiral Hipper, eröffneten bei voller Fahrt aus 13 Kilometer Entfernung das Feuer auf die sechs britischen Schlachtkreuzer. „Alles in mir jauchzte in wilder Kampfesfreude", erinnerte sich Fregattenkapitän Georg von Hase, 1. Artillerieoffizier auf der „Derfflinger", an den Beginn der so lange ersehnten großen Schlacht.

Die britischen Schiffe waren schneller und besaßen schwerere, weiter reichende Geschütze, aber die Deutschen hatten an diesem Tag die bessere Sicht, schossen genauer und verfügten über wirkungsvollere Granaten. Außerdem waren die deutschen Schiffe dicker gepanzert. Innerhalb von nur 20 Minuten wurden die „Indefatigable" und die „Queen Mary" von schweren Explosionen zerrissen und versanken in den Fluten. David Beatty, ein Draufgänger vom Stile Nelsons, sagte nur: „Irgendwas stimmt heute mit unseren verdammten Schiffen nicht." Dann gab er den Befehl: „Näher ran an den Feind."

Während sich eine wilde Schlacht zwischen den kleineren Zerstörern und Torpedobooten entwickelte, sah Beatty eine schier endlose Kolonne feindlicher Schiffe auf sich zukommen, nahezu die gesamte deutsche Hochseeflotte. Hipper, so erkannte Beatty, wollte ihn in eine Falle locken. Er drehte sofort ab und fuhr mit seinen Schlachtkreuzern Volldampf gen Norden, von wo Admiral Jellicoe mit der Grand Fleet herandampfte.

Damit hatte sich die Lage schlagartig ins genaue Gegenteil verkehrt: Jetzt waren Beattys Schiffe die Lockvögel, die zunächst die deutschen Schlachtkreuzer und dann die gesamte Flotte in die Fänge Jellicoes führen sollten. Beattys Konvoi legte sich quer vor die Spitze der deutschen Armada und konnte beständig aus allen Rohren Breitseiten feuern, während die deutschen Schlachtkreuzer in Fahrtrichtung schießen mussten und dafür nur ihre vorderen Geschütze verwenden konnten.

Hipper ließ abdrehen, aber es kam noch schlimmer. „Über den ganzen Horizont", so beschrieb er später den erschreckenden Anblick, „trat die feindliche Schlachtlinie aus dem Dunst und feuerte auf uns mit allen schweren Geschützen." Die Hochseeflotte saß in der Falle.

Erst im Schutz der Dunkelheit gelang es Vizeadmiral Scheer, mit seinen Schiffen der Grand Fleet zu entkommen. Der Hochseeflotte blieb ein Trafalgar in der Nordsee erspart. Denn der vorsichtige Jellicoe verzichtete auf eine sofortige Verfolgung.

Die Briten hatten 6097 Tote zu beklagen, die Deutschen 2551. Den 14 versenkten britischen Schiffen mit insgesamt 111 000 Tonnen standen 11 deutsche mit 62 000 Tonnen gegenüber. In Deutschland wurde die Schlacht am Skagerrak denn auch als Triumph gefeiert. „Deutscher Seesieg", jubelte die „Vossische Zeitung", das „Berliner Tageblatt" meldete einen „großen Erfolg", der Kaiser gab im ganzen Reich schulfrei und fuhr nach Wilhelmshaven, um seinen Seehelden persönlich zu gratulieren. „Die englische Flotte wurde geschlagen", verkündete Wilhelm. „Ein neues Kapitel der Weltgeschichte ist von euch aufgeschlagen."

In Wahrheit endete die größte Seeschlacht des Ersten Weltkriegs – auf britischer Seite hatten 60 000 Mann gekämpft, auf deutscher 45 000 – ohne Sieger. Die Deutschen hatten zwar ein Gefecht gewonnen, aber strategisch brachte sie das nicht weiter. Die überlegenen Briten grämten sich ausgiebig, dass sie die Deutschen nicht vernichtend geschlagen hatten. Jellicoe räumte noch auf seinem Flaggschiff ein: „Ich habe eine der größten Gelegenheiten vorbeigehen lassen, die je ein Mann gehabt hat."

Winston Churchill analysierte die strategische Lage nüchtern: „Niemals hat eine Marine es nötiger gehabt, eine Schlacht zu schlagen und sich einen entscheidenden Sieg zu sichern, als die deutsche an jenem Tage." Doch die britische Marine habe ihre Stärke gezeigt und die Blockade aufrechterhalten. An der strategischen Situation habe sich durch die Schlacht nicht das Geringste geändert.

So sah es auch Flottenchef Scheer. „Es kann kein Zweifel bestehen", meldete er dem Kaiser, „dass selbst der glücklichste Ausgang einer Hochseeschlacht England in diesem Krieg nicht zum Frieden zwingen wird." Doch während er mit dem Traum des Admirals Tirpitz aufräumte, nährte er sogleich eine neue Illusion. „Ein siegreiches Ende des Kriegs", so Scheer, könne „durch Ansetzen des U-Bootes gegen den englischen Handel" erreicht werden. Beide Seiten hatten vor dem Krieg den Unterseebooten keinerlei Bedeutung beigemessen. Tirpitz setzte ganz auf die Hochseeflotte, und auch den Briten passte der Unterseekrieg nicht ins Konzept. Ihr Erster Seelord, Sir Arthur Wilson, lehnte U-Boote als „hinterhältig, unfair und verdammt unenglisch" ab.

Übersehen wurde dabei, welche zerstörerische Wirkung die vergleichsweise kleinen und billigen U-Boote entfalten konnten. Am 22. September 1914 versenkte Kapitänleutnant Otto Weddigen mit seiner U 9 vor der niederländischen Küste innerhalb von 75 Minuten drei britische Panzerkreuzer, 1459 Briten ertranken. Weddigen wurde enthusiastisch als Kriegsheld gefeiert und mit dem Orden Pour le Mérite ausgezeichnet.

Als sich an der Westfront immer deutlicher ein für beide Seiten verlustreiches Patt abzeichnete, wurden die Rufe nach dem „uneingeschränkten U-Boot-Krieg" immer lauter.

Der Admiralstab ließ Ende 1916 eine Denkschrift erarbeiten, nach der England innerhalb von fünf Monaten zum Frieden gezwungen werden könnte, wenn es gelänge, jeden Monat 600 000 Bruttoregistertonnen Schiffsraum zu versenken. Die Oberste Heeresleitung unter den Generälen Paul von Hindenburg und Erich Ludendorff bedrängte den Kaiser und Reichskanzler Theobald von Bethmann Hollweg ebenfalls. Besonders der Kanzler zögerte, fürchtete er doch zu Recht, dass dann die USA zwangsläufig auf Seiten der Entente in den Krieg hineingezogen würden.

Zunächst übertrafen die deutschen U-Boote – obwohl von 105 Booten höchstens jeweils 40 einsatzbereit waren – ihr Plansoll von 600 000 Bruttoregistertonnen deutlich. Als aber die Royal Navy begann, mit Zerstörern und U-Boot-Jägern große Frachtschiffkonvois über den Atlantik zu eskortieren, sank die Quote drastisch. Zudem entwickelten die Briten ein Unterwassersonar zur Entdeckung von U-Booten und Wasserbomben. Das machte die Unterwasser-Attacken zu Himmelfahrtskommandos. Vor allem aber hatte der Admiralstab nicht mit einbezogen, dass Briten und Amerikaner versenkte Schiffe schnell durch Neubauten ersetzen konnten.

Als das deutsche Heer im Sommer 1918 vor dem Zusammenbruch stand, wollte Scheer, inzwischen Chef des Admiralstabs, unbedingt die Ehre der Marine retten. Statt kampflos zu kapitulieren, träumte er davon, mit seinen seit der Skagerrak-Schlacht untätig in den Nordseehäfen vor sich hin rostenden Schiffen die Grand Fleet zu einer Endschlacht zu provozieren. Doch die Besatzungen waren nicht mehr bereit, sich auf diese „Todesfahrt" schicken zu lassen und verweigerten den Gehorsam.

Schon im August 1917 hatten Matrosen an Bord der „Prinzregent Luitpold" angesichts der miserablen Verpflegung und des eintönigen Diensts gemeutert – während die Mannschaften wässerige Rübensuppe löffelten, tranken die Offiziere in ihrer Messe Wein. Scheer ließ zwei vermeintliche Rädelsführer erschießen.

Ende Oktober 1918 leitete der Matrosenaufstand in Wilhelmshaven und Kiel die Revolution und den Fall des Kaiserreichs ein. Die kaiserliche Flotte war so nicht nur ein zentraler Grund für den Ausbruch des Ersten Weltkriegs, sondern trug auch entscheidend zu seinem Ende bei. Im Krieg selbst hatte sie nur eine Nebenrolle gespielt.

Im schottischen Scapa Flow sorgte sie am 21. Juni 1919 noch einmal für Furore.

Als den britischen Bewachern an jenem schönen Sommertag klar wird, dass die Deutschen systematisch ihre eigenen Schiffe versenken, ist es schon zu spät. Während die Matrosen in mit weißen Fahnen beflaggten Rettungsbooten ihre sinkenden Festungen verlassen, versuchen die Briten, die Besatzungen auf die Schiffe zurückzutreiben, damit sie dort die Luken und Ventile wieder schließen. In dem Tohuwabohu werden mehrere Deutsche erschossen und 21 verwundet – es sind die letzten Opfer des Ersten Weltkriegs.

Im offiziellen Bericht der Marine über die Versenkung des Schlachtkreuzers „Derfflinger" heißt es, man habe „der Welt beweisen" wollen, „dass die deutsche Ehre nicht als Krämerartikel auf den Markt getragen und verschachert würde".

Der Traum Wilhelms II., aus Landratten eine Nation von Seefahrern zu machen, war endgültig ausgeträumt. Der Ex-Kaiser, so berichteten Vertraute aus seinem holländischen Exil, habe nach dem Empfang der Nachricht vom Ende seiner Flotte geweint.

„Er hat den Mut eines Löwen"

Der Aufstieg, Fall und erneute Aufstieg Winston Churchills im Ersten Weltkrieg

VON MICHAEL SONTHEIMER

„Ich bin erledigt", eröffnete Winston Churchill dem Zeitungsverleger Sir George Ridell, als der ihn am 20. Mai 1915 im Sitz der Admiralität im Londoner Regierungsviertel Whitehall aufsuchte. „Ich bin das Opfer einer politischen Intrige."

Er sei doch erst 40, versuchte Riddell den Ersten Lord der Admiralität aufzumuntern – vergeblich. „Ich bin am Ende bei allem, was mir wichtig ist", erklärte ihm Churchill, „den Krieg führen, die Deutschen besiegen."

Drei Tage zuvor hatte der liberale Premierminister Herbert Asquith Churchill als Marineminister abgesetzt. Der Mann, der im Zweiten Weltkrieg zur Symbolfigur des Kampfs gegen Hitler und Nazi-Deutschland wurde, stürzte ins Nichts. Er fühlte sich, schrieb er später, wie ein Tiefseefisch, dem, plötzlich aus dem Meer heraufgeholt, der Kopf zu platzen droht. Deprimiert zog er sich auf seinen Landsitz zurück und begann zu malen.

Den Grundstein für seinen jähen Sturz hatte Churchill vor mehr als zehn Jahren selbst gelegt. Im Mai 1904 war er nach nur gut drei Jahren als konservativer Abgeordneter zu den Liberalen übergelaufen. Als sich Premier Asquith jetzt im Mai 1915 gezwungen sah, mit den Konservativen eine Koalition einzugehen, forderten die Tories vehement den Kopf des verhassten Verräters.

Da Parteiwechsel in der britischen Politik fast immer das Ende der Karriere mit sich bringen, war der schnelle Aufstieg des aus dem englischen Hochadel stammenden Winston Leonard Spencer Churchill umso imposanter gewesen. Schon anderthalb Jahre nach seinem Wechsel zu den Liberalen wurde er Staatssekretär im Kolonialministerium, bald Wirtschaftsminister und schließlich Innenminister.

Doch wirklich in seinem Element war Churchill, nachdem Premier Asquith ihn im Oktober 1911 zum First Lord of the Admirality (Marineminister) ernannte. Mit knapp 37 Jahren unterstand ihm die größte und mächtigste Kriegsflotte der Welt. Sofort stürzte er sich mit rücksichtsloser Besessenheit auf die Modernisierung der Royal Navy, ließ die Schiffe von Kohle- auf Ölfeuerung umrüsten, völlig neue Schiffstypen konstruieren und erstritt die nötigen Haushaltsmittel, um beim Flottenwettrüsten gegen die Deutschen eine britische Überlegenheit von 60 Prozent bei den Großkampfschiffen zu erhalten.

Als Berater gewann Churchill den bereits pensionierten Lord John Fisher, einen selbst für englische Standards ausgesprochen exzentrischen Seebären, der sich zuvor bei der Erneuerung der Navy verschlissen hatte. Der alte Fisher und der junge Churchill entwickelten geradezu eine Liebesbeziehung zueinander. „Der Ihre, bis die Hölle einfriert", unterzeichnete der Lord Briefe an den „Geliebten Winston".

Noch 1908 hatte Churchill sich öffentlich „gegen den Glauben in diesem Land" gewandt, „dass Krieg zwischen Deutschland und Großbritannien unvermeidlich ist". Doch spätestens seit die Deutschen bei der Agadir-Krise im Sommer 1911 mit ihrer Kanonenbootpolitik aufzutrumpfen versucht hatten, war er davon überzeugt, dass der Krieg kommen werde. Er ließ hinter seinem Schreibtisch in der Admiralität eine große Karte der Nordsee anbringen, auf der stets die aktuellen Positionen der Schiffe der deutschen Kaiserlichen Marine markiert waren.

Dabei hegte Churchill – wie die meisten Engländer – keine Ressentiments gegen die Deutschen. Gern hatte er die Kaisermanöver besucht und war von der Disziplin und Effektivität des deutschen Heeres – „eine schreckliche Maschine" – tief beeindruckt. Allerdings fand er, dass eine Flotte für Deutschland „eine Art Luxus" sei, während die Briten sie als Inselvolk unbedingt brauchten.

Der Kriegsausbruch überraschte ihn in keiner Weise. „Am allerwenigsten zeigte er Furcht oder Betretenheit", erinnerte sich ein Freund daran, wie Churchill beim Abendessen auf die Nachricht reagierte, dass Deutschland Russland den Krieg erklärt hatte. „Er ging hinaus wie ein Mann, der an seine lang geübte Arbeit geht."

Jetzt entwarf er bis spät in die Nacht Angriffspläne und bombardierte seine Admirale mit Ratschlägen, Memoranden und Anweisungen. Im Oktober 1914 sah er sich gezwungen, den in Deutschland geborenen Prinzen Louis von Battenberg – der sich bald in Mountbatten umbenannte – als Flottenchef zu entlassen und ersetzte ihn durch seinen Berater Lord Fisher.

Churchill war der Einzige in der britischen Führung, der kühne Strategien entwarf. So verstand er auch sofort, wie wichtig es in den ersten Kriegswochen war, das von den Deutschen belagerte Antwerpen möglichst lange zu halten. Als er Anfang Oktober 1914 in die belgischen Hafenstadt geeilt war und dort ohne rechte Legitimation die Befehlsgewalt über 8000 Marines übernahm, trug er die Uniform eines „Elder Brother of Trinity House", der Organisation, welche die britischen Leuchttürme kontrollierte.

Churchill konnte die Evakuierung der Truppen und die Kapitulation Antwerpens um fünf Tage hinauszögern und verschaffte den langsamen alliierten Armeen so die nötige Zeit, nicht von den deutschen Truppen beim Marsch zur Kanalküste überholt zu werden. Doch die konservative Opposition und ihre Presse warfen ihm vor, dass er die Admiralität für ein militärisches Abenteuer verlassen habe, bei dem er auch noch gescheitert sei.

Von nun an ging es mit dem ehrgeizigen Politiker nur noch bergab. Sein Niedergang als Marineminister im Mai 1915 kam mit dem Versuch, den Bosporus und Konstantinopel zu erobern, um auf dem Balkan die Oberhand zu gewinnen und der bedrängten russischen Armee über das Schwarze Meer eine Nachschubroute zu sichern. Dies war eine visionäre Strategie, doch weder der Kriegsminister Lord Kitchener noch die stets um ihre kostbaren Schiffe fürchtenden Admirale waren ganz von ihrer Umsetzbarkeit überzeugt.

Am 18. März 1915 hatte die britische Flotte die türkischen Festungen links und rechts der Meerenge der Dardanellen zusammengeschossen, aber der kommandierende Admiral weigerte sich, nachdem zwei britische und ein französisches Schlachtschiff auf Minen gelaufen und gesunken waren, ohne Unterstützung des Heeres zum Bosporus vorzustoßen.

Als die Armee über einen Monat später auf der Halbinsel Gallipoli landete, hatten die Türken sich längst auf eine Invasion vorbereitet, und die Landungstrupps kamen nur mit großen Verlusten die Klippen hinauf. Der als Ausbruch aus dem festgefahrenen Stellungskrieg an der Westfront gedachte Angriff endete gleich in neuen Schützengräben.

Churchill meinte, typisch für sein Temperament: Jetzt erst recht, mit mehr Schiffen und noch mehr Soldaten muss es zu schaffen sein. Doch sein Flottenchef Lord Fisher lehnte dieses Risiko strikt ab und trat zurück, wohl wissend, dass dies auch das Ende von Churchills politischer Karriere bedeuten würde. Premier Asquith sah sich gezwungen, auch den Marineminister zu entlassen.

Nach seinem Sturz im Frühjahr 1915 verfiel Churchill auf die Idee, sich an der Front bewähren zu wollen, und suchte um ein Kommando in Frankreich nach. Major Jock McDavid erinnert sich an die Ankunft des legendären Londoner Politikers. „Ich konnte kaum meinen Augen trauen, als ich den zweiten Wagen sah, der hoch mit Gepäck jeglicher Art beladen war. Zu meiner erschrockenen Verwunderung ganz oben drauf eine Badewanne aus Blech."

Aus dem Strategen und Organisator war ein Frontschwein im Schützengraben geworden. „Gentlemen", eröffnete er als Erstes seinen Offizieren, „wir führen Krieg – gegen die Läuse." Viel mehr konnte er nicht tun. Nach neun Monaten nahm er seinen Abschied, kehrte nach London zurück, wo er gelegentlich eine Rede im Unterhaus hielt. Doch sein glühender Ehrgeiz und seine unbändige Energie lagen brach.

Ein alter Freund, der liberale Premier Lloyd George, befreite ihn im Juli 1917 aus der quälenden Untätigkeit und machte ihn zum Minister of Munitions (Rüstungsminister). Wieder warf Churchill sich bedingungslos in die Arbeit, schlief oft in seinem Ministerium, schlichtete Streiks von Rüstungsarbeitern und trieb die Produktion von Panzern und Flugzeugen voran. Sein Job habe den großen Vorteil, schrieb er an Lloyd George, „dass man weder gegen die Admirale kämpfen muss, noch gegen die Hunnen". Der Chef des Generalstabs, Sir Henry Wilson, schätzte ihn als „wahren Edelstein in einer Krise", nachdem er, während die deutsche Armee bei ihrer Offensive im Frühjahr 1918 große Anfangserfolge erzielte, als Einziger in der Regierung Zuversicht und Ruhe bewahrte.

Doch als glücklichen Menschen darf man sich Churchill im Großen Krieg nicht vorstellen. Als im Juni 1918 sein Flugzeug einen Motorschaden hatte und gerade noch England erreichte, schrieb er:

„Fast hätte ich ein aufregendes, doch enttäuschendes Leben in den salzigen Wassern des Kanals beendet."

Der Erste Weltkrieg war nicht Churchills Krieg, seine überragende Rolle sollte er erst im Zweiten finden. „Er ist jung. Er hat den Mut eines Löwen", hatte James Garvin, der Chefredakteur des „Observer" nach Churchills Sturz im Mai 1915 geschrieben. „Die Stunde seines Triumphes wird kommen."

„Wir hauen ein Loch hinein"

Vom Herbst 1917 bis zum April 1918 war ein deutscher Sieg
möglich. Nach dem Zusammenbruch der Italiener am Isonzo
und dem Friedensdiktat gegen Russland suchte Generalquartiermeister Erich Ludendorff die große Entscheidungsschlacht an der Westfront – aber er gewann sie nicht.

VON MICHAEL SONTHEIMER

Es ist zwei Uhr morgens, als die deutsche und die österreichische
Artillerie mit rund 2000 Geschützen Gasgranaten auf die italienischen Linien zu feuern beginnen. Kurz nach acht Uhr setzen die
Stoßtrupps der Infanterie zum Sturm an. Im Schutz eines langsam
nach vorn wandernden Granatenhagels, der berüchtigten „Feuer-
walze", nehmen die Angreifer im Nahkampf eine italienische Stellung nach der anderen. Schon am Nachmittag des 24. Oktober 1917
haben sie den heute in Slowenien gelegenen Ort Caporetto am
Isonzo erobert.

Am dritten Tag des Angriffs bricht die italienische Front zusammen; der 2. Armee droht die völlige Vernichtung. Der italienische Generalstabschef, Luigi Graf von Cadorna, hatte zuvor geprahlt, seine
Truppen können fünf Wochen lang jeglichen Angriffen standhalten.
Jetzt muss er 1,5 Millionen Soldaten den Rückzug befehlen. In nur
vier Tagen haben sie das Terrain wieder verloren, für dessen Eroberung in gut zwei Jahren über 300 000 Mann umgekommen waren.

Als der Angriff vor allem wegen Nachschubproblemen nach elf
Tagen an der Piave, nur 30 Kilometer vor Venedig, zum Stehen
kommt, haben die Österreicher mit deutscher Unterstützung die
Front in den Alpen um rund 320 Kilometer verkürzt. Die italienische Armee hat rund zwei Drittel ihrer Artilleriegeschütze verloren,
10 000 Soldaten sind gefallen, 30 000 verwundet, fast 300 000 in
Gefangenschaft geraten. Der österreichische Politiker Josef Redlich
notiert in Wien: „Die Nachrichten von der italienischen Front sind
märchenhaft."

Angesichts der besonders im habsburgischen Vielvölkerstaat gras-
sierenden Lebensmittelknappheit und Kriegsmüdigkeit hatten die
Mittelmächte solche Erfolgsmeldungen auch nötig. Zumal es im
Herbst 1917 nicht mehr unbedingt so aussah, als ob die deutsche
Marine die Briten mittels eines uneingeschränkten U-Boot-Kriegs in
die Knie zwingen könnte.

Die im August 1916 eingesetzte und von Erich Ludendorff dominierte 3. Oberste Heeresleitung hatte von Anfang an auf eine Ausweitung des U-Boot-Kriegs auch auf alle zivilen Schiffe der Entente
und neutraler Staaten rund um die britischen Inseln gedrängt. Der
Admiralstab hatte vorgerechnet, dass deutsche U-Boote monatlich
600 000 Bruttoregistertonnen an Schiffsraum versenken und Großbritannien, das einen großen Teil seiner Lebensmittel importieren
musste, so innerhalb von fünf Monaten zum Frieden zwingen könnten.

Um den drohenden Kriegseintritt der Amerikaner zu verhindern,
hatte Wilhelm II. den U-Boot-Krieg zuvor gestoppt. Auch Reichskanzler Theobald von Bethmann Hollweg hatte gewarnt, dass sein
Scheitern „Finis Germaniae" – Ende mit Deutschland – bedeute.
Doch als der Kronrat am 9. Januar 1917 erneut darüber beriet,
gaben sowohl der Kaiser als auch der Reichskanzler Ludendorff
nach.

Es dauerte nicht lange, bis sich diejenigen, die den U-Boot-Krieg
als selbstmörderische Strategie abgelehnt hatten, bestätigt sahen.
Nachdem die deutsche U-Boot-Flotte am 1. Februar mit dem Versenken von Schiffen in einem weit um die britischen Inseln gezoge-
nen „Schutzgebiet" begonnen hatte, erklärte die amerikanische
Regierung am 6. April dem Deutschen Reich den Krieg.

Die Führungsclique Deutschlands hatte ohne Not einen potenziell
übermächtigen Gegner in den Krieg gezogen. Die Amerikaner verfügten zwar noch nicht über eine Armee, die diesen Namen verdiente,
aber über ein enormes menschliches und industrielles Potenzial
sowie die nach der englischen zweitgrößte Kriegsflotte der Welt.

Der Sieg von Caporetto gegen die Italiener war vor diesem Hintergrund ein bitter nötiger Triumph für die ratlosen Strategen der
Mittelmächte. Der kanadische Militärhistoriker Holger H. Herwig
wertet die Schlacht am Isonzo als einen „der spektakulärsten opera-
tionalen Erfolge" des gesamten Ersten Weltkriegs. Die Briten und
Franzosen zwang der drohende Zusammenbruch ihres italienischen

Alliierten zunächst zum Abzug von elf Divisionen von der allgemein als entscheidend angesehenen Westfront.

„Ende 1917", urteilt der britische Militärhistoriker Sir Michael Howard, „waren die Aussichten der Alliierten noch düster." Im Februar 1918 meldete der amerikanische Vertreter beim Allied Supreme War Council nach Washington: „Ich bezweifle, dass ich jemandem, der nicht beim letzten Treffen zugegen war, die Angst und die Befürchtungen vermitteln könnte, welche die Gemüter der Politiker und Militärs hier durchdringen." Im Januar 1918 schrieb der britische Rüstungsminister Winston Churchill an Premierminister David Lloyd George: „Die Deutschen sind ein schrecklicher Feind & ihre Generäle sind besser als unsere."

Wie knapp es zwischen Herbst 1917 und Frühjahr 1918 tatsächlich war, wird heute von den meisten Historikern unterschätzt und heruntergespielt. Es ist wohl zu verlockend, den Verlauf des Kriegs auf seinen Ausgang hin zu beschreiben. Zudem sprach die Unterlegenheit der Mittelmächte, von ihrem Menschen- und Industriepotenzial bis zu ihren überholten politischen Systemen, von Anfang an eher für einen Sieg der Entente.

Vor allem die deutschen Historiker neigen seit den sechziger Jahren dazu, den gesamten Krieg als einen ebenso verbrecherischen wie hoffnungslosen „Griff nach der Weltmacht" durch das deutsche Kaiserreich zu verurteilen.

Die berechtigten Hoffnungen der Mittelmächte um die Jahreswende 1917/18 herum, doch noch einen „Endsieg" zu erringen, gründeten sich auf die Entwicklungen im Osten. Am 7. November kam es in Petrograd zu einem Ereignis, das das gesamte 20. Jahrhundert prägen sollte: Die Bolschewiki unter der Führung von Lenin stürzten die nach der Abdankung des Zaren im März gebildete bürgerliche Übergangsregierung. Sie waren mit der Parole „Brot und Frieden" angetreten. Schon einen Tag später schlug der Sowjetkongress einen sofortigen Waffenstillstand „unter Verzicht auf Annexionen und Kontributionen" vor. „Die Entente", so Hans-Ulrich Wehler, „zerfiel über Nacht."

Für die Mittelmächte bedeutete die russische Revolution die Befreiung vom Zweifrontenkrieg. Schon nachdem deutsche Truppen Anfang September die russische Front vor Riga durchbrochen und die Stadt eingenommen hatten, begann die demoralisierte russische

Armee sich aufzulösen. Im Dezember 1917 wurden in Brest-Litowsk die Friedensverhandlungen über einen Waffenstillstand aufgenommen. Das ehemalige Zarenreich verlor einen beträchtlichen Teil seines europäischen Territoriums mit einem Viertel seiner Bevölkerung und drei Viertel seiner Kohlevorkommen.

Im Frühjahr 1918 herrschte unter den verbliebenen Anhängern eines „Siegfriedens" in Deutschland Hochstimmung. „Wir standen", so der nationalliberale Reichstagsabgeordnete und spätere Außenminister Gustav Stresemann, „niemals günstiger. Wir holen aus zum letzten Schlag."

Allerdings wurde jetzt die Zeit knapp. Nicht nur Ludendorff war klar, dass ein durchschlagender Erfolg an der Westfront erzielt werden musste, bevor die amerikanischen Truppen wirkungsvoll in die Kämpfe eingreifen konnten. Ab November 1917 begannen Ludendorff und sein Generalstab deshalb eine entscheidende Offensive im Westen zu planen. Ludendorff sah keine Alternative zum Ausspielen der „letzten Karte", wie die deutschen Offiziere die geplante Offensive nannten. Als der spätere Reichskanzler Prinz Max von Baden ihn fragte, welche Optionen im Falle eines Scheiterns noch blieben, herrschte ihn der General an: „Dann muss Deutschland eben zu Grunde gehen."

Doch der Untergang Deutschlands war keineswegs besiegelt. Die Oberste Heeresleitung hatte 52 Divisionen mit über einer Million Soldaten im Osten, von denen sie einen beträchtlichen Teil samt Artillerie an der Westfront hätte einsetzen können. Im März 1918 standen an der Westfront 192 deutsche Divisionen gegen 178 der Entente.

Bei der unter dem Decknamen „Michael" geplanten großen Offensive sollten jene Angriffstaktiken zur Anwendung kommen, die im Laufe des für die Strategen neuen und so frustrierenden Stellungskriegs entwickelt worden waren. Vor allem die Bedeutung der Artillerie war enorm gewachsen, denn es hatte sich gezeigt, dass die Infanterie nur dann Geländegewinne erzielen konnte, wenn zuvor die Artillerie nicht nur die Frontstellungen und feindlichen Geschütze, sondern auch die Kommunikationseinrichtungen nachhaltig zerstört hatte.

Für die größten Innovationen der Artillerietaktik – auf beiden Seiten – war Oberstleutnant Georg Bruchmüller verantwortlich, der bei Beginn des Krieges aus dem Ruhestand geholt worden war.

„Entscheidend für die Wirkung des Artilleriefeuers", hatte Bruchmüller festgestellt, „ist nicht so sehr die Zahl der auf den Feind geworfenen Granaten, als die Kürze der Zeit, in der dies geschieht." Der Vater von „shock and awe" hatte auch verstanden, dass tagelanges Beschießen eines Frontabschnittes dem Gegner ankündigte, dass bald eine Offensive folgen würde. Es ging deshalb darum, den Feind in wenigen Stunden mit einem Geschosshagel zu lähmen. Um den Überraschungseffekt zu vergrößern, ließ Bruchmüller zudem auf das langwierige Einschießen verzichten und die Ziele vorab berechnen sowie die Art der Geschosse genau festlegen.

Mit dieser Taktik hatten die Deutschen unter Bruchmüllers Leitung nicht nur die russische Front vor Riga durchbrochen, sondern auch die italienische bei Caporetto. Jetzt hatte Ludendorff Bruchmüller an die Westfront geholt. Dort ließ „Durchbruchmüller", wie er gern von seinen Kameraden genannt wurde, auf einer Frontlänge von 80 Kilometern im Schnitt 100 Geschütze pro Kilometer auffahren: „Das waren Zahlen", so Ludendorff, „an die früher kein Mensch geglaubt hatte."

„Der Orkan brach los", beschrieb der Schriftsteller und Leutnant Ernst Jünger, der einen Stoßtrupp führte, den Beginn der Michael-Offensive in den Morgenstunden des 21. März. „Ein flammender Vorhang fuhr hoch, von jähem, nie gehörten Aufbrüllen gefolgt. Ein rasender Donner, der auch die schwersten Abschüsse in seinem gewaltigen Rollen verschlang, ließ die Erde erzittern. Das gigantische Vernichtungsgebrüll der unzähligen Geschütze hinter uns war so furchtbar, dass auch die größten überstandenen Schlachten dagegen wie ein Kinderspiel erschienen."

Nach dem Giftgas kamen die Sprenggranaten, und an den Moment, als schließlich um 9.40 Uhr die Infanterie aus den Gräben stürmte, erinnert sich Jünger später: „Der übermächtige Wunsch zu töten, beflügelte meine Schritte." Rund 800 000 deutsche Soldaten griffen an. Als der Kaiser am dritten Tag der Offensive von einer Frontvisite ins Hauptquartier nach Spa zurückkehrte, verkündete er: „Die Schlacht ist gewonnen. Die Engländer sind völlig geschlagen." Wilhelm II. ordnete schulfrei im ganzen Reich an und ließ zum Abendessen Champagner auffahren.

Doch der Anfangserfolg war trügerisch. Ludendorff hatte keine Strategie und war dem französischen Generalstabschef, Ferdinand

Foch, klar unterlegen. Täglich änderte er die Stoßrichtung der Angriffe, jagte letztlich bedeutungslosen taktischen Erfolgen nach. Als Kronprinz Rupprecht von Bayern Ludendorff einmal fragte, was denn das operative Ziel der Offensive sei, antwortete er: „Das Wort Operation verbitte ich mir. Wir hauen ein Loch hinein. Das Weitere findet sich."

Was die ausgehungerten Soldaten bald fanden, waren in britischen Stellungen zurückgelassener Proviant oder französische Weinhandlungen, die sie sofort ausplünderten. Alkoholkonsum und Disziplinlosigkeit verlangsamten das Tempo. Der britische Generalstabschef, Sir Douglas Haig, räumte später ein: Mit nur sechs zusätzlichen Divisionen hätte den Deutschen der strategische Durchbruch nach Amiens und die Trennung der britischen von den französischen Truppen im Frühjahr 1918 gelingen können. Dass diese Kräfte fehlten, war Ludendorff zu verdanken, der an seinen aberwitzigen Annexionsplänen im Osten festhielt.

Eine Woche nach dem Beginn der Michael-Offensive hatten sich die deutschen Angriffsspitzen festgefressen. Der Durchbruch war wieder nicht gelungen, die Artillerie nicht hinterhergekommen und der Munitionsnachschub zu spärlich.

Der im Gegensatz zu Ludendorff stets nüchterne Kronprinz Rupprecht urteilte am 27. März 1918: „Der Krieg ist verloren."

Der Unfriede von Versailles

Die Sieger des Ersten Weltkriegs wollten eine dauerhafte Friedensordnung schaffen. Stattdessen vertieften sie die Spaltung Europas und legten so den Grundstein für den nächsten großen Krieg.

VON KLAUS WIEGREFE

Im Spiegelsaal des Schlosses von Versailles drängen sich am 28. Juni 1919 um kurz vor 15 Uhr über tausend Menschen: Staatsmänner, Diplomaten, Militärs und Journalisten. Als die Saaldiener mit „Sch! Sch!" zum Schweigen auffordern, erstirbt das Gemurmel. Die scharfe, durchdringende Stimme von Georges Clemenceau, dem 77-jährigen französischen Premierminister, durchbricht die Stille: „Bringen Sie die Deutschen herein."

Zwei mit Silberketten geschmückte Huissiers marschieren im Paradeschritt vornweg, ihnen folgen je ein Offizier der wichtigsten Siegermächte Frankreich, Großbritannien, Italien und USA. Dann betreten Außenminister Hermann Müller und Reichsverkehrsminister Johannes Bell den Raum. Ihre Gesichter sind bleich, den Blick richten sie starr zur Decke.

Um nicht mit französischer Tinte unterschreiben zu müssen, haben die beiden Deutschen eigene Füllfederhalter mitgebracht. Nach einer kurzen Ansprache Clemenceaus setzen Müller und Bell ihre Namen unter die Urkunde mit den 440 Artikeln; danach unterzeichnen die Vertreter von 26 Delegationen aus allen Kontinenten.

Der Friedensvertrag von Versailles zählt zu den am heftigsten angefeindeten Dokumenten des 20. Jahrhunderts. Die Regelungen waren zwar gemäßigt im Vergleich zu dem, was die Deutschen im Falle eines Siegs vorhatten und den Russen im Frieden von Brest-Litowsk 1918 auch abverlangten. Dennoch empörten sich Vertreter aller deutschen Parteien über den „Schmachfrieden". Er sei „unerträglich", urteilte Reichsministerpräsident Philipp Scheidemann. Der Sozialdemokrat trat zurück, weil er eine Unterzeichnung des

Vertrags nicht verantworten wollte: „Welche Hand müsste nicht verdorren, die sich und uns in diese Fesseln legt?"

Deutschland, so hieß es im berühmten Versailler Kriegsschuldartikel 231, habe den Alliierten den Krieg „aufgezwungen" und sei für „alle Verluste und alle Schäden verantwortlich". Die Weimarer Republik musste ein Siebtel des deutschen Gebiets von 1914 abtreten sowie alle Kolonien. Elsass-Lothringen ging verloren und auch die Landverbindung nach Ostpreußen. Millionen Deutsche lebten fortan in Polen und der Tschechoslowakei.

Die wirtschaftlichen Verluste waren ebenfalls beträchtlich: Deutschland gab fast seine gesamte Handelsflotte, ein Drittel der Kohlen- und drei Viertel der Erzvorkommen ab. Über die Höhe der verlangten Reparationen konnten sich die Alliierten zunächst nicht einigen, 1921 verständigten sie sich auf 132 Milliarden Goldmark, umgerechnet etwa 300 Milliarden Euro.

Außerdem musste Deutschland radikal abrüsten. Die Alliierten verboten die Wehrpflicht, die Weimarer Republik durfte nur ein Heer aus 100 000 Berufssoldaten unterhalten. Das Rheinland kam unter alliierte Besatzung und sollte erst nach 15 Jahren vollständig geräumt werden. Alliierte Inspekteure überwachten die Verschrottung aller Panzer, Militärflugzeuge und U-Boote.

Die Nationalsozialisten nutzten den Versailler Vertrag von Anfang an, um die junge Demokratie zu diskreditieren. „Es kann nicht sein, dass zwei Millionen Deutsche umsonst gefallen sind", tönte Adolf Hitler, „wir fordern Vergeltung."

Erst 1932, als die Weimarer Republik bereits daniederlag, stimmten die Alliierten einem Ende der Reparationen zu. Hitler setzte sich nach seinem Machtantritt über die meisten anderen Bestimmungen des Vertrags hinweg. Bis zum Zweiten Weltkrieg haben ihn die Alliierten nicht daran gehindert – ein folgenschwerer Fehler der westlichen Diplomatie.

Im Wesentlichen waren drei Männer für den Versailler Vertrag verantwortlich: der 62-jährige Jurist Woodrow Wilson, der im Dezember 1918 als erster US-Präsident Europa betrat, der 56-jährige britische Premierminister David Lloyd George, Sohn eines walisischen Lehrers, und der Franzose Clemenceau, ein gelernter Arzt, der von sich selbst sagte, dass er Deutschland „abgrundtief hasse für das, was es Frankreich angetan hat".

Seit dem 12. Januar 1919 trafen die drei täglich mit ihren Außenministern und den Vertretern Italiens und später auch Japans im französischen Außenministerium zusammen. Ab Ende März verhandelten sie gemeinsam nur noch mit Italiens Premier Vittorio Orlando in Wilsons Residenz. Wirklich gut vorbereitet auf die komplizierten Verhandlungen war die kleine Herrenrunde nicht; die Alliierten hatten ein Ende der Kämpfe erst für 1919 erwartet.

Die Politiker standen vor einer schier unlösbaren Aufgabe. Seit dem ersten Dreißigjährigen Krieg war Europa nicht mehr so verwüstet worden. Insbesondere Belgien und Frankreich hatten gelitten, Großbritannien hatte sich zudem für den Krieg hoch verschuldet. Wer sollte für den Schaden aufkommen? Vor allem aber: Wie ließ sich sicherstellen, dass ein revanchistisches Deutschland nicht schon bald einen neuen Krieg anzettelte? Die Deutschen waren auch nach 1918 den Franzosen überlegen, wie Clemenceau feststellte: „Der Fehler der Deutschen ist, dass es 20 Millionen zu viel von ihnen gibt."

Bereits 1919 sahen einige Industrielle eine Lösung für das deutsche Problem nur in einer europäischen Integration. Doch anders als 1945 gab es nach dem Ersten Weltkrieg keinen Feind wie den Kreml-Diktator Josef Stalin, der die Westmächte zur Mäßigung gegenüber den Verlierern zwang. Clemenceau und Lloyd George standen vielmehr unter großem innenpolitischem Druck. „Die öffentliche Meinung", so die amerikanische Historikerin und Urenkelin von Lloyd George, Margaret MacMillan, hätte Milde „nicht erlaubt".

Obwohl alliierte Experten wie der Ökonom John Maynard Keynes die zu erwartenden deutschen Reparationsleistungen realistisch einschätzten, setzte Lloyd George durch, dass keine Summe in dem Vertrag festgeschrieben wurde – er fürchtete die Reaktion in seiner Heimat auf einen als zu gering empfundenen Betrag.

Später jonglierten die Regierungen der Siegermächte mit astronomischen Zahlen. Um den grotesken Forderungen zu entgehen, nahmen Weimars Regierungen eine Hyperinflation in Kauf. Am Ende brachte das Reich, so die Schätzung MacMillans, etwas weniger auf als Frankreich nach dem deutschen Sieg 1871. Der politische Schaden für die junge Republik war hingegen enorm.

Am meisten Unterstützung hatten sich die Deutschen von den USA versprochen. Wilson hatte während des Kriegs einen „Frieden ohne Sieg" auf der Basis des nationalen Selbstbestimmungsrechts in Aussicht gestellt. Berlin konnte daher hoffen, vom Schlachten trotz einer Niederlage zu profitieren – denn viele Menschen aus den deutschsprachigen Gebieten der zerfallenden k. u. k. Monarchie strebten zum Reich.

Allerdings hatte der US-Präsident nach dem Jubel in Deutschland über den Diktatfrieden von Brest-Litowsk seine Haltung revidiert: „Das deutsche Volk muss lernen, den Krieg zu hassen." Dem ehrgeizigen Idealisten aus Virginia, von amerikanischem Sendungsbewusstsein beseelt, war vor allem eines wichtig: die Gründung des Völkerbundes, Vorläufer der heutigen Uno. Ein kollektives Sicherheitssystem sollte den Weltfrieden künftig garantieren, nicht ein Gleichgewicht zwischen den europäischen Großmächten. Um die Zustimmung Lloyd Georges und Clemenceaus für seine Vision zu erhalten, war Wilson bereit, beiden weit entgegenzukommen.

Das Ergebnis war ein Kompromiss, der die Lage in Europa auf Dauer destabilisierte. Denn die Bedingungen des Versailler Vertrags waren hart genug, um Deutschland gegen den Frieden aufzubringen, aber nicht hart genug, um es dauerhaft zu schwächen. Das Land wurde nicht geteilt, es musste das Rheinland nicht abtreten; nur eine Vereinigung mit Österreich verboten die Alliierten. Das Reich hatte gute Aussichten, so der Berliner Historiker Heinrich August Winkler, „wieder zur europäischen Großmacht aufzusteigen".

Zu allem Überfluss ratifizierte der US-Senat den Versailler Vertrag nicht. Die Vereinigten Staaten von Amerika – der wichtigste Garant für Frieden in Europa – zogen sich vielmehr vom alten Kontinent zurück und nahmen Frankreich und Großbritannien damit den Schutz vor dem deutschen Riesen.

Und dennoch hätte der Frieden von 1919 eine kleine Chance gehabt, wenn nicht auch Deutschlands Demokraten versagt hätten. Seit April 1919 lag der Regierung aus SPD, dem katholischen Zentrum und der liberalen DDP eine Dokumentation zur Politik Wilhelms II. in der Juli-Krise vor, aus der eine Hauptschuld Deutschlands und Österreich-Ungarns am Kriegsausbruch deutlich hervorging. Scheidemann nahm die brisanten Papiere unter Verschluss. Er wollte die eigene Position in Versailles nicht schwächen – und trug so zur Verbreitung der Kriegsunschuldslüge bei.

Wohl kein Artikel im Versailler Vertrag empörte die Deutschen so sehr wie der Hinweis auf ihre Kriegsschuld. Die gigantischen Zerstörungen in Belgien und Frankreich blieben in Deutschland weitgehend unbekannt. Als Ende April 1919 die Delegation Berlins nach Paris reiste, um dort die Friedensbestimmungen entgegenzunehmen, verfügte Clemenceau, die drei Sonderzüge dürften nur im Schritttempo durch das verwüstete Nordfrankreich fahren. Der Blick auf die Zerstörungen blieb ohne Eindruck auf die Delegationsmitglieder. „Wir waren aufrichtig davon überzeugt", schrieb ein mitfahrender Journalist später, „dass die größere Verantwortung am Kriegsausbruch bei der Gegenseite liege."

Den alliierten Vertragsentwurf wiesen die Deutschen scharf zurück. Doch nur in wenigen Punkten gelang ihnen in Versailles eine Korrektur. Am 16. Juni 1919 hatten die Alliierten genug und forderten eine Unterschrift binnen fünf Tagen. Andernfalls würden sie „diejenigen Schritte ergreifen, die sie zur Erzwingung ihrer Bedingungen für erforderlich halten".

Ein Telegramm vom Ersten Generalquartiermeister Wilhelm Groener, dem Ludendorff-Nachfolger, brachte in Weimar, wo die verfassunggebende Nationalversammlung tagte, die Entscheidung. Der General erklärte, dass eine Wiederaufnahme der Kämpfe aussichtslos sei. Daraufhin änderten bis dahin zögernde Zentrums-Abgeordnete ihre Meinung. Am 23. Juni stimmte die Versammlung einer Unterschrift zu. Außenminister Müller und sein Kollege Bell fuhren nach Versailles.

Hätten sich die Parlamentarier anders entschieden, wären Stunden später die Alliierten, die am Rhein standen, ins Innere Deutschlands marschiert.

Wer war schuld?

Wie es zum Ersten Weltkrieg kam

VON HEW STRACHAN

„Das Streben der deutschen Nation nach Macht und Ansehen nicht nur in Europa, sondern in der ganzen Welt hat extrem zugenommen." Diese Worte, vor 90 Jahren veröffentlicht in dem Buch „Grundzüge der Weltpolitik in der Gegenwart" von J.J. Ruedorffer, scheinen wenig mehr zu sein als eine Reflexion des damals in vielen Ländern gängigen Sozialdarwinismus. Doch sie haben es zu einer bösen und prophetischeren Deutung gebracht: Deutschland musste aus den Grenzen Europas ausbrechen, um Weltpolitik zu betreiben.

Ruedorffer war ein Pseudonym für Kurt Riezler, den jungen Vertrauten und Sekretär des deutschen Reichskanzlers Theobald von Bethmann Hollweg. Wenige Wochen nach Erscheinen seines Buches brach der Erste Weltkrieg aus, und Deutschland wurde beschuldigt, ihn ausgelöst zu haben.

In Deutschland sowie in Großbritannien und anderen Ländern gab es Anfang des 20. Jahrhunderts zahllose Publikationen, die mit sozialdarwinistisch angehauchtem Ideengut hausieren gingen, mit Wirtschaftsprotektionismus und halbgaren Theorien einer rassischen und kulturellen Vorherrschaft. Doch Zeitungsartikel und Pamphlete sind noch keine Regierungspolitik, und bei allem Expansionismus trat Riezlers Buch nicht dafür ein, Krieg als dessen Erfüllung zu befürworten.

Deutschland vor 1914 war ein florierender Staat, Hort neuer Ideen und Vorreiter intellektueller und wissenschaftlicher Entwicklungen: Das Kaiserreich stellte eine Chance für viele dar. Der Handel blühte, die Produktion wuchs. Deutsche Güter hatten Zugang zu den Märkten der Welt, nicht zuletzt dank der Briten, die unbedingt die Prinzipien des Freihandels aufrechterhalten wollten.

Am 9. September 1914 stellte Bethmann Hollweg ein Kriegszielprogramm auf: Deutschland sollte danach die Kontrolle über Belgien und Nordost-Frankreich im Westen, Polen und die baltischen Staaten im Osten übernehmen. Der Kanzler vertrat die Idee eines Mitteleuropas, einer zentralen, von Deutschland dominierten Wirtschafts- und Zollgemeinschaft. Das Septemberprogramm bedeutete eine Einengung der Riezlerschen Vision, keine Erweiterung, es war das Ergebnis doppelter Zwänge, beide unmittelbar durch den Ausbruch des Kriegs bedingt:

Erstens war Deutschland sowohl durch die Schließung seiner Landesgrenzen als auch durch die britische Seeblockade vom Welthandel abgeschnitten. Es musste seine Ressourcen organisieren, damit sie für einen langen Krieg zur Verfügung standen, vor allem, weil seine Feinde sich weltweit versorgen konnten.

Zweitens musste die Führung des Deutschen Reichs davon ausgehen, dass in der Nachkriegswelt der Freihandel vom Protektionismus abgelöst werden würde, besonders in Großbritannien. Die Bedrohung durch einen möglichen Handelskrieg, der eine Gesundung Deutschlands durch dauerhaften Ausschluss vom Weltmarkt ersticken würde, bestärkte den Gedanken an einen eigenen Wirtschaftsblock, auch wenn der sich auf die eher rückständigen Teile Europas konzentrierte.

Die Frage nach der Kriegsschuld schürte die Propaganda seit Anbeginn des Ersten Weltkriegs. Die Regierungen druckten eilends ihre Version der Ereignisse, um zu beweisen, wie provokant und unmoralisch das Verhalten ihrer Feinde war und um die eigene Beteiligung am Krieg zu rechtfertigen. Ihre Publikationen richteten sich an zwei Zielgruppen – an das eigene Volk und an die neutralen Staaten, in der Hoffnung, neue Verbündete zu gewinnen.

Diese Propagandaschlacht kam Deutschland höchst ungelegen, nicht zuletzt, weil der erste kriegerische Akt der Deutschen ihr Einmarsch in das neutrale Belgien war. Die Rechnung kam mit der Niederlage. Als die siegreichen Nationen Deutschland 1919 den Versailler Vertrag auferlegten, suchten sie nach einer Formel, die ihre Forderung nach finanzieller Entschädigung für Kriegsschäden begründen sollte. Sie glaubten, sie in Artikel 231 des Vertrags gefunden zu haben, nach dem Deutschland für den Ausbruch des Krieges verantwortlich war.

Die Diskussion vor und unmittelbar nach 1919 drehte sich darum, was tatsächlich im Juli 1914 geschehen war.

Am 28. Juni 1914 wurden der österreichisch-ungarische Thronfolger, Erzherzog Franz Ferdinand, und seine Frau in Sarajevo von bosnischen Attentätern ermordet. Die Donaumonarchie hatte Bosnien-Herzegowina, formell noch Teil des Osmanischen Reichs, erst 1908 annektiert. Doch ein Großteil der slawischen Bevölkerung mochte sich damit nicht abfinden, sondern wollte lieber zum benachbarten Serbien gehören.

Dass die Terroristen keinen Rückhalt in der serbischen Regierung hatten, war damals nicht klar, denn ihre Waffen stammten von Mitgliedern des serbischen militärischen Geheimdiensts. Die Führung Österreich-Ungarns war zu diesem Zeitpunkt gespalten. Das Außenministerium hatte zuvor das Gewicht der Doppelmonarchie auf dem Balkan durch ein Bündnis mit Bulgarien, der Generalstab durch einen Krieg gegen Serbien wiederherstellen wollen. Das Attentat ließ das Außenministerium auf die Militärlinie einschwenken – und mit Franz Ferdinand verloren die Gemäßigten ironischerweise einen ihrer mächtigsten Fürsprecher.

Leopold Berchtold, k. u. k. Außenminister, sandte seinen Kabinettschef Alexander von Hoyos nach Berlin, um den Beistand Deutschlands zu sichern. Denn sollte das Habsburgerreich das Attentat für einen Krieg ausnutzen, würde Russland, Österreich-Ungarns Rivale auf dem Balkan, sich wahrscheinlich hinter die Serben stellen. Österreich-Ungarn brauchte also Deutschland, um Russland abzuschrecken.

Hoyos überbrachte Wilhelm II. einen Brief von seinem Kaiser, dem greisen Franz Joseph. Das Schreiben wurde dem deutschen Kaiser am Sonntag, dem 5. Juli, vom österreichisch-ungarischen Botschafter beim Gabelfrühstück übergeben. Kaiser Wilhelm trat unmissverständlich dafür ein, dass Wien handeln müsse und dies auch in der Gewissheit tun könne, dass Deutschland hinter ihm stehe.

Am Nachmittag desselben Tages berief er einen Kronrat ein, an dem Reichskanzler Theobald von Bethmann Hollweg und Preußens Kriegsminister Erich von Falkenhayn teilnahmen, ferner Arthur Zimmermann als Stellvertreter von Außenminister Gottlieb von Jagow, der auf Hochzeitsreise war. Generalstabschef Helmuth von Moltke der Jüngere, Neffe des Kriegshelden der deutschen Einigung, war gleichfalls abwesend, er kurte gerade in Karlsbad.

Der Kronrat stimmte dafür, die österreichisch-ungarischen Bemühungen zu unterstützen, einen Balkan-Bund mit Bulgarien zu etablieren; was die Doppelmonarchie mit Serbien machte, war ihre Angelegenheit, doch würde Deutschland beistehen, falls Russland intervenieren sollte. Dies war der so genannte Blankoscheck. Wien hatte ihn verlangt, und Wien wollte ihn einlösen.

Für die restliche Welt aber zählte nur, dass Berlin ihn ausgestellt hatte. Die Außenminister in St. Petersburg und London konnten sich nicht vorstellen, dass das schwache, zerfallende Österreich-Ungarn handelte, ohne dass Deutschland die Fäden zog – und überschätzten auf groteske Weise den deutschen Entscheidungsprozess. Die Teilnehmer am Kronrat legten eine Sorglosigkeit an den Tag, die mehr an grobe Fehlkalkulation als an einen großen Plan gemahnte, mehr an Pfusch als an Verschwörung. Kriegsminister Falkenhayn unterrichtete Moltke schriftlich über die Vorgänge, schrieb, eine eilige Rückkehr sei nicht nötig, und nahm Urlaub.

Am 23. Juli übergab der österreichisch-ungarische Botschafter in Belgrad das Ultimatum seines Landes an Serbien. Es war in einem Stil verfasst, der eher geeignet war zu provozieren als zu beschwichtigen. Belgrad wurde 48 Stunden für seine Antwort gewährt.

Bis zu diesem Zeitpunkt hegte kaum einer in Europa große Sympathie für die Serben, die man für einen blutrünstigen Haufen hielt, und wie die österreichisch-ungarische Führung glaubten viele, dass Serbien tatsächlich hinter dem Mordanschlag auf Franz Ferdinand steckte. Die Serben konterten klug: Sie akzeptierten die meisten Forderungen des Ultimatums – außer denen, die ihre nationale Souveränität direkt verletzten.

Innerhalb zweier Tage schwenkte die Meinung in Europa zu Gunsten Belgrads um. Serbien erhielt Unterstützung von Russland. Der russische Ministerrat drängte am 24. Juli beide Seiten zur Versöhnung, sagte jedoch gleichzeitig zu, vier Militärdistrikte für eine Mobilmachung vorzubereiten. In seinem Bemühen, die Schuld für den Krieg umzuverteilen, machte Deutschland später viel Aufhebens um Russlands Mobilmachung.

Sechs Tage vergingen, bevor Russland sich am 30. Juli zur Generalmobilmachung entschloss – da standen Österreich-Ungarn und Serbien schon im Krieg. Für das Zarenreich bedeutete Mobilmachung noch nicht Krieg. Seine Ausdehnung und der schlechte Zustand des Eisenbahnnetzes machten eine Mobilmachung zu einem langwierigen Vorgang: Das Erreichen der vollen Sollstärke von 95 Divisionen dauerte drei Monate.

Für Deutschland aber bedeutete die Mobilmachung sehr wohl Krieg: Hier war ein weiteres Argument, mit dem sich der Vorwurf der Kriegsschuld festklopfen ließ.

Dank seiner zentralen Lage in Europa hatte das deutsche Reich im Westen und Osten exponierte Landesgrenzen. Das war auch der Grund, weswegen Bismarcks Generalstabschef Moltke der Ältere 1871 von Frankreich die Abtretung Elsass-Lothringens gefordert hatte: Dessen Höhenzüge bildeten eine strategische Barriere gegen eine französische Invasion Süddeutschlands.

Russland war mit Frankreich verbündet, und 1914 konnten beide Großmächte zusammen beinahe doppelt so viele Soldaten aufbringen wie Deutschland. Die deutschen Kriegspläne mussten sich mit dieser Zwei-Fronten-Gefahr befassen. Der Generalstab dirigierte den Großteil seiner Streitkräfte zuerst nach Westen. Im Osten baute er auf ein kleines deutsches Heer in Ostpreußen und die österreichisch-ungarische Armee in Galizien, um die Russen so lange aufzuhalten, bis der Sieg im Westen es erlaubte, Truppen wieder nach Osten zu verlegen.

Zahlenmäßige Unterlegenheit und geografische Lage bedeuteten, dass im Kriegsfall Deutschland nicht einfach in der Defensive bleiben konnte: Es musste entschlossen handeln und angreifen.

Am 30. Juli durchkreuzten diese militärischen Notwendigkeiten die politischen Prioritäten in Berlin. Moltke, aus dem Urlaub zurück, erklärte seinem österreichisch-ungarischen Kollegen Franz Conrad von Hötzendorf, Wien müsse gegen Russland, nicht gegen Serbien mobilmachen, und abends nötigte er dem Reichskanzler die Zusage ab, am folgenden Tag eine Entscheidung über die Mobilmachung Deutschlands zu fällen. Am 31. Juli forderte Deutschland Russland auf, die Mobilmachung zu beenden, am 1. August machte Deutschland selbst mobil und erklärte dem Zarenreich den Krieg.

Frankreich mobilisierte seine Truppen am selben Tag und erfüllte damit seine Verpflichtung Russland gegenüber, in vollem Bewusstsein, dass Deutschland den Krieg mit einem Vorstoß im Westen beginnen würde.

Die britischen Verpflichtungen Frankreich und Russland gegenüber waren lange nicht so bindend wie die zwischen Franzosen und

Russen – jedenfalls nach Ansicht Londons. Da seit dem anglo-französischen Flottenabkommen von 1912 der Schutz der nordfranzösischen Küste der Royal Navy oblag, war Frankreich besonders erbost über das Zögern Großbritanniens. Eingedenk der britischen Überzeugung, dass das Verhalten Österreich-Ungarns mehr von Berlin als von Wien gesteuert werde, schlug der britische Außenminister Sir Edward Grey am 26. Juli 1914 vor, Großbritannien und Deutschland sollten eine internationale Konferenz einberufen, um den Konflikt zu schlichten.

Bethmann Hollweg verwarf den Gedanken und bemerkte, die Sache gehe allein Österreich-Ungarn an. Briten wie Grey, die strategisch dachten, glaubten dem Reichskanzler nicht. Als Kriegsgrund reichte dies nicht aus. Die liberale Regierung brauchte einen „liberalen" Grund für die Beteiligung an einem kontinentalen Konflikt. Den lieferte Deutschland am 3. August mit dem Einmarsch in Belgien. Den Überfall auf Belgien sah die deutsche Führung als einfachsten Zugang nach Frankreich an und zugleich als Möglichkeit, das französische Heer von Norden her zu umfassen.

Großbritannien war nicht verpflichtet zu intervenieren, um die Neutralität Belgiens zu schützen: Gemäß dem Vertrag von 1839 war dies eine gemeinschaftliche Verpflichtung, die allen europäischen Großmächten auferlegt war, einschließlich Preußens. Doch Belgien war ein viel besseres Symbol als Serbien. Nun machte sich London für die Vorherrschaft des internationalen Rechts und für die Rechte der kleinen Nationen stark. Deutschland wurde zur Bestie Europas, zum Zerstörer der Zivilisation und zum Schlächter unschuldiger Zivilisten.

Diese Darstellung der Juli-Krise 1914, so selektiv sie ist, soll zwei sich wechselseitig verstärkende Merkmale herausarbeiten:

Erstens, die Ereignisse folgten zeitlich außerordentlich dicht aufeinander. Kaum mehr als ein Monat lag zwischen dem Mordanschlag auf Franz Ferdinand und Großbritanniens Kriegseintritt, kaum eine Woche zwischen dem Ultimatum Österreich-Ungarns an Serbien und dem Deutschlands an Russland.

Das bürgerliche Europa machte weit gehend Ferien; wer daheim geblieben war, fühlte sich nicht in Bedrängnis. Als Folge davon hinkte man hinter den Ereignissen her, als sich die Krise offenbarte. Nicht ein führender Politiker erfasste das Geschehen. Dies war das zweite Merkmal.

In den zwanziger Jahren bestand Deutschlands Antwort auf die Frage nach der Kriegsschuld darin, die Debatte auszuweiten. Deutsche Historiker, vom Außenministerium mit Dokumenten versorgt, richteten nun ihr Augenmerk von den kurzfristigen Gründen – den Ereignissen im Juli 1914 – auf die langfristigen Faktoren.

Nach den Napoleonischen Kriegen hatten sich die Europäer darauf geeinigt, Spannungen zwischen den Großmächten durch Kongresse einvernehmlich zu lösen. Doch mit der Einigung Deutschlands 1871 war im Herzen Europas ein mächtiger neuer Staat entstanden, und dem Kontinent war es schwer gefallen, sich darauf einzustellen. Von nun an beruhte die Sicherheit der europäischen Staaten weniger auf Einvernehmen als auf Allianzen:

1879 verbündete sich Deutschland mit Österreich-Ungarn, 1894 Frankreich mit Russland. Italien suchte 1882 Anschluss an die Deutschen und Österreicher und erweiterte die Allianz zum Dreibund; Großbritannien bildete 1904 die Entente cordiale mit Frankreich und erreichte 1907 einen Interessenausgleich mit Russland.

Europa ließ zu, dass diese Bündnisse, gedacht zur Stabilisierung des Kontinents, sich verfestigten, jede Seite warf der anderen üblere Motive vor, als real vorhanden waren. Die Juli-Krise 1914 war kein isolierter Vorfall, sondern der letzte in einer ganzen Kette. Begonnen hatte es damit, dass Frankreich trotz seiner 1880 gegebenen Garantie für Marokkos Unabhängigkeit seine Position in dem afrikanischen Land ausbaute. Deutschland hatte Frankreichs Vorgehen als gute Gelegenheit genutzt, die anglo-französische Entente zu testen. Doch anstatt zu zerbrechen, wurde sie durch die erste marokkanische Krise 1905 gefestigt. Europa stand damals kurz vor einem Krieg, so wie 1908/1909, nach der österreichisch-ungarischen Annexion von Bosnien-Herzegowina, und 1911, abermals wegen der französischen Ansprüche in Marokko.

Der Erhalt und das Zerbrechen von Allianzen wurden zum Selbstzweck, wichtiger als die Wahrung des Friedens. Folglich trug 1914 kein Staat besondere Schuld. Dieser Konsens, der spätestens in den dreißiger Jahren vorherrschte, enthielt die grimmigste aller Ironien: Der Krieg, der fast zehn Millionen Soldaten das Leben kostete, sei das Ergebnis von Missverständnissen und Fehlkalkulationen.

Diese Interpretation focht der deutsche Historiker Fritz Fischer in den sechziger Jahren an – und löste damit eine heftige Kontroverse aus. Ihm zufolge war Deutschland schuldig, den Krieg im Juli 1914 nicht nur kurzfristig, sondern auch langfristig verursacht zu haben. Deutschland, argumentierte Fischer 1969 in seinem Buch „Krieg der Illusionen", habe die Juli-Krise 1914 genutzt, um einen Krieg vom Zaun zu brechen, der die deutsche Vorherrschaft auf dem Kontinent sichern sollte. Das habe die deutsche Führung sowohl aus außenpolitischen Gründen als auch auf Grund innenpolitischer Zwänge – die angebliche Bedrohung durch den Sozialismus – getan.

Angelpunkt von Fischers Argumentation – die Verbindung zwischen den Ereignissen im Juli 1914 und den wachsenden Spannungen zwischen 1871 und 1914 – war die Sitzung des so genannten Kriegsrats, den der deutsche Kaiser am 8. Dezember 1912 einberufen hatte. Zwei Monate zuvor, im Oktober 1912, hatten sich Montenegro, Serbien, Bulgarien und Griechenland zusammengetan, um die Türken aus den Resten des Osmanischen Reichs auf dem Balkan zu vertreiben.

Dies waren Hiobsbotschaften für Deutschland – und vor allem für dessen Verbündeten Österreich-Ungarn. Als Vielvölkerreich mit Besitzungen auf dem Balkan konnte die Doppelmonarchie nur Schaden nehmen, wenn speziell Serbien Hoffnungen auf die Gründung eines unabhängigen südslawischen Staates schürte.

Hinter den Serben stand Russland mit seinen Liberalen, die eine panslawische Stimmung anfachten und durchaus zu einem Krieg bereit waren, falls die Österreicher eingreifen sollten, um die Balkanstaaten zu bändigen. Deutschland wiederum unterstützte Österreich-Ungarn.

Was als Balkankrieg begonnen hatte, wuchs sich nun zur europäischen Krise aus. Am 3. Dezember 1912 erklärten die Briten ihre Bereitschaft, Frankreich zu unterstützen, falls ein russisch-österreichischer Krieg einen Angriff Deutschlands auf den westlichen Verbündeten Russlands – Frankreich – nach sich ziehen sollte.

Wilhelm war über Britanniens Intervention empört. Er berief eine Konferenz seiner Militär- und Flottenchefs ein und erklärte, Österreich-Ungarn solle in seiner harten Haltung Serbien gegenüber bestärkt werden – für Fischer ein Beleg dafür, dass die deutsche Führung seit 1912 den Krieg geplant hatte. Moltke sagte, folgt man den Aufzeichnungen von Georg von Müller, Chef des Marinekabinetts, über die Sitzung des Kriegsrats, dass Krieg unvermeidlich sei, je eher er komme, umso besser.

Wie andere in Deutschland auch war der Generalstabschef beunruhigt über die latente Stärke Russlands. Und was zwischen Dezember 1912 und Juli 1914 geschah, war nicht dazu angetan, diese Befürchtungen zu beschwichtigen: 1913 stellten die Russen ein Militärprogramm vor, wonach die russische Armee bis 1917 dreimal so groß werden sollte wie die deutsche. Falls Moltke tatsächlich glaubte, Deutschland und Russland würden in naher Zukunft Krieg gegeneinander führen, dann musste er allerdings nach der Logik der deutschen Führung einen Präventivschlag führen, bevor Deutschland noch stärker ins Hintertreffen geriet.

Der Kriegsrat war nicht wegen des Verhaltens des Zarenreichs, sondern wegen Großbritannien einberufen worden. Die Lage der Marine hätte daher – folgt man Fischers Logik – wichtiger sein müssen als die der Landstreitkräfte.

Bis 1911 waren die Ausgaben für die Marine auf 55 Prozent der Ausgaben für das Heer angestiegen. Die Marine war ein Instrument der Weltpolitik und wurde von ihrem Stammvater, dem Reichskanzler Bernhard von Bülow, als Mittel nicht nur der Außen-, sondern auch der Innenpolitik verstanden. Anders als die Armee (in ihrer Struktur noch immer föderalistisch und von Preußen dominiert), war die Marine eine kaiserliche Teilstreitkraft, trotz ihrer aristokratischen Bestrebungen kamen ihre Offiziere aus der Mittelschicht. Aufträge der Marine brachten Beschäftigung für die deutsche Schwerindustrie, in schlechten wie in guten Zeiten. Allerdings wurde der Aufbau der Marine größtenteils durch Kredite finanziert, mit dem Ergebnis, dass sich zwischen 1900 und 1908 die Staatsschulden fast verdoppelten.

Bülow, der Vorgänger Bethmann Hollwegs, empfahl zur Finanzierung der Marine eine Erbschaftsteuer, doch stieß er damit die konservativen Landbesitzer derart vor den Kopf, dass er 1909 sein Amt niederlegen musste. Die Sozialisten bevorzugten progressive Einkommensteuern, wollten deren Erträge aber nicht in die Verteidigung fließen sehen; die Rechte befürwortete Aufwendungen für das Militär, wollte aber die finanziellen Folgen eines solchen Programms nicht schlucken.

Die Situation war ausweglos, und laut Fischer glaubten die deutschen Eliten, ein Krieg könne das Dilemma beheben. Doch trotz allen Aufwands war die Marine 1912 noch immer nicht gerüstet für einen Krieg. Großadmiral Alfred von Tirpitz versicherte dem Kriegsrat, sie werde innerhalb von 18 Monaten bereitstehen – bis Juni 1914.

Doch gegen Fischers These sprechen eine Reihe von Fakten. Bei der Sitzung des Kriegsrats 1912 war der Reichskanzler nicht anwesend, aber im Juli 1914 war er der wichtigste Mann in Berlin. Und Bethmann Hollweg wollte nicht Krieg, sondern Détente. Im Winter 1912/1913 hatte er dem Kaiser ein Tauschgeschäft vorgeschlagen, um das Verhältnis zu England zu entspannen: Begrenzung des deutschen Flottenausbaus gegen Großbritanniens Neutralität in Europa.

Die Sitzung des Kriegsrats vom Dezember 1912 endete mit nur einem einzigen förmlichen Beschluss: Die deutsche Öffentlichkeit sollte auf einen Krieg mit dem Zarenreich vorbereitet werden. Nichts weist darauf hin, dass irgendetwas unternommen wurde, um diese Entscheidung umzusetzen, weder im Pressebüro des Außenministeriums noch bei den Zeitungen selbst.

Und schließlich: Wenn die Chefs der beiden Teilstreitkräfte meinten, Russland, nicht Großbritannien, stelle die Hauptbedrohung dar, dann mussten sie die Armee ausbauen, nicht die Marine. Im Hinblick auf Infrastruktur und Ausstattung aber war die Armee 1914 weniger kampfbereit als 1912: Reservekorps zogen in den Krieg, denen es an eigener Artillerie, Luftunterstützung und Transportmitteln mangelte.

Das Problem der militärischen Planungen war ein möglicher Zweifrontenkrieg. Moltkes Vorgänger als Chef des Generalstabs, Alfred von Schlieffen, hatte entschieden, mehr Gewicht auf die Westfront und die Umfassung der französischen Armee zu legen. Der rechte deutsche Flügel sollte durch Belgien nach Frankreich marschieren. Kurz nach seiner Pensionierung 1905 verfasste er ein entsprechendes Memorandum, das der Nachwelt als Schlieffen-Plan bekannt wurde. Es war nicht der Plan, nach dem die deutsche Armee im August 1914 vorging, aber zwischen beiden bestanden viele Ähnlichkeiten. Schlieffens Memorandum hatte einen ganz anderen Zweck: Es sollte die Diskrepanz aufzeigen zwischen der Aufgabe, welche die deutsche Armee im Westen erledigen musste, und den Mitteln, die dazu vorhanden waren. Schlieffen ging von einem Bedarf von 94 Divisionen aus und hatte kaum 60 zur Verfügung. Die Aufgabe seines Nachfolgers Moltke war es, diese Lücke zu schließen.

1912 wurde die deutsche Armee um 29 000 Mann aufgestockt, 1913 um 136 000. Bis 1916 sollte die Armee um drei neue Armeekorps vergrößert werden. Generalstabschef Moltke und sein Kriegsminister dachten sogar daran, die Wehrpflicht, der bisher nur ein Teil der jungen Männer nachkommen musste, auf alle auszudehnen. Doch Falkenhayn glaubte im Sommer 1914, dies könne erst ab 1916 schrittweise umgesetzt werden und brauche bis zur vollständigen Verwirklichung zehn Jahre.

Die deutsche Armee war also längst nicht so kriegsbereit, wie Moltke im Kriegsrat am 8. Dezember 1912 suggeriert hatte. Deutschland fehlten die Mittel für einen langen Krieg, und Moltke wusste das. Sein Onkel hatte prophezeit, dass ein künftiger Krieg in Europa lange dauern würde – dank der europäischen Bündnisstrukturen: Sollte ein Staat in wenigen Wochen besiegt sein, wie Österreich 1866 und Frankreich 1870, würden ihm seine Verbündeten noch immer zu Hilfe kommen. Die Kriege der deutschen Einigung waren deshalb kurz gewesen, weil sie in einem Feldzug entschieden wurden. Wie sein Onkel erkannte der jüngere Moltke, dass der nächste Krieg nicht mit einem einzelnen Feldzug gewonnen würde. Seine Aussagen zu diesem Thema waren realistisch, geradezu pessimistisch.

Der deutsche Generalstab suchte nach einer operativen Lösung, um aus den politischen und ökonomischen Unwägbarkeiten herauszukommen. Das Ergebnis war eine Planung, die kaum weiter reichte als bis zur ersten Schlacht. 1913 folgte Moltke dieser Logik bis zum Schluss, als er sich dagegen entschied, die Planung für einen Krieg allein gegen das Zarenreich zu überarbeiten; stattdessen verlegte er das ganze Gewicht auf den Angriff im Westen. Ein europäischer Krieg, sagte er im Februar 1913 zu Conrad von Hötzendorf, werde nicht am Bug entschieden, sondern an der Seine. Moltke ließ nur vier Armeekorps zurück, die Ostpreußen vor einer russischen Invasion schützen sollten. Zudem koordinierte die deutsche Armee ihre Pläne nie mit ihrem Hauptverbündeten Österreich-Ungarn.

Das Interesse an der Armee in den Jahren 1912 bis 1914 bedeutete indes nicht förmliche Aufgabe der Weltpolitik: Politik außerhalb Europas spielte noch immer eine Rolle im Denken Bethmann Hollwegs.

Die Entente zwischen Frankreich, Russland und Großbritannien stellte eine Union der Gegensätze dar – das Bündnis einer Republik, einer Autokratie und einer konstitutionellen Monarchie. Die der Allianz innewohnenden Widersprüche traten besonders deutlich hervor, wo die Rivalitäten ihrer Mitglieder am heftigsten ausbrachen – in Afrika und Asien. Bethmann Hollweg wollte zwar Détente, aber er hoffte zugleich, außereuropäische Themen nutzen zu können, um die unterschwelligen Spannungen innerhalb der Entente zu befördern. England bestritt nicht Deutschlands Anspruch auf einen Platz an der Sonne. Es war bereit, sich mit Berlin über das Schicksal der portugiesischen Kolonien in Afrika auseinander zu setzen, und England und Russland einigten sich mit Deutschland über die Berlin-Bagdad-Bahn, so dass alle Beteiligten zufrieden waren.

Doch Bethmann Hollweg kam zu spät. Die kaiserliche Politik konnte zu keiner Détente führen, weil sie nicht länger von der europäischen Politik getrennt war. Daran war Deutschland selbst schuld. Die Abmachungen, die Großbritannien 1904 mit Frankreich und 1907 mit Russland getroffen hatte, waren bilaterale Abkommen, die koloniale Auseinandersetzungen schlichten sollten. 1904 hatte Großbritannien seine Position in Nordafrika, vor allem in Ägypten, ausgebaut, 1907 seine Sicherheit in Asien, vor allem in Indien, abgestützt. Also konnten die Briten ihren Verbündeten in Europa nicht untreu werden, ohne ihr Empire zu gefährden. Die Deutschen interpretierten das als Bedrohung der eigenen Sicherheit.

Auf Grund der geografischen Lage der Krisenherde in den Jahren 1911/12 waren die imperialen wie die europäischen Interessen der Großmächte gleichermaßen berührt. Die Konflikte lagen alle im Mittelmeerraum, im Norden in Europa, im Osten in Asien und im Süden in Afrika. Die Rivalitäten in Nordafrika waren eine direkte Folge des Zerfalls des Osmanischen Reichs, das sich über mehr als einen Kontinent erstreckte. Im September 1911 nutzte Italien die Ansprüche Frankreichs in Marokko aus, um der Türkei den Krieg zu erklären und Libyen an sich zu reißen, das noch zum Osmanischen Reich gehörte. 1912 nahmen die Balkanstaaten die Gelegenheit wahr, die der türkische Krieg mit Italien bot, um die osmanische Herrschaft über Südosteuropa zu beenden.

Der Krisenbogen, der entlang der Küste des östlichen Mittelmeers verlief, machte zwei übergreifende Phänomene deutlich, die beide die Idee eines durch konzertierte Konfliktbewältigung stabilisierten Europas untergruben.

Die in Libyen und auf dem Balkan stattfindenden Kriege wurden von kleineren Nationen geführt, die auf die Großmächte Einfluss nehmen konnten, indem sie deren wachsende Uneinigkeit ausnutzten. Nirgends war dies deutlicher als auf dem Balkan. Bis zur Bosnienkrise von 1908/1909 hatten Österreich-Ungarn und Russland ihre gemeinsamen Interessen in der Region einigermaßen austariert und so für ein gewisses Maß an Stabilität gesorgt. 1908 jedoch erklärte das Zarenreich, Österreich-Ungarn habe eigennützige Ziele in Bosnien verfolgt, ohne Rücksicht auf den russischen Anspruch auf Konstantinopel und die Meerenge, der durch den Niedergang des Osmanischen Reichs begünstigt wurde. Die Feindseligkeit, die St. Petersburg gegen Wien hegte, wurde von Serbien ausgenutzt. Auf diese Weise lenkten Belgrad – und Sofia und Athen – 1912 das Ganze nach ihrem Willen.

War der wachsende Einfluss der kleinen Balkanstaaten das erste Phänomen, so war das zweite der Niedergang der drei multinationalen Reiche, die Interessen in der Region verfolgten. 1914 war die wichtigste der drei Mächte nicht Russland oder die Türkei, sondern Österreich-Ungarn. Um zu verstehen, warum der Erste Weltkrieg ausbrach, ist es erforderlich, Fritz Fischers Fixierung auf Deutschland zu überwinden und den Blick abermals auf die Doppelmonarchie zu richten.

Die Verbindung zwischen Innen- und Außenpolitik war in der Donaumonarchie viel ausgeprägter als in Deutschland. Im Heer, sichtbarstes Symbol der Reichseinheit, waren zwölf Nationalitäten vertreten. Zwei davon gehörten zu ethnischen Gruppen, die gleichzeitig unter russischer Herrschaft standen – Polen und Ukrainer; andere teilten Sprache und Kultur mit unabhängigen Staaten, die an den Reichsgrenzen lagen – Rumänen, Serben, Kroaten, Bosnier, Italiener und Deutsche. Am gefährlichsten war Serbien, das sein Territorium in den beiden Balkankriegen von 1912 und 1913 verdoppelte und das einen von Wien unabhängigen südslawischen Staat anstrebte.

Österreich-Ungarn suchte nach einer Gelegenheit, um sein Ansehen auf dem Balkan wiederherzustellen und dabei die gängige Meinung zu widerlegen, es sei ein dem Untergang geweihtes Gemeinwesen. Kaiser Franz Joseph würde nicht mehr lange leben, und mit seinen Erben hatte er kein großes Glück. Lange vor der Ermordung des Neffen Franz Ferdinand hatte sein Sohn Rudolf Selbstmord begangen. Der nach dem Mord von Sarajevo als Kaiser-Nachfolger ausersehene Großneffe Karl war erst Mitte zwanzig.

Unter den Großmächten verfügte das k. u. k. Reich zudem über die am schlechtesten ausgerüstete Armee. Sie mochte für einen Balkan-Feldzug taugen, doch keinesfalls für einen europäischen Krieg – oder für einen, der an mehr als einer Front stattfand.

Die maßgeblichen Gründe für den nach dem Sarajevo-Attentat von Berlin ausgestellten Blankoscheck für einen Waffengang lagen denn auch weniger in der Motivation Deutschlands als in der Österreich-Ungarns. Wien war entschlossen, den dritten Balkankrieg zu entfachen, um seine Position als regionaler Machtfaktor zu sichern und nationale Unabhängigkeitsbestrebungen niederzuhalten.

Mehr noch als Moltke war Conrad von Hötzendorf ein Advokat des Präventivschlags. Er hatte Serbien schon während der bosnischen Krise bekämpfen wollen; allein 1913 forderte er 25-mal Krieg gegen Serbien.

Zwei Faktoren hatten ihn zurückgehalten. Zum einen das Außenministerium, das auf Verständigung am Konferenztisch setzte. Doch 1912 und 1913 hatten internationale Schlichtungen die kleineren Balkanstaaten begünstigt, nicht Österreich-Ungarn. Deshalb verwarf Wien am 26. Juli 1914 Greys Vorschlag, den Konflikt durch Einberufung einer internationalen Konferenz friedlich beizulegen. Der zweite Faktor war Deutschland. 1912 und 1913 hatten die Deutschen die Doppelmonarchie gegen Serbien nur halbherzig unterstützt. Nach Sarajevo sicherten sie ihren Beistand zu, Wien musste handeln, solange es konnte.

Zu behaupten, die Politik Österreich-Ungarns sei ausschlaggebend gewesen für die Juli-Krise, ist allerdings keine Antwort auf ein viel komplexeres Problem – die Frage nämlich, warum Deutschland 1914 den Blankoscheck überhaupt ausstellte, da es doch 1912 und 1913 einen vergleichbaren Beistand verweigert hatte. Die Erklärung, dass Deutschland sich eingekreist fühlte, dass Österreich-Ungarn sein einzig verlässlicher Verbündeter und dass die Welt ein bedrohlicher und gefährlicher Ort war, greift zu kurz. Hätte Deutschland seinen Beistand verweigert, wäre der Dreibund vielleicht geschwächt worden, aber nicht zerbrochen: Es gab keine andere Großmacht, an die Wien sich hätte wenden können.

Und auch das Verhalten des deutschen Kaisers beantwortet die Frage nicht. Vielleicht hat Wilhelm II. am 5. Juli mit starken Worten auf die österreichisch-ungarische Delegation reagiert, doch seine Stimmungsschwankungen waren berüchtigt. Seit der Affäre um seinen wichtigsten Berater Philipp von Eulenburg, der 1907 der Homosexualität bezichtigt wurde, war seine Autorität geschwächt. Nach der Sitzung des Kronrats vom 5. Juli 1914, in der die Politiker und Militärs Deutschlands Politik abgesegnet hatten, brach er zu einer Kreuzfahrt nach Norwegen auf und kehrte erst am 27. Juli in die Hauptstadt zurück.

Während dieser Zeit hielt Reichskanzler Bethmann Hollweg, ein durch den Tod seiner Frau wenige Wochen zuvor gebeugter Mann, die Zügel in der Hand, doch er zog sie nicht an. Er verfolgte eine Politik, die in sich logisch war – die Allianz zwischen Großbritannien, Frankreich und Russland zu zerbrechen: Petersburg würde wahrscheinlich Serbien stützen, dann würde vielleicht Frankreich Russland nicht beistehen und Großbritannien sich daher entschließen, keinem von beiden zu helfen.

1914 nahm Bethmann Hollweg das Risiko auf sich, dass aus einem Balkankrieg ein europäischer Krieg entstehen würde. Er redete sich ein, selbst wenn Österreich-Ungarn handeln sollte, werde Russland untätig bleiben. Die Angst, der Krieg würde eine Revolution nach sich ziehen – weit verbreitet in Europa –, saß im Zarenreich tief.

Einige von denen, die 1914 die Politik bestimmten, mochten auch überzeugt sein, dass der Krieg rasch vorbei sein werde, wie die Kriege von 1866 und 1870. Bethmann Hollweg glaubte nicht daran. Schon 1913 redete er davon, ein künftiger Krieg werde ein Weltkrieg sein. Zugleich hoffte der deutsche Kanzler, Schreckensvisionen von den Kriegsfolgen würden Russland davon abhalten, sich auf einen Krieg einzulassen.

Er hatte sich verkalkuliert. Am 29. Juli teilte Grey Deutschland unmissverständlich mit, Großbritannien werde sich nicht heraushalten. Konfrontiert mit der Möglichkeit eines Weltkriegs, versuchte Bethmann Hollweg, die Krise vor der Eskalation zu stoppen: Tags darauf forderte er Österreich unter der Devise „Halt in Belgrad" zur

Vermittlung auf – und annullierte damit den Blankoscheck, wie von Wien befürchtet.

Es war zu spät. Der Balkankrieg, von Österreich-Ungarn gewollt, hatte schon begonnen. Dass er nicht eingedämmt werden konnte, lag zum Teil an den langfristigen Faktoren. Wechselseitiger Argwohn hatte wechselseitige Paranoia geschürt. Die Franzosen fürchteten die latente Bedrohung durch ihre Nachbarn, während die Briten vor einer deutschen Invasion zitterten. Deutschland wiederum redete sich ein, dass die britische Marine einen Präventivschlag gegen die deutsche Flotte führen werde, während die vor Anker lag, dass die Franzosen sich für den Verlust Elsass-Lothringens rächen wollten und dass Russland, Bannerträger der asiatischen Barbarei, Ostpreußen überrennen werde. Diese Ängste erklären die Juli-Krise nicht, erhellen aber deren Vorbedingungen.

Als der Krieg erst einmal begonnen hatte, führten ihn alle Seiten nicht aus Gründen der imperialistischen Aggression, sondern zur nationalen Selbstverteidigung. Letztlich war es dieses Bewusstsein, das die Bürger der Krieg führenden Nationen dazu brachte, die schwere Bürde zu tragen, die ihre Regierungen ihnen auferlegten.

Übersetzung: Ilse Lange-Henckel

„Ein Buch wie ein Sprengsatz"

Der Historiker Konrad H. Jarausch über den Streit um
Fritz Fischers Forschungen zur deutschen Kriegsschuld,
die Haltung seiner Widersacher und die Frage, wie die
Kontroverse die deutsche Gesellschaft verändert hat

DAS GESPRÄCH FÜHRTE KAREN ANDRESEN

SPIEGEL: Herr Professor Jarausch, die Fischer-Kontroverse hat die
Bundesrepublik in den sechziger Jahren wie keine andere historische
Debatte davor und danach bewegt. Wie konnte ein Streit unter
Wissenschaftlern über die Kriegsschuldfrage im Ersten Weltkrieg so
viel Aufmerksamkeit auf sich ziehen?

JARAUSCH: Fischers Thesen waren ein Schock. In Jerusalem stand
Adolf Eichmann vor Gericht, in Frankfurt begannen die Auschwitz-
Prozesse. Allen Deutschen wurde vor Augen geführt, welche schrecklichen Dinge im Dritten Reich passiert waren. Und nun sollten sie
auch noch schuld am Ersten Weltkrieg sein.

SPIEGEL: Ging es in der Auseinandersetzung nur vordergründig um
den Ersten Weltkrieg, tatsächlich aber um Auschwitz und den Nationalsozialismus?

JARAUSCH: Es ging um die Legitimität des deutschen Nationalstaats. Im Mittelpunkt stand die Frage, ob ein deutscher Nationalstaat automatisch zum Ausbruch eines Weltkriegs führen muss.
In den Geschichtskonstruktionen der Alliierten, die von Friedrich
dem Großen über Bismarck zu Hitler reichten, war die gesamte
neuere deutsche Geschichte ein Irrweg. Indem Fischer die deutsche
Schuld am Ersten Weltkrieg heraus-
arbeitete, stellte er auch die Frage
nach der Kontinuität deutscher Geschichte.

SPIEGEL: Dieser Frage war die deutsche Historikerzunft bisher ausgewi-
chen?

Konrad H. Jarausch ist Direktor
des Zentrums für Zeithistorische Forschung in Potsdam und Professor of
European Civilization der University
of North Carolina.

JARAUSCH: Ja. Ein Grund dafür war, dass es sich bei dem Streit auch um einen Generationenkonflikt handelte. Und zwar zwischen denen, die den Ersten Weltkrieg noch als Soldat erlebt hatten, wie etwa die Fischer-Kontrahenten Gerhard Ritter oder Egmont Zechlin, und den anderen, die entweder, wie Fritz Fischer, 1914 noch Kinder waren oder aber den Ersten Weltkrieg gar nicht mehr erlebt hatten.

SPIEGEL: Er lasse sich von dem „Kerl" – gemeint war Fischer – nicht das „Kriegserlebnis rauben", hat der Hamburger Historiker Egmont Zechlin gesagt.

JARAUSCH: Zu solchen aus der Biografie begründeten Aversionen kamen noch tief greifende wissenschaftliche Differenzen. Seit Bismarcks Reichsgründung verstand sich die etablierte deutsche Geschichtswissenschaft als national engagiert. Kritik an der Politik des Kaiserreiches, die es von Intellektuellen und Pazifisten im und nach dem Krieg gab, ist von den damals tonangebenden Historikern immer vehement zurückgewiesen worden. Sie stellten sich hinter die These des damaligen Reichskanzlers Theobald von Bethmann Hollweg, dass es sich allein um einen Verteidigungskrieg gehandelt habe.

SPIEGEL: Das klingt eher nach Propaganda als nach Wissenschaft.

JARAUSCH: Die Historikerzunft hat sich trotz aller Unterschiede – da gab es ja auch Liberale, Konservative und Völkisch-Radikale – als Verteidigerin des Vaterlandes verstanden. Das hing natürlich auch mit dem Artikel 231 des Versailler Vertrages zusammen, in dem die Siegermächte Deutschland für den Ausbruch des Krieges verantwortlich machten.

SPIEGEL: Blieben die deutschen Historiker auch nach 1945 bei dieser Sicht?

JARAUSCH: In gewisser Weise, ja. Zwar versuchten sie, Ursachen der nationalsozialistischen Katastrophe zu thematisieren. Zum Beispiel Gerhard Ritter, der einer der vehementesten Fischer-Kritiker war und der während der NS-Zeit als konservativer Protestant dem Widerstand nahe stand. Aber die Selbstkritik ging nicht so weit, dass sie den Ersten Weltkrieg in die Betrachtungen mit einbezog. Das war ein Tabu, das nicht angetastet wurde.

SPIEGEL: Wie wurde dann Hitlers Aufstieg erklärt?

JARAUSCH: Als Betriebsunfall der deutschen Geschichte. Die Verbrechen, die im Dritten Reich passiert waren, konnte man nicht

Die doppelte Schuld

Vor 40 Jahren schreckte Fritz Fischer die Deutschen mit der These auf, sie seien auch für den Ersten Weltkrieg verantwortlich.

Es herrschte ein Andrang wie bei einem Popkonzert. 2000 Menschen strömten im Herbst des Jahres 1964 in das Audimax der Freien Universität Berlin. Wer nicht dabei war, konnte die Veranstaltung am Radio oder Fernseher verfolgen. Zu beobachten war jedoch kein Popstar, sondern ein unscheinbarer deutscher Professor, der gekommen war, um auf dem Historikertag seine Forschungsergebnisse zu verteidigen.

Fritz Fischer hatte seine Kollegen mit der Behauptung geschockt, dass Deutschland nicht nur schuld am Zweiten Weltkrieg war, sondern auch die Verantwortung für den Ausbruch des Ersten Weltkriegs trug.

Ausgangspunkt für die schockierenden Thesen waren bisher unbekannte Akten, die 1956 von Moskau nach Potsdam in die DDR zurückgebracht worden waren, darunter Material über die Kriegszielpläne des ehemaligen Reichskanzlers Theobald von Bethmann Hollweg im so genannten Septemberprogramm. Dieser hatte gut fünf Wochen nach Kriegsbeginn, am 9. September 1914, die deutschen Kriegsziele aufgeschrieben: Ausschaltung Frankreichs als Großmacht, Unterwerfung Belgiens, Zurückdrängung Russlands und, als Krönung, eine deutsche Hegemonialstellung über ganz Mitteleuropa.

Fischer verarbeitete die Fakten in seinem 1961 erschienenen Buch „Griff nach der Weltmacht". 1969 folgte „Krieg der Illusionen", in dem er die imperialistische Politik des Kaiserreichs vor 1914 analysierte.

In der zweiten Publikation spitzte Fischer seine Thesen zu. War er 1961 noch davon ausgegangen, Deutschland trage einen „erheblichen Teil der historischen Verantwortung" daran, dass es zum Ersten Weltkrieg gekommen war, so gab er Deutschland später die Alleinschuld am Kriegsausbruch. Das Kaiserreich, argumentierte er nun, habe den Waffengang von Anfang an geplant, um seine Ziele durchzusetzen. Diese Schlussfolgerung gilt heute als überzogen.

leugnen, gerade deshalb fühlte sich die Historikerzunft zur nationalen Schadensbegrenzung aufgerufen. Und dafür wurde die Weimarer Republik als eine positive Entwicklung interpretiert, die dann sozusagen der Vorlauf zur Bundesrepublik war. Nach Weimar sei dann das Schreckliche im Dritten Reich passiert, das man eigentlich kaum erklären könne. Deshalb müsse man sich möglichst schnell der Bundesrepublik zuwenden, um die aufsteigende Linie vernünftiger deutscher Staatlichkeit wieder aufnehmen zu können. Vor dem Hintergrund dieser Interpretation wirkte Fischers Buch „Griff nach der Weltmacht" wie ein Sprengsatz.

SPIEGEL: Er habe die gesamte deutsche Geschichte mit Hitlers Schmutz beschmiert, ärgerte sich der Historiker Michael Freund, und Gerhard Ritter sah eine „Selbstverdunkelung deutschen Geschichtsbewusstseins".

JARAUSCH: Das war die gängige Meinung unter den national-konservativen Geschichtswissenschaftlern. Verstärkt wurde die Konfrontation noch durch den Kalten Krieg. Die harten Urteile, mit denen ostdeutsche Wissenschaftler die Politik des Kaiserreichs verdammten, tabuisierten die Kriegsschuldfrage unter bundesdeutschen Historikern zusätzlich. Hinzu kam, dass die Frage nach der Legitimität des deutschen Nationalstaats immer auch die Frage nach der Legitimität einer Wiedervereinigung beider deutscher Staaten beinhaltete.

SPIEGEL: War das ein Grund, dass Fritz Fischer zunehmend auch von Politikern attackiert wurde? Der damalige Bundestagspräsident Eugen Gerstenmaier (CDU) griff den Hamburger Historiker sogar im Bulletin der Bundesregierung scharf an. Und Franz Josef Strauß rief die Bundesregierung 1965 dazu auf, die „Verzerrungen der deutschen Geschichte und des Deutschlandbildes" zu „beseitigen".

JARAUSCH: Einige Politiker waren wohl klug genug, um genau zu wissen, was da inhaltlich alles auf dem Spiel stand. Andere haben einfach aus einem populistischen Reflex heraus gehandelt, weil sie die Stimmung in der Bevölkerung kannten. Die älteren Bundesbürger, die beide Weltkriege mitgemacht hatten, sorgten sich vor dem Hintergrund immer neuer Berichte über die Nazi-Gräuel zunehmend um ihr Selbstwertgefühl und ihre Anständigkeit. Der Erste Weltkrieg musste deshalb unbedingt als Verteidigungskrieg erhalten bleiben. Die Briefseiten etwa im „Spiegel" oder in der „Zeit" waren damals gefüllt mit Wortmeldungen aufgebrachter Leser.

SPIEGEL: Tatsächlich hat die Bundesregierung 1964 versucht, eine Vortragsreise Fischers in die USA zu verhindern, indem sie dem Goethe-Institut die Mittel dafür strich. Erst nachdem amerikanische Wissenschaftler für ihren deutschen Kollegen Geld aufgetrieben hatten, konnte der dorthin reisen. Was waren die Folgen?

JARAUSCH: Nun wurde natürlich erst recht nach den dunklen Flecken auf der nationalen Weste gesucht, und die Sache bekam eine Publizität in den USA, die sie sonst nie erreicht hätte. Von heute aus betrachtet, hatte der Vorfall aber einen sehr positiven Effekt. Das Goethe-Institut lernte daraus. Die deutsche Kulturpolitik hat sich in den Siebzigern und Achtzigern sehr selbstkritisch präsentiert, obgleich es scharfe Auseinandersetzungen auch weiterhin gab.

SPIEGEL: Fischer war in seinem Auftreten und in seinen wissenschaftlichen Methoden alles andere als ein junger Wilder, sondern er entsprach ganz dem Bild des konventionellen deutschen Professors. Warum war er bei den aufrührerischen Studenten der Sechziger dennoch so beliebt?

JARAUSCH: In dem kritischen Generationenaufstand gegen die althergebrachte Ordinarienuniversität war auch ein anderes Geschichtsbild gefordert. Allerdings ging es vielen Studenten damals wohl weniger um Fischers Weltkriegsthesen als vielmehr darum, dass sich da jemand mutig gegen das Professorenestablishment stellte. Die Sympathie galt dem wissenschaftlichen Außenseiter, wie das in der deutschen Öffentlichkeit Jahrzehnte später während der Goldhagen-Debatte ganz ähnlich war. Und schließlich mag auch der lutherische Gestus Fischers, sein „Hier stehe ich, ich kann nicht anders", auf viele junge Leute sehr anziehend gewirkt haben.

SPIEGEL: Fritz Fischer war in der Nazi-Zeit Mitglied von NSDAP und SA. Jüngst ist aus seinem Nachlass ein Brief bekannt geworden, in dem er antisemitische Vorträge ankündigt. Sie haben in den achtziger Jahren über diesen Abschnitt seines Lebens mit ihm gesprochen. Wie weit hat er sich Ihnen offenbart?

JARAUSCH: In unserem Gespräch ging es eher um sein Saulus-Paulus-Erlebnis nach dem Krieg in amerikanischer Gefangenschaft. Dort sei er, erzählte er mir, mit Hunderten von SS-Leuten zusammengetroffen, die sich ihrer Verbrechen gebrüstet und sogar noch bedauert hätten, nicht noch mehr „Minderwertige" vernichtet zu haben. Geschockt von diesem Fehlen jeglichen Schuldgefühls sei es ihm wie Schuppen von den Augen gefallen, und er habe beschlossen, mit seinen wissenschaftlichen Arbeiten alles zu tun, um eine Wiederholung solcher Untaten zu verhindern.

SPIEGEL: Fischer hat sich im Laufe der Kontroverse um die Kriegsschuldfrage radikalisiert. Anfänglich war von deutscher Mitschuld am Kriegsausbruch die Rede, später vertrat er dann die Auffassung, Deutschland habe den Weltkrieg bewusst ausgelöst, um seine Kriegsziele durchzusetzen. Ist die Verschärfung seiner Position Folge seines moralischen Rigorismus, der viele an ihm irritierte?

JARAUSCH: Es gab bei Fischer einen gewissen Bekennerzwang und ein Handeln aus einer ethischen Verantwortung heraus, das überzogen war. Beides war wohl Folge seiner Auseinandersetzung mit der eigenen NS-Vergangenheit. Die Tatsache aber, dass er seine Thesen zum Ersten Weltkrieg verschärft hat, schreibe ich eher dem Einfluss seiner Doktoranden zu. Er hat das im Gespräch mit mir auch einmal zugegeben.

SPIEGEL: Heute sind Fischers Kriegsschuldthesen bei jüngeren Geschichtswissenschaftlern umstritten. Gibt es bleibende Verdienste des Hamburger Historikers?

JARAUSCH: Man tut Fischer Unrecht, wenn man wörtlich an seinen Thesen klebt. Wichtig ist, seinen selbstkritischen Impuls aufzunehmen. Im Ausland war die Reaktion auf Fischer zunächst ja nur: Das haben wir doch schon lange gewusst. Es hat ungefähr 10 bis 15 Jahre gedauert, bis der Anstoß zur Kritik der eigenen Nation, den Fischer gegeben hat, auch dort wirkte. Inzwischen ist da vor allem in der englischen Forschung einiges passiert. Insgesamt hat sich die Diskussion internationalisiert.

SPIEGEL: Und in Deutschland?

JARAUSCH: Die deutschen Historiker entwarfen für sich ein neues Leitbild. Das des kritisch-engagierten Wissenschaftlers, der Machtpolitik jedweder Art in Frage stellt. Hierin liegt für mich allerdings auch eine problematische Folge der Fischer-Kontroverse. Da hat es sozusagen einen Überschuss an Lernen gegeben.

SPIEGEL: Inwiefern?

JARAUSCH: Deutscher Nationalstaat muss nicht gleich Krieg, gleich Holocaust sein, wie manche fortan postulierten. Anstatt darüber nachzudenken, wie Macht, die aus menschlichen Beziehungen doch gar nicht wegzuleugnen ist, gezähmt und rechtlich reglementiert werden kann, kam es zu einer Verweigerung, sich überhaupt mit Machtpolitik auseinander zu setzen. Dass es diese Überreaktion gab, ist allerdings nicht allein der Fischer-Kontroverse zuzuschreiben. Eine Ursache war sicher auch die Auseinandersetzung mit dem Holocaust.

SPIEGEL: Spielten nicht auch die Erwartungen der alliierten Siegermächte an das geteilte Deutschland eine Rolle?

JARAUSCH: Ja, es war sicher ein historisch notwendiger Lernprozess, aber man sollte an diesem Punkt nicht stehen bleiben. Ansonsten hat die Fischer-Kontroverse entscheidend dazu beigetragen, dass sich in Deutschland bei den Intellektuellen, in den Medien und bei den Politikern ein selbstkritisches Geschichtsbild entwickeln konnte. Ein größeres Lob kann es für die Arbeit eines Historikers kaum geben.

SPIEGEL: Herr Professor Jarausch, wir danken Ihnen für dieses Gespräch.

Dokumente zum Ersten Weltkrieg

Der Mord an Österreichs Thronfolger am 28. Juni 1914

Das Attentat von Sarajevo wird rekonstruiert von Friedrich Würthle in seinem Buch „Die Spur führt nach Belgrad":

Der Hofsonderzug mit dem Erzherzog und seiner Gattin, der Herzogin von Hohenberg, hatte mit 17 Minuten Verspätung das Bad Ilidža verlassen und war gegen 10.07 Uhr beim so genannten Defensionslager eingetroffen, wo eine Autokolonne für die geplante Stadtrundfahrt bereitstand. Den Leitwagen des Konvois stellte die Polizei, im zweiten Wagen fuhren Bürgermeister und Regierungskommissär, das dritte Auto mit der Wiener Zulassungsnummer A III-118 war für sechs Personen bestimmt: die hohen Gäste, den Landeschef und Armeeinspektor Feldzeugmeister Oskar Potiorek sowie den Besitzer des Wagens, Graf Harrach, Flügeladjutant des Erzherzogs, und schließlich den Chauffeur. Die Suite des Thronfolgers war in den Wagen 4, 5 und 6 untergebracht.

Den Appelquai entlang, der das Ufer des Flusses Miljačka begleitet, auf einer Strecke von nicht viel mehr als 500 Metern, hatten inzwischen unbehindert sechs Attentäter ihre Posten bezogen. Einige waren knapp vorher, um acht Uhr früh, im Hinterzimmer einer Zuckerbäckerei bewaffnet worden, und zwar durch den 24 Jahre alten Lehrer und Journalisten Danilo Ilić. Er hatte den Aufstellungsplan mit dem 19 Jahre alten Gavrilo Princip abgestimmt, der bis gegen neun Uhr mit einem Schulfreund, dem Sohn des Sarajevoer Staatsanwaltes Svara, spazieren gegangen war.

Als auf der Fahrt zum Rathaus der Konvoi langsam die Österreichisch-Ungarische Bank am Quai passierte und der Landeschef, General Potiorek, den ihm gegenübersitzenden Erzherzog auf ein militärisches Objekt am anderen Miljačka-Ufer aufmerksam machte, löste sich von der niedrigen Ufermauer ein junger Mann und machte sich an einem Straßenbahnmast zu schaffen. Mit weit ausholender Bewegung warf er dann einen büchsenförmigen Gegenstand gegen das Auto des Thronfolgers. Es war eine serbische Handgranate mit

Zeitzündung, die jedoch vom zurückgeklappten Verdeck abprallte und erst unter dem nachfolgenden Auto explodierte. Der 19 Jahre alte Schriftsetzer Nedeljko Čabrinović hatte sich noch knapp vor der Tat, die Handgranate in der Tasche, eine Zeitung in der Hand, fotografieren lassen; zum Andenken, wie er sagte. Über die Tat selbst sagte er aus: „Ich griff mit der rechten Hand unter die linke Achsel, wo meine Bombe verborgen war. Als sich das Thronfolgerauto näherte, zündete ich die Bombe, indem ich sie mit der Kapsel gegen den Tramway-Mast schlug. Ich warf sie und sah noch, wie sie abprallte. Ob es Verletzte gab, weiß ich nicht, denn ich sprang über die hohe Ufermauer in die Miljačka. (Die ganz seicht und unschwer zu durchwaten ist, d. A.) Ich wollte mich vergiften, das misslang, da ich in der Aufregung das weiße Pulver verstreute. Detektive jagten mir nach und schleppten mich zur Polizei." In der Gerichtsverhandlung Monate später sagte Čabrinović: „Als die Bombe flog, sah mir Franz Ferdinand mit einem kalten, starren Blick ins Auge."

Graf Harrach, Flügeladjutant des Thronfolgers, berichtet: „Ich saß vorn neben dem Chauffeur, als plötzlich eine Detonation ertönte … Nach dem Knall hatte der Chauffeur das Auto vorschießen lassen … Seine kaiserliche Hoheit … bat mich nachzusehen, ob es Tote oder Verletzte gegeben hätte. Zurückgekehrt, meldete ich, Oberstleutnant Merizzi (der Flügeladjutant Potioreks, d. A.) wäre schwerer verletzt, Graf Boos-Waldeck leichter. Nach einer kleinen Pause fuhren wir zum Rathaus weiter."

Im Rathaus angekommen, war Franz Ferdinand übelster Laune. In seiner Erregung fiel er dem Effendi Fehim Čurčić, Bürgermeister der Stadt Sarajevo, ins Wort und unterbrach dessen Begrüßungsansprache: „Das ist ja recht hübsch! Da kommt man zum Besuch in diese Stadt und wird mit Bomben empfangen! … So, jetzt fahren Sie fort…"

Im Rathaus wurde eine Änderung der Fahrtroute angeordnet. Der neue Plan sah die Rückfahrt über den Appelquai zum Garnison-Spital vor, wo Franz Ferdinand den verwundeten Oberst Merizzi besuchen wollte. Der der Öffentlichkeit bekannt gegebene Weg durch die Innere Stadt sollte vermieden werden. Aber die Autokolonne bog, nachdem sie das Rathaus verlassen hatte, in eben diese Fahrtroute ein, wo an der Ecke Gavrilo Princip schussbereit wartete.

Der umsichtige Graf Harrach hatte allerdings dem Frieden nicht getraut. Er stellte sich auf das Trittbrett, um mit seinem Körper „von links Seine kaiserliche Hoheit zu decken". „Wir fuhren", beschreibt Harrach die Situation genau, „bis zur Lateinerbrücke und bogen gegen die Franz-Joseph-Gasse ein. In dem Moment erteilte Landeschef Potiorek ... dem Chauffeur den Auftrag zu reversieren (den Rückwärtsgang einzuschalten, d. A.), um geradeaus (nach kurzem Zurückstoßen) den Appelquai weiterzufahren. Naturgemäß blieb das Auto während der Prozedur des Schaltens circa 2 bis 3 Sekunden stehen, da ertönte von rechts aus dem Menschenspalier ein Schuss und einen Augenblick darauf ein zweiter aus unmittelbarer Nähe. Während das Auto zurückstieß, spritzte ein dünner Blutstrahl aus dem Munde Seiner kaiserlichen Hoheit auf meine rechte Backe. Ich zog mein Taschentuch heraus, um das Blut vom Munde des Erzherzogs zu wischen, da sagte die Herzogin: ‚Um Gottes Willen, was ist dir geschehen?' Ihr Körper rutschte vom Sitz, und sie legte ihr Gesicht auf die Knie ihres Gatten. Ich ahnte nicht, dass sie getroffen war, und glaubte, sie sei vor Schreck ohnmächtig geworden. Den Erzherzog hörte ich dann sagen: ‚Sopherl, Sopherl, stirb mir nicht, bleibe für meine Kinder.' Um das Vorsinken des Kopfes zu verhindern, packte ich den Erzherzog beim Rockkragen und richtete an ihn die Frage: ‚Leiden Eure kaiserliche Hoheit sehr?' Deutlich antwortete er: ‚Es ist nichts.' Er verzog ein wenig sein Gesicht und wiederholte sechs- oder siebenmal, das Bewusstsein verlierend, immer leiser die Worte: ‚Es ist nichts.' Darauf begann er zu röcheln, zuerst schwach, dann heftiger. Als das Auto vor dem Konak hielt, hatte das Röcheln aufgehört. Wir trugen die beiden leblosen Körper über die Treppe ins Gebäude, wo die Ärzte den Tod konstatierten. Das geschah um 11 Uhr."

Der „Blankoscheck" für den Krieg

In Geheimbotschaften stimmten sich die Herrscher Österreich-Ungarns und Deutschlands Anfang Juli 1914 ab: Die Habsburger Monarchie durfte im Falle möglicher militärischer Strafaktionen gegen Serbien auf die volle Unterstützung ihres Berliner Verbündeten rechnen – auch dann, wenn diese Vergeltungsmaßnahmen zu unabsehbaren kriegerischen Verwicklungen mit Serbiens Bündnispartner Russland führen sollten. Dieser so genannte Blankoscheck Deutschlands für seinen Verbündeten Österreich-Ungarn – nach dem Urteil von Historikern eine der Hauptursachen des Kriegs – wird vor allem in den beiden folgenden Telegrammen vom 5. und 6. Juli 1914 wiedergegeben. Der Absender ist Graf László de Szögyény-Marich, Botschafter Österreich-Ungarns in Berlin. Der Empfänger ist der Außenminister der Donaumonarchie, Graf Leopold Berchtold in Wien:

Tel. Nr. 237
Streng geheim
Berlin, den 5. Juli 1914

Nachdem ich Kaiser Wilhelm zur Kenntnis gebracht habe, dass ich ein Allerhöchstes Handschreiben Seiner k. und k. Apostolischen Majestät, welches mir Graf Hoyos heute überbrachte, ihm zu überreichen habe, erhielt ich eine Einladung der deutschen Majestäten zu einem Déjeuner ins Neue Palais für heute mittags. Das Allerhöchste Handschreiben und das beigeschlossene Memorandum habe ich Seiner Majestät überreicht. In meiner Gegenwart las Kaiser mit größter Aufmerksamkeit beide Schriftstücke. Zuerst versicherte mir Höchstderselbe, dass er eine ernste Aktion unsererseits gegenüber Serbien erwartet habe, doch müsse er gestehen, dass er infolge der Auseinandersetzungen unseres Allergnädigsten Herrn eine ernste europäische Komplikation im Auge behalten müsse und daher vor einer Beratung mit Reichskanzler keine definitive Antwort erteilen wolle. Nach dem Déjeuner, als ich nochmals Ernst der Situation mit großem Nachdrucke betonte, ermächtigte mich Seine Majestät, unserem Allergnädigsten Herrn zu melden, dass wir auch in diesem Falle auf die volle Unterstützung Deutschlands rechnen können. Wie gesagt, müsse er vorerst Meinung des Reichskanzlers anhören, doch zweifle er nicht im Geringsten daran, dass Herr von Bethmann Hollweg vollkommen seiner Meinung zustimmen werde. Insbesondere gelte dies betreffend eine Aktion unsererseits gegenüber Serbien. Nach seiner (Kaiser Wilhelms) Meinung muss aber mit dieser Aktion nicht zugewartet werden. Russlands Haltung werde jedenfalls feindselig sein, doch sei er hierauf schon seit Jahren vorbereitet, und sollte es sogar zu einem Krieg zwischen Oesterreich-Ungarn und Russland kommen, so könnten wir davon überzeugt sein, dass Deutschland in gewohnter Bundestreue an unserer Seite stehen werde. Russland sei übrigens, wie die Dinge heute stünden, noch keineswegs kriegsbereit und werde es sich gewiss noch sehr überlegen, an die Waffen zu appellieren. Doch werde es bei den anderen Mächten der Triple-Entente gegen uns hetzen und am Balkan das Feuer schüren. Er begreife sehr gut, dass es Seiner k. und k. Apostolischen Majestät bei seiner bekannten Friedensliebe schwer fallen würde, in Serbien einzumarschieren; wenn wir aber wirklich die Notwendigkeit einer kriegerischen Aktion gegen Serbien erkannt hätten, so würde er (Kaiser Wilhelm) es bedauern, wenn wir den jetzigen, für uns so günstigen Moment unbenützt ließen...

Tel. Nr. 239
Streng geheim
Berlin, den 6. Juli 1914

Zu meinem Telegramme Nr. 237 von gestern. Hatte soeben in Begleitung des Grafen Hoyos mit Reichskanzler und Unterstaatssekretär eine lange Unterredung, die Herr von Bethmann Hollweg mit den Worten einleitete, Kaiser Wilhelm habe ihn beauftragt, vorerst mündlich seinen Höchsten Dank für Allerhöchstes Handschreiben auszusprechen, und werde letzteres in einigen Tagen persönlich beantworten...
Unser Verhältnis zu Serbien betreffend, stehe deutsche Regierung auf dem Standpunkt, dass wir beurteilen müssten, was zu geschehen hätte, um dieses Verhältnis zu klären; wir könnten hiebei – wie auch immer unsere Entscheidung ausfallen möge – mit Sicherheit darauf rechnen, dass Deutschland als Bundesgenosse und Freund der Monarchie hinter ihr stehe. Im weiteren Verlaufe der Konversation habe ich festgestellt, dass auch Reichskanzler, ebenso wie sein kaiserlicher

Herr ein sofortiges Einschreiten unsererseits gegen Serbien als radikalste und beste Lösung unserer Schwierigkeiten am Balkan ansieht. Vom internationalen Standpunkt hält er den jetzigen Augenblick für günstiger als einen späteren ...

Wilhelm II.: „Ich kenne keine Parteien mehr"

Die folgende „Thronrede" hielt Kaiser Wilhelm II. am 4. August 1914 im Berliner Reichstag:

Geehrte Herren!

In schicksalsschwerer Stunde habe ich die gewählten Vertreter des deutschen Volkes um mich versammelt. Fast ein halbes Jahrhundert lang konnten wir auf dem Wege des Friedens verharren. Versuche, Deutschland kriegerische Neigungen anzudichten und seine Stellung in der Welt einzuengen, haben unseres Volkes Geduld oft auf harte Proben gestellt. In unbeirrbarer Redlichkeit hat meine Regierung auch unter herausfordernden Umständen die Entwicklung aller sittlichen, geistigen und wirtschaftlichen Kräfte als höchstes Ziel verfolgt. Die Welt ist Zeuge gewesen, wie unermüdlich wir in dem Drange und den Wirren der letzten Jahre in erster Reihe standen, um den Völkern Europas einen Krieg zwischen Großmächten zu ersparen.

Die schwersten Gefahren, die durch die Ereignisse am Balkan heraufbeschworen waren, schienen überwunden. Da tat sich mit der Ermordung meines Freundes, des Erzherzogs Franz Ferdinand, ein Abgrund auf. Mein hoher Verbündeter, der Kaiser und König Franz Joseph, war gezwungen, zu den Waffen zu greifen, um die Sicherheit seines Reichs gegen gefährliche Umtriebe aus einem Nachbarstaat zu verteidigen.

Bei der Verfolgung ihrer berechtigten Interessen ist der verbündeten Monarchie das Russische Reich in den Weg getreten. An die Seite Österreich-Ungarns ruft uns nicht nur unsere Bundespflicht. Uns fällt zugleich die gewaltige Aufgabe zu, mit der alten Kulturgemeinschaft der beiden Reiche unsere eigene Stellung gegen den Ansturm feindlicher Kräfte zu schirmen.

Mit schwerem Herzen habe ich meine Armee gegen einen Nachbarn mobilisieren müssen, mit dem sie auf so vielen Schlachtfeldern gemeinsam gefochten hat. Mit aufrichtigem Leid sah ich eine von Deutschland treu bewahrte Freundschaft zerbrechen. Die Kaiserlich Russische Regierung hat sich, dem Drängen eines unersättlichen Nationalismus nachgebend, für einen Staat eingesetzt, der durch Begünstigung verbrecherischer Anschläge das Unheil dieses Krieges veranlasste. Dass auch Frankreich sich auf die Seite unserer Gegner gestellt hat, konnte uns nicht überraschen. Zu oft sind unsere Bemühungen, mit der Französischen Republik zu freundlichen Beziehungen zu gelangen, auf alte Hoffnungen und alten Groll gestoßen.

Geehrte Herren! Was menschliche Einsicht und Kraft vermag, um ein Volk für die letzten Entscheidungen zu wappnen, das ist mit Ihrer patriotischen Hilfe geschehen. Die Feindseligkeit, die im Osten und im Westen seit langer Zeit um sich gegriffen hat, ist nun zu hellen Flammen aufgelodert. Die gegenwärtige Lage ging nicht aus vorübergehenden Interessenkonflikten oder diplomatischen Konstellationen hervor, sie ist das Ergebnis eines seit langen Jahren tätigen Übelwollens gegen Macht und Gedeihen des Deutschen Reiches.

Uns treibt nicht Eroberungslust, uns beseelt der unbeugsame Wille, den Platz zu bewahren, auf den uns Gott gestellt hat, für uns und alle kommenden Geschlechter.

Aus den Schriftstücken, die Ihnen zugegangen sind, werden Sie ersehen, wie meine Regierung und vor allem mein Kanzler bis zum letzten Augenblick bemüht waren, das Äußerste abzuwenden. In aufgedrungener Notwehr, mit reinem Gewissen und reiner Hand ergreifen wir das Schwert.

An die Völker und Stämme des Deutschen Reiches ergeht mein Ruf, mit gesamter Kraft, in brüderlichem Zusammenstehen mit unseren Bundesgenossen, zu verteidigen, was wir in friedlicher Arbeit geschaffen haben. Nach dem Beispiel unserer Väter, fest und getreu, ernst und ritterlich, demütig vor Gott und kampfesfroh vor dem Feind, so vertrauen wir der ewigen Allmacht, die unsere Abwehr stärken und zu gutem Ende lenken wolle!

Auf Sie, geehrte Herren, blickt heute, um seine Fürsten und Führer geschart, das ganze deutsche Volk. Fassen Sie Ihre Entschlüsse einmütig und schnell. Das ist mein innigster Wunsch.

Sie haben gelesen, m. H., was ich zu meinem Volke vom Balkon des Schlosses aus gesagt habe. Hier wiederhole ich: Ich kenne keine Parteien mehr, ich kenne nur Deutsche! Zum Zeichen dessen, dass

Sie fest entschlossen sind, ohne Parteiunterschiede, ohne Stammes-
unterschiede, ohne Konfessionsunterschiede durchzuhalten mit mir
durch dick und dünn, durch Not und Tod, fordere ich die Vorstände
der Parteien auf, vorzutreten und mir das in die Hand zu geloben.

„Das Vaterland nicht im Stich lassen"

Für die sozialdemokratische Fraktion des Reichstags gab der Parteiführer
Hugo Haase vor der Abstimmung über die Kriegskredite am 4. August 1914
folgende Erklärung zu Protokoll:

Wir stehen vor einer Schicksalsstunde. Die Folgen der imperialistischen Politik, durch die eine Ära des Wettrüstens herbeigeführt
wurde und die Gegensätze unter den Völkern sich verschärften, sind
wie eine Sturmflut über Europa hereingebrochen. Die Verantwortung hierfür fällt den Trägern dieser Politik zu; wir lehnen sie ab.

Die Sozialdemokratie hat diese verhängnisvolle Entwicklung mit
allen Kräften bekämpft, und noch bis in die letzten Stunden hinein
hat sie durch machtvolle Kundgebungen in allen Ländern, namentlich in innigem Einvernehmen mit den französischen Brüdern, für
die Aufrechterhaltung des Friedens gewirkt. Ihre Anstrengungen
sind vergeblich gewesen.

Jetzt stehen wir vor der ehernen Tatsache des Krieges. Uns drohen
die Schrecknisse feindlicher Invasionen. Nicht für oder gegen den
Krieg haben wir heute zu entscheiden, sondern über die Frage der
für die Verteidigung des Landes erforderlichen Mittel. Nun haben
wir zu denken an die Millionen Volksgenossen, die ohne ihre Schuld
in dieses Verhängnis hineingerissen sind.

Sie werden von den Verheerungen des Krieges am schwersten
getroffen. Unsere heißen Wünsche begleiten unsere zu den Fahnen
gerufenen Brüder ohne Unterschied der Partei. Wir denken auch an
die Mütter, die ihre Söhne hergeben müssen, an die Frauen und
Kinder, die ihres Ernährers beraubt sind und denen zu der Angst um
ihre Lieben die Schrecken des Hungers drohen. Zu ihnen werden
sich bald Zehntausende verwundeter und verstümmelter Kämpfer
gesellen. Ihnen allen beizustehen, ihr Schicksal zu erleichtern, diese
unermessliche Not zu lindern, erachten wir als zwingende Pflicht.

Für unser Volk und seine freiheitliche Zukunft steht bei einem Siege des russischen Despotismus, der sich mit dem Blut der Besten des eignen Volkes befleckt hat, viel, wenn nicht alles, auf dem Spiel. Es gilt, diese Gefahr abzuwehren, die Kultur und Unabhängigkeit unseres eigenen Landes sicherzustellen. Da machen wir wahr, was wir immer betont haben: Wir lassen in der Stunde der Gefahr das eigene Vaterland nicht im Stich. Wir fühlen uns dabei im Einklang mit der Internationale, die das Recht jedes Volkes auf nationale Selbständigkeit und Selbstverteidigung jederzeit anerkannt hat, wie wir in Übereinstimmung mit ihr jeden Eroberungskrieg verurteilen.

Wir fordern, dass dem Kriege, sobald das Ziel der Sicherung erreicht ist und die Gegner zum Frieden geneigt sind, ein Ende gemacht wird durch einen Frieden, der die Freundschaft mit den Nachbarvölkern ermöglicht. Wir fordern dies nicht nur im Interesse der von uns stets verfochtenen internationalen Solidarität, sondern auch im Interesse des deutschen Volkes.

Wir hoffen, dass die grausame Schule der Kriegsleiden in neuen Millionen den Abscheu vor dem Krieg wecken und sie für das Ideal des Sozialismus und des Völkerfriedens gewinnen wird.

Von diesen Grundsätzen geleitet, bewilligen wir die geforderten Kredite.

Deutsche Annexionsziele

Auszug aus dem so genannten Septemberprogramm des Reichskanzlers Theobald von Bethmann Hollweg vom 9. September 1914:

Ziele des Krieges im Einzelnen:

1. Frankreich

Von den militärischen Stellen zu beurteilen, ob die Abtretung von Belfort, des Westabhangs der Vogesen, die Schleifung der Festungen und die Abtretung des Küstenstrichs von Dünkirchen bis Boulogne zu fordern ist.

In jedem Falle abzutreten, weil für die Erzgewinnung unserer Industrie nötig, das Erzbecken von Briey. Ferner eine in Raten zahlbare Kriegsentschädigung; sie muss so hoch sein, dass Frankreich nicht im Stande ist, in den nächsten 15 bis 20 Jahren erhebliche Mittel für Rüstungen aufzuwenden.

Des weiteren: ein Handelsvertrag, der Frankreich in wirtschaftliche Abhängigkeit von Deutschland bringt, es zu unserem Exportland macht und uns ermöglicht, den englischen Handel in Frankreich auszuschalten. Dieser Handelsvertrag muss uns finanzielle und industrielle Bewegungsfreiheit in Frankreich schaffen – so, dass deutsche Unternehmungen nicht mehr anders als französische behandelt werden können.

2. Belgien

Angliederung von Lüttich und Verviers an Preußen, eines Grenzstriches der Provinz Luxemburg an Luxemburg.

Zweifelhaft bleibt, ob Antwerpen mit einer Verbindung nach Lüttich gleichfalls zu annektieren ist. Gleichviel, jedenfalls muss ganz Belgien, wenn es auch als Staat äußerlich bestehen bleibt, zu einem Vasallenstaat herabsinken, in etwa militärisch wichtigen Hafenplätzen ein Besatzungsrecht zugestehen, seine Küste militärisch zur Verfügung stellen, wirtschaftlich zu einer deutschen Provinz werden. Bei einer solchen Lösung, die die Vorteile der Annexion, nicht aber ihre innerpolitisch nicht zu beseitigenden Nachteile hat, kann franz. Flandern mit Dünkirchen, Calais und Boulogne, mit großenteils flämischer Bevölkerung, diesem veränderten Belgien ohne Gefahr angegliedert werden. Den militärischen Wert dieser Position England gegenüber werden die zuständigen Stellen zu beurteilen haben.

3. Luxemburg wird deutscher Bundesstaat und erhält einen Streifen aus der jetzt belgischen Provinz Luxemburg und eventuell die Ecke von Longwy.

4. Es ist zu erreichen die Gründung eines mitteleuropäischen Wirtschaftsverbandes durch gemeinsame Zollabmachungen, unter Einschluss von Frankreich, Belgien, Holland, Dänemark, Österreich-Ungarn, Polen und eventl. Italien, Schweden und Norwegen. Dieser Verband, wohl ohne gemeinsame konstitutionelle Spitze, unter äußerlicher Gleichberechtigung seiner Mitglieder, aber tatsächlich unter deutscher Führung, muss die wirtschaftliche Vorherrschaft Deutschlands über Mitteleuropa stabilisieren.

5. Die Frage der kolonialen Erwerbungen, unter denen in erster Linie die Schaffung eines zusammenhängenden mittelafrikanischen Kolonialreichs anzustreben ist, desgleichen die Russland gegenüber zu erreichenden Ziele werden später geprüft. Als Grundlage der mit Frankreich und Belgien zu treffenden wirtschaftlichen Abmachungen ist eine kurze provisorische, für einen eventuellen Präliminarfrieden geeignete Formel zu finden.

6. Holland
Es wird zu erwägen sein, durch welche Mittel und Maßnahmen Holland in ein engeres Verhältnis zu dem Deutschen Reiche gebracht werden kann.

Dies engere Verhältnis müsste bei der Eigenart der Holländer von jedem Gefühl des Zwanges für sie frei sein, an dem Gang des holländischen Lebens nichts ändern, ihnen auch keine veränderten militärischen Pflichten bringen, Holland also äußerlich unabhängig belassen, innerlich aber in Abhängigkeit von uns bringen. Vielleicht ein die Kolonien einschließendes Schutz- und Trutzbündnis, jedenfalls enger Zollanschluß, eventuell die Abtretung von Antwerpen an Holland gegen das Zugeständnis eines deutschen Besatzungsrechtes für das befestigte Antwerpen wie für die Scheldemündung wäre zu erwägen.

„Tagsüber kracht es ringsum"
In ihren Briefen nach Hause berichten deutsche Soldaten vom Leben im Schützengraben, von niedergebrannten Dörfern, vandalierenden Kriegern und gefallenen Kameraden. Die Dokumenten-Auszüge stammen aus den Archivalischen Sammlungen der Bibliothek für Zeitgeschichte (BfZ) in der Württembergischen Landesbibliothek Stuttgart. Die „Lebensdokumentensammlung" der BfZ umfasst zurzeit circa 85 000 Feldpostbriefe, außerdem Briefe von Kriegsgefangenen und an Kriegsgefangene sowie Tagebücher und Erinnerungen zu beiden Weltkriegen.

Heinrich L., Oberarzt
Mainz-Castel, 5. August 1914
Zum Mittagessen war ich im Casino. Die Stimmung famos, von Krieg wird eigentlich wenig geredet, trotzdem die Situation durch

die Einmischung Englands noch kritischer geworden ist. Fröhlichkeit, Heiterkeit u. Scherz hört man hier nicht nur bei jungen Leutnants, sondern auch bei älteren u. alten Offizieren. Schimpfen tuen nur die, welche noch nicht gleich mit hinaus können. Darunter auch ich!

Adolf A., Unteroffizier
Longuyon, 25. August 1914
Hier sieht es schrecklich aus. Tausende von Toten + Verwundeten. Alle Dörfer, die wir durchziehen oder erobern, werden niedergebrannt, weil die Einwohner uns hinterrücks erschießen. Nunmehr wurden wir etwas zurückgeschoben in die hintere Linie, so dass für uns keine Gefahr besteht. Heute habe ich auch meine Post erhalten + mein Testament.
21. September 1914
Hier mussten wir nun den ganzen Tag gekrümmt liegen u. nur bei Nacht konnte man raus zum Essen usw. Schlaf findet man da natürlich keinen, denn tagsüber krachte es ringsum u. bei Nacht war man froh sich etwas regen zu können. Nun, solange wir trockenes Wetter hatten, ging die Sache schon an; aber wie mal ein starker Regen einsetzte, da wurde es ungemütlich. Im Nu war da der Graben mit Wasser voll u. wir natürlich mit ... So hat man manches Erlebnis. Auch kann man viel Feuer u. Elend mit ansehen in dem Dorf hier. Da sind noch viele arme Frauen mit vielen kleinen Kindern. Wenn ich da hingehe u. ein kleines Stückchen Brot hingebe, da solltet Ihr diesen Jubel sehen.

Paul K., Feldpostsekretär
Meurchin, 20. November 1914
Wer übrigens glaubt, unsere Soldaten benehmen sich als Konfirmanten ist ein Kindskopf. In den Häusern, die von den Besitzern verlassen sind, hausen sie fürchterlich. Alle Schlösser werden erbrochen, der Inhalt der Kästen und Schubladen auf der Suche nach brauchbaren Gegenständen herausgeworfen und darauf herumgetreten. Andere folgen nach, stöbern ebenfalls alles durch und so sieht es schließlich entsetzlich aus.

Arthur M., Zahlmeister
19. Oktober 1914
Denn es ist eine Masse Inder, Bevölkerung vom Senegal usw., wie
die „schwarzen Männer" alle heißen, auf dem Kampfplatz eingetroffen – England soll sich schämen, in uns. Europa solche Teufel zu
engaschiren. Na, wir werden ihnen ihr schwarzes Fell schon klop-
fen, dass ihnen die Freude an weißen Skalps schon vergeht – wir
haben schon eine Masse Gefangene von dem Gesindel.
20. August 1915, Kowno
Heute z. B. sind hier 9000 Russen verladen worden. Die Zahl
schreibt sich schön, aber – ich habe zugesehn. 2 Stunden dauerte
der Abmarsch von den Gefangenen. Sie sind alles wohlgenährte,
große kräftige Menschen. Ich stellte mir die Russen schlimmer
vor ...

Nur allen sah man die Unlust am Kriege an. Viele sprechen
deutsch. Manche sangen „Deutschland über alles". Ich habe den
Eindruck, alle sind froh, gefangen bei uns zu sein. Sie machen Späße
mit unseren Soldaten. Hört man immer noch kein Gespräch, dass
es Schluss gibt? Hier darf man noch nicht dran denken, nur, einen
Winterfeldzug nochmals könnte ich mir hier gar nicht vorstellen.
Kein Dorf, kein Ort, alles ist zerstört u. abgebrannt. Die Russen vernichten alles, wo sie sich zurückziehen. Na, Gott wird uns Deutsche
nicht untergehen u. erfrieren lassen.

Hermann U., Unteroffizier
Tagebuch, Flandern, 6. und 7. August 1915
Ich bekomme den Auftrag, in der Stellung oben vier Tote zu holen
mit 16 Mann, eben setzt die Kanonade ein, da will keiner mitgehen ...
Um 1/2 9 Uhr marschiere ich ab. Der Laufgraben ist z. T. mit
Baumstämmen voll, die abgeschossen hereinfielen, also rasch über
die Deckung. Wir sind noch im Schlosspark, dorthin führt auch
die Rollbahn der Pioniere. In der Stellung finden wir noch die Toten.
2 sitzen noch wie im Gespräch da, sie werden in Zelte gewickelt
an langen Stangen getragen. Meine Leute sind auseinander gekommen, so dass für den 4. niemand mehr da ist, ich suche vergeblich.
Also bleibt er da, es ist mir leid, der Eltern wegen, dass wir ihn
selber nicht bergen können. Ich gehe zurück, verfehle den Weg und
komme mit anderen nach gefährlichen Irrfahrten endlich zum

Laufgraben. Man ist wie geschlagen, wenn man aus diesem Getriebe herunterkommt, mit halbem Bewusstsein finde ich meinen Stall, er ist aber von z. T. fremden Leuten belegt, die ihren Unterstand auch räumen mussten. Diese Enttäuschung, dazu nasse Füße, voll Schmutz.

Hugo F., Kanonier, Kriegsfreiwilliger
9. August 1915
Am 11. passierten wir die Stadt Novo-Minsk leider ohne Halt. Da war ein Judengewimmel, die Brötchen und Zigt. feilboten, sah dabei auch viel Unrecht, das ihnen eigentlich mit Recht geschah, manch Brot wurde ohne Kopeke geschnappt oder ihnen einfach eine niedrigere Münze hingedrückt! Ferner, wie oft verschwand verlaufenes, vielleicht sogar herrenloses Hühnchen im Vorbeigehen. Was kostet es? Einen kühnen Griff! Ja herrenloses Vieh u. Schweine fingen die Truppen, das ist berechtigt, zum Ernähren der Truppen; an dem Tag noch in die Stadt Kaluszye, wo auch über Nacht, hier dasselbe Judentreiben.
24. Oktober 1915
Ob ich dieses Hundeleben noch länger ertragen kann, weiß ich wahrlich nicht. Unsere wackeren Feldgrauen werden, bei Gott, schlimmer behandelt wie Tiere! All dies geschieht unter: Disziplin, Militarismus! ... Man sieht sich tatsächlich in einen Staat mit absoluter Despotie versetzt; der freie Mensch ist einfach rechtlos, sobald er den Fahneneid geleistet!

Walther I., Kriegsfreiwilliger
Oestlich von Pacykow, 26. Mai 1915
Wir Soldaten müssen eigentlich von Haus aus als Opfer betrachtet werden, als Opfer, die dem Vaterland von Millionen Frauen und Müttern dargebracht sind mit den Worten: Hier ist unsere Kraft und Hoffnung. Nun baue damit das Schönste, was es gibt, ein schönes, heiliges Vaterland.

Herrmann S., Kanonier
Galizien, 1. Juli 1917
U. heute ist die Scheiße noch größer, ich sitze seit 2 nachts auf Beobachtung, u. seit 4 ist schon ein Gasangriff im Gange, dabei haben

wir jetzt schon 8. Dieses ist durch die Gasmaske geschrieben. Schlecht genug, aber es geht nicht besser u. ob ich sonst Zeit habe ist, sehr fraglich. Jetzt sieht man ja doch vor lauter Gas nur Weiß Grau u. Schwarz.

Verbrüderung an der Front

Eines der denkwürdigsten Ereignisse des Krieges war der spontane „Weihnachtsfrieden" im Dezember 1914 / Januar 1915 an der Westfront. Auszüge aus Kriegstagebüchern:

Ein Kamerad unserer Kompanie hielt über die Deckung ein Schild mit der Aufschrift „Fröhliche Weihnachten". Die Engländer antworteten bald auf dem gleichen Wege. In gutem Deutsch rief uns ein Engländer zu, ob wir nicht die Toten zwischen den Stellungen fortschaffen wollten. (Es lagen um diese Zeit etwa 50 bis 60 Tote vor dem Kompanieabschnitt.) Nach kurzem Überlegen waren wir einverstanden, und einige Kameraden gingen gleichzeitig mit den Engländern auf die Deckung. Nachher baten die Engländer uns noch, Weihnachtslieder zu singen.

Kriegstagebuch des Leutnants der Reserve Meinicke

Die Deutschen gegenüber singen ein Weihnachtslied, das von den Gewehrschüssen unterbrochen und skandiert wird. Armer kleiner Gott der Liebe, in dieser Nacht geboren, wie kannst du nur die Menschen lieben?

Kriegstagebuch, Maurice Laurentin, Leutnant des französischen 77. Infanterie-Regiments.

Am heiligen Abend, 24.12.14, hatte ich die Ehre, den Weihnachtsmann zu spielen und einen Christbaum zu meinem Komp.-Führer in den vordersten Schützengraben zu tragen. Es war eine sternenklare Neumondnacht, von den Leuchtkugeln beider Fronten erhellt; für mich eine schöne Illumination der heiligen Nacht. Zu hören war nichts, außer ab und zu mal ein Gewehrschuss oder ein kurzer Feuerstoß aus Maschinengewehren. Mal schwirrte ein Inf.-Geschoss links oder rechts vorbei, doch ich wusste, dass ich nicht beschossen würde vom Feinde, trotz tagheller Beleuchtung bei Leuchtkugelbeschuss, denn ich war ja der Weihnachtsmann, den geschmückten Baum vorneweg tragend.

Erinnerungen, Carl Mühlegg, 3. Komp. des bayerischen Reserve-Infanterie-Regiments 17

Vorderste Frontlinie, den 1.1.15. Man spricht miteinander: „Nicht schießen!" Manche stecken den Kopf heraus. Gelächter. Wir winken: „Kommt doch her!" Sie werfen Zigarettenschachteln herüber. Wir werfen Apfelsinen und Äpfel hinüber. Ein paar Männer kommen heraus, um die Früchte aufzusammeln, die vor die Schützengräben gefallen sind. Wir winken mit einer Flasche. Da war ein blonder, stämmiger und plattgesichtiger ‚Boche', der stürzte sich auf alles, was man ihm gab. Bald waren es mehr als zwanzig, die aus den Gräben hervorkamen, und auch wir verbargen uns nicht. Zwei Deutsche kamen näher. Einer der beiden lud uns ein, wir sollten doch zu ihnen kommen. Der andere schrie plötzlich: „Ah! Ich hab's satt!" und sprang in unseren Graben, wo er fortfuhr: „Ich bin Elsässer und will bei euch bleiben!" Er gehörte zum 126.

Kriegstagebuch, Maurice Laurentin

Das Unglück der Deserteure

In allen Krieg führenden Ländern war Fahnenflucht mit dem Tod bedroht. Ein Augenzeugenbericht des britischen Soldaten Arthur Savage:

1917 erhielt ich den Befehl, mich einem Exekutionskommando anzuschließen. Der Mann wurde von einem Militärpolizisten und einem Priester herausgeführt. Dann wurde er an diesen Pfosten gebunden. Er schien erst ungefähr zwanzig zu sein und war nicht sehr groß. Ein Offizier ging zu ihm, um ihm die Augen zu verbinden. Ich habe seine Stimme jetzt noch im Ohr, so deutlich, wie ich Sie und mich in diesem Zimmer hier sprechen höre. Er sagte: „Ich brauch keine Augenbinde. Seid verflucht mitsamt eurer Augenbinde, und mögen die Richter, die euch bestimmt eines Tages verurteilen werden, mit euch barmherziger umgehen als ihr mit mir."

Dann mussten wir anlegen. Meine Hände zitterten so sehr. Also hielt ich ungefähr einen Schritt links daneben. Dann schossen wir. Wir waren neun, und nur ein Schuss traf ihn in die Seite. Er sank verwundet nach vorn. Also war ich nicht der Einzige, der absichtlich daneben zielte. Der Hauptmann ging zu ihm und schoss ihm eine Kugel in den Kopf. Einige Männer übergaben sich, andere weinten.

Die meisten dieser armen Schweine wurden vorwiegend auf Grund ärztlicher Aussagen verurteilt. Die Ärzte wollten nicht akzeptieren, dass Männer als Folge des Schützengrabenkriegs einen Grad äußerster Erschöpfung erreichen konnten, wo Nerven und Verstand mit ihnen durchgingen. Diese so genannten Ärzte wollten nicht begreifen, dass es eine Krankheit namens Kriegsneurose gab. Sie behaupteten, die Männer seien Feiglinge und Deserteure.

Der Massenmord an den Armeniern
Bericht des deutschen Konsuls in Aleppo, Walter Rößler:

Aleppo, den 27. Juli 1915
Das berichtete Vorbeitreiben von Leichen auf dem Euphrat, das in Rumkalh, Biredjik und Djerabulus beobachtet worden ist, hatte, wie mir am 17. d. M. mitgeteilt wurde, 25 Tage lang gedauert. Die Leichen waren alle in der gleichen Weise, zwei und zwei Rücken auf Rücken, gebunden. Diese Gleichmäßigkeit deutet darauf hin, dass es sich nicht um Metzeleien, sondern um Tötung durch die Behörden handelt. Es heißt und ist wahrscheinlich, dass die Leichen durch Soldaten in Adiaman in den Fluss geworfen worden sind. Wie weiter unten zu berichten sein wird, hat das Vorbeitreiben nach einer Pause von mehreren Tagen von neuem begonnen, und zwar in verstärktem Maße. Dieses Mal handelt es sich hauptsächlich um Frauen und Kinder.

Armenier in Tell Abiad haben, wie ich von einem unbedingt glaubwürdigen älteren, bisher in Tell Abiad ansässigen Schweizer Ehepaar erfahre, ihre Mädchen im Alter von 8 bis 12 Jahren verkauft, zunächst für 2 Medjidi (eine Medjidi etwa 3,50 Mk.), später für 1 Medjidi und weniger oder haben sie umsonst weggegeben. Offenbar wollten sie ihnen das in der Wüste vom Klima und von den Beduinen ihrer harrende Geschick ersparen. Immer wieder haben die herbeigeeilten Türken im Dorfe Tell Abiad mit den Verbannten um die Kinder gefeilscht. Mein Gewährsmann hat mir Namen von Käufern genannt. Die in Tell Abiad Durchziehenden, deren erste Trupps aus Zeitun kamen – vorläufig nach Rakka bestimmt –, waren durch ihr Geschick stumpfsinnig geworden und ließen stillschweigend alles über sich ergehen. Nahrungsmittel waren ihnen in genügender Menge gegeben worden, aber zu unregelmäßig. Südlich von Tell Abiad müssen, wo das Wasser sehr knapp, die jüngeren Kinder sterben. Auch sonst müssen viele den Strapazen erliegen. Ein ganzer Trupp ist bereits vollständig an Wassermangel zu Grunde gegangen. Landwirtschaftliche Geräte haben sie nicht mitnehmen können. Was sollen die Überlebenden am Bestimmungsort anfangen? ...

Es mehren sich die Anzeichen, dass die Regierung die Durchführung ihrer Maßregeln absichtlich oder unabsichtlich aus der Hand gleiten und in Armeniermetzeleien durch Tscherkessen und Kurden übergehen lässt.

Über Ras ul Ain (die gegenwärtige Endstation der Bagdadbahn) kommen neuerdings Armenier aus Kharput, Erzerum und Bitlis. Von den Armeniern aus Kharput wird berichtet, dass in einem Dorf, einige Stunden südlich der Stadt, die Männer von den Frauen getrennt wurden. Die Männer sind niedergemacht worden und haben rechts und links vom Wege gelegen, an dem die Frauen dann vorbeikamen. Ein Trupp Frauen und Mädchen ist zwischen Mardin und Ras ul Ain von Beduinen vollständig ausgeplündert worden. Solche, die den Beduinen gefielen, wurden mitgeschleppt. Was soll aus den Unglücklichen werden, wenn sie noch tiefer in das Beduinengebiet hineinkommen?

Ein hiesiger Armenier hat mir von einer ihm verwandten Familie aus Kharput erzählt, die aus 17 Köpfen bestand – 7 Männer sind abgeführt worden, ihr Geschick ist unbekannt, 2 Frauen sind den Strapazen des Weges erlegen, 8 Köpfe sind in Ras ul Ain angekommen. Dabei fängt der schlimmere Teil des Weges in Ras ul Ain erst an.

Die bekannten armenischen Abgeordneten Zohrab und Wartkes hielten sich, aus Konstantinopel verbannt, kürzlich einige Zeit in Aleppo auf. Sie wussten, dass sie den Tod erleiden würden, wenn der Befehl der Regierung, sie nach Diarbekr zu verbannen, ausgeführt würde. Auch hatte ich Anlass, die Kaiserliche Botschaft hiervon zu unterrichten. Nach den Erzählungen der sie begleitenden jetzt hierher zurückgekehrten Gendarmen, wonach sie Räubern begegnet wären, welche zufällig gerade die beiden Abgeordneten erschossen hätten, kann kein Zweifel mehr daran bestehen, dass die Regierung sie auf dem Wege zwischen Urfa und Diarbekr hat ermorden lassen...

Die türkische Regierung hat ihre armenischen Untertanen, wohlgemerkt unschuldige, unter dem Vorwande, sie aus dem Kriegsgebiet entfernen zu müssen, zu Tausenden und Abertausenden in die Wüste getrieben, weder Kranke noch Schwangere noch die Familien der zu den Waffen einberufenen Soldaten ausgenommen, hat sie ungenügend und unregelmäßig ernährt und mit Wasser versorgt, hat nichts gegen die unter ihnen ausgebrochenen Epidemien getan, hat die Frauen in Not und Verzweiflung getrieben, dass sie ihre Säuglinge und ihre Neugeborenen am Wege ausgesetzt, ihre dem mannbaren Alter entgegengehenden Mädchen verkauft, dass sie sich selbst mit ihren kleinen Kindern in den Fluss gestürzt haben, sie hat sie der Willkür der Begleitmannschaft und damit der Schande preisgegeben, einer Begleitmannschaft, die Mädchen an sich genommen und verkauft hat, sie hat sie den Beduinen in die Hände gejagt, die sie ausgeplündert und entführt haben, sie hat die Männer in einsamen Gegenden ungesetzlich niederschießen lassen und lässt die Leichen ihrer Opfer den Hunden und den Raubvögeln zum Fraß, sie hat angeblich in die Verbannung geschickte Abgeordnete ermorden lassen; sie hat Sträflinge aus den Gefängnissen entlassen, in Soldatenkleider gesteckt und in die Gegenden geschickt, wo die Verbannten durchziehen mussten, sie hat tscherkessische Freiwillige angeworben und sie auf die Armenier hingelenkt. Was aber behauptet sie in ihrer halbamtlichen Erklärung? „Die Osmanische Regierung ... erstreckt ihren wohlwollenden Schutz auf alle ehrlichen und friedlichen in der Türkei lebenden Christen ...“

Fürwahr, ich habe meinen Augen nicht getraut, als ich diese Erklärung gesehen habe, und ich finde keinen Ausdruck, um den Abgrund ihrer Unwahrheit zu kennzeichnen...

Rößler
Seine Exzellenz dem Reichskanzler
Herrn Dr. von Bethmann Hollweg.

Der Weg zum totalen Krieg

Auszüge aus Notizen des Generalstabschefs des deutschen Heeres,
General Erich von Falkenhayn, die dieser nach eigenen Angaben um Weih-
nachten 1915 Kaiser Wilhelm II. vorgetragen hat. Darin kündigt sich die
Verschärfung und völlige Entfesselung des Kriegs an – mit der neuen
Strategie der Materialschlacht von Verdun und mit dem uneingeschränkten
U-Boot-Krieg.

Frankreich ist militärisch und wirtschaftlich – dies durch dauernde
Entziehung der Kohlenfelder im Nordosten des Landes – bis nahe an
die Grenze des Erträglichen geschwächt. Russlands Wehrmacht ist
nicht voll niedergerungen, aber seine Offensivkraft doch so gebro-
chen, dass sie in annähernd der alten Stärke nicht wieder aufleben
kann … Zwar ist es gelungen, auch die englische Feste schwer zu
erschüttern – der beste Beweis dafür ist der bevorstehende Übergang
zur allgemeinen Wehrpflicht. Er ist aber auch ein Beweis, zu welchen
Opfern England fähig ist, um das erstrebte Ziel, die dauernde Ausschaltung des ihm am gefährlichsten scheinenden Nebenbuhlers, zu
erreichen …

England, in dem man gewohnt ist, Chancen nüchtern abzuwägen,
kann kaum hoffen, uns mit rein militärischen Mitteln niederzurin-
gen. Es stellt seine Sache offenbar auf den Ermattungskrieg. Die
Zuversicht, durch ihn Deutschland auf die Schultern zu zwingen,
haben wir nicht brechen können. Aus ihr schöpft der Feind die
Kraft, weiter zu ringen und dazu seine Gruppe dauernd zusammen-
zupeitschen …

Das Ergebnis dieser Untersuchung ist, dass es sich nicht empfiehlt,
die englische Front im Westen mit entscheidungssuchendem Angriff
anzupacken …

Um so notwendiger ist es, dass gleichzeitig alle jene Mittel rück-
sichtslos zur Anwendung gebracht werden, die geeignet sind, England auf seinem eigensten Gebiet zu schädigen …

(Der Unterseekrieg) zielt auf die verwundbarste Stelle des Feindes
ab, indem er ihm die Zufuhren über See abzuschneiden versucht.
Gehen die bestimmten Zusagen der Marine dahin in Erfüllung, dass
der unbeschränkte Unterseebootkrieg England innerhalb des Jahres
1916 zum Einlenken bringen muss, so ist selbst die Annahme einer
feindlichen Haltung seitens der Vereinigten Staaten jetzt zu ertragen.

Ihr Eingreifen in den Krieg kann nicht so schnell entscheidende Wirkung üben, dass es England, welches das Gespenst des Hungers und viele andere Nöte auf seiner Insel auftauchen sieht, zum Weiterkämpfen bewegen könnte. Dies erfreuliche Zukunftsbild wird durch einen Schatten getrübt. Voraussetzung bei ihm ist, dass die Marine sich nicht irrt ...

Es wurde bereits betont, dass Frankreich in seinen Leistungen bis nahe an die Grenze des noch Erträglichen gelangt ist ...

Gelingt es, seinem Volk klar vor Augen zu führen, dass es militärisch nichts mehr zu hoffen hat, dann wird die Grenze überschritten, England sein bestes Schwert aus der Hand geschlagen werden. Das zweifelhafte ... Mittel des Massendurchbruchs ist dazu nicht nötig ... Hinter dem französischen Abschnitt der Westfront gibt es in Reichweite Ziele, für deren Behauptung die französische Führung gezwungen ist, den letzten Mann einzusetzen. Tut sie es, so werden sich Frankreichs Kräfte verbluten, da es ein Ausweichen nicht gibt, gleichgültig, ob wir das Ziel selbst erreichen oder nicht. Tut sie es nicht und fällt das Ziel in unsere Hände, dann wird die moralische Wirkung in Frankreich ungeheuer sein ... Die Ziele, von denen hier die Rede ist, sind Belfort und Verdun. Für beide gilt das oben Gesagte. Dennoch verdient Verdun den Vorzug.

„Blutmeer der Massenmetzelei"

Wegen Verteilung des folgenden Flugblatts („Auf zur Maifeier!") wurde der sozialdemokratische Kriegsgegner und Rechtsanwalt Karl Liebknecht am 1. Mai 1916 in Berlin verhaftet und später wegen Hochverrats zu vier Jahren Zuchthaus verurteilt:

Genossinnen und Genossen!
Zum zweiten Male steigt der Tag des 1. Mai über dem Blutmeer der Massenmetzelei auf. Zum zweiten Male findet der Weltfeiertag der Arbeit die proletarische Internationale in Trümmer geschlagen, während die Kämpferscharen des völkerbefreienden Sozialismus als widerstandsloses Kanonenfutter des Imperialismus einander abschlachten.

Die sozialistische Internationale liegt seit zwei Jahren darnieder. Und was haben die Arbeiter aller Länder, was haben die Völker gewonnen? Millionen von Männern haben bereits ihr Leben gelassen auf Geheiß der Bourgeoisie. Millionen sind für Lebenszeit zu elenden Krüppeln geschlagen. Millionen von Frauen sind zu Witwen, ihre Kinder zu Waisen gemacht, in Millionen Familien sind unstillbares Leid und Trauer eingezogen. Nicht genug! Not und Elend, Teuerung und Hungersnot herrschen in Deutschland, in Frankreich, in Russland. Belgien, Polen und Serbien, die von dem Vampir des deutschen Militarismus bis aufs Blut und auf das Mark der Knochen ausgesogen werden, gleichen großen Friedhöfen und Trümmerhaufen. Die ganze Welt, die viel gerühmte europäische Kultur gehen zu Grunde in der entfesselten Anarchie des Weltkrieges.

Und zu wessen Nutz und Frommen, zu welchem Zwecke all diese Schrecken und Bestialitäten? Damit die ostelbischen Junker und die mit ihnen versippten kapitalistischen Profitmacher durch Unterjochung und Ausbeutung neuer Länder ihre Taschen füllen können. Damit die Scharfmacher von der schweren Industrie, die Heereslieferanten von den blutigen Leichenfeldern goldene Ernten in ihre Scheunen schleppen. Damit Börsenjobber mit Kriegsanleihen Wuchergeschäfte treiben. Damit Lebensmittelspekulanten sich auf Kosten des hungernden Volkes mästen. Damit der Militarismus, die Monarchie, die schwärzeste Reaktion in Deutschland zur nie dagewesenen Macht, zur ungeteilten Herrschaft emporsteigen!

Um ihre stärksten Feinde stark und übermütig zu machen, lässt sich die Arbeiterklasse wie eine Herde Schafe zur Schlachtbank treiben. Und die blutige Orgie findet gar kein Ende, ja, sie dehnt sich immer weiter aus! Morgen vielleicht wird sich der Völkermord auf neue Länder und Weltteile erstrecken. Die deutschen Kriegshetzer treiben mit Macht zum Kriege mit den Vereinigten Staaten. Morgen vielleicht sollen wir das Mordeisen gegen neue Bruderscharen, gegen die Brust unserer amerikanischen Arbeits- und Kampfgenossen zücken!

Arbeiter! Parteigenossen! Ihr Frauen des Volkes! Wie lange wollt ihr dem Spuk der Hölle ruhig und gelassen zusehen? Wie lange wollt ihr stumm die Verbrechen der Menschenmetzelei, die Not und den Hunger ertragen? Bedenkt! Solange sich das Volk nicht rührt, um seinen Willen kundzutun, wird der Völkermord nicht aufhören. Oder aber er hört erst dann auf, wenn alle Länder an den Bettelstab gebracht, wenn alle Völker zu Grunde gerichtet sind, wenn von der so genannten Kultur nicht ein Stein auf dem andern geblieben ist. Die Reichen können noch lange den Krieg „durchhalten". Sie leiden keinen Hunger, sie haben üppige Vorräte eingehamstert, sie machen ja die schönsten Geschäfte bei der Metzelei, sie stärken ihre politische Herrschaft durch den Selbstmord der Arbeiterklasse. Aber wir, aber das arbeitende Volk aller Länder, wollen wir noch länger mit eigenen Händen unsere Ketten fester schmieden?

Arbeiter, Parteigenossen! Genug des Brudermordes! Der 1. Mai kommt als Mahner, er pocht an eure Herzen, an eure Gewissen. Der Verrat am Sozialismus, an der internationalen Solidarität der Arbeiter hat die Völker ins Verderben des Weltkrieges gestürzt. Nur die Rückkehr zum Evangelium des völkerbefreienden Sozialismus, zur proletarischen Internationale kann die Völker, die Kultur, die Arbeitersache aus dem Abgrund retten. Zeigt am 1. Mai, dass dieses Evangelium in euren Herzen und Hirnen lebt. Beweist den herrschenden Klassen, dass die Internationale, dass der Sozialismus nicht tot sind, dass sie mit neuer Kraft wie Phönix aus der Asche emporsteigen! Die proletarische Internationale kann nicht in Brüssel, in Haag oder in Bern durch ein paar Dutzend Leute wieder aufgerichtet werden. Sie kann nur aus der Tat der Millionen auferstehen. Sie kann nur hier in Deutschland wie drüben in Frankreich, in England, in Russland auferstehen, wenn die Massen der Arbeiter allenthalben selbst die Fahne des Klassenkampfes ergreifen und ihre Stimme mit Donnergewalt gegen den Völkermord erschallen lassen.

Arbeiter, Parteigenossen und ihr Frauen des Volkes! Lasst diesen zweiten Maifeiertag des Weltkrieges nicht vorübergehen, ohne ihn zur Kundgebung des internationalen Sozialismus, zum Protest gegen die imperialistische Metzelei zu gestalten.

Am 1. Mai reichen wir über alle Grenzsperren und Schlachtfelder hinweg die Bruderhand dem Volke in Frankreich, in Belgien, in Russland, in England, in Serbien, in der ganzen Welt! Am 1. Mai rufen wir vieltausendstimmig:

Fort mit dem ruchlosen Verbrechen des Völkermordes! Nieder mit seinen verantwortlichen Machern, Hetzern und Nutznießern! Unsere Feinde sind nicht das französische, russische oder englische Volk,

das sind deutsche Junker, deutsche Kapitalisten und ihr geschäfts-
führender Ausschuss: die deutsche Regierung! Auf zum Kampfe
gegen diese Todfeinde jeglicher Freiheit, zum Kampfe um alles, was
das Wohl und die Zukunft der Arbeitersache, der Menschheit und
der Kultur bedeutet!
    Schluss mit dem Kriege! Wir wollen den Frieden
    Hoch der Sozialismus! Hoch die Arbeiterinternationale!
    Proletarier aller Länder, vereinigt euch!

Der rücksichtslose U-Boot-Krieg
Aufzeichnung über eine Besprechung zwischen Reichskanzler Theobald
von Bethmann Hollweg, Generalfeldmarschall Paul von Hindenburg und
General Erich Ludendorff am 9. Januar 1917:

KANZLER: Wenn Seine Majestät verschärften U-Boot-Krieg be-
fiehlt, wird Kanzler zu erreichen versuchen, dass Amerika „draußen" bleibt. Gewisse Zugeständnisse – schon früher mit Admiralstab erwogen – müssten dazu gemacht werden. Man muss aber
mit Amerikas Eintritt in den Krieg gegen uns rechnen.
    Über Verhalten der europäischen Neutralen denkt Kanzler zuver-
sichtlicher. Unsere Friedensnote hat gut gewirkt. Holland und Dänemark werden nicht in den Krieg eintreten, wenigstens so lange nicht,
als sie nicht sehen, dass der U-Boot-Krieg keinen Erfolg für uns bedeutet.
    Betr. der Schweiz ist zu bedenken, dass die Entente, wenn die
Lebensmittel der Schweiz knapp werden, auf die Schweiz drücken
wird, um den Durchmarsch französischer Armeen, eventuell sogar
Anschluss der Schweiz an Entente zu erreichen.
    Dänemark wird möglicherweise seine Schifffahrt auflegen.
    Kanzler ersucht, dass die militärischen Maßnahmen an den neu-
tralen Grenzen, namentlich der dänischen, keine zu große Drohung
bedeuten möchten.
EXZ. LUDENDORFF: Absicht, nur Kavallerie an die Grenzen zu
bringen, einige Regimenter.
KANZLER: Der Entschluss zum Eintritt in den rücksichtslosen
U-Boot-Krieg ist also abhängig von der Wirkung, die wir erwarten

können. Admiral v. Holtzendorff stelle in Aussicht, bis zur nächsten Ernte England klein zu haben. Die Erfahrungen der U-Boote in den letzten Monaten, die größere Zahl von Booten, Englands schlechte wirtschaftliche Lage bilden allerdings einen Zuwachs an Chance.

Im Großen sind die Aussichten für den rücksichtslosen U-Boot-Krieg recht günstig.

Beweiskräftig lassen sich die Aussichten freilich nicht hinstellen.

Man müsse sich klar sein, dass große militärische Schläge, nach der militärischen Lage, kaum möglich seien, um den Sieg zu gewinnen.

Der U-Boot-Krieg ist die „letzte Karte". Ein sehr ernster Entschluss. „Wenn aber die militärischen Stellen den U-Boot-Krieg für notwendig halten, so bin ich nicht in der Lage, zu widersprechen."

FELDMARSCHALL: Wir sind gerüstet, um allen Eventualitäten zu begegnen, gegen Amerika, Dänemark, Holland und auch die Schweiz.

Der Unterwasser-Kreuzerkrieg bringt nur eine geringe Steigerung der bisherigen Erfolge. Wir brauchen das energischste, rücksichtsloseste Handeln, das sich erreichen lässt. Deshalb den rücksichtslosen U-Boot-Krieg, vom 1. 2. 17 ab.

Der Krieg muss beschleunigt zum Ende gebracht werden, obwohl wir ihn noch länger durchhielten, aber der Bundesgenossen wegen.

KANZLER: Es lässt sich denken, dass der U-Boot-Krieg das Kriegsende hinausschiebt.

LUDENDORFF: Der U-Boot-Krieg bringt auch unsere Armeen in eine andere, bessere Lage. Durch den Mangel an Grubenholz, an Kohlenförderung leidet die Munitionserzeugung. Das bedeutet eine Erleichterung für die Westfront. Wir müssen der Truppe eine zweite Somme-Schlacht ersparen. Dass diese Erleichterung eintreten wird, wird durch unsere eigenen Verhältnisse, die Wirkung unserer Transportkrisis bewiesen.

Auch Russlands Offensivkraft wird durch den Munitionsmangel, hervorgerufen durch Schiffsraumnot, geschädigt. Die sibirische Bahn allein genügt für Russland nicht.

KANZLER: Amerikas Hilfe bei eventuellem Eintritt in den Krieg wird bestehen in Lieferung von Lebensmitteln an England, finanzieller Beihilfe, Entsendung von Flugmaschinen, Entsendung von Freiwilligenkorps.

FELDMARSCHALL: Damit werden wir schon fertig. Die Gelegenheit für den U-Boot-Krieg ist so günstig, wie kaum jemals wieder. Wir können ihn führen und müssen ihn führen.

KANZLER: Ja, wenn der Erfolg winkt, müssen wir auch handeln.

FELDMARSCHALL: Wir würden uns später Vorwürfe machen, wenn wir die Gelegenheit verpassten.

KANZLER: Sicher ist die Lage besser als im September.

LUDENDORFF: Die Sicherungsmaßnahmen gegen die Neutralen werden nichts Herausforderndes haben, reine Defensivmaßnahmen.

KANZLER: Und wenn die Schweiz in den Krieg eintritt oder die Franzosen durch die Schweiz kommen?

FELDMARSCHALL: Das wäre militärisch nicht ungünstig.

„Krieg gegen das Volk der USA"

Auf Deutschlands uneingeschränkten U-Boot-Krieg reagierte US-Präsident Woodrow Wilson am 2. April 1917 vor beiden Häusern des amerikanischen Parlaments mit der Ankündigung des Kriegseintritts der Vereinigten Staaten. Auszüge:

Ich habe den Kongress zu einer außerordentlichen Sitzung einberufen, weil wir schwierige, sehr schwierige Entscheidungen hinsichtlich unserer Politik zu treffen haben ...

Am 3. Februar d. J. machte ich Ihnen amtlich Mitteilung von der unerhörten Ankündigung der Kaiserlich Deutschen Regierung, sie habe die Absicht, sich vom 1. Februar an durch keine Rücksicht auf Recht oder Menschlichkeit mehr abhalten zu lassen, sondern jedes Schiff in den Grund zu bohren, welches sich entweder den Häfen Großbritanniens und Irlands oder denen der Westküste Europas oder auch irgendeinem der in der Hand der Feinde Deutschlands befindlichen Häfen innerhalb des Mittelländischen Meeres zu nähern suchte. Schon in einem früheren Stadium des Krieges hatte es geschienen, als sei dies das Ziel des deutschen Tauchbootkrieges; aber seit dem April letzten Jahres hatte die Kaiserliche Regierung den Kommandanten ihrer Unterseefahrzeuge einige Einschränkungen auferlegt in Übereinstimmung mit ihrem uns damals gegebenen Versprechen, dass keine Passagierschiffe versenkt und alle anderen Schiffe, die ihre Tauchboote zu zerstören suchten, in gebührender Weise gewarnt werden sollten, falls sie keinen Widerstand leisteten und keinen Versuch machten, zu entkommen; auch sollte Sorge dafür getragen werden, dass ihren Mannschaften wenigstens die Möglichkeit gegeben würde, sich in ihren offenen Booten das Leben zu retten ...

Die neue Politik hat nun aber mit allen Einschränkungen aufgeräumt. Schiffe jedweder Art, gleichviel unter welcher Flagge sie segeln, sind ohne Rücksicht auf ihren Charakter, ihre Ladung, ihren Bestimmungsort und ihre Verwendung schonungslos in den Grund gebohrt worden, ohne dass man sie gewarnt oder irgendwie an Beistand und Erbarmen für die an Bord Befindlichen gedacht hätte, und zwar die Schiffe befreundeter Neutraler ganz ebenso wie die der Krieg führenden Nationen. Sogar Hospitalschiffe und Schiffe, welche der schwer geprüften und hart getroffenen Bevölkerung Belgiens Unterstützung zuführten, sind mit derselben Rücksichtslosigkeit, die kein Mitleid und keine sittlichen Grundsätze kannte, versenkt worden, wiewohl ihnen die deutsche Regierung selbst sicheres Geleit durch die Sperrzonen gewährt hatte und obgleich sie behufs ihrer Identifizierung durch unmöglich zu übersehende Merkmale kenntlich gemacht waren.

Eine kurze Zeit lang vermochte ich gar nicht zu glauben, dass derartiges von einer Regierung getan werden könnte, welche sich bisher das menschliche Verfahren zivilisierter Nationen zu eigen gemacht hatte. Das Völkerrecht ist aus dem Versuche hervorgegangen, gesetzliche Bestimmungen zu schaffen, die auf dem Meere, wo keine Nation einen Anspruch auf Vorherrschaft hat und wo sich die freien Verkehrsstraßen der Welt erstrecken, geachtet und beobachtet würden. Mühselig und ganz allmählich ist dieses Recht aufgebaut worden – allerdings mit recht dürftigen Resultaten, auch nachdem alles erreicht war, was sich erreichen ließ, aber doch immerhin mit einem stets klaren Blick für die Bedürfnisse des Menschenherzens und die Forderungen des menschlichen Gewissens.

Aber auch diese bescheidensten Rechtsansprüche hat die deutsche Regierung beiseite gefegt unter dem Vorwande der Vergeltung und der Notwendigkeit, und weil ihr keine anderen Waffen für den Seekrieg zur Verfügung standen, als die eben genannten, die sich nicht in der von ihr beliebten Weise in Anwendung bringen lassen, wenn man nicht alle Bedenken hinsichtlich der Menschlichkeit und alle

Achtung vor den Vereinbarungen, die für den internationalen Verkehr als maßgebend betrachtet wurden, in den Wind schlägt ...

Mit tiefem Verständnis für die ernste, ja tragische Bedeutung des Schrittes, den ich zu tun im Begriff stehe, sowie für die schweren Verantwortlichkeiten, die er mit sich bringt, aber auch entschlossen, ohne Zagen meiner verfassungsmäßigen Pflicht, wie ich sie verstehe, Gehorsam zu leisten, stelle ich den Antrag, dass der Kongress das neuerdings von der Kaiserlich Deutschen Regierung eingeschlagene Verfahren der Sache nach als gleichbedeutend mit dem Kriegszustande gegen die Regierung und das Volk der Vereinigten Staaten erklärt; dass er den uns in dieser Weise aufgenötigten Status einer Krieg führenden Macht in aller Form anerkennt; und dass er sofort die nötigen Schritte tut, nicht nur gründlichere Vorkehrungen zur Verteidigung des Landes zu treffen, sondern auch seine ganze Kraft aufzubieten und seine gesamten Mittel anzuwenden, um die Regierung des Deutschen Reiches zum Unterliegen und so den Krieg zu Ende zu bringen ...

Russland: Friede durch den Umsturz

Wladimir Iljitsch Lenins „Dekret über den Frieden" vom 26. Oktober 1917, dem Tag nach dem bolschewistischen Umsturz:

Die Arbeiter- und Bauernregierung, die durch die Revolution vom 24./25. Oktober geschaffen wurde und sich auf die Sowjets der Arbeiter-, Soldaten- und Bauerndeputierten stützt, schlägt allen Krieg führenden Völkern und ihren Regierungen vor, sofort Verhandlungen über einen gerechten demokratischen Frieden zu beginnen.

Ein gerechter oder demokratischer Frieden, den die überwältigende Mehrheit der durch den Krieg erschöpften, gepeinigten und gemarterten Klassen der Arbeiter und der Werktätigen aller Krieg führenden Länder ersehnt und den die russischen Arbeiter und Bauern nach dem Sturz der Zarenmonarchie auf das entschiedenste und beharrlichste forderten – ein solcher Frieden ist nach der Auffassung der Regierung ein sofortiger Frieden ohne Annexionen (d. h. ohne Aneignung fremder Territorien, ohne gewaltsame Angliederung fremder Völkerschaften) und ohne Kontributionen.

Die Regierung Russlands schlägt allen Krieg führenden Völkern vor, unverzüglich einen solchen Frieden zu schließen, wobei sie sich bereit erklärt, sofort, ohne die geringste Verzögerung, alle entscheidenden Schritte zu unternehmen – bis zur endgültigen Bestätigung aller Bedingungen eines solchen Friedens durch die bevollmächtigten Versammlungen der Volksvertreter aller Länder und aller Nationen.

Unter Annexion oder Aneignung fremder Territorien versteht die Regierung, im Einklang mit dem Rechtsbewusstsein der Demokratie im Allgemeinen und der werktätigen Klassen im Besonderen, jede Angliederung einer kleinen oder schwachen Völkerschaft an einen großen oder mächtigen Staat, ohne dass diese Völkerschaft ihr Einverständnis und ihren Wunsch genau, klar und freiwillig zum Ausdruck gebracht hat, unabhängig davon, wann diese gewaltsame Angliederung erfolgt ist, sowie unabhängig davon, wie entwickelt oder rückständig eine solche mit Gewalt angegliederte oder mit Gewalt innerhalb der Grenzen eines gegebenen Staats festgehaltene Nation ist, und schließlich unabhängig davon, ob diese Nation in Europa oder in fernen, überseeischen Ländern lebt.

Wenn irgendeine Nation mit Gewalt in den Grenzen eines gegebenen Staats festgehalten wird, wenn dieser Nation entgegen ihrem zum Ausdruck gebrachten Wunsche – gleichviel, ob dieser Wunsch in der Presse oder in Volksversammlungen, in Beschlüssen der Parteien oder in Empörungen und Aufständen gegen die nationale Unterdrückung geäußert wurde – das Recht vorenthalten wird, nach vollständiger Zurückziehung der Truppen der die Angliederung vornehmenden oder überhaupt der stärkeren Nation, in freier Abstimmung über die Formen ihrer staatlichen Existenz, ohne den mindesten Zwang selbst zu entscheiden, so ist eine solche Angliederung eine Annexion, d. h. eine Eroberung und Vergewaltigung.

Diesen Krieg fortzusetzen, um die Frage zu entscheiden, wie die starken und reichen Nationen die von ihnen annektierten schwachen Völkerschaften unter sich aufteilen sollen, hält die Regierung für das größte Verbrechen an der Menschheit, und sie verkündet feierlich ihre Entschlossenheit, unverzüglich die Bedingungen eines Friedens zu unterzeichnen, der diesem Krieg unter den oben genannten, für ausnahmslos alle Völkerschaften gleich gerechten Bedingungen ein Ende macht ...

Schuldzuweisung an Deutschland

Auszüge aus dem Versailler Friedensvertrag vom 28. Juni 1919:

Artikel 227

Die alliierten und assoziierten Mächte stellen Wilhelm II. von Hohenzollern, ehemaligen Deutschen Kaiser, unter öffentliche Anklage wegen schwerster Verletzung der internationalen Moral und der Heiligkeit der Verträge.

Ein besonderer Gerichtshof wird gebildet werden, um den Angeklagten unter Wahrung der wesentlichen Bürgschaften seines Verteidigungsrechtes zu richten ...

Die alliierten und assoziierten Mächte werden an die niederländische Regierung ein Ersuchen richten, ihnen den ehemaligen Kaiser zum Zwecke seiner Aburteilung auszuliefern.

Artikel 228

Die deutsche Regierung erkennt die Befugnis der alliierten und assoziierten Mächte an, vor ihre Militärgerichte solche Personen zu stellen, die wegen einer gegen die Gesetze und Gebräuche des Krieges verstoßenden Handlung angeklagt sind ...

Die deutsche Regierung hat den alliierten und assoziierten Mächten oder derjenigen von ihnen, die sie darum ersuchen wird, alle Personen auszuliefern, die angeklagt sind, eine Handlung gegen die Gesetze und Gebräuche des Krieges begangen zu haben, und die ihr namentlich oder nach dem Rang, dem Amt oder der Beschäftigung in deutschen Diensten bezeichnet werden ...

Artikel 231

Die alliierten und assoziierten Regierungen erklären und Deutschland erkennt an, dass Deutschland und seine Verbündeten als Urheber aller Verluste und aller Schäden verantwortlich sind, welche die alliierten und assoziierten Regierungen und ihre Angehörigen infolge des ihnen durch den Angriff Deutschlands und seiner Verbündeten aufgezwungenen Krieges erlitten haben.

Artikel 232

Die alliierten und assoziierten Regierungen erkennen an, dass die Hilfsmittel Deutschlands nicht ausreichen, um die vollständige Wiedergutmachung aller dieser Verluste und aller dieser Schäden sicher-zustellen, indem sie der ständigen Verminderung dieser Hilfsmittel Rechnung tragen, die sich aus den übrigen Bestimmungen dieses Vertrages ergibt. Die alliierten und assoziierten Regierungen verlan-gen indessen und Deutschland übernimmt die Verpflichtung, dass alle Schäden wieder gutgemacht werden, die der Zivilbevölkerung jeder der alliierten und assoziierten Regierungen und ihrem Eigen-tum während der Zeit, da diese Macht sich im Kriegszustand mit Deutschland befand, durch den erwähnten Angriff zu Lande, zur See und aus der Luft zugefügt sind ...

Artikel 233
Die Höhe der erwähnten Schäden, deren Wiedergutmachung von Deutschland geschuldet wird, wird von einer interalliierten Kom-mission festgestellt werden. Die Kommission erhält die Bezeichnung Wiedergutmachungskommission ...

Die Beschlüsse dieser Kommission über die Höhe der oben be-zeichneten Schäden sollen spätestens am 1. Mai 1921 aufgesetzt und der deutschen Regierung als Gesamtbetrag ihrer Verpflichtungen mitgeteilt werden.

Die Kommission wird gleichzeitig einen Tilgungsplan aufstellen; sie wird dabei die Fristen und die Art und Weise für die Ablösung der Gesamtschuld durch Deutschland innerhalb eines Zeitraumes von dreißig Jahren vorsehen, der mit dem 1. Mai 1921 beginnt ...

Artikel 235
Damit die alliierten und assoziierten Mächte schon jetzt den Wie-deraufbau ihres industriellen und wirtschaftlichen Lebens in Angriff nehmen können, zahlt Deutschland vor Feststellung der endgülti-gen Höhe ihrer Ersatzansprüche während der Jahre 1919 und 1920 und in den ersten vier Monaten des Jahres 1921 den Gegenwert von 20 Milliarden (zwanzig Milliarden) Mark Gold in Anrechnung auf die obigen Forderungen ...

Quellennachweise
zu den Dokumenten

Der Mord an Österreichs Thronfolger am 28. Juni 1914
Friedrich Würthle, Die Spur führt nach Belgrad, Wien-München-
Zürich 1975, S. 9 ff.

Der „Blankoscheck" für den Krieg
Immanuel Geiss (Hg.), Julikrise und Kriegsausbruch 1914. Eine
Dokumentensammlung, Bd. 1, Hannover 1963, S. 83 f. und 92 f.

Wilhelm II.: „Ich kenne keine Parteien mehr"
www.dhm.de/lemo/html/dokumente/wilhelm144/index.html und
Ernst Deuerlein, Der Reichstag. Aufsätze, Protokolle und Darstel-
lungen zur Geschichte der parlamentarischen Vertretung des deutschen Volkes 1871–1933, Frankfurt am Main 1963, S. 217 f.

„Das Vaterland nicht im Stich lassen"
Susanne Miller/ Heinrich Potthoff, Kleine Geschichte der SPD.
Darstellung und Dokumentation 1848–1990, Bonn 1991, S. 344 f.

Deutsche Annexionsziele
www.dhm.de/lemo/html/dokumente/hollweg

„Tagsüber kracht es ringsum"
Auszüge aus den Archivalischen Sammlungen der Bibliothek für
Zeitgeschichte (BfZ) in der Württembergischen Landesbibliothek
Stuttgart. Die „Lebensdokumentensammlung" der BfZ umfasst
zurzeit circa 85 000 Feldpostbriefe, außerdem Briefe von Kriegs-
gefangenen und an Kriegsgefangene sowie Tagebücher und
Erinnerungen zu beiden Weltkriegen

Verbrüderung an der Front
Auszüge aus Kriegstagebüchern, präsentiert in der ständigen
Ausstellung des In Flanders Fields Museum in Ypern, Belgien

Das Unglück der Deserteure
www.spartacus.schoolnet.co.uk/FWWexecutions.htm
Übersetzung: DER SPIEGEL

Der Massenmord an den Armeniern
Deutschland und Armenien 1914–1918. Sammlung diplomatischer
Aktenstücke. Herausgegeben und eingeleitet von Johannes Lepsius.
Mit einem Vorwort zur Neuausgabe von Tessa Hofmann und
einem Nachwort von M. Rainer Lepsius, Donat Verlag, Bremen
1986, S. 108–112

Der Weg zum totalen Krieg
Erich von Falkenhayn, Die Oberste Heeresleitung 1914–1916 in
ihren wichtigsten Entschließungen, Berlin 1920, S. 176–184

„Blutmeer der Massenmetzelei"
Kurt Kreiler (Hg.), Traditionen deutscher Justiz. Große politische
Prozesse der Weimarer Zeit. Ein Lesebuch zur Geschichte der
Weimarer Republik, Berlin 1978, S. 35 f.

Der rücksichtslose U-Boot-Krieg
Stenographische Berichte über die öffentlichen Verhandlungen des
15. Untersuchungsausschusses der Verfassunggebenden
Nationalversammlung nebst Beilagen, Bd. 2, Berlin 1920, S. 321 f.

„Krieg gegen das Volk der USA"
Committee on Public Information of the United States of America
(Hg.), Die Reden Woodrow Wilsons, Bern 1919, S. 21–29

Russland: Friede durch den Umsturz
Wladimir Iljitsch Lenin, Ausgewählte Werke, Bd. 22, Berlin 1959,
S. 256 f.

Schuldzuweisung an Deutschland
www.dhm.de/lemo/html/dokumente/versailles/index.html

Gedenkstätten
des Ersten Weltkriegs in Europa

London
Imperial War Museum

Das Gewehr von Lawrence von Arabien, Briefe von Chinesen, die für Briten, Franzosen und Russen während des Kriegs arbeiteten, ein deutsches Militärschild aus Tiberias am See Genezareth mit der Aufschrift „Nach Damaskus" – die Exponate im Londoner Imperial War Museum belegen, dass der Erste Weltkrieg ein wirklich globaler Kampf war.

Viele Briten glaubten schon vor Ende des Schlachtens, dass der „Great War" für die Nachwelt dokumentiert werden müsse. 1917 beschloss daher das britische Kabinett die Gründung des Imperial War Museum. Vor allem Kriegsgerät wird darin ausgestellt: Gasmasken, Brustpanzer, welche die Soldaten auf eigene Rechnung kaufen konnten, oder die ersten Stahlhelme, die auf Grund der schrecklichen Kopfverletzungen in Frankreich 1915 und in Deutschland 1916 eingeführt wurden. Besondere Kuriosität: In der Eingangshalle steht ein 25 Meter hohes Periskop, mit dem deutsche Truppen – gut verborgen hinter Häusern oder in Wäldern – den Feind beobachteten. Die schlechte Beleuchtung, die Überfüllung der Vitrinen und Beschriftungen in Kniehöhe ermüden allerdings den Besucher.

Imperial War Museum, Lambeth Road, London SE1 6HZ, Great Britain
Internet: www.iwm.org.uk

Ypern
In Flanders Fields Museum

In Ypern wird seit 1928 täglich um kurz vor 20 Uhr das Menen-Tor für den Durchgangsverkehr gesperrt. Eine Gruppe Hornisten nimmt beim achten Gongschlag Haltung an und spielt den Gefallenensalut „The Last Post" – zu Ehren der Soldaten des Commonwealths, die bei der Verteidigung der einstigen Tuchmetropole fielen.

Die Zeremonie zieht im Sommer Hunderte Schaulustige an – Teil der über 500 000 Menschen, die jährlich die Schlachtfelder in Flandern oder das Yperner Museum „In Flanders Fields" besuchen. Dessen preisgekrönte Ausstellung zeigt mit modernster Technik alle Facetten der Schlachten um Ypern, die eine halbe Million Menschen das Leben kosteten. Beklemmender Höhepunkt: die künstlerisch verfremdete Darstellung des Niemandslands. Rauchschwaden, die Giftgas symbolisieren, wabern durch den Raum, aus dem Off sind die Hilferufe Verwundeter zu hören, in den Fußboden eingelegte Glasvitrinen mit Stacheldraht und Munitionsresten leuchten auf.

Ausgewiesene Routen führen im Umland Yperns zu den wichtigsten Erinnerungsorten des Kriegs wie etwa den Sprengkratern von Menen oder den Todeszellen in Poperinge, in denen verurteilte britische Deserteure vor ihrer Hinrichtung eingekerkert waren. Einen authentischen Eindruck von den Gräben des Stellungskriegs vermittelt die deutsche Stellung Bayernwald bei Wijtschate, die kürzlich freigelegt wurde.

In Flanders Fields Museum, Lakenhallen, Grote Markt 34,
B-8900 Ieper, Belgien
Internet: www.inflandersfields.be

Péronne
Historial de la Grande Guerre
Museum des Ersten Weltkriegs

Eine der schrecklichsten Schlachten des Ersten Weltkriegs, an der Soldaten aus 35 Ländern beteiligt waren, fand 1916 an der Somme statt. Die Stadt Péronne, bereits im August 1914 von den Deutschen okkupiert, wurde fast völlig zerstört. Bei ihrem Rückzug hinterließen die Deutschen auf den Ruinen des Rathauses ein Holzschild mit der spöttischen Inschrift „Nicht ärgern, nur wundern". Dieses Schild ist eines der Ausstellungsstücke im Historial. Das Museum hat sich zum Ziel gesetzt, den Krieg unter dem Blickwinkel eines totalen und täglichen Kriegseinsatzes zu zeigen. Daneben führt eine 60 Kilometer lange Besichtigungstour durch die Umgebung zu Schlachtfeldern, Gedenkstätten, Militärfriedhöfen und den wiederaufgebauten Dörfern an der Somme.

Historial de la Grande Guerre, Château de Péronne, B.P. 63,
80201 Péronne cedex, Frankreich
Internet: www.historial.org

Verdun
Mémorial de Verdun
Fort Douaumont / Beinhaus von Douaumont

Auf den Schlachtfeldern von Verdun ist teilweise heute noch die Kriegstopografie aus den Jahren 1914 bis 1918 zu sehen. Es gibt zahlreiche Friedhöfe und Denkmäler. In den Resten des Fort Douaumont können Stollen und Kasematten, Flaktürme und Bunker besichtigt werden. Im Beinhaus von Douaumont liegen die sterblichen Überreste von 130 000 nicht identifizierten Soldaten. Das Mémorial de Verdun, Gedenkstätte und Museum, präsentiert zahlreiche Waffen und beschreibt ausführlich die Schlachten. Das Museum ist klein und enthält etwas zu viele Ausstellungsstücke.

55106 Verdun cedex, Frankreich
Internet:
das Beinhaus von Douaumont: www.verdun-douaumont.com;
die Stadt Verdun: www.verduntourisme.com

Internet-Adressen

LeMO (Lebendiges virtuelles Museum Online)
zum Ersten Weltkrieg
Das LeMO ist ein virtueller Gang durch die deutsche Geschichte
des 20. Jahrhunderts. Die Kapitel zum Ersten Weltkrieg sind leicht
verständlich, ohne zu sehr zu vereinfachen, und geben einen guten
Überblick. Hilfreich sind abrufbare Tondokumente wie etwa
Reden des Deutschen Kaisers.
www.dhm.de/lemo/html/wk1/index.html

The World War 1 Document Archive
Sehr gute, umfangreiche Dokumentensammlung, dazu ein Bild-
archiv, ein biografisches Lexikon plus zwei Sonderrubriken
Seekrieg und Medizin.
www.lib.byu.edu/~rdh/wwi/index.html

Firstworldwar.com
Gutes englischsprachiges Angebot mit lexikalischen Teilen
(Biografien, Schlachten, Waffen), wird regelmäßig aktualisiert.
www.firstworldwar.com

World War I. – Trenches on the Web
Gute Materialsammlung, übersichtlich aufbereitet.
www.worldwar1.com

Volksbund Deutsche Kriegsgräberfürsorge e. V.
Verzeichnis aller deutschen Kriegsgräberstätten.
www.volksbund.de

Commonwealth War Graves Commission
Verzeichnis aller Kriegsgräberstätten von Staaten aus dem
Commonwealth.
www.cwgc.org

Australian War Memorial
In keinem anderen Krieg sind mehr Australier gefallen als im Ersten Weltkrieg. Alle Aspekte der Jahre 1914 bis 1918 aus australischer Sicht.
www.awm.gov.au

Die Farbe der Tränen –
Der Erste Weltkrieg aus der Sicht der Maler
Kooperation verschiedener europäischer Museen anlässlich des 80. Jahrestags des Endes des Ersten Weltkriegs. Präsentiert werden 110 Gemälde und Grafiken.
www.art-ww1.com

Autorenverzeichnis

Karen Andresen ist Redakteurin im Ressort Sonderthemen des SPIEGEL.

Wolfram Bickerich ist Redakteur im Ressort Sonderthemen des SPIEGEL.

Jochen Bölsche ist Autor im Deutschland-Ressort des SPIEGEL.

Georg Bönisch ist Korrespondent im Düsseldorfer SPIEGEL-Büro.

Stephan Burgdorff leitet das Ressort Sonderthemen des SPIEGEL.

Professor Stig Förster lehrt Neueste Allgemeine Geschichte an der Universität Bern.

Christian Habbe war bis 2003 Redakteur im Ressort Sonderthemen des SPIEGEL.

Per Hinrichs ist Redakteur im Ressort Deutsche Politik des SPIEGEL.

Professor Gerhard Hirschfeld ist Direktor der Bibliothek für Zeitgeschichte in Stuttgart und lehrt am Historischen Institut der Universität Stuttgart.

Dr. Christoph Jahr ist wissenschaftlicher Assistent an der Humboldt-Universität zu Berlin.

Dr. Hans Michael Kloth ist Redakteur im Ressort Deutsche Politik des SPIEGEL.

Siegfried Kogelfranz war bis 1997 Redakteur im Auslands-Ressort des SPIEGEL.

Professor Gerd Krumeich lehrt Neuere Geschichte an der Universität Düsseldorf.

Dr. Romain Leick ist Korrespondent des SPIEGEL in Paris.

Professor Vejas Gabriel Liulevicius lehrt Geschichte an der Universität von Tennessee, USA.

Fritjof Meyer ist Reporter im Auslands-Ressort des SPIEGEL.

Joachim Mohr ist Redakteur im Ressort Sonderthemen des SPIEGEL.

Norbert F. Pötzl ist Redakteur im Ressort Deutsche Politik des SPIEGEL.

Jan Puhl ist Redakteur im Auslands-Ressort des SPIEGEL.

Dr. Johannes Saltzwedel ist Redakteur im Kultur-Ressort des SPIEGEL.

Michael Schmidt-Klingenberg war Autor im Ressort Deutsche Politik des SPIEGEL.

Bruno Schrep ist Reporter im Deutschland-Ressort des SPIEGEL.

Alexander Smoltczyk ist Reporter im Gesellschafts-Ressort des SPIEGEL.

Michael Sontheimer ist Redakteur im Berliner Büro des SPIEGEL.

Stefan Storz ist Dokumentar beim SPIEGEL.

Professor Hew Strachan lehrt Militärgeschichte an der Oxford-Universität.

Dr. Rainer Traub ist Redakteur im Ressort Sonderthemen des SPIEGEL.

Professor Hans-Ulrich Wehler lehrte bis zu seiner Emeritierung 1996 Allgemeine Geschichte an der Universität Bielefeld.

Klaus Wiegrefe ist Redakteur für Zeitgeschichte im Ressort Deutsche Politik des SPIEGEL.

Register

Den Haag 97, 99, 285
Deutsch-Ostafrika 200f.
Deutsch-Südwestafrika 24, 200
Dinant 15, 63
Douaumont 68, 297

Elsass, Elsass-Lothringen 61,
63, 91–96, 110, 189, 192,
236, 244, 255, 278
Epinal 61
Estland 116

Finnland 115f., 124, 209
Flandern 11, 15, 28, 59, 62,
72, 74, 77, 80, 94, 102, 272,
275, 296

Galizien 109, 111, 113f., 244,
276
Gallipoli 203ff., 226
Gorlice-Tarnów 109
Gotha 142
Griechenland 29, 247

Hamburg 16ff., 55f., 138f.,
141f., 145

Indien 198–205, 210, 251, 275
Isonzo 129, 229f.
Italien 76, 109, 127, 129–133,
172, 203, 209, 215, 229f.,
233, 235, 237, 252, 272

Japan 27, 122, 200, 202, 209,
237
Jerusalem 206, 256
Jugoslawien 116, 209
Jütland 219f.

Kamerun 200f.
Kanada 101f., 151, 198
Kaunas 109
Koblenz 148
Kongo 199
Konstantinopel 198, 203,
211ff., 226, 252
Kroatien 252
Kronstadt 126
Kurland 109, 111
Kut al-Amara 198, 205

Langemarck 58, 62, 65f., 182
Lemberg 109
Lettland 111, 116, 122
Libanon 206
Libyen 251f.
Litauen 107, 109, 111–116,
122
Longwy-Briey 28, 271f.
Löwen 49, 63
Lublin 110
Lüttich 15, 59f., 62f., 174, 272
Luxemburg 62, 84, 272

Marne 20, 54, 64, 92, 94, 168
Marokko 246, 251
Masuren 21, 107, 122
Memel 116
Menin 16
Montenegro 247
Mosambik 201
Moskau 109, 125, 196, 199,
258

Namur 15
Neuseeland 198, 200, 202f.
Neutral-Moresnet 98

Ungarn 209
USA 22, 27, 42, 71, 121, 144,
  151, 199, 207 ff., 222, 230 f.,
  235–238, 261, 283, 285–288

Verdun 15 f., 59, 61, 67 ff., 70,
  76, 88, 93, 175, 282 f., 297

Warschau 109 f., 118 ff.
Weißrussland 111, 120, 122
Wilna 109, 119

Ypern 15, 65, 67, 75 f., 92, 94,
  101, 182, 295 f.

Zeytun 212 f.
Zschornewitz 80

Personenregister

Adenauer, Konrad 17
Adler, Victor 193
Al Saud, Feisal 206
Albert, König von Belgien 59
Allenby, Edmund 206, 210
Althaus, Paul 32
Aron, Raymond 24
Asquith, Herbert 224 f., 227
Auguste Viktoria, Deutsche
  Kaiserin 136

Ballin, Albert 186
Barth, Karl 33
Battenberg (Mountbatten),
  Prinz Louis von 226
Beatty, David 218 ff.

Bebel, August 23, 192
Belfield, Henry Conway 201
Bell, Johannes 235, 239
Benjamin, Walter 49
Benn, Gottfried 161
Berchtold, Leopold 242, 266
Bergson, Henri 48, 85
Bernhardi, Friedrich von 87
Bernstein, Eduard 143
Bethmann Hollweg, Theobald
  von 18 f., 33, 37 ff., 41, 59,
  106, 143 f., 174, 188, 194,
  199, 213 f., 222, 230, 240,
  242, 245, 248–251, 254,
  257 f., 266 f., 271, 282,
  286
Bismarck, Otto von 42, 47,
  105, 191, 244, 256 f.
Bissing, Moritz von 97, 99
Bloch, Ernst 49
Blohm, Hermann 141
Bonatz, Paul 157
Bosch, Carl 167, 168
Braque, Georges 156
Braun, Otto 194
Brockdorff-Rantzau, Ulrich von
  123
Bruchmüller, Georg 232 f.
Bülow, Bernhard von 191, 248
Bülow, Karl von 63, 65
Burgers, Franz 173
Busoni, Ferruccio 158

Cadorna, Luigi von 129, 229
Cambon, Jules 36
Cavell, Edith 87 f.
Chamberlain, Houston Stewart
  148, 186

Fotonachweis

Trotz sorgfältiger Nachforschungen konnten nicht alle Rechte-
inhaber ermittelt werden. Diese haben die Möglichkeit, sich an den
SPIEGEL-VERLAG, Hamburg, oder an die Deutsche Verlags-
Anstalt, München, zu wenden.

Archives photographiques/Collection Médiathèque de l'Architec-
ture et du Patrimoine © CMN, Paris/Aubert (1), Paul Castel-
nau (6), Fernand Cuville (5); Albert Samama-Chikli (3);
Australian War Memorial/Frank Hurley (5);
Collection Jules Gervais-Courtellemont/Cinémathéque Robert-
Lynen de la Ville de Paris (2);
Corbis/Andrea Jemolo (1);
Etablissement de Communication et de Production Audiovisuelle
de la Defense/ECPAD/France (7), Fernand Cuville (1), Albert
Samama-Chikli (3)
Galerie Bilderwelt (3);
Musée Albert-Kahn – Département des Hauts-de-Seine, France (3),
Stéphane Passet (3), Auguste Léon (2), Frédéric Gadmer (1) ;
Fernand Cuville (1);
Photos12/Société Française de Photographie/Charles Adrien (2),
Léon Gimpel (2)

Eines der zentralen Fotodokumente zum Ersten Weltkrieg

Mit 10 Millionen Toten und mehr als 20 Millionen Verwundeten war der Erste Weltkrieg das erste industrialisierte Morden. Jenseits der Phrasen von »Heldentum« und »Tod fürs Vaterland« hat Ernst Friedrich den Opfern ein Denkmal gesetzt: »Krieg dem Kriege« zeigt das wahre Antlitz des Krieges: Schlachtfelder, Hingerichtete, Schwerstverwundete. »Krieg dem Kriege« ist ein im gesamten 20. Jahrhundert einzigartiges Dokument.

Ernst Friedrich
Krieg dem Kriege
256 Seiten mit Abb.
ISBN 3-421-05840-7

www.dva.de

»›Heeresbericht‹ bleibt unerreicht, unübertroffen als Kriegsroman.«

J. M. Fischer

»Heeresbericht« schildert den wahnwitzigen Weg des Studenten Adolf Reisiger, dessen anfängliche Kriegsbegeisterung im Fronterlebnis der Erkenntnis weichen muß, daß Krieg »befohlener Mord« ist. Erst in der Spätphase der Weimarer Republik veröffentlicht, von den Nazis verboten, viele Jahre nicht lieferbar, ist »Heeresbericht« als eine der bedeutendsten literarischen Verarbeitungen des Ersten Weltkriegs neu zu entdecken.

Edlef Köppen
Heeresbericht
Roman
408 Seiten
ISBN 3-421-05777-X

www.dva.de

**Eine Geschichte von unmenschlichem Kalkül
und menschlichem Leid**

Diana Preston

*»Wurden torpediert,
schickt Hilfe«*

Der Untergang
der Lusitania 1915

DVA

Am 1. Mai 1915 – in
Europa herrscht Krieg –
läuft die britische
Lusitania, der präch-
tigste Luxusliner seiner
Zeit, in New York zur
Überfahrt über den
Atlantik aus. An Bord
fast zweitausend Menschen, die von der Gefahr wissen, sie aber
verdrängen. Vor der Küste Irlands nimmt ein deutsches U-Boot das
Passagierschiff ins Visier …

Diana Preston
»Wurden torpediert, schickt Hilfe«
Der Untergang der Lusitania 1915
552 Seiten mit Abb.
ISBN 3-421-05408-8

www.dva.de